黄金州の殺人鬼

凶悪犯を追いつめた執念の捜査録

I'll be gone in the dark

One woman's obsessive search for the Golden state killer

Michelle McNamara

ミシェル・マクナマラ

村井理子 訳

1981年2月5日
カリフォルニア州
アーバインで殺害された
マニュエラ・ウィットヒューン

1981年8月19日カリフォルニア州デイナポイントで殺害されたキースとパトリス・ハリントン夫妻。
二人は住んでいた家でキースの父親により発見された。新婚3ヶ月だった
（オレンジ郡保安官事務所提供）

黄金州の殺人鬼によって殺害された
ジャネル・クルーズ（1981年頃撮影）。
ブラフ湖で開催された
YMCAキャンプにて、
楽しそうな姿

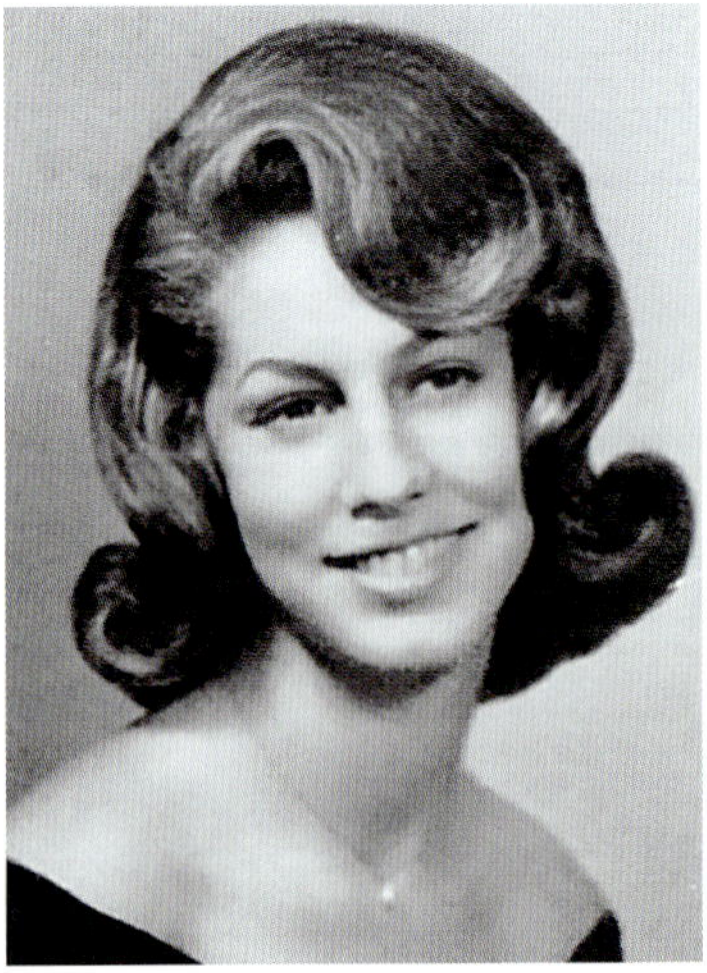

1980年3月13日ベンチュラの自宅で殺害された
シャーリーンとライマン・スミス

1979年12月30日に
ゴリータのコンドミニアム内で
ロバート・オファーマンとともに殺害された
デブラ・アレクサンドリア・マニング
（サンタバーバラ郡保安官事務所／
オレンジ郡保安官事務所提供）

1979年12月30日に銃撃され、
殺害された整形外科医の
ロバート・オファーマン［撮影時期不明］
（サンタバーバラ郡保安官事務所と
オレンジ郡保安官事務所提供）

1981年7月27日ゴリータで殺害された
シェリ・ドミンゴとグレゴリー・サンチェス
（デビ・ドミンゴ提供）

デビ・ドミンゴ。
被害者シェリ・ドミンゴの娘は
事件当日家出していて難を逃れた。
シェリが殺害される前日、
デビは母との電話による
最後の会話で、こう叫んでいる。
「あんたなんか消えちまえ!」
（デビ・ドミンゴ提供）

サンタバーバラ郡
トルテックウェイ通り付近の
閑静な住宅街の一軒家で
シェリ・ドミンゴと
グレゴリー・サンチェスは殺害された。
30年後、黄金州の殺人鬼の
犯行とされる多重殺人事件現場で
採取されたDNAと本事件で
採取されていたDNAが一致した
（サンタバーバラ郡保安官事務所／
オレンジ郡保安官事務所提供）

1978年2月2日ランチョ・コルドバで
飼い犬の散歩中に狙撃され死亡した
ブライアンとケイティー・マッジョーレ夫妻。
黄金州の殺人鬼による犯行とされる
（Classmates.com提供）

ランチョ・コルドバで発生したブライアンと
ケイティー・マッジョーレ夫妻銃撃殺害事件で、
二人の遺体が発見された住宅裏庭にて
捜査中の捜査官たち。二人は狙撃手から逃れようとして
この裏庭に迷い込んだと推測されている
（サクラメント保安官事務所／オレンジ郡保安官事務所提供）

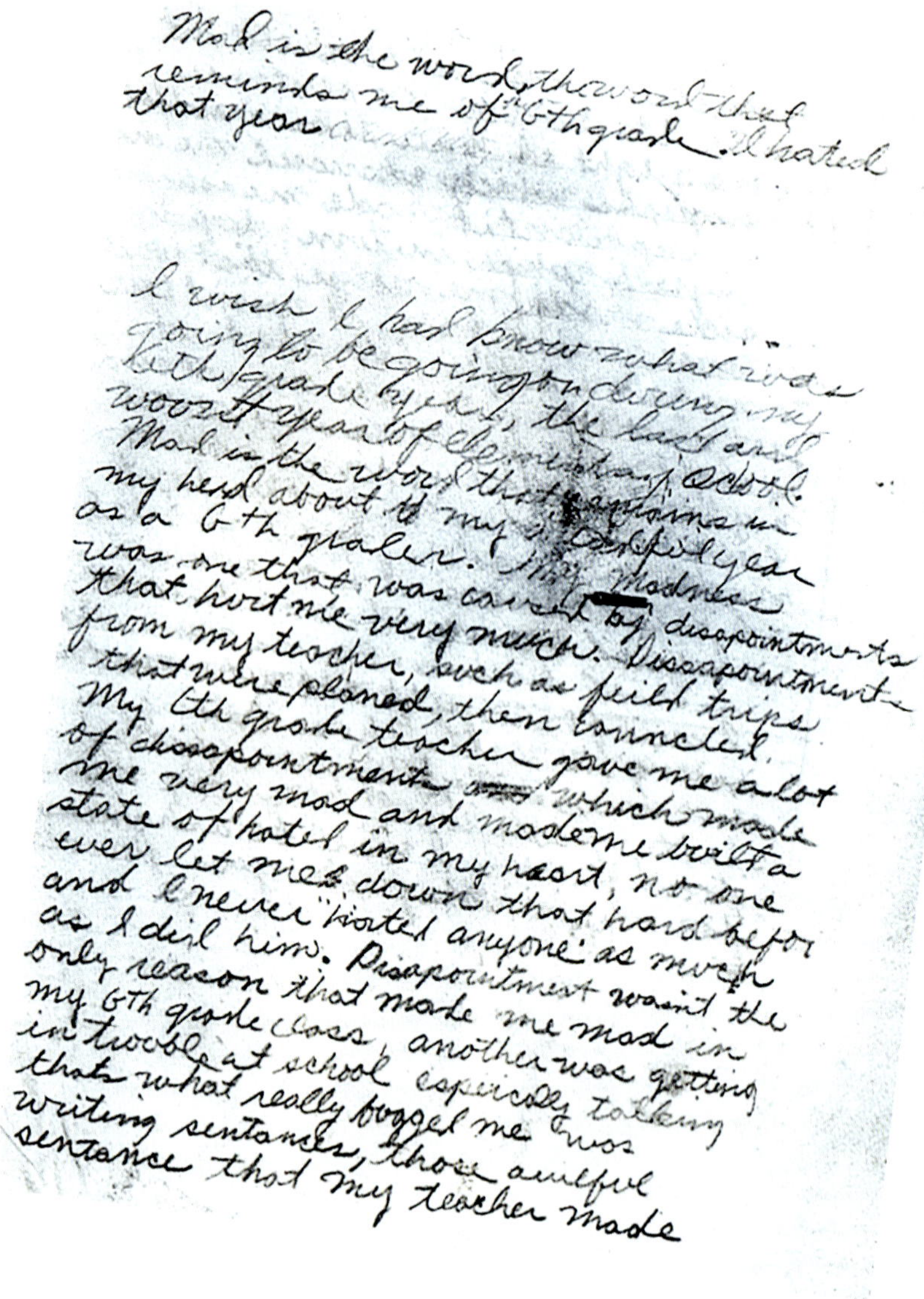

Mad is the word, the word that
reminds me of 6th grade. I hated
that year

I wish I had know what was
going to be going on during my
6th grade year, the last and
worst year of elementary school.
Mad is the word that comes in
my head about my 6th grade year
as a 6th grader. My madness
was one that was caused by disappointments
that hurt me very much. Disappointments
from my teacher, such as feild trips
that were planed, then canceled.
My 6th grade teacher gave me alot
of dissapointments which made
me very mad and made me built a
state of hatel in my heart, no one
ever let me down that hard befor
and I never hated anyone as much
as I did him. Disapointment wasn't the
only reason that made me mad in
my 6th grade class, another was getting
in trouble at school especially talking
thats what really bugged me was
writing sentances, those awlful
sentance that my teacher made

「宿題の証拠」。Mad is the word(「怒りのひと言だ」)の書き出しが見える

イーストエリアの強姦魔（別名EAR、黄金州の殺人鬼）の襲撃現場に残された
ノートの切れ端に書かれた作文。「宿題の証拠」と呼ばれている。
ブラッドハウンドが犯人の匂いを追った、カリフォルニア州ダンヴィルの線路脇の小道で、
他の証拠とともに発見された。この手書きの文章は日記の一部とされ、
六年生のときの担任教師が筆者に与えた懲罰について怒りを爆発させている

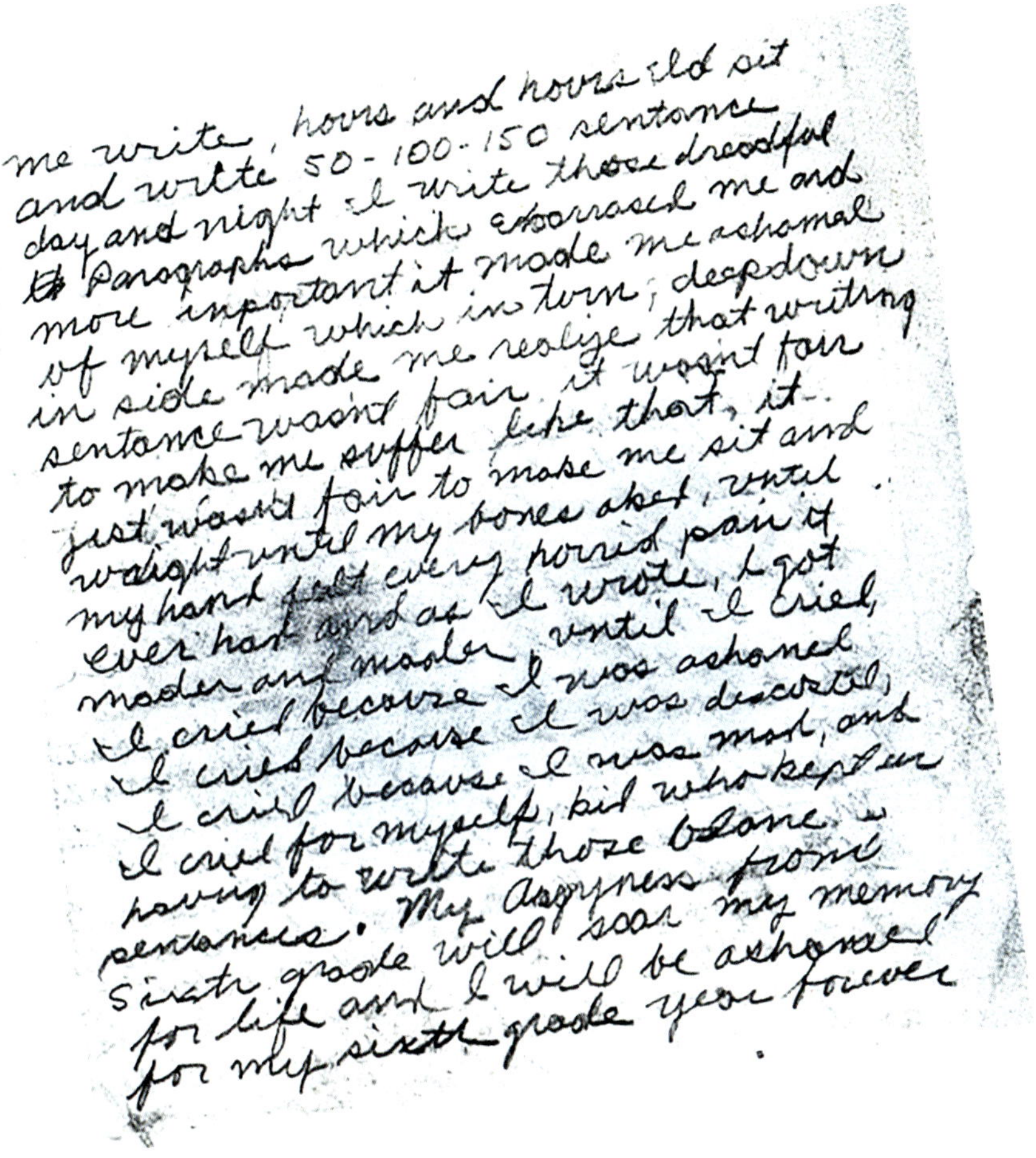

me write, hours and hours I'd sit
and write 50-100-150 sentance
day and night I write those dreadful
th paragraphs which ebarrased me and
more important it made me ashamed
of myself which in turn, deep down
in side made me realize that writing
sentance wasn't fair it wasn't fair
to make me suffer like that, it
just wasn't fair to make me sit and
waight until my bones aket, until
my hand felt every horrid pain it
ever had and as I wrote, I got
mader and mader until I cried,
I cried because I was ashamed
I cried because I was discusted,
I cried because I was mad, and
I cried for myself, kid who kept on
having to write those blame
sentances. My angryness from
sixth grade will soar my memory
for life and I will be ashamed
for my sixth grade year forever

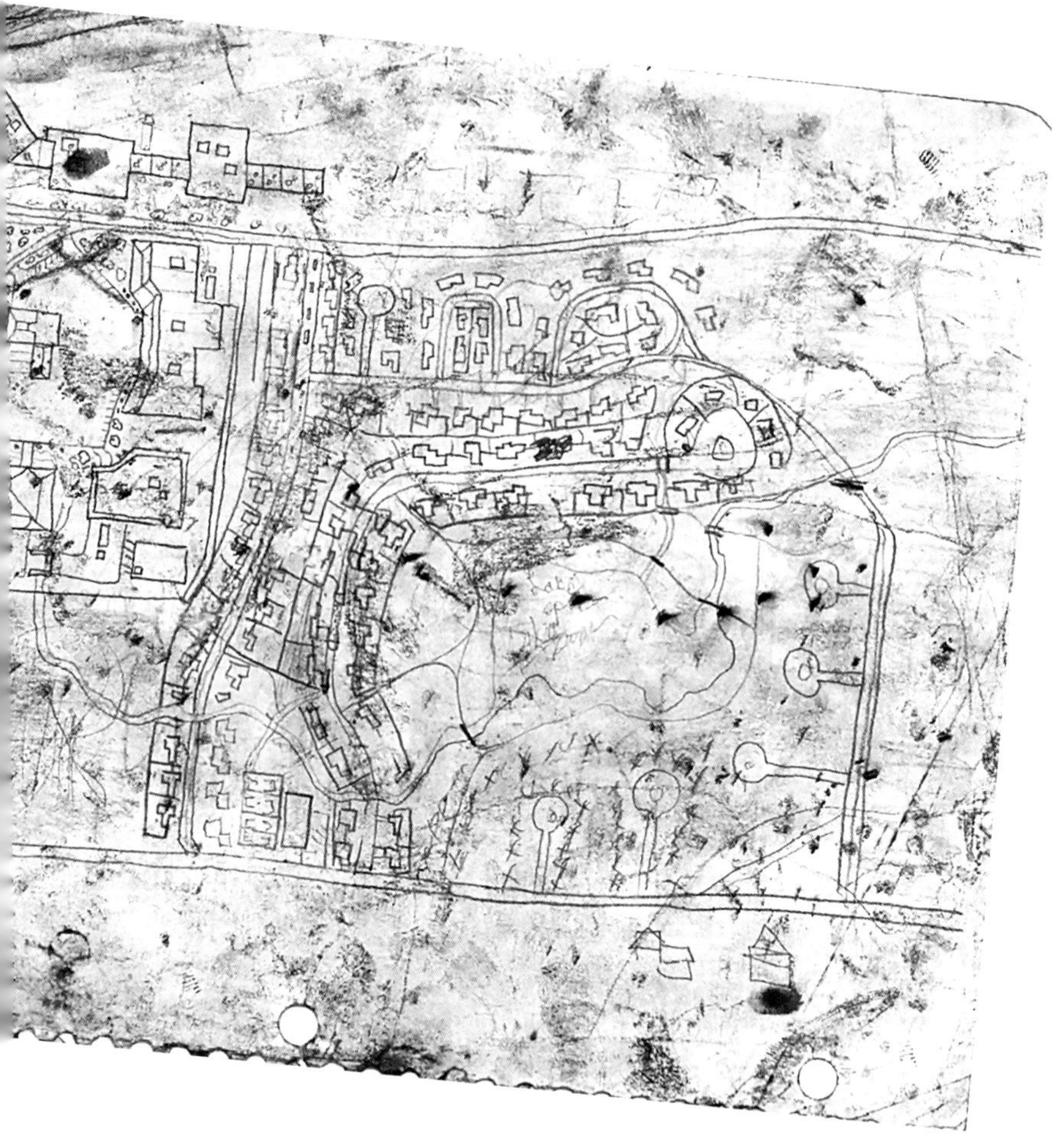

「怒りのひと言だ」と書かれた作文とともに発見された、
手描きの地図。描かれた地域がどこに該当するかはっきりとしないが、
コントラコスタ郡保安官事務所の犯罪学者ポール・ホールズは、
この地図は、この地域で開発業あるいは
建設業に従事していた(可能性のある)犯人の持つ
高度な知識を示すものだと発言している。この地図の裏側に、
「Punishment(罰)」という文字列を含む殴り書きがある
(コントラコスタ郡保安官事務所提供)

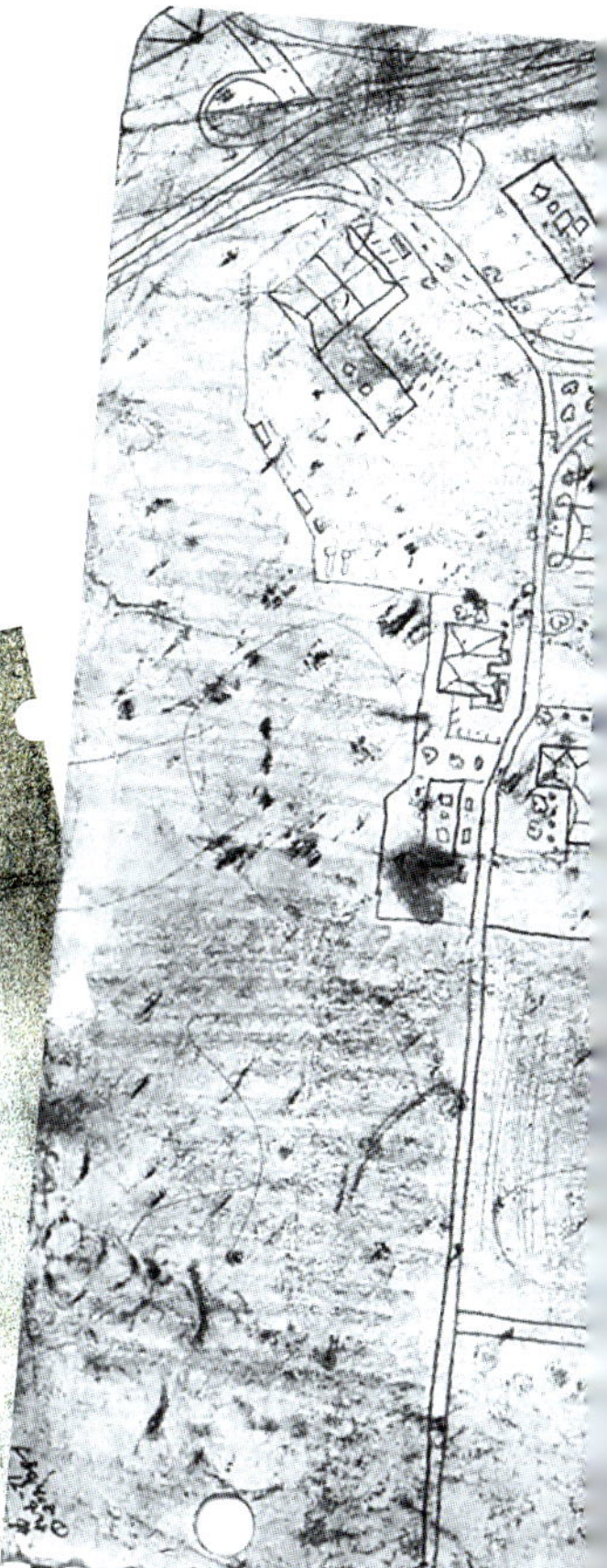

Punishmentの文字
（Pは向きが逆）

1979年10月1日ゴリータの事件現場で捜査官によって発見された靴跡
（サンタバーバラ郡保安官事務所／オレンジ郡保安官事務所提供）

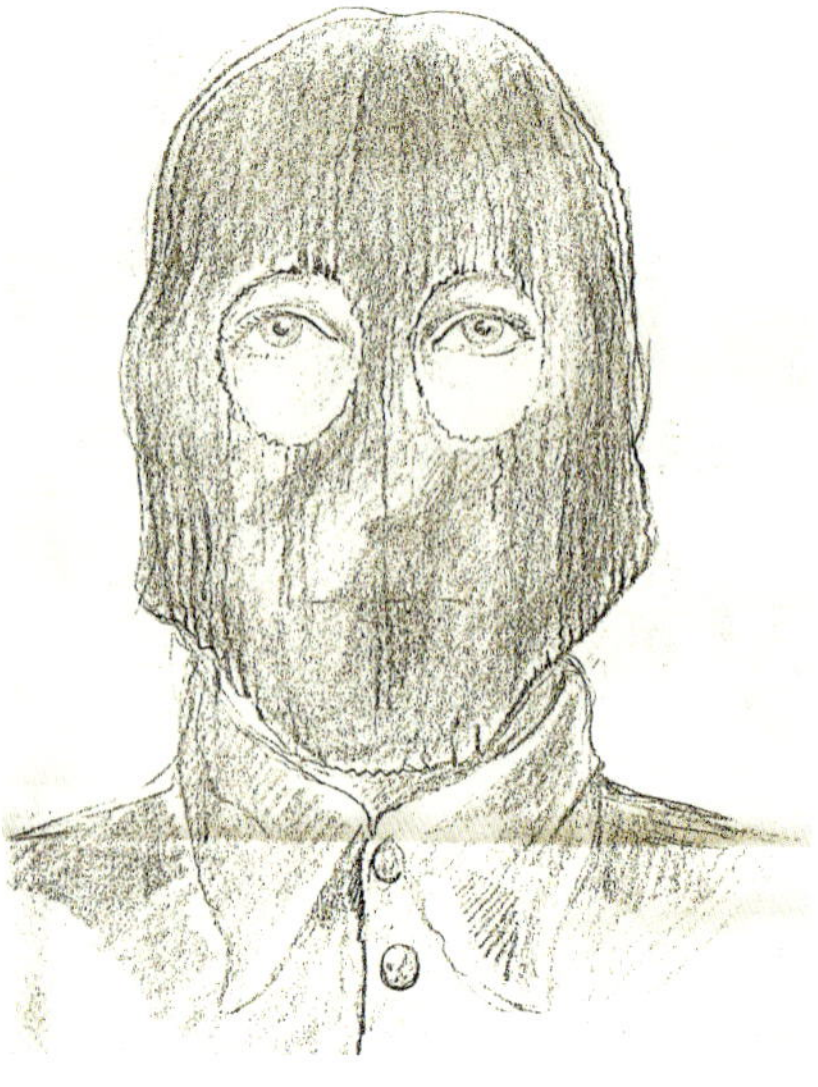

1975年7月5日
ダンヴィルにある家の住人に追い払われた、
マスクをかぶった強盗犯の似顔絵。
イーストエリアの強姦魔だとされている
（トム・マクリス／
コントラコスタ郡保安官事務所提供）

地域をうろつき、
後に家宅侵入をした男の似顔絵。
1979年8月8日サンラモーンに住む
10代の少女の住む家に
侵入しようとしたところを、
少女に目撃された。
少女は家で一人だった。
EARがこれ以前に襲撃をしていた
現場からわずか250メートルしか
離れていない場所。
少女に目撃されていることに
気づいた男は、前述の事件で使った
クリスマスツリー農園を抜ける
逃走ルートで逃げた(トム・マクリス/
コントラコスタ郡保安官事務所提供)

1977年2月16日に
ダグラス・ムーアを銃撃したと
される不審者の似顔絵
(サクラメント保安官事務所提供)

15Nov77 1447

SACRAMENTO COUNTY SHERIFF'S DEPARTMENT
DUANE LOWE, SHERIFF
CONTINUATION REPORT

[redacted]
REPORT NUMBER

☐ ORIGINAL REPORT ☐ SUPPLEMENTARY ■ FOLLOW-UP

AUTHORITY - SECTION NUMBER: 1' PC | X

AUTHORITY / SECTION NUMBER: DET. DIV. COPIES MADE

UGGES / IED / LLIED

VICTIM ONLY IF MORE THAN ONE: [redacted] | ADDRESS: [redacted]

DEVELOP YOUR INVESTIGATION IN THE SEQUENCE OF TIME AND DATE OCCURRED, I.E. SIGNIFICANT EVENTS AT OR IN THE IMMEDIATE AREA OF THE SCENE; PERTINENT OBSERVATIONS, FINDING OF EVIDENCE, ADVISEMENTS AND/OR REQUESTS FOR ASSISTANCE; TRANSPORTATIONS, WITNESS CONTACTS. REPORT INFORMATION IN THE CHRONOLOGICAL ORDER IT OCCURRED.

Contacted victim [redacted] at her residence for the purpose of asking a series of questions pertaining to the attack on the victim on 10/5/76.

1. Victim received 2 suspicious phone calls (no answer when victim answered phone) about 2 weeks prior to the attack. She further stated that she was the victim of a Burglary 2 weeks prior to the attack.
2. Victim stated that the house accross the street from her residence was for sale at the time of the attack. The house was listed by Century 21 [redacted] and the house has no swimming pool.
3. [redacted] stated that she did not notice any unusual actions on the part of the suspect as she was blindfolded immediately.
4. The victim has no idea if the suspect was Right or Left hande
5. The victim cannot recall if she made any purchases or gave he name, address and phone number to anyone just prior to the a
6. The victim owns a [redacted] and a [redacted]
7. Her phone was listed under the name of [redacted].
8. The only contact with door to door salesmen was the Fuller Brush man but he is an elderly man.
9. The victim has a personal checking account with her name, address and phone number printed on the checks.

End of interview.

OFFICER(S)	BADGE	DIV	HAS THIS PAGE BEEN CODED?	APPROVING SUPERVISOR	PAGE
BEVINS	31	Det	☐ YES ■ NO	(signature)	

サクラメント保安官事務所にある、イーストエリアの強姦魔についての調書の１ページ
（サクラメント保安官事務所提供）

pacific clippings
post office box 11789
santaana, calif. 92711
Anaheim, Cal.
BULLETIN
(Daily) JUL 3 1 1981

Murder links investigated

Investigators from three counties are probing a possible link between four double murders, including the bludgeoning murder of a young couple near Laguna Beach last year as they slept.

Although Orange County sheriff's investigators "have looked into" a possible connection between the county murders and murders in Ventura and Santa Barbara, Lt. Andy Romero said there has been no proof that the murders are related.

Dubbed the "night stalker" by some police detectives after a couple was killed in Santa Barbara, an FBI psychological profile suggested the murderer was a "psychopath who would strike again."

Some investigators believe he may have indeed struck again, but few clues have been found at the scene of each murder. No weapon has been found in connection with any of the murders.

According to Santa Barbara County public information officer Russ Birchim, the killer first appeared in Oct. 1979 when he terrorized a Santa Barbara couple in their home. The knife-wielding assailant fled after one victim escaped. No injuries were reported.

Two months later, in the same neighborhood, Dr. Robert Offerman, 44, and his girlfriend, Debra Manning, 35, were shot to death late at night in a bedroom of Offerman's condominium.

March 16, 1980, a Ventura couple was found dead in the bedroom of their home. Police believe a log from the fireplace may have been used by the murderer to bludgeon to death attorney Lyman Smith and his wife, Charlene. The weapon has not been found.

Keith Eli Harrington, 24, and his wife of four months, Patty, 27, were bludgeoned to death Aug. 19 or 20 as they slept in a bedroom of Harrington's father's home in Niguel Shores, south of Laguna Beach. Harrington was a Phi Betta Kappa medical student at UCI and his wife was a nurse.

The most recent murder occurred Sunday or Monday in the Santa Barbara suburb of Goleta and about five blocks from the scene of the first murder.

Greg Sanchez, 28, and an ex-girlfriend, Cheri Domingo, 35, died of massive head wounds. Sanchez, a computer technician, was also shot once but police said the wound was only "a contributing factor to death."

post office box 11789
santaana, calif. 92711
THE REGISTER
Daily JUL 3 0 1981

Double murders may be linked, police say

By Keith Fasthouse
Register staff writer

A possible link between the murder of a sleeping young couple in an exclusive South Laguna community last summer and three similar double murders that have occurred in Southern California during the past 18 months is being investigated by Santa Barbara County detectives.

Public information officer Russ Birchim said that striking similarities between the four double killings have led investigators to believe that one man — dubbed the "night stalker" — is responsible for all eight deaths.

The two most recent victims were bludgeoned to death in the bedroom of a suburban Santa Barbara home sometime Sunday night or Monday morning, Birchim said.

Investigators from the Orange County Sheriff's Department "have looked into" the three other sets of murders — one in Ventura County and two in Santa Barbara County — but have found no proof of a connection, according to Lt. Andy Romero.

Neither have Ventura city police, according to spokesman Larry White, who added that his department has had no contact with investigators from Orange and Santa Barbara counties concerning the slayings.

Nonetheless, the similarities between the four cases are startling:

- All the victims were relatively young couples killed in bed late at night as they slept.
- All were professional, middle- to upper-middle class people who lived in expensive homes.
- Six of the eight victims were bludgeoned to death. The other two were shot.
- In none of the four cases were there any signs of resistance, was a weapon recovered, or was anything stolen from the homes.

According to Birchim, investigators believe the killer first appeared in October of 1979, when an unidentified couple were terrorized in their suburban Santa Barbara home late at night by a knife-wielding assailant.

Birchim said the couple probably escaped death when the assailant fled after one of them escaped.

The first killings took place in the same wealthy neighborhood on December 30, 1979. Both Dr. Robert Offerman, 44, and his girlfriend, Debra Manning, 35, a Santa Maria psychologist, were shot to death in the bedroom after some person — or persons — broke into Offerman's condominium late at night.

Birchim said a psychological profile done after the murders by the FBI at the request of the Sheriff's Department suggested that the man responsible was a "psychopath who would strike again."

Three months later, on Sunday, March 16, 1980, another couple was found dead in their bedroom in a plush Ventura hillside home.

The victims, Lyman Smith, a prominent attorney, and his wife, Charlene, 33, were bludgeoned to death sometime late that Saturday night or early Sunday morning, according to police.

Police believe a log from the house's fireplace was used as a weapon, but were not able to prove it. There was no sign of forced entry.

Four months later, either on the evening of August 19, or Wednesday morning, August 20, Keith Eli Harrington, 24, and his wife of four months, Patty, 27, died of massive head injuries inflicted by a blunt instrument. They were killed as they slept in the bedroom of Harrington's father's exclusive home in Niguel Shores, south of Laguna Beach.

Harrington was a Phi Beta Kappa medical student from UC Irvine and his wife was a nurse. As with the Ventura killings, there was no sign of a forced entry.

And almost a year later, on a Sunday night or early Monday morning, yet another young couple was killed in a bedroom.

This time the killings took place back in the same suburb of Santa Barbara — Goleta — not more than five blocks from the site of the first murders.

The victims, Greg Sanchez, 28, and his ex-girlfriend, Cheri Domingo, 35, also died of massive head injuries, just like the Smiths and the Harringtons. Sanchez, who was a computer technician, was also shot once, but Birchim of the sheriff's department said the wound was only "a contributing factor to death."

Like the first killings, but unlike the other two, whoever killed Sanchez and Domingo had broken into the home.

pacific clippings
post office box 11789
santaana, calif. 92711
Los Angeles, Cal.
TIMES MAY 2 5 1982

Sheriff Appeals for Information in Dual Slayings

The Orange County Sheriff's Department has appealed for information regarding the unsolved August, 1980, double-murder of Laguna Niguel newlyweds Keith and Patti Harrington.

Families of the slain couple have offered a $25,000 reward for information leading to the conviction of the killer or killers in the bludgeoning death of the couple on Aug. 19, 1980, in their home.

Keith Harrington was a 24-year-old medical student at UC Irvine and his wife Patti, 27, was a registered nurse.

People with information concerning the murders may call 834-3000. All tips will be kept confidential, a Sheriff's Department spokesman said.

pacific clippings
post office box 11789
santaana, calif. 92711
THE REGISTER
Daily MAY 1 8 1982

Probe of Niguel Shores murders reaches dead end

By Anita Snow
Register staff writer

On Aug. 19, 1980, medical student Keith Harrington and his wife, Patty, a registered nurse, were bludgeoned to death as they lay in bed in a Niguel Shores home.

Almost two years later, Orange County sheriff's deputies have completed the last of almost 250 interviews in connection with the case. No arrests have been made and detectives say they've run out of clues.

"All we can do now is re-evaluate the information we've collected and begin re-contacting some of the people we've already interviewed," sheriff's spokesman Lt. Wyatt Hart said Monday.

Hart said the sheriff's department is asking that anyone who has information about the case, no matter how little, contact the department.

Members of the victim's families are reminding the public that they still offer a $25,000 reward for any information that leads to conviction of the person or persons responsible for the killings.

"We think there are people out there that know something about the killings," Hart said. "We're hoping we can jog some memories."

At the time of his death, Keith Harrington, 24, was a fourth-year student at University of California, Irvine, Medical School. His wife of four months, Patty, 27, was a registered nurse.

The Harringtons were killed in Keith's father's home at 33381 Cockleshell Drive, Niguel Shores, an exclusive, guarded community north of Dana Point.

Sheriff's detectives say nothing was taken from the house. There was no sign of forced entry.

Since the murders, Hart said, investigators have interviewed "everyone the Harringtons knew," including friends and family members.

Investigators also have looked into other similar double homicides throughout the country, hoping to make some kind of link, Hart said.

But they've come up empty-handed.

Hart stressed that the sheriff's department will keep confidential the identities of any persons who provide information about the slayings.

He urged that those with information about the Harrington murders call (714) 834-3000, which is a 24-hour hotline.

オレンジ郡保安官事務所提供の新聞記事の切りぬき。

当時複数の事件の関連性は指摘されながらも、地域内の連続殺人犯の存在については認知されずにいた

（上段）アナハイム・ブルティン（オレンジ郡保安官事務所提供）
（下段左右）オレンジカウンティー・レジスター（オレンジ郡保安官事務所提供）
（下段中央）ロサンゼルスタイムズ（オレンジ郡保安官事務所提供）

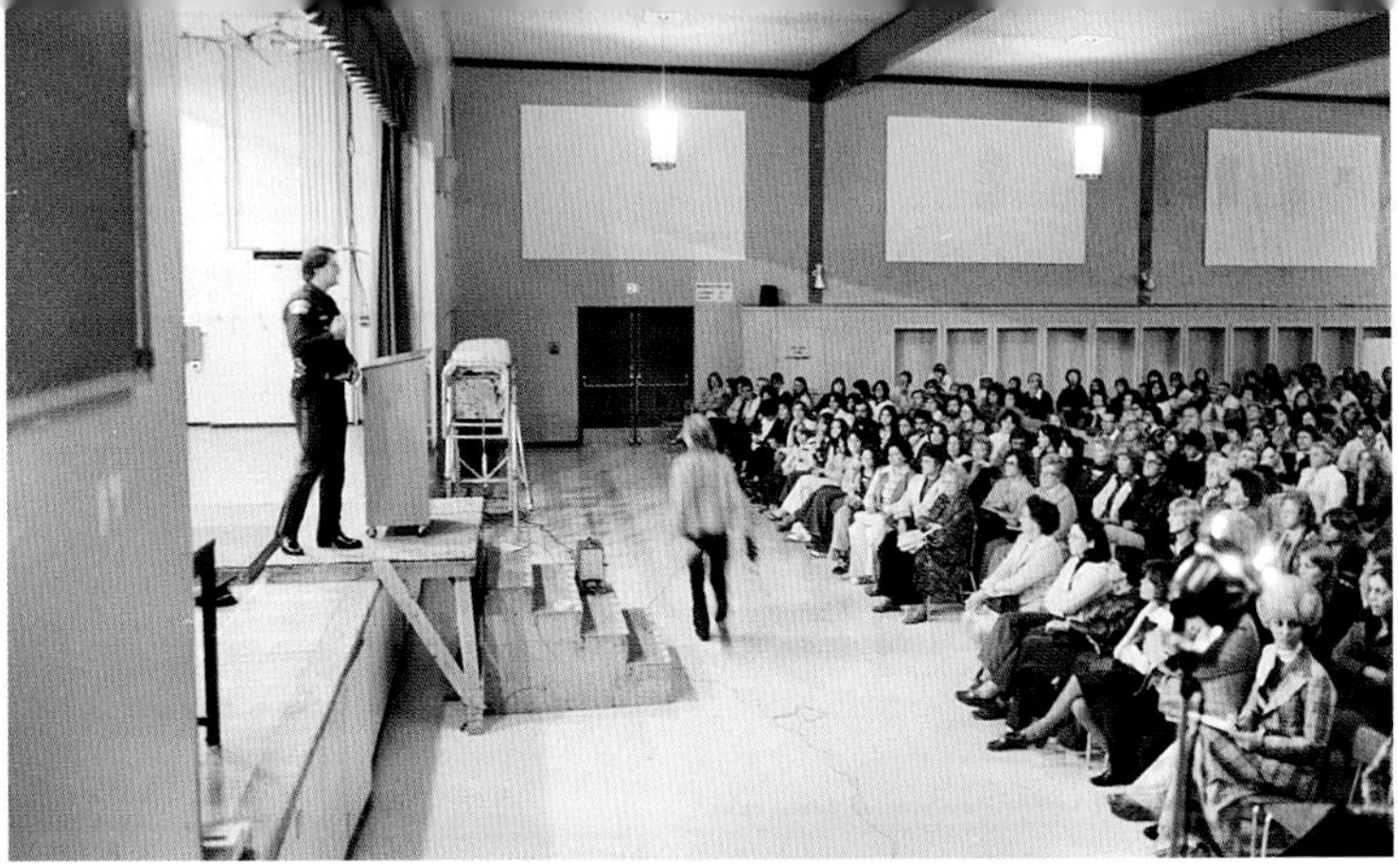

サクラメント保安官事務所がEARに関する
地域ミーティングを開催した様子。
1977年11月8日サクラメントの
ミラローマ高校で撮影。事件に怯える
住民が警察官に不安を訴えた
（サクラメント保安官事務所提供）

コントラコスタ郡EAR特別捜査班
ラリー・クロンプトン警部が靴跡に
石膏を流し込んでいるところ
（ラリー・クロンプトン提供）

コントラコスタ郡保安官事務所で
犯罪学者として働いていた頃の
ポール・ホールズ（ポール・ホールズ提供）

EARが引き起こした連続事件の捜査を率いた
リチャード・シェルビー刑事。捜査調書を
タイプしているところ（リチャード・シェルビー提供）

バイセリア警察署の
ウィリアム・マクゴーウェン刑事
（妻メアリー・ルー・マクゴーウェン提供）

ラリー・プール。
2017年8月リバーサイド郡地検局での
幹部捜査官宣誓就任式で（ラリー・プール提供）

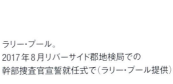

著者ミシェル・マクナマラが
本書執筆のための
調査を行っている様子。
カウチに一緒に座っているのは
一人娘のアリスで、
母の書いた文章を
ダブルチェックしている
（ミシェルの夫
パットン・オズワルト提供）

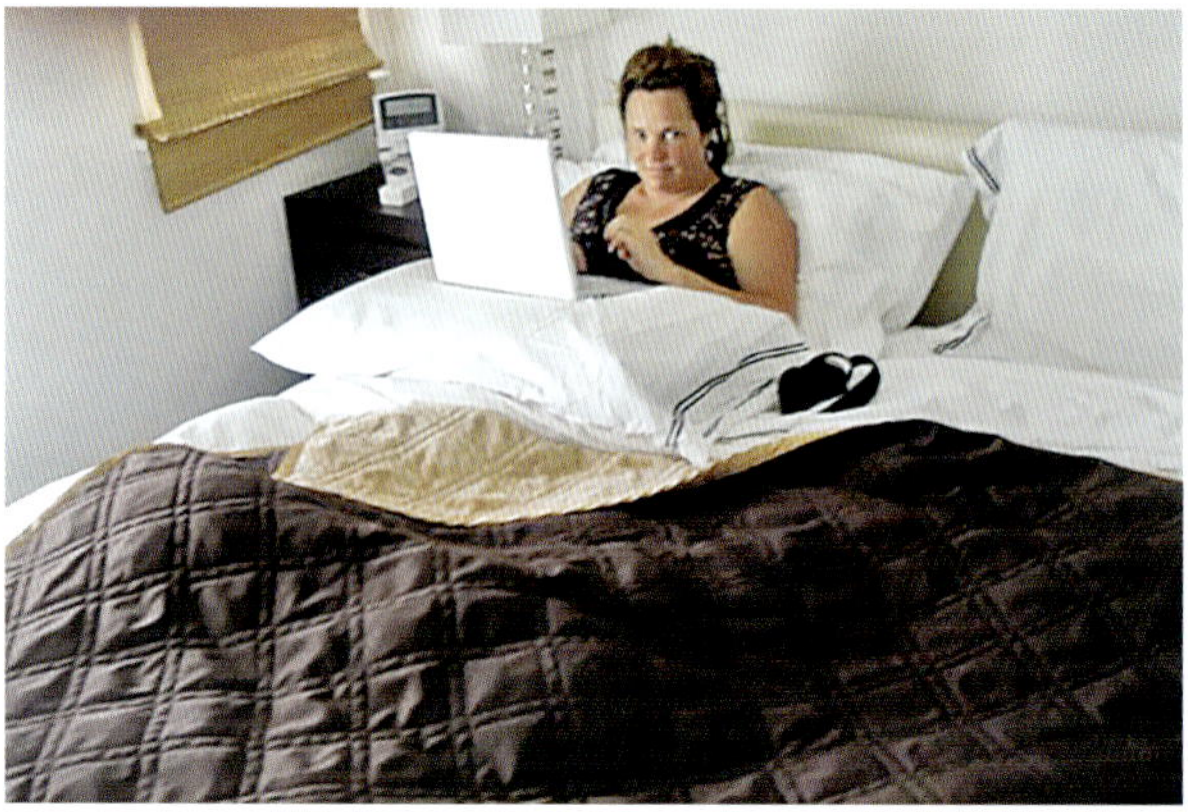

著者ミシェル・マクナマラの作業風景。この環境がお気に入りだった（夫パットン・オズワルト提供）

黄金州の殺人鬼

I'LL BE GONE IN THE DARK
by Michelle McNamara

Japanese translation published by arrangement with
Tell Me Productions, Inc. c/o Levine Greenberg Rostan Literary Agency
through The English Agency (Japan) Ltd

執事もメイドの姿もない。階段に血痕なし。
風変わりな叔母もいなければ、庭師も、家族の知人もいない。
骨董品に囲まれた笑顔、殺人。
玄関が開け放れた田舎の一軒家。
リスに吠える犬、車。
静かに横たわる死体。妻はフロリダへ。

謎を解く手がかりは、花瓶のなかのポテトマッシャー。
破られたウェズリアン大学バスケットボールチームの写真。
小切手の控えがばらまかれた廊下。
送られることのなかったシャーリー・テンプルへのファンレター。
「こうして殺されるのは、大変よろしい」という短い手紙。

事件が未解決なこと、
あるいは、あのルルーが今となっては救いがたいほど狂っていることも、
白いガウン姿で白い部屋に一人で座り、
世界は狂っていると叫んでいる。
この謎解きは結論に辿りつかないことも、
あるいは高すぎる壁へと導き、頂上が見えないことも、なにひとつ不思議ではない。
戦いながら叫び続ける。
なにも解決できないと叫び続ける。

——『クライム・クラブ』ウェルドン・キーズ

黄金州の殺人鬼　目次

タイムライン・マップ　008
登場人物　010
訳者まえがき　012
序文　014
プロローグ　022

第一章　031

一九八一年　カリフォルニア州アーバイン　032
一九八〇年　デイナポイント　046
二〇〇九年　ハリウッド　054
オークパーク　059
一九七六―一九七七年　サクラメント　088
バイセリア　131
一九九六年　オレンジ郡　148

一九八六年 アーバイン 159
一九八〇年 ベンチュラ 171
一九七九年 ゴリータ 179
一九八一年 ゴリータ 187
二〇〇一年 オレンジ郡 209
一九九七年 コントラコスタ郡 218

第二章 235
二〇一二年 サクラメント 236
二〇一二年 イーストサクラメント 247
カフスボタン 最終章 258
二〇一二年 ロサンゼルス 263
二〇一三年 コントラコスタ郡 269
コンコード 269
サンラモーン 286
ダンヴィル 299
ウォルナットクリーク 321

デイビス 331
フレッド・レイ 350
その男 356
二〇一四年 ロサンゼルス 371
二〇一四年 サクラメント郡 374
一九七八年 サクラメント郡 378

第三章 ポール・ハインズとビリー・ジェンセンによる

381
夫によるあとがき 422
エピローグ――年老いたあなたへの手紙 429
付属資料 437
本書は人殺しの仮面をついに引き剝がすことに成功した――ジョセフ・ジェイムズ・ディアンジェロの逮捕について
《黄金州の殺人鬼を追跡しつづけたミシェル・マクナマラが死去し、夫のパットン・オズワルトが彼に問いただす》
《連続殺人犯を捕まえるために：黄金州の殺人鬼に対する強迫観念的な捜索に強迫観念的にこだわる女性の物語》
夫による追記――あの日、何が起きたのか 456
訳者あとがき 460

＊本文中の〔 〕内は訳注

タイムライン・マップ

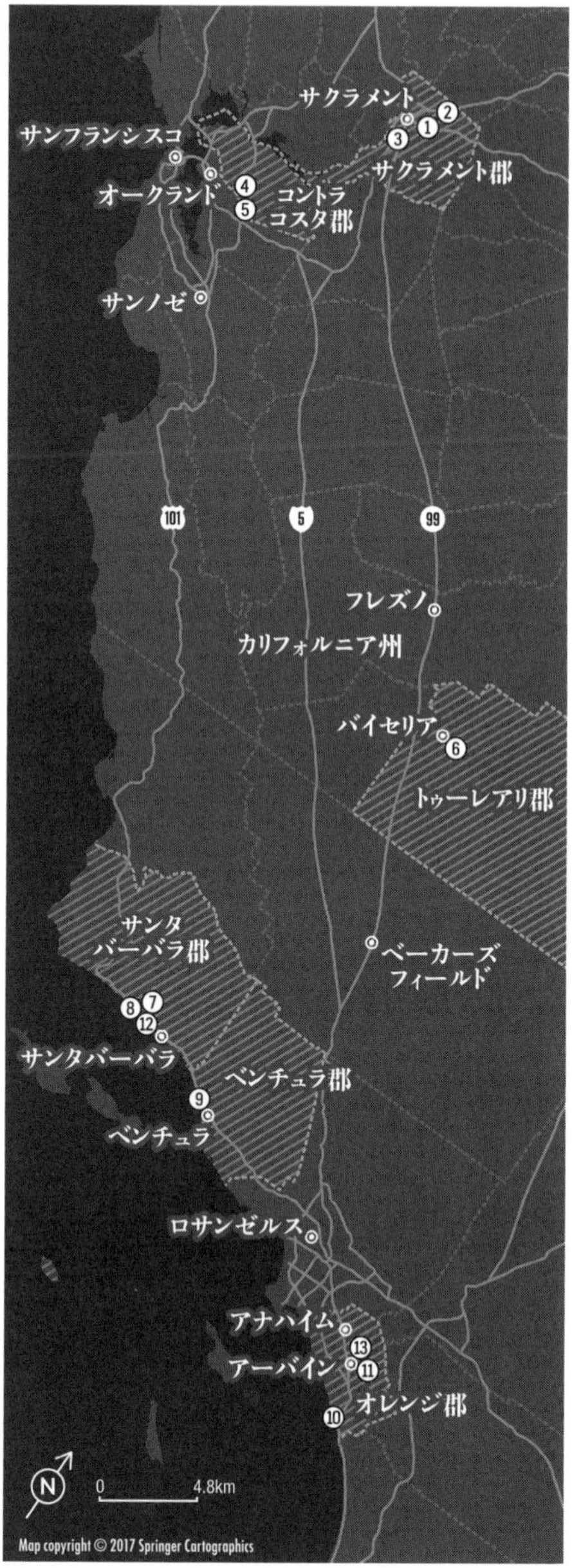

EAR《イヤー》（イーストエリアの強姦魔）襲撃事件

（一九七六年六月から一九七九年七月までに発生）
北カリフォルニアの七郡において五十人の女性が襲撃された。

①一九七六年六月十八日
ランチョ・コルドバ
二十三歳の女性（本書ではシーラとされている）が、マスクを装着した侵入者によってベッドの上で強姦される。後にマスコミや捜査関係者の間で「EAR《イヤー》（イーストエリアの強姦魔）」と呼ばれることとなる男による、数十件の事件の最初の一件となった。

②一九七六年十月五日　シトラスハイツ
五回目となったEAR《イヤー》の襲撃は、三十歳の

主婦ジュリー・ミラー（仮名）を標的とした。男は被害者の夫が出勤する時間まで待ち、数分後に家に侵入。被害者の三歳の息子は犯行が行われている間、母とともにベッドルームにいたとされる。

③一九七七年五月二十八日　南サクラメント

二十八歳のフィオナ・ウィリアムス（仮名）と夫のフィリップがEAR《イヤー》に襲撃される。EAR《イヤー》による二十二番目の事件であり、襲撃に及ぶ際に男性も巻き込まれた七番目のケースである。

④一九七八年十月二十八日　サンラモーン

EAR《イヤー》によるカップルの襲撃、これで四十件目。二十三歳のキャシー（仮名）と夫のデイビッド（仮名）が被害に遭う。

⑤一九七八年十二月九日　ダンヴィル

三十二歳のエスター・マクドナルド（仮名）が夜中に起こされ、縛られ、強姦される。EAR《イヤー》の四十三人目の被害者。

バイセリア地区のこそ泥（バイセリア・ランサッカー）による強盗・狙撃事件

（一九七四年四月から一九七五年十二月までに発生）

⑥バイセリア

数軒の家宅侵入とクロード・スネリング殺害事件が関連している可能性がある。

オリジナル・ナイトストーカー（EAR《イヤー》の別称）の暴力事件

（一九七九年十月から一九八六年五月までに発生）

⑦一九七九年十月一日
カリフォルニア州ゴリータ

オリジナル・ナイトストーカーが、家宅侵入に失敗した際にカップルを襲撃。二人は脱出に成功した。

⑧一九七九年十二月三十日　ゴリータ

オリジナル・ナイトストーカーがロバート・オファーマン医師とデブラ・アレクサンドリア・マニングを殺害。

⑨一九八〇年三月十三日　ベンチュラ

オリジナル・ナイトストーカーがシャーリーンとライマン・スミス夫妻を殺害。

⑩一九八〇年八月十九日　デイナポイント

オリジナル・ナイトストーカーがキースとパトリス・ハリントン夫妻を殺害。

⑪一九八一年二月六日　アーバイン

オリジナル・ナイトストーカーがマニュエラ・ウィットヒューンを殺害。

⑫一九八一年七月二十七日　ゴリータ

オリジナル・ナイトストーカーがシェリ・ドミンゴとグレゴリー・サンチェスを殺害。

⑬一九八六年五月五日　アーバイン

オリジナル・ナイトストーカーがジャネル・クルーズを殺害。

登場人物

〔原著編集者より：本書は、黄金州の殺人鬼事件の詳細について、そのすべてを記述してはいない。よって本項のリストは包括的なものである〕

被害者

〈レイプ被害者〉

シーラ（仮名　一九七六年　ランチョ・コルドバ）
ジェーン・カーソン（一九七六年　サクラメント）
フィオナ・ウィリアムス（仮名　一九七七年　南サクラメント）
キャシー（仮名　一九七八年　サンラモーン）
エスター・マクドナルド（仮名　一九七八年　ダンヴィル）

〈殺人事件被害者〉

クロード・スネリング（一九七八年　サクラメント）＊
ケイティーとブライアン・マッジョーレ夫妻（一九七八年　サクラメント）＊
デブラ・アレクサンドリア・マニングとロバート・オファーマン（一九七九年　ゴリータ）
シャーリーンとライマン・スミス（一九八〇年　ベンチュラ）
パトリスとキース・ハリントン（一九八〇年　デイナポイント）
マニュエラ・ウィットヒューン（一九八一年　アーバイン）
シェリ・ドミンゴとグレゴリー・サンチェス（一九八一年　ゴリータ）

ジャネル・クルーズ（一九八六年　アーバイン）

捜査に関わった人々

ジム・ベヴィンズ捜査官……サクラメント郡保安局
ケン・クラーク刑事……サクラメント郡保安官事務所
キャロル・デーリー刑事……サクラメント郡保安局
リチャード・シェルビー刑事……サクラメント郡保安局
ラリー・クロンプトン刑事……コントラコスタ郡保安官事務所
ポール・ホールズ……犯罪学者
ジョン・マードック……コントラコスタ郡保安官事務所犯罪科学捜査課課長
ビル・マクゴーウェン刑事……バイセリア警察
メアリー・ホン……犯罪学者　オレンジ郡犯罪科学研究所
エリカ・ハッチクラフト捜査官……オレンジ郡地区検察局
ラリー・プール捜査官……オレンジ郡保安局事務所、全国未解決事件捜査チーム（ＣＵＲＥ）メンバー
ジム・ホワイト……犯罪学者　オレンジ郡保安局
フレッド・レイ刑事……サンタバーバラ郡保安局

＊黄金州の殺人鬼との関連は明らかになっていない

訳者まえがき

本書は、アメリカ史上最も凶暴な連続殺人鬼「黄金州の殺人鬼《ゴールデン・ステート・キラー》」を十年にわたり追い続けた作家ミシェル・マクナマラのデビュー作にして絶筆となった『*I'll be gone in the dark*』の邦訳である。一九七四年から一九八六年の間にカリフォルニア州で少なくとも五十人以上をレイプし十三人を殺害した黄金州の殺人鬼ことジョセフ・ジェイムズ・ディアンジェロは、二〇一八年四月にカリフォルニア州シトラスハイツの自宅で逮捕された。本書がアメリカで出版された二ヶ月後のことで、最初とされる犯行から四十年以上が経過していた。

ディアンジェロ逮捕の報から二年前、著者ミシェル・マクナマラは、本書を最後まで書き上げることなく就寝中にこの世を去っている。死後、夫で俳優のパットン・オズワルトがライターのポール・ハインズとビリー・ジェンセンを雇い、原稿の仕上げを依頼。編集者とともにミシェルが残したメモや資料をまとめ、書きかけの原稿への補完が行われ、ようやく本書が出版されたときには彼女の死から一年八ヶ月が経過していた。出版されるやいなや大きな話題となり、瞬く間にベストセラーに。そのさなかの衝撃の逮捕は、日本でも大きく報道された。

マクナマラの死を悼む作家たちから多くのメッセージが寄せられ続けている。特に、本書に序文を寄せた推理作家のギリアン・フリンは、マクナマラのブログの熱心な読者であり生前に交流もあったことから、彼女の死後、夫のパットン・オズワルトとともに書店イベントに登壇し、本書の宣伝にも参加している。ディアンジェロが逮捕されたまさにその日も、オズワルト、ハインズ、ジェンセン、フリンはシカゴの書店でトークショーを開いていた。「犯人は逮捕されると思いますか?」という聴衆からの質問に夫のパットンは、その日は近いと断言したそうだ。ディアンジェロ逮捕の一報が彼に届けられたのは、この数時間後のことだった。

ミシェル・マクナマラの命を賭けた追跡が犯人逮捕に結びついたことは言うまでもないが、誰よりもその顔と名前を知りたかったマクナマラが他界している事実を考えると、彼女の無念さはいかばかりかと思う。いくらその功績を称え続けても、無念が晴れることはないだろう。しかし、多くの被害者と遺族を今なお苦しめ続けるディアンジェロを白日の下に晒《さら》したマクナマラの鮮やかな筆致が多くの読者に届けられることで、残された家族の傷は癒えていくと信じたい。

序文

黄金州の殺人鬼が知られるようになる前のことだ。若い女性がプレザント通りの路地に引きずり込まれ、殺され、ごみのように捨てられていた。彼女のことは、ミシェル・マクナマラがあなたに教えてくれるはずだ。二十代の若者だったこの女性は、アイルランド系カトリック教徒の賑やかな家族が住むミシェルの家から数ブロックしか離れていない、イリノイ州のオークパークで殺害されたのだ。

ミシェルは六人兄姉《きょうだい》の末っ子で、日記の末尾に「作家ミシェル」と記すような少女だった。彼女は、この事件がきっかけで未解決事件への情熱に火がついたと語っている。

彼女とであれば、私たちはいいコンビになれていたと思う（愉快なコンビだったかもしれないけれど）。ミシェルと同じ時期にミズーリ州カンザスシティーで少女だった私も、彼女と同じく作家志望だったからだ。私自身は日記のなかで、「偉大なるギリアン」という、ミシェルよりは気取った名前で自分自身を呼んでいた。私も賑やかなアイルランド系移民の家庭に育ち、カトリック系の学校に通い、闇に対して強い興味を抱き続けていた。トルーマン・カポーティの『冷血』を十二歳で読破した。安く手に入れた古本だったが、この一冊がきっかけとなって、生涯、犯罪に興味を抱くことになった。

犯罪物のドキュメンタリーを読むのが何より好きだが、読者として常に意識しているのは、その行為が誰かの悲劇を積極的に消費しているという事実だ。だから、責任ある消費者として、自分の選択については細心の注意を払う努力をしている。つまり、最高のもの、粘り強く、洞察力に優れ、人間味のある書き手を選んで読むという意味だ。

私がミシェルを見つけたのは、必然のことだったと言える。

偉大なる犯罪物作家は、とかくその人間性が見落とされがちだ。ミシェル・マクナマラは、殺人者だけではなく、彼らを捕らえた警察、犠牲者そして残された遺族の悲しみの痕跡までをも理解し、その心と結びつくという類《たぐ》い希《まれ》な能力を持っていた。私は彼女の秀逸なブログ「トゥルー・クライム・ダイアリー」〔True Crime Diary: http://truecrimediary.com/〕の熱心な読者だった。「彼女に連絡してみればいいじゃないか」と、夫が私に言った。彼女はシカゴ生まれで、私はシカゴ在住だったたし、私たちには「人間性の闇に転がる石の裏側を見ることに膨大な時間を費やす母親」という共通点もあった。

私は夫の言葉に流されなかった——私が彼女に最も接近したのは、書店で開かれたイベントで、彼女の叔母に挨拶したときだったと思う——彼女は携帯電話を貸してくれ、私はその場でミシェルに、まったく物書きらしからぬ、失礼なメッセージを送った。「あなたって最高よ!!!」なんてことを。

真実を書けば、彼女に会いたいかどうか、自分でもわからなかった——彼女には勝てまいと感じていたからだ。登場人物を創作する書き手である私と、事実と対峙《たいじ》しなければならなかった彼女。彼女の行き先を左右するのは事件だ。疲弊した用心深い捜査官たちの信頼を勝ち得て、極めて重要な情報を含む可能性のある、山のような書類に勇敢に立ち向かう。そして古い心の傷を探られ、苛立ち、打ちひしがれた被害者家族や、その友人を納得させなければならなかったのだ。

彼女はこんな作業のすべてをある種の優しさとともにやり遂げ、床に撒きちらされた愛娘の画用紙にカリフォルニア刑法をクレヨンで走り書きしながら、家族が眠りについた後の静まりかえった部屋で原稿を書いた。

私は確かに、底意地悪く殺人者を追跡する作家である。しかし、ミシェルが名付けた黄金州の殺人鬼、すなわち一九七〇年代から八〇年代のカリフォルニアで、五十件を超える性的暴行と、最低でも十人の殺害に関与したとされる男のことは、彼女がこの悪夢のような物語を書きはじめるまで知らなかった。なにせ、数十年も前に発生した未解決事件なのだ。目撃者も被害者も住まいを移し、一部は鬼籍に入り、あるいは事件を過去の出来事にして前へ進んだ者もいる。南部、そして北部カリフォルニアと複数の管轄区域にまたがって事件は発生し――ＤＮＡ情報や専門家による分析を受けていない無数の犯罪ファイルしか残されていなかった。こんな事件を調べようなんて書き手はほんのわずかで、しかも、着実に書き上げるだけの力を持つ者は皆無と言っていい。

この事件にかけたミシェルの不撓《ふとう》不屈の精神には驚かされるばかりだ。彼女は一九七七年に犯罪現場で盗まれたペアのカフスボタンが、オレゴン州のリサイクルショップで売られていることを突き止めた。突き止めただけではない。「一九三〇年代から一九四〇年代の男子の名前で、Nからはじまるものはとても珍しく、人気の名前トップ一〇〇にたった一度しか登場しなかった。そして元々のカフスボタンの所有者は、その時代に生まれた可能性が高い」とまで導いてみせる。この事実は、殺人者へと直接つながるヒントでさえない。これはあくまで、殺人者が犯罪現場で盗んだカフスボタンの情報でしかない。このような細部へのこだわりが、常に垣間見える。ミシェルは、「一九七二年のリオアメリカーノ高校の水球チームのとあるメンバーについて徹底的に調べ、日が暮れてしまったことがある。理由は、卒業記念アルバムに写った彼が締まった体つきをして、ふくらはぎが太かったから」と書いている。黄金州の殺人鬼の身体的特徴と重なる可能性があったからだ。

心血を注いで情報をかき集めるタイプの作家の多くが、その渦中で方向を見失う――統計値や情報は人間性を無視して突き進むからだ。こういった傾向は、労を惜しまない彼らの人生の歩みと矛盾する。

すべてをその詳細まで書き綴った報告書ともいえる本書は、同時に、時、場所、そして人物のスナップショットとしての役割も果たしている。ミシェルは、オレンジの林に囲まれたカリフォルニアの郊外の町に再び息を吹き込んだ。緑の多い新興住宅地、連なる山に隠れて目立たないその地域で、犠牲者たちは背筋も凍るスリラーの登場人物となった。その山では、季節になると交尾の相手を探す数千匹のタランチュラが走り回るという。そして人々——ああ、哀れな人々——希望に満ちた元ヒッピー、働き者の新婚カップル、それが最後になるとも知らず、自由と責任と水着を巡って口論をした母親と十代の娘の姿を、文字の上に再び蘇らせた。

冒頭から本書に引きずり込まれてしまったが、それはミシェルも同じだったように思える。数年にも及ぶ黄金州の殺人鬼の調査は、彼女に大きな犠牲を強《し》いた。「いつも喉の奥に悲鳴が張りついている」と彼女は書いている。

ミシェルは、この優れた一冊を最後まで書き上げることなく、就寝中にこの世を去った。四十六歳だった。彼女とともに犯人を追いかけていた人物による記録は読むことができるが、黄金州の殺人鬼の正体はいまだにわかっていない。しかし犯人の正体など、私にとってどうでもいいことだ。ただ、捕まってほしい。誰かなんてどうでもいい。こんな男の顔を見たところで、がっかりするだけだ。そのうえ名前なんて、さらに拍子抜けするだろう。男がやったことは誰もが知り尽くしている。それ以外の情報なんて、平凡で、退屈で、ありふれたものにちがいない。「母が冷たかった。だから女性を憎んでいる。私には家族がいなかった……」こんな戯言が続くだけだ。私が知りたいのは真実だ。被害に遭ったすべての人々のことだ。汚物のような人間の詳細など知りたくもない。

私はミシェルのことをもっと知りたいと思う。謎に包まれた犯人の正体を彼女が詳しく綴れば綴るほど、私はこの尊敬すべき書き手のことを知りたくなってしまう。悪夢のような事件に私を引き込み、同時に、その悪夢を追いかけたいと思えるほどに私が信頼したこの女性は、一体どんな人だったのだろう？　彼女はどんな人物だったのか？　なぜここまで懸命に追い続けたのか？　なにが彼女をそうさせたのか？

ある夏の日、私はシカゴの自宅から車で二十分のオークパークまで行き、「若い女性」が遺体となって発見された、あの路地を歩いてみた。幼き頃の「作家ミシェル」がこの天職を見いだした場所だ。私はそこに着くまで、なぜ自分がやってきたのか気づいていなかった。私自身が驚くべき「闇のハンター」の軌跡を追跡していたから、そこへ行かねばならなかったのだ。

ギリアン・フリン（推理作家）

黄金州の殺人鬼

プロローグ

あの夏、私は娘の子ども部屋で連続殺人鬼を捕らえた。その部屋にいる時間のほとんどは普通の主婦のマネをして、寝かしつけ前のルーチンをこなしていた。歯を磨かせる。パジャマに着替えさせる。でも、夫と娘が寝静まると、この間に合わせの仕事場に引きこもって、私はラップトップを起動させ、無限の可能性につながっている一五インチのハッチを開く。ロサンゼルスのダウンタウン北西部に位置するこの地域は、夜になると水を打ったように静まりかえる。聞こえるのは、私がグーグルストリートビューを使って見知らぬ男性宅の私道をクリックした音だけ、なんてこともあった。私自身はまったく移動しなくても、いくつかキーを打てば、何十年もの時空を飛び超えることができた。卒業アルバム。結婚証明書。マグショット〔逮捕後に撮影された容疑者の写真〕。一九七〇年代の警察捜査記録ファイルは何千ページも閲覧した。検視報告書も読みふけった。たくさんのぬいぐるみやピンク色のボンゴに囲まれての作業だが、私にとっては珍しいことではなかった。私はこの仕事場を、ねずみの迷路のような、プライベートな空間に感じていた。強迫観念には、それに似合いの部屋が必要だ。私にとって、それはぬりえが床に散らばる場所だった。クレヨンを使って、私はそのぬりえにカリフォルニア刑法をメモしていた。

二〇一二年七月三日の深夜だった。その男性が何年もかけて盗難していた珍しいアイテムをまとめたファイルを私は開けた。そのリストの半分ぐらいは、すでに太字にしてあった。袋小路に入ってしまった。次に探していたのは、一九七七年九月にストックトン市で盗まれたペアのカフスボタンだ。その時代、私がニックネームをつけた黄金州《ゴールデン・ステート》の殺人鬼《キラー》は、まだ殺しを卒業してはいなかった。当時彼はイーストエリアの強姦魔として知られる連続レイプ犯で、寝室で眠る女性や少女を襲っていた。はじまりはイーストサクラメント、その後セントラルバレー地域を蛇行するように進み、サンフランシスコのイーストベイ（サンフランシスコのベイエリア東側）でも犯行を重ねた。犯人は若い男で、十八歳から三十歳ぐらいだと言われていた。白人で筋骨たくましく、追っ手から逃げるために背の高いフェンスを飛び越えるほどの運動能力を持ち合わせていた。中産階級の人々が多く住む閑静な住宅街の、角から二番目の平屋の家を好んで標的にした。いつも、覆面をかぶっていた。

　几帳面で自衛本能が高い……それが男の人物像だった。被害者に狙いを定めると、無人の時を狙い、あらかじめ家屋に侵入し、写真を物色して家族構成を確認し、部屋の間取りを徹底して記憶した。ポーチライトを消し、ガラスの引き戸の鍵を外しておく。銃から弾を抜くことも忘れない。外からの侵入を警戒していない家主の門は開けたまま放置されてはいたが、写真は元の位置に戻されているため、些細《ささい》な生活の乱れと考えられた。懐中電灯の鋭い光で目覚めさせられるまで、被害者は何も気づくことなく眠っていたはずだ。何も見えず、混乱しただろう。起きたばかりで意識がはっきりせず、朦朧《もうろう》とし、そして戦慄《せんりつ》したにちがいない。見えない誰かが光を操っている。でも、誰、そしてなぜ？　しわがれたささやき声と証言された、その声を聞いたとき、被害者は自らの恐怖の向かうべき先を悟るのだった。食いしばった歯の間から漏れる、無愛想で脅迫的なその声。途切れ途切れだったものが突然高音になり、震え、口ごもった。暗闇の中の見知らぬ男はまるで、覆面の下の顔だけではなく、隠しきれぬ生々しい動揺をごまかしているようでもあった。

男がカフスボタンを盗んだ一九七七年九月のストックトン市で発生した事件は、二十三回目の犯行で、いかにも夏休み明けといった雰囲気の日に起きた。ストックトン市北西部で、寝室のカーテンのフックがカーテンロッドを滑る音で目が覚めたのは、二十九歳の女性だ。彼女はまくらから頭を上げた。中庭のライトが、現れた人物のシルエットを浮かび上がらせていた。懐中電灯の光が彼女の顔を探し当てると同時に人影が視界から消え、何も見えなくなった。何者かの強い力がベッドに突進してきた。この地域で男が最後に襲撃を行ったのは戦没者追悼記念日のある週末で、労働者の日の後の火曜日、夜中の一時三十分のことだった。夏は終わりを迎えていた。男は戻ってきたのだ。

次のターゲットはカップルだった。後日女性被害者は、男の悪臭をなんとかして捜査官に説明しようとした。彼女はその悪臭の正体を突き止められずに苦労していた。不潔さから臭うたぐいのものではないと彼女は証言した。それは男の腋《わき》の下の臭いでもなく、息でもなかった。捜査官が報告書に記した被害者の精一杯の証言としては、体の不特定の場所から発せられた、神経が高ぶったときに放出される悪臭というものだった。もう少し詳しく証言できないものかと捜査官は彼女に頼んだが、それは無理な相談だった。これまで経験したことのない臭いだったからだ。

ストックトン市で発生した別の事件と同様、男は金を出せと怒鳴り散らしたが、目の前に現金があったにもかかわらず、それを無視した。男が欲しがったのは、名前が刻まれた結婚指輪や免許証、お土産のコインなど、被害者にとって個人的な価値のあるものだった。家宝だったカフスボタンは一九五〇年代風の珍しいもので、N・Rというモノグラムが入っていた。捜査官は報告書の片隅に、カフスボタンの雑な図を描いていた。私はその珍しさに興味を抱いた。インターネットで調べたところ、Nではじまる男子の名前は比較的珍しく、このカフスボタンの持ち主である男性が生まれたと考えられる一九三〇年代と四〇年代において、男子の名前トップ一〇〇には一度しか登場していなかった。私はカフスボタンの特徴をグーグルの検索バーに入力し、ラップトップのリターンキーを叩いた。

カリフォルニア州の五つの司法管轄区を代表する対策チームが、FBIから情報を得てもなお解決できない複雑な連続殺人事件を解読できるなんて考えるのは、傲慢というものだ。特に私のように、その捜査手法がDIYであればなおさらだ。私の犯罪への興味は個人的な生い立ちに基づくものである。十四歳のときに近隣で起きた殺人事件が、未解決事件への私の興味をかき立てた。インターネットの到来で、その興味は精力的な事件の追跡へと変貌を遂げた。公式文書がオンラインで閲覧できるようになり、洗練されたサーチエンジンが開発されると、空っぽの検索バーと頭の中の大量の事件の詳細が交差することに気づき、私は二〇〇六年に、ブログ「トゥルー・クライム・ダイアリー」をスタートさせた。家族が寝静まったあと、二十一世紀のテクノロジーを駆使して私は時間旅行をし、古ぼけた証拠を再構成した。警察が見過ごしたかもしれないデジタルデータの手がかりを見つけるため、インターネット上をくまなく探しはじめた。デジタル化された電話帳、卒業アルバム、そしてグーグルアースでマークした犯行現場の情報を結びつけた。仮想世界に生きるラップトップ捜査官に与えられた、手がかりの詰まった底なしの穴である。いつも閲覧してくれている常連の読者たちと、自分の見解を共有した。

　これまで私はクロロフォルム殺人鬼から神父の殺人鬼まで、未解決事件について何百もの記事を執筆してきた。しかし、黄金州の殺人鬼ほど私を夢中にさせる殺人鬼はいない。カリフォルニア州北部で五十件を超える性的暴行事件を起こしただけでなく、この男はカリフォルニア南部で起きた十件の猟奇的殺人事件の犯人でもあるのだ。十年を超える捜査が行われ、国内のＤＮＡ関連の法律を根本から変えた事件だ。一九六〇年代後半から七〇年代初頭にかけて、サンフランシスコを恐怖に陥れたゾディアック・キラーも、八〇年代に南カリフォルニア市民の窓の鍵を施錠させたというナイトストーカーも、それほど活発ではなかった時期のことだ。黄金州の殺人鬼はあまり知られていなかった。私がこのニックネームを付けるまで、男にはキャッチーな名前が付けられていなかったのだ。男は当時、別の管轄区域と情報を共有したり、コミュニケーションを取ることがなかったカリフォルニア州の司法管轄区域を股にかけ、犯行を重ねていた。これまで無関係と思われていた犯罪の数々が、たった一人の男の犯行だったことがＤＮＡ鑑定で明らかになったとき、男が最後に起こした殺人事件からはすでに十年以上が経過し、逮捕はもう最優先事項ではなかった。男はレーダーの下からまんまと逃げ出し、野放しの状態であり、正体不明だった。

それでも、いまだに男は被害者たちを震え上がらせている。二〇〇一年、二十四年前に被害に遭い、現在も事件が発生したサクラメントの家に住み続けている女性宅の電話が鳴った。「一緒に遊んだときのこと、覚えているかい?」と、男はささやいた。彼女はすぐにその声に気づいた。六歳の娘がトイレに行くために起きて、廊下で男と鉢合わせしたときに男が言った言葉が蘇った。六メートルほどむこうに立っていた男は茶色いスキーマスク、黒いニットの手袋をつけ、ズボンを穿《は》いていなかった。刀のようなものを差したベルトをしていた。「ママとパパと一緒に遊んでるんだよ」と男は言った。「おいで、僕を見ててごらん」

私が興味を持ったのは、事件を解決できる可能性があるように思えたからだ。男が痕跡を残した範囲はとても広く、同時にとても狭かった。男は大勢の被害者と、大量の手がかりを残した。比較的封鎖された地域内での潜在的容疑者をデータマイニングすることは容易なはずなのだ。事件は私をあっという間にその闇に引きずり込んでいった。好奇心は激しい飢えに変わった。私は追跡をはじめた。放出されるドーパミンで、キーを打つ勢いは増していく。私は夢中になった。それは私だけではなかった。オンライン上の掲示板に集まり、男の痕跡や事件への見解を交換し合う筋金入りのハンターたちとめぐり合ったのだ。私はひとまず何事も批判せずに、彼らの意見交換の様子を熟読した。二万を超える投稿をすべて読んだ。あやふやな動機で集まっている薄気味の悪い人間は排除していき、真のハンターの記述だけに集中した。ときには手がかりを見つけることもできた。例えば犯行現場近くで目撃された疑わしき車両の写真のコピーが掲示板に現れたり、諦めずに捜査を続けるオーバーワーク気味の捜査官による仕事の依頼などもあった。私は男を幽霊だとは考えていなかった。ヒューマンエラーを信じていた。どこかでミスを犯しているはずだ。

カフスボタンを探していたとある夏の夜のことだ。事件に没頭してからほぼ一年が過ぎていた。私は黄色いメモ帳が好きで、特に最初の十ページぐらいは、紙が滑らかで希望に満ちて見える。娘の部屋には、中途半端に書き込まれたこのメモパッドが山のようにあった。もったいない習慣だが、それは私の精神状態を反映していた。そのメモ一枚一枚が、はじまりであり、行き止まりであった。私は助言を求めるために、過去に事件を追っていた元捜査官たちに話を聞いた。自分にとっては友人と呼べる捜査官たちだ。自信をすべて失っていた彼らだったが、だからといって私にやめろとは言わなかった。四十年にも及ぶ黄金州の殺人鬼の追跡は、リレー競技というよりは、お互いの身体をロープでつながれたイカれた人間の集団が登頂不可能な山に登るようなものに感じられた。年老いた者たちは歩みを止めたが、彼らは私に先へ進めと言い張る。私はその中の一人に、思わず愚痴を言った。まるで、藁《わら》をも掴む心境だと。

「俺のアドバイスだって？　藁でも掴めばいいんだ」と彼は言った。「塵《ちり》になるまで諦めるなよ」

盗品の精査は私にとって最後の藁だった。楽観的な気分ではなかった。独立記念日の休暇があり、家族でサンタモニカに向かう予定だった。なのにパッキングさえ済ませていなかった。天気予報は最悪……。私がそれを見つけたのは、そんなときだった。ラップトップの画面に並んだ何百枚もの画像のなかに、あのカフスボタンの写真を見つけたのだ。警察の資料に殴り書きのように描かれていた、あのイニシャルがついたカフスボタンだ。警察が描いた大雑把な絵とラップトップの写真を何度も見比べた。私はすぐにオレゴン州の小さな町にあるリサイクルショップで八ドルで売られていたそれを購入し、翌日配送してもらうために四〇ドルの手数料を支払った。

廊下を歩いて寝室に向かった。ベットの夫はいつもの位置でいつものように眠っていた。私はベッドの端に座り、彼が目を覚ますまで、その顔を見つめていた。

目覚めた彼に向かって「見つけたと思う」と私は告げた。「誰を」見つけたのか、夫に説明する必要などなかった。

第一章

一九八一年　カリフォルニア州アーバイン

屋内の処理が終わると、警察はドルー・ウィットヒューンに「終わりましたよ。どうぞ」と言った。黄色いテープが取り外され、玄関のドアが閉められた。バッジをつけたプロによる隙のない仕事で、シミは目立たなくなっていた。現場を視界から遮《さえぎ》るものは、今はもう何もない。兄と義理の姉の寝室は、玄関を入ってすぐの、キッチンの向かい側にあった。シンクに立って、頭を左に向けるだけで、まだらに厚く塗られた二人のベッドの上の白い壁を見ることができた。

ドルーは、動揺して気分を悪くすることのない自分を誇りに感じていた。警察学校ではストレスに対処する方法を叩き込まれるし、顔色を変えないよう訓練されていた。感情を鋼《はがね》のように鍛え上げることが卒業の条件だった。しかし、一九八一年二月六日金曜日、フィアンセの妹がハンティントンビーチにあるラススケラー・パブのテーブルまで息せき切ってやってきて、「ドルー、ママに電話してあげて」と言うまで、自分が培《つちか》ったそのスキルを、そんなにすぐに、しかも実家のこんなに近くで使わなければならないときが来るとは考えてもいなかった――誰もが目を見開き、叫び声を上げるそのときに、口を閉じ、まっすぐ前を見つめるのだ。

デイビッドとマニュエラは、ノースウッド地区コロンバス三五番地にある平屋の建売住宅に住んでいた。アーバイン内にできた新興住宅地だった。隣には、ツタが絡んだ古ぼけた平屋が建っていた。このあたりは、アーバインに昔からある農地の残骸に紛れ込んだような地域だった。郊外には依然としてオレンジ畑が広がっていて、侵食しつつあるコンクリートとアスファルトの境界線には、等間隔に並んだ樹木や缶詰工場、オレンジを摘む人たちのキャンプ場があった。

変わりゆく土地の未来は、音によって評価することができる。セメントを注ぎ込むトラックからの爆音はトラクターの音をかき消していた。

品のある雰囲気が、ノースウッド地区のベルトコンベヤーを使った大規模開発を覆い隠していた。一九四〇年代にサンタアナからの強い風を遮る目的で農民によって植えられたそびえ立つようなユーカリの木は、伐採されることなく、転用された。開発業者はこの木を使って幹線道路と住宅地を二分した。デイビッドとマニュエラが住んでいたシェイディホロウ区には、四種の間取りから選択可能な百三十七軒の家が建設されていた。二人は、ベッドルームが三部屋ある一四〇平米の「ウィロウ（柳）」という間取りを選んだ。一九七九年後半、家の建築が終了すると二人は入居した。

デイビッドとマニュエラはドルーからすれば五歳しか年が離れていなかったが、その家はドルーには驚くほど大人びて思えた。まず、新築だった。キッチンのキャビネットは未使用でピカピカ、冷蔵庫の中はプラスチックの臭いがした。家のなかは広々としていた。ドルーとデイビッドは、これと同じぐらいの広さの家で育ったが、七人が窮屈に暮らしていた。シャワーの待ち時間はイライラしたし、夕食の席では肘《ひじ》で突つき合った。デイビッドとマニュエラは三つのベッドルームのうち一部屋に自転車を入れていた。残りのベッドルームに、デイビッドはギターを置いていた。

ドルーはチクチクと痛むような嫉妬心を無視しようとしたが、兄に嫉妬していたのは事実だった。デイビッドとマニュエラは結婚して五年目のカップルで、二人とも安定した仕事に就いていた。マニュエラはカリフォルニアファースト銀行で融資担当をしており、デイビッドはメルセデスベンツの販売特約店ハウスオブインポーツで営業の仕事をしていた。中産階級になろうという野心が二人を結びつけていたのだ。玄関先にレンガを敷こうかどうしようか、高級なオリエンタルラグをどこに敷くか、長い時間をかけて話しあうような二人だった。コロンバス三五番地の家は、夢が詰められるのを待つ箱のようなものだった。白紙状態のその家は、二人に約束を与えていた。ドルーは二人と自分を比べて、未熟さと至らなさを感じていた。恨みとまではいかずとも、不満に近い感情を抱えていた。はじめて家を案内してもらったあと、ドルーがその家に遊びにいくことは決してなかった。問題は敵意ではなく、むしろ不快感だった。ドイツ系移民の一人娘として育ったマニュエラは無愛想で、ときには困惑するほどぶっきらぼうだった。彼女はカリフォルニアファースト銀行では、そろそろ髪を切りなさいよと人に言ったり、間違いをはっきり指摘する性格で知られていた。彼女は同僚のミスを個人的なリストにドイツ語でまとめていたそうだ。痩せていて美しく、頬がとても高く、豊胸手術をしていた。彼女は少し嫌悪感を滲ませながら肩をすくめて、デイビッドは大きな胸が好きだから、結婚式のあとに手術をしたと同僚に言ったそうだが、新しい姿を見せびらかそうとはしなかった。それどころかタートルネックを好んで身につけ、まるでケンカを予想しているかのごとく、きつく腕組みをしたままだったそうだ。

ドルーは、二人の関係は兄にとっては居心地のいいものだと理解していた。兄は引っ込み思案でためらいがちで、話し方も率直というよりは脇道にそれがちだった。それでもドルーは、あたりかまわずあれこれと不平不満をまき散らすマニュエラのパワーに気圧《けお》され、二人の家を離れた。

一九八一年二月、家族からドルーに、デイビッドの体調が悪く入院していると連絡があった。しばらく兄と会っていなかったが、病院を訪ねようとまでは思わなかった。二月二日月曜日、マニュエラはデイビッドをサンタアナ・タスティン・コミュニティー病院に連れていき、彼はそこでひどい胃腸炎だと診断された。その日から数日間、マニュエラは同じ行動をとり続けた。夕食は両親の家に立ち寄り、そして病院の三二〇号室にデイビッドを見舞った。二人は毎日話をしたし、夜には電話で連絡を取り合った。金曜の朝遅くに、マニュエラを探すデイビッドが銀行に電話をかけてきた。同僚は、彼女は出勤していないと答えた。何度家に電話をしてみても、呼び出し音が鳴りつづけ、デイビッドは混乱した。二人の家の電話は、呼び出し音を三回鳴らしたあとに、必ず留守番電話に切り替わるはずなのだ。マニュエラは留守番電話の操作方法を知らなかった。デイビッドはマニュエラの母親ルースに電話をした。家に車で向かって娘の様子を見てくると言ってくれた。玄関ドアで待つも反応がなかったため、母は鍵を使って中に入った。数分後、一家の近しい友人であるロン・シャープ（仮名）が、取り乱したルースからの電話で呼び出された。

「家に入って左側の部屋の中を見たら、彼女がこんな風に手を開いていて、壁一面に血が飛び散っていたんです」とシャープは刑事に証言をした。「あの子が寝ていた場所から、どうやってあの位置に血が飛んだのか、理解できなかった」

彼は一目部屋を見ると、二度とそれを見ようとはしなかった。

＊

マニュエラはベッドの上にうつ伏せの状態だった。茶色いベロアのローブを身につけていて、体の一部には寝袋が絡まっていた。それは、寒い日の夜に彼女が入って寝ていたものだった。手首と足首には赤く丸い跡が残っていた。体を拘束した何かを外した証拠だった。ガラスの引き戸から六〇センチほど離れた場所にあるコンクリートが敷かれた中庭に、大きなスクリュードライバーが転がっていた。引き戸の錠は壊され、外されていた。

部屋にあったはずの一九インチのテレビは、裏庭の南西方向の角、背の高い木製のフェンスの前まで引きずり出されていた。フェンスの角が若干壊れていて、まるで誰かがそこに足をかけたか、そこから勢いよくジャンプしたかのように見えた。捜査官は小さな円の模様の足跡を、玄関先と裏庭、そして建物東側にあるガスメーターから採取した。

捜査官たちが最初に気づいた事件の特異性は、寝室の光源がバスルームのものだけということだった。捜査官たちはそれについてデイビッドに質問した。彼はマニュエラの両親の家に滞在していて、そこには悲報を受けた一族の人間や友人が集まり、互いを慰め合っていた。捜査官は、デイビッドが動揺し、茫然自失の状態であることに気づいた。深い悲しみが彼の心を空にしていたのだ。彼の答えは当て外れなものばかりだった。ふいに話題を変えたりもした。光源に関する質問は、デイビッドを混乱させた。

「ランプは？　ランプはどこにありました？」とデイビッドは聞いた。

四角いスタンドのついた、弾丸のような形をしたクロム金属製ライトが、ベッドの左側にあるステレオセットの上から消えていた。マニュエラを死に至らしめた鈍器は、その消えたランプだと警察は気づいた。

留守番電話のテープがなくなっている理由を尋ねられたデイビッドは、言葉を失った。そして首を振った。唯一の可能性は、マニュエラを殺害した誰かの声が録音されていたからだと彼は警察に語った。

現場は異様な状態だった。犯罪など起きたことがないアーバインという土地においては、なおさらだ。アーバイン警察にとってもそれは同じだ。あまりに異様で何かの策略ではと感じた捜査官もいた。貴金属類の一部が消え、テレビが裏庭に引きずり出されていた。しかし、スクリュードライバーを落としていくような馬鹿な強盗がいるものか？　捜査官はマニュエラの知人が犯人なのではと考えた。夫が病院に入院しているあいだ、知り合いの男を家に引き入れていたと考えられないだろうか。それがいつしか暴力につながり、自分の声が録音されている留守番電話のテープを抜いた男は、引き戸の鍵を壊し、そして偽装工作の最後の一手として、スクリュードライバーを置き去りにしたのではないか。

しかし、別の捜査官はマニュエラが殺人者を知っていたという意見には疑問を抱いていた。警察は遺体発見の翌日、アーバイン警察署で過去に夫婦の周りをうろつく怪しい人物がいなかったかデイビッドに話を聞いている。しばらく考えたあと、三ヶ月か四ヶ月ほど前、一九八〇年十月か十一月のいずれかに、誰がつけたかわからない足跡があったと彼は証言した。テニスシューズの足跡のように見え、家の片側から、反対側、そして裏庭まで続いていたと話した。捜査官はテーブル越しに一枚の紙をデイビッドに渡し、その靴跡を記憶しているかぎり描いてくれと頼んだ。彼は素早くそれを描きはじめ、夢中になり、そしてどっと疲れた様子を見せた。マニュエラを殺害した人物が殺害の夜に履いていた靴の石膏の型を警察が持っていることを彼は知らなかった。デイビッドが捜査官のほうへ押し戻した紙には、小さい円で構成された右足のテニスシューズの底が描かれていた。

デイビッドは警察から礼を言われ、家に戻された。警察は石膏の型の横に彼のスケッチを置いて照らし合わせた——一致である。

凶悪な犯罪者の行動のほとんどは衝動的で秩序がなく、逮捕は容易いとされる。殺人の大多数は被害者の顔見知りによる犯行だ。警察を混乱させるようなゲームを試みても、多くのケースで身元は判明し、逮捕に至る。しかし、犯罪者のうち五パーセントほどのわずかな者が、とんでもない難問を突きつけてくる——行き当たりばったりで、情け容赦ない怒りによって罪を犯す輩《やから》だ。マニュエラ殺害事件は、このタイプの特徴が顕著だった。紐《ひも》、そしてそれを外した跡。頭部の傷の残虐性。そして、小さな円が並ぶ靴跡が現れてから数ヶ月という状況が、暴力と計画性を秘めた注意深い犯人の蛇のような執念深さを示していた。

二月七日土曜日の正午、二十四時間にわたって手がかりを収集した警察は、もう一度建物のなかを精査し、家を正式にデイビッドに返還した。これは、犯罪現場専門の特殊清掃業者が出現する前の時代の話である。すすけたような指紋採取跡がドアノブに残っていた。デイビットとマニュエラのクイーンサイズのマットレスは、犯罪学者が証拠として中身を持ち帰るために開けた穴だらけだった。ベッドとその上の壁には血が飛び散ったままだ。警察官になるための訓練中であるドルーにとって、それはわかりきったことだった。だからこそ、清掃の仕事は自分の仕事だし、それを引き受けることは自然な選択だった。兄には借りがあるとも考えていた。

十年前、二人の父マックス・ウィットヒューンは、妻と喧嘩をし、自分の部屋に鍵をかけて閉じこもった。ドルーは当時中学二年生で、その日は学校のダンスパーティに参加していた。デイビッドは十八歳。一家の中では年長の子どもで、父のいた部屋からショットガンの音が鳴り響いたあと、ドアを蹴破ったのは彼だった。家族が現場を見ないように行く手を遮ると、父親の吹き飛ばされた脳漿《のうしょう》のイメージを一人で心の中にしまい込んだ。二人の父が自殺を遂げたのはクリスマスの二週間前のことだった。この経験はデイビッドから確信というものを奪ってしまったように思える。それからの彼は、ためらいの中に囚《とら》われたような人生を送ってきた。時折は笑顔を見せたが、目は決して笑うことがなかった。

そんなデイビッドが出会ったのがマニュエラだった。とうとう、安住の地に辿り着けたのだ。

彼女のブライダルベールが寝室のドアにかかっていた。手がかりになるのではと考えた警察は、デイビッドにベールについて聞いてみた。彼は、マニュエラはいつもそこにそれをかけていて、彼女にしてはとても珍しい、愛着のこもった行為だったと証言した。ベールは、これまでほとんど知られていなかったマニュエラの穏やかな一面を垣間見せていたのだ。そして、もう永遠にそれを知ることはできない。

ドルーのフィアンセはナース・プラクティショナー〔一定の診断や治療が可能な上級看護師〕になるために勉強をしていたが、彼女も事件現場の清掃を手伝ってくれた。二人はそのあと二十八年間の結婚生活で二人の息子をもうけ、そして離婚している。二人の関係が最悪な時期も、彼女があの日、あの現場の清掃を手伝ってくれたことを思い出すと、踏みとどまることができたとドルーは言う。それは彼がこれまで一度も忘れなかった、彼女の揺るぎない、親切な行いだった。

二人は漂白剤のボトルとバケツに入った水をせっせと運んできた。黄色いゴム手袋をはめての作業は厄介だったが、ドルーは表情を変えず、感情を露わにしなかった。彼はこの経験を学びと捉えようと努力していたのだ。警察の仕事には冷静な分析能力が求められる。真鍮《しんちゅう》製のベッドフレームから義理の姉の血液をこすり落とすときでさえ、タフでなければならない。もう少しで三時間が経とうというところで、部屋に充満していた暴力の痕跡を拭き取り、掃除は終了した。これで兄デイビッドの帰宅に備えることができる。

作業を終え、ドルーは車のトランクに掃除道具の残りを入れ、運転席に座った。イグニッションに車のキーを差し込み、息を吸い込み、そこから動けなくなった。奇妙な、抑えることのできない感情が溢れ出してきた。それは疲労感だったのかもしれない。

泣くつもりはなかった。そうじゃない。最後にいつ泣いたのかも覚えていない。自分が泣くわけがない。

彼は振り返って、コロンバス三五番地を見た。その家をはじめて訪れた日の記憶がフラッシュバックした。二人に会いにいく前に、車のシートに腰を下ろして考えていたことを思い出していた。


兄貴、本当に建てたんだな。


嗚咽《おえつ》が漏れ、それを飲み込もうと必死になった。ドルーは額をハンドルに押しつけ、むせび泣いた。押し殺したような泣き方ではない。胸をかきむしられるように荒々しく深い悲しみだった。そして人目も気にせず、腹の底から泣いた。車の中にはアンモニアの臭いが充満していた。爪の中に残った血は何日経っても消えないだろう。

とうとう彼は、自分自身を奮い立たせた。しっかりしろ。ＣＩＳ〔犯罪捜査課（Crime Scence Investigation）〕に渡さなくちゃいけないものがあるだろ。ベッドの下で見つけたじゃないか。彼らが見落としていた証拠だ。

それはマニュエラの頭蓋骨の一部だった。

＊

土曜の夜アーバイン警察捜査官ロン・ヴィーチとポール・ジェサップは、マニュエラの関係者からより突っ込んだ情報を得ようと、グリーンツリー地区ロマ通りに建つ彼女の両親の家へ赴いた。ドアベルを鳴らした二人に玄関先で応対したのは、マニュエラの父ホースト・ローベックだった。その前日、マニュエラの家が犯罪現場として封鎖された直後、ホーストと妻ルースは警察署に連れていかれ、若手の警察官から別々に事情を聞かれた。この担当捜査官であるジェサップとヴィーチが、ローベック夫妻と会ったのはこのときがはじめてだった。アメリカに移り住んで二十年が経過しようとも、ホーストのドイツ人気質は少しも薄らいではいなかった。彼は地元の自動車修理店の共同オーナーであり、その店はメルセデスベンツをスパナ一本で分解できると評判だった。

マニュエラはローベック夫妻の一人娘だ。結婚後も夕食は毎日彼らと共にしていたほど仲がよく、一月の彼女の予定表には、二つの予定しか書き込まれていなかったという。それは両親の誕生日だった。ママ。パパ。そう記されていた。

「殺されたんだ」と、ホーストは警察での最初の尋問で言った。「俺が犯人を殺してやる」

ホーストは、ブランデーグラスを手に玄関に現れた。ヴィーチとジェサップが夫婦の家に入ると、悲しみに打ちひしがれた友人、親類がリビングルームに集まっていた。捜査官二人が身分を明かすと、ホーストの無表情な顔が歪み、感情が爆発した。大男ではなかったが、その怒りの強さは彼の体を実際より大きく見せるに充分だった。強い訛《なま》りのある口調で、どれだけ自分が署で不快な思いをしたか、どれだけ警察が無能か、怒鳴り散らした。手厳しい攻撃がしばらく続いた後、ヴィーチとジェサップは、ホーストの怒りは自分たちに矛先が向いたものではないと悟った。悲しみに打ちひしがれるあまり、衝突に飢えていただけなのだ。彼の怒りは勢いよく吐き出され、そして、粉々に砕け散った。二人は玄関ホールのテーブルの上に名刺を置くと、その場を去ることしかできなかった。

ホーストの苦悩には、とある後悔もにじみ出ていた。ローベック夫妻はポッサムという名の訓練を受けたジャーマンシェパードを所有していた。デイビッドが入院している間、ポッサムを番犬として連れていくようホーストはマニュエラに言ったのだが、彼女はそれを断っていた。ポッサムが唾液を垂らしながら鋭い牙を剝き、鍵を壊す侵入者に猛進して追い払う姿をホーストは想像せずにはいられなかったのだ。

マニュエラの葬儀は二月十一日水曜日、タスティン市にあるサドルバック教会で執り行われた。道を隔てた場所で捜査官が写真を撮影している姿をドルーは目撃した。葬儀の後、コロンバス三五番地にデイビッドとともに戻ると、兄弟はリビングルームに座って夜まで話し込んだ。デイビッドはひどく酒に酔っていた。

「あいつら、俺が殺したと思ってるんだ」と、デイビッドが突然言い出した。その表情は読めなかった。ドルーは、兄がついに告白するのだと考えた。体調を考慮すれば、デイビッドがマニュエラを殺害できるとは思えなかったが、もし誰かを雇っていたらと疑問に感じていたのだ。警察で受けた訓練が意識に蘇った瞬間だった。そしてドルーは自分の向かい側に座る兄の姿に照準を合わせた。自白を引き出すチャンスは一度きりだ。

「やったのか？」とドルーは聞いた。

内気なデイビッドの性格を思えば当然だが、彼は震えだした。生存者の罪悪感が重くのしかかっていたのだ。彼の心には生まれたときからぽっかりと穴が開いていた。誰かが死ぬのであれば、自分であるべきだと考えていた。マニュエラの両親の嘆きは、責めるための誰かを探して、宛てもなく彷徨《さまよ》っていた。彼らの視線は頬をかすめる殴打のように、じわじわとデイビッドを追いつめた。でも、今ドルーの問いに答えたデイビッドには、はっきりとした苛立ちが感じられた。

「まさか」と彼は言った。「俺は妻を殺してはいないよ、ドルー」

ドルーは、マニュエラ殺害の一報を聞いてからはじめてそうするかのように、息を吐き出した。デイビッドの口から直接その言葉を聞きたいと願っていたのだ。深く傷ついてはいるが、自信に満ちて輝く兄の目をじっと見つめると、ドルーは兄が真実を語っていると確信した。

デイビッドが無実だと感じていたのはドルーだけではない。犯罪現場での作業を手伝ったオレンジ郡保安官事務所の犯罪学者ジム・ホワイトも同じだった。優秀な犯罪学者とはスキャナのようなものだ。彼らは、雑然とした見慣れない部屋に入り、重要な証拠の痕跡だけを際立たせ、他と隔離する。彼らは重圧とともに作業をしている。犯罪現場は時間的な制約の多い場所で、常に崩壊ギリギリの瀬戸際にある。その部屋に足を踏み入れるすべての人間が、証拠を汚染する可能性を持つ。犯罪学者は証拠を入れるバッグ、密封剤、メジャー、綿棒、紙袋、石膏といった、収集と保存のために使う山ほどの道具を持って現場にやってくる。今回の現場でホワイトは、どの証拠を保管すべきか指示を出すヴィーチ捜査官と共同で作業をしていた。彼はベッドの横に落ちていた粉状の泥を採取した。そしてトイレに残ったわずかな血痕を綿棒で拭き取った。マニュエラの遺体が収容されるときは、ヴィーチとともにそれに立ち会った。頭部に大きな損傷、体を拘束した跡、右手には皮下出血がいくつか見られた。臀部《でんぶ》の左側には、後日、検死官が極めて強烈な殴打によってできたものと結論づけた痣《あざ》があった。

犯罪学者の仕事の第二段階は、実験室で行われることになる。集められた証拠を分析するのだ。ホワイトは、犯人の遺留品である、よく知られたメーカー製のスクリュードライバーに付着した茶色いペンキをテストし、それが店頭で調合されたベアー社製のものに最も近いことを割り出した。実験室は通常、仕事が終了する場所だ。犯罪学者は捜査官ではない。取り調べをするわけでも、手がかりを探すわけでもない。しかし、ホワイトは珍しいポジションにいた。オレンジ郡内の各警察署は、それぞれの管轄区域で犯罪を捜査していたが、その多くは保安官事務所の鑑識課実験室を使用していたのだ。結果として、ウィットヒューン事件の捜査官であるヴィーチとジェサップはアーバインの事件しか知らなかったわけだが、ホワイトはサンタアナからサンクレメンテまで、郡のあらゆる場所にある犯罪現場で仕事をしたことがあったのだ。

アーバイン警察にとって、マニュエラ・ウィットヒューンの殺人はレアケースだった。

ジム・ホワイトにとって、それは見覚えのあるケースだった。

一九八〇年 デイナポイント

ロジャー・ハリントンはドアベルの下に挟み込まれていた手書きのメモを手にとった。日付は八〇年八月二十日。前日に書かれたものだ。

パティとキースへ
七時に来たけど、留守みたいだね。
予定が変わったのなら、電話をくれない？

メモには「メラディスとジェイ」と記名があり、ロジャーはそれが義理の娘の友人たちだと気づいた。玄関を開けようと思ったが、鍵がかかっていて驚いた。キースとパティは、在宅時めったに施錠しないからだ。特に、父が夕食に訪れる予定のときはそうだった。車を玄関前に乗り入れ、ガレージのドアを開けるボタンを押すと、ロジャーは車を停めた。そこにはキースのＭＧとパティのフォルクスワーゲンが停めてあった。家にいないのであれば、ジョギングにでも出ているのだろう。中庭の棚の上に隠してある鍵を取り、かさばるほど不自然に多い郵便物を手に取り、ロジャーは家の中に入っていた。

コックルシェル・ドライブ三三三八一番地は、オレンジ郡南部のデイナポイントにあるゲイテッドコミュニティー〔門や塀を設置して敷地内への出入りを制限し、セキュリティーを確保した地域のこと〕であるニゲル・ショアーズ内の九百五十軒のうちの一軒である。家はロジャーの所有だったが、彼自身の生活の拠点はロングビーチのオフィスにより近い、レイクウッドのコンドミニアムだった。二十四歳の息子キースは、カリフォルニア大学アーバイン校医学部の三年生で、新婚の妻で看護師のパティと一緒にその家に住んでいた。ロジャーはそれを喜ばしく感じていた。家族には自分の近くで暮らしてほしかったからだ。

家は七〇年代後期のスタイルで飾られていた。壁にはメカジキのオブジェが飾られ、天井からはシャンデリアが下がっていた。網状のプラントハンガーも特徴的だ。ロジャーはキッチンで自分用の飲み物を作った。まだ夕暮れには早かったが、家の中には影が差していて、しんと静まりかえっていた。家の中で唯一動いていたのは、南に面した窓とガラスの引き戸に映る青い海だけ。スーパーの袋と缶詰が二つ、キッチンシンクに入っていた。食パンが一斤置いてあり、その横に硬くなってしまったパンが三枚あった。じわじわと忍び寄るような恐怖をロジャーが感じたのは、そのときだ。

ロジャーが黄土色のカーペットが敷かれた廊下を寝室に向かって歩いていくと、キースとパティが寝ていた来客用の寝室に続くドアが開け放たれていた。しかし、窓のシャッターが閉められていて暗く、中の様子はよく見えなかった。ベッドはきちんと整えられ、掛け布団がダークウッドのヘッドボードまで引き上げられていた。ドアを閉めようとしたまさにその瞬間、ベッドカバーの下の奇妙な膨らみにロジャーは気づいた。近くまで行って、その膨らみを指で押してみた。何か硬いものが下にあった。彼は掛け布団をめくった。

きれいなベッドカバーと、その下に横たわったものの姿は、彼の思考の処理能力を超えていた。キースとパティはうつ伏せに寝ている状態だった。両腕は奇妙な方向にねじ曲げられ、手のひらがこちらを向いていた。最も激しい言葉で言い表すとするならば、二人は破壊されていた。天井がそこになければ、かなり高い位置から落下し、激突し、グシャリと潰れたのにちがいないと思っただろう。ベッドの上に飛び散った血液は、そんな状態だった。

キースは四人兄弟の末っ子で、成績優秀な生徒だった。高校の野球チームではナンバーワンの遊撃手として活躍した。パティと結婚する前には、医学部進学課程で学ぶガールフレンドと長い期間交際していた。誰もがキースはその女性と結婚するだろうと考えていた。ロジャーにとっても青天の霹靂《へきれき》だったが、彼女は別の医学部に移り、二人は別離を選んだ。キースはその後まもなくUCAメディカルセンターでパティと出会い、一年も経たないうちに二人は結婚した。心の奥底で、ロジャーは息子が自暴自棄になってはいないか、事を急ぎすぎなのではと心配したが、パティは心が温かく、キースのようにきちんとした女性だった。彼女は同棲していた元ボーイフレンドとすっぱり縁を切った。彼がマリファナを使っていたからだ。キースもパティも、互いを愛し合っているように見えた。ロジャーは二人を「子どもたち」と呼び、近頃は多くの時間を共有していた。新しいスプリンクラーシステムを庭に設置する手伝いをした。前の週の土曜日に、三人で藪《やぶ》を刈り込んだばかりだ。その日の夜には、パティの父親の誕生日を祝うバーベキューをしたほどだった。

映画の中では、信じられないといった表情で発見した死体を揺り動かしたりするものだが、ロジャーはそうしなかった。その必要はなかった。薄暗い明かりの下であっても、息子の白い肌が紫に変色しているのが見えたからだ。

争った形跡はなかったし、押し入られた形跡もなかったが、引き戸の一枚が施錠されていなかった可能性があった。スーパーのレシートによると、火曜の夜九時四十八分にパティは日用品を購入している。彼女の妹のスーが、夜十一時に電話をし、キースがそれに眠たそうに応答し、受話器をパティに渡したと証言している。彼女はスーに、もう二人で寝ていると言ったそうだ。パティは翌朝早くに看護師の派遣会社から電話がかかってくる予定だったのだ。パティの頭部の傷からは、真鍮のような金属片が見つかった。それはつまり、パティが妹との電話を切った後から水曜日の朝までの間に、誰かが設置されたばかりの真鍮製のスプリンクラーのヘッド部分を裏庭から持ち込み、家に忍び込んだということだ。区画され、ゲート前に警備員がいる場所で。そして物音を聞いた者は一人もいなかった。

＊

ドルーとマニュエラ・ウィットヒューン家の事件で得られた証拠を六ヶ月後に再調査したオレンジ郡保安官事務所所属の犯罪学者ジム・ホワイトは、この事件がキースとパティ・ハリントン夫妻殺人事件と結びついていることを直感的に感じていた。二つの事件には、大きな点、そして小さな点で共通項があった。中産階級の被害者が、ベッドの上で、家の中にあったもので撲殺されていた。両方の事件で、犯人は殺害に使った凶器を持ち去っている。女性被害者は二人とも強姦されていた。キースとパティ・ハリントン夫妻の遺体には縛られた痕があった。マクラメ編みの紐の一部がベッドの下と、その周辺から見つかっている。ウィットヒューンのケースでは、体にも拘束された跡があったことが六ヶ月後に判明したが、拘束に使ったものは事件現場から持ち去られていた。このちがいは、学習によるものではと思われた。

二つの事件には、興味深い医学的なリンクもあった。キース・ハリントンはカリフォルニア大学アーバイン校医学部の生徒で、パティはサンタアナ市のマーシー病院で、シフト勤務の看護師としてときどき働いていた。殺害されたマニュエラの夫であるデイビッド・ウィットヒューンは、妻が殺害されたとき、サンタアナ・タスティン・コミュニティー病院に入院していた。

ハリントン家のキッチンの床から、木製マッチの燃えかすが発見された。ハリントン家の人間は誰一人としてたばこを吸わない。捜査官はこれが殺人鬼の遺留品であると確信した。

ウィットヒューン家の近くの花壇からも、燃えた木製マッチが四本発見された。

ウィットヒューン殺人事件はアーバイン警察が担当する事件だった。ハリントン夫妻の事件はオレンジ郡保安官事務所の管轄だ。双方のチームの捜査官が、互いの事件に共通点はないか議論を交わした。ハリントン家の殺害事件で二人を殺害したのは、例外的なことだと考えられていた。二人同時に殺すのはハイリスクだ。この事実は、危険な橋を渡ることで殺人者の快楽が引き上げられる可能性を示唆《しさ》していた。六ヶ月後に同じ殺人者が、ウィットヒューン家でそうだったように、たった一人の犠牲者にターゲットを絞って殺すだろうか？　デイビッドの入院は予想外だったのではと反論する者もいた。あの日の夜、マニュエラが一人だったことを知って犯人は驚いただろうか？

目的は盗み（マニュエラの貴金属品）か、それともちがうのか。家宅侵入なのか、そうではないのか。犯人の指紋と合致する指紋は見つからなかった。DNAについての議論がはじまったのは、これよりもずっと後のことだ。殺人者はどちらの現場でも決定的証拠は残さなかった。しかし、わずかな手がかりは見つかっていた。キース・ハリントンが致命的な打撃を受けたとき、彼の頭の上にあったヘッドボードに傷がついていた。捜査員たちはパティの両脚の間から見つかった木片の位置から、キースが最初に殺され、その後、パティが性的暴行を受けたと結論づけた。彼女がどれほどの時間にわたり被害を受けていたか、犯行内容の順序立てが推論された。マニュエラを殺した人物は、マニュエラが吐き気を催すほどストレスを感じるまで、犯行現場にいたことがわかっている。ベッドの上に吐瀉物が残されていたからだ。

「過剰殺戮《オーバーキル》」という用語は、犯罪捜査や犯罪小説ではよく使われるが、誤用される場合もある。殺人専門のベテラン捜査官でさえ、殺人者が圧倒的な力を使って犯行に及ぶ場合、その行動を誤って解釈することがある。通常は、犯罪者と犠牲者の関係性と、その親密さから生み出される強い怒りの解放が過剰殺戮となって表われると考えるのが一般的であり、「痴情のもつれ」が決まり文句［注1］となる。

しかしその思い込みは、殺人者の行動の外的要因についての考慮が抜け落ちている。暴力のレベルは犠牲者がどれだけ抵抗したかで変わる。人間関係の破綻のように見える激しい外傷は、見知らぬ二人の揉《も》み合いによって、不幸にも導き出された結果かもしれない。

暴力的な犯罪者は、人間の命を、まるでスレッジハンマーのように徹底的に打ち砕く。彼らの両手は拳であり、先を読むことができない。饒舌《じょうぜつ》すぎる犯人を捕まえるのは簡単だ。犯罪現場に舞い戻り、車のバンパーから引きずる空き缶のように、ガラガラとやかましく、目立つのだ。しかし、狡猾なユキヒョウが静かに通り過ぎていくように、めったにないことが起きる場合もある。

無抵抗の犠牲者が過剰殺戮によって命を奪われる事件に、捜査官たちが遭遇するときもある。体を拘束されていたという事実から、マニュエラとパティは無抵抗だったと結論づけられたことを考えると、二人を殴打する際に用いられた力は、女性に対して直接向けられた必要以上の憤怒だとわかる。このような逆上とも言える強い怒りと計算的犯行は通常結びつかないものだ。二つの事件の間に法医学的な一致はなかったものの、しかし感情面での一致があった。多くの痕跡を残さず、言葉を交わさず、顔を見せなかった誰か、中産階級の人々の群れに紛れ込むことができる誰か、どこにでもいるような、落ち着きのない普通の男……。

ハリントン、そしてウィットヒューン事件に関連がある可能性は完全に捨て去られることはなかったが、事件が未解決になると同時にひとまず脇に置かれることになった。一九八一年八月、複数の新聞で、ハリントン事件が南カリフォルニア地域で起きた別の多重殺人事件と関連があるのではと推測する記事が掲載された。「南カリフォルニアのカップルがベッドで殺害された。サイコキラーの『ナイトストーカー』が関係しているのか？」と見出しを打ったのは、ロサンゼルスタイムズ紙だった。

ハリントン事件と南カリフォルニアの多重殺人事件の関連性を最初に指摘したのは、サンタバーバラ保安官事務所だった。サンタバーバラではすでに、二件の多重殺人事件と、カップルがかろうじて逃げ切ったナイフによる襲撃が発生していた。しかし、関連が示唆される多重殺人事件が起きた南カリフォルニアのベンチュラ郡とハリントン事件が起きたオレンジ郡は、その指摘を軽視した。派手に報道された多重殺人事件容疑者の予審が散々な結果だったトラウマを引きずっていたベンチュラの役人たちが、それはサンタバーバラの早とちりと発言したと報道された。オレンジ郡も懐疑的だった。「われわれは関連があるとは考えておりません」と、ダリル・コーダー捜査官は発言している。

そして、その後はそれ以上何も起きずに五年が過ぎた。十年が過ぎた。有力な情報を伝える電話は一本もなかったし、定期的に読み直されていた事件報告書は、必要な情報を教えてくれはしなかった。父親のロジャー・ハリントンは、息子のキースとパティが犠牲となったハリントン夫妻殺人事件を解明しようと、事件の詳細に執着した。私立探偵を雇い、多額の賞金を提示し、友人と同僚に何度も話を聞いた。しかし、事件が動くきっかけとなる情報は得られなかった。頑健な叩き上げのビジネスマンであるロジャーは、自暴自棄になり、挫折し、透視能力者にまで助言を求めたが、超能力者であっても霧を晴らすことはできなかった。ロジャーはキースとパティが殺害される前に一緒に過ごしたすべての瞬間を、もう一度考え直してみた。二人の殺害事件は彼にとって断片化してしまった証拠のループであり、それは決して元の形に戻ることはなく、彼の頭の中を止まることなく回り続けた。

［注1］原著編集者による注記

これらの事件で使われた過剰殺戮という言葉の誤用について、ミシェルの見解は、これが記されて以降、多少変化したようだ。彼女は、黄金州の殺人鬼の起こした殺害事件における殺傷力は、殺害に必要なものだけだったと結論づけている。この情報は、ポール・ホールズ（彼は、彼が分析した他の事件現場と比べたときの打撃の強烈さに、「興味が湧かなかった」と述べた）を含む、捜査官たちとの活発な議論から導き出した結果である。悲惨で強い印象を残す撲殺は、過剰殺戮であると判断されがちであり、黄金州の殺人鬼の犯行のいくつかで起きた可能性は高いとされている。

二〇〇九年　ハリウッド

レッドカーペットに沿ってずらりと並んだパパラッチが、互いを肘《ひじ》で突き合っていた。夫のパットン・オズワルトは、小粋なブルーのピンストライプ柄のスーツ姿で、カメラにポーズをとっていた。カメラのフラッシュが洪水のようだ。多くの人間の腕が、金属のバリケードの向こうからマイクを突き出していた。アダム・サンドラーが到着すると、そちらに人々の注意が移動し、悲鳴が上がる。次はジャド・アパトー。ジョナ・ヒル。今度はクリス・ロック。二〇〇九年七月二十日月曜日、午後六時を少し過ぎた頃のことだった。私たちはハリウッドにあるアークライト・シネマに、映画『素敵な人生の終り方』(二〇〇九年)のプレミア上映を観にやってきた。黒いシフトドレスと、履きやすい靴を身につけた女性が写った、使われなかったセレブリティー写真がどこかに残っているかもしれない。私が驚きのあまり呆然とし、iPhoneから目を離すことができなくなっている瞬間だった。だって、世界でもトップクラスのスターが私の横を通り過ぎていたまさにそのとき、南部、そして北西部で三十七年ものあいだ逃亡を続けていた多重殺人事件の犯人が捕まったことを知ったのだから。私はこの逃亡者に執着し、追い続けていた。

私はコンクリートの柱の陰に隠れて、私と同じぐらいこのニュースに関心を寄せるであろう、ロサンゼルスタイムズ紙の元ベテラン記者で、現在はカリフォルニア大学でメディア広報として働いているピート・キングに連絡を入れた。彼はすぐに電話に出た。

「ねえピート、聞いた？」私は息せき切って言葉を吐き出した。

「聞いたって何を？」

「記事へのリンクをメールで受け取ったところ。ニューメキシコの山奥で銃撃戦があったらしい。二人が死亡。二人とも郡保安官代理だったみたいね。その二人が追っていた男がいたらしい。キャビンから盗難を繰り返していた、謎の男らしいんだけど」

「おい、まさか」とピートは言った。

「そのまさかなんだって」と私は言った。「その山男の指紋を採取したらしい」ここでドラマチックな演出をするために、いったん間を置いたことは認めざるを得ない。

「……ジョセフ・ヘンリー・バージェス」と私は言った。「ピート、私たちの読みは当たってた。あいつ、ずっと逃げてたんだよ」

私たちの息を呑むような沈黙は長くは続かなかった。ピートがパソコンに飛びついたのはすぐにわかった。プレミア上映の指揮者が劇場内に観客を入れはじめていた。夫のパットンが私を探している。

「ねえ、ちょっと調べておいてくれない？」と私はピートに言った。「私、今はできなくて。ちょっと用事があって」

正直言えばあまり興味がない用事だ。映画のプレミア上映会の居心地が悪いだなんて、深刻な悩みじゃないし、怒りを含んだ「あら、うらやましいご身分で」という言葉を投げつけられるだけだというのもわかっている。でも、ごめん。ハリウッド関連のイベントに出席して、取り忘れた洋服のタグや、ボタンのかけ忘れや、歯に口紅がついていることを指摘されなかったことなんて一度もないと私が言うのは、勘違いで傷ついているからではないのだ。以前、イベントのコーディネーターが、爪を噛んでいる私の指を口から引っ張り出したことだってある。レッドカーペットでの私は、所詮「首をすくめた中腰の女」（夫のパットンのほうが背が低いから）。ポーズを決めたってしかたない。でも、夫は役者だ。彼を愛しているし、彼の仕事も、彼の友人の仕事も私は素敵だと思うし、それにもちろん、こういったイベントに頻繁に顔を出すことも彼の仕事の一部だということはわかっている。だから、念入りに着飾って、ときにはプロに頼んで仕立ててもらうのだ。タクシーに迎えにきてもらうのは、なんだか気まずいし、申し訳ない気持ちになる。知りもしない陽気な広報の誰かにレッドカーペットまで引っ張っていかれ、「こっち向いて！」だとか「ここに立って」と大きな声で言われ、何百人もの見知らぬカメラマンのフラッシュを浴びることだってある。こうして作り上げられた魅惑の瞬間が訪れたあとは、水滴のついたプラスチックのカップからダイエットコーラをすすり、指を温かいポップコーンの塩で汚し、キーキーと音の鳴る古い劇場のシートに身を沈めるのだ。明かりが落とされる。ほとんど義務となった熱狂の、はじまり、はじまり……。

アフターパーティに行くと、ジェイソン・ステイサム主演の『アドレナリン』の監督にパットンが紹介されているところだった。彼の大のお気に入りのアクション映画だ。パットンは映画の中の大好きなシーンを監督に披露していた。「正直、ステイサムに惚れちゃってるかもしれないね」と彼は白状した。監督と別れた後は、少し休憩して、ハリウッド&ハイランドセンターのボールルームにぎゅうぎゅう詰めになっている群衆を観察した。酒、上品なチーズバーガー、そしてパットンのアイドル、ギャリー・シャンドリングさえそこにいたというのに、パットンは私の気持ちを読んで、こう言った。

「いいよ、さあ、行こう」

帰ろうとする私たちを友人が遮った。

「あら、赤ちゃんにもう会いたくなっちゃった？」彼女は暖かな微笑みをたたえてそう言った。私たちの娘アリスは、そのとき生後三ヶ月だった。

「だってかわいいんですもの」と私は答えた。

真実は、もちろん、もっと奇妙だ。私はきらびやかなハリウッドのパーティを抜け出して、すやすや眠る愛娘の元じゃなくて、ラップトップに戻ろうとしていたのだから。私が今まで会ったこともない、私が知らない人たちを殺した男の情報を、夜を徹して探し出すために。

大人になってからずっと、見ず知らずの暴力的な男が私の心を支配していた——私が黄金州の殺人鬼《ゴールデン・ステート・キラー》と犯人にあだ名をつける二〇〇七年よりずっと前のことだ。

スポーツ統計学やデザートのレシピやシェイクスピアのセリフのために残されている脳の領域は、私にとっては身の凍るような事件現場の陳列室のための場所なのだ。田舎の道路横の溝に落ちた、車輪が回転したままの男の子用モトクロス自転車。死んだ女の子の背中のくぼみから採取された、極めて微細な緑色の繊維の束。

同じことを長々と論じたくないと言いたいわけではない。もちろん、謎は解決したい。例えば、検討事項は多くあったとしても、充分な情報が与えられている市民戦争に執着している人たちに私は嫉妬してしまう。私のケースでは、モンスターたちはその姿を現さないが、決して消え失せることもない。彼らは長年死んだ状態で、私が書くことで命を吹き込まれる。

十四歳の私の運命を変えた犯人には顔がなく、捕らえられることもなかった。あれ以来ずっと、私は楽しい時間に背を向け、答えを探し続けている。

オークパーク

テリー・キーティングの声は、実際に顔を合わせる前から聞こえてきていた。彼はドラマーでありドラムの教師として働いていて、その大声は、たぶん難聴か、生徒に話を聞けと叫ぶことが癖になっているせいだろう。「テリーです！」と彼は叫んだ。彼を待っていた私がスマホから顔を上げて立ち上がると、ベンティサイズのスターバックスのカップを手にし、ふわふわの茶色い髪をした、中肉中背の白人男性の姿が見えた。彼は、リーバイスにSHAMROCK FOOTBALLとプリントされた緑色のTシャツを着ていた。彼は私に声をかけていたのではなかった。私たちが会う約束をしていた、イリノイ州オークパーク、サウス・ウェズリー通り一四三番地にあるレンガ造りの家に向かって、道をわたりながら声をかけていたのだ。彼は玄関前の私道で車をいじっている五十代の男性に話しかけていた。その男性は背が高く、痩せていて、少し猫背で、かつて濃い色をしていただろう髪は白くなっていた。思いやりのない喩えではあるが、斧のような鋭く尖った顔をしていた。親しみやすい雰囲気は微塵もなかった。

でも、見覚えがある顔だ。私が子どもの頃に、この家に住んでいた家族の一人に彼はそっくりだ。子どものうち何人かは私と年齢が近く、町でよく見かける顔だった。彼は長男にちがいないと私は気づき、両親から家を買ったか相続したのだろうと思った。

男性はテリーを見ても無表情だった。怯《ひる》まないテリーを見て、私が不安になった。両手を差し伸べ、方向を変え、落ち着かせるという、母親の本能めいたものが私にはあるのだ。しかしテリーには、男性に自分を思い出してもらいたいという意思があった。結局のところ、二人は元ご近所さんなのだ。

「僕ですよ、遺体を見つけたガキの一人ですよ！」とテリーは大声で言った。男性は車の横からテリーを凝視した。何も言わなかった。その沈黙は強烈に敵対的だった。私は目をそらし、玄関の北西の位置に置かれた小さなマリア像に視線を移した。

二〇一三年七月二十九日土曜日の午後――真夏のシカゴにしては珍しく気温が低くて風の強い日だった。一ブロック西の空には、私の家族がかつて通っていた聖エダマンド・カトリック教会の屋根が見えた。私は併設の学校に、一年生から三年生まで通学していた。

男性は再び車の修理をしはじめた。テリーはその場を離れて右側に移動した。そして三十メートルほど先の歩道にいる私を見つけた。彼と目が合ってうれしくなった私は、一生懸命手を振って、今まさに起きた出来事をなんとか償おうとした。テリーは聖エダマンドで私の一学年上だった。私が記憶している彼との最後の会話は、三十五年前のことだ。最近になってはじめて発見したことだが、一九八四年八月の同じ夜に私も彼も人生が変わってしまったこと以外は、私は彼についてては何も知らないのだ。

「ミシェル！」と彼は歩きながら大声で言った。「ハリウッドの生活はどうだい？」

私たちはぎこちなく抱き合った。彼のその態度は、私を一瞬にしてオークパークの子ども時代にタイムスリップさせた。母音が平坦になる、強いシカゴ訛りだ。あとで彼が「とっとと逃げてきた」と教えてくれた、その表現も独特だった。頭のてっぺんの毛がぴょこんと立っていて、頬が赤く、まったく器用なタイプじゃないテリー。彼は考えたことがそのまま口から出てくるタイプで、率直に切り込んでくる。

「それでまあ、どうなったかっていうと……」と彼は、私を家のほうに導きながらそう言った。私は躊躇した。家主の不愉快なリアクションをすでに見て、怖じ気づいたのかもしれない。散歩をしたら、あの蒸し暑い夏の夜に私たちは戻ることができるかもしれない。まだ私たちが自転車を乗り回していたあの幼いころ、はじめてビールを一口飲んだあの夏の日々に。

私は南側の路地の先を見た。

「あの晩、あなたたちが進んだ道をもう一度辿ってみない？」

オークパークはシカゴの西側と境界を共有している。そこで育ったアーネスト・ヘミングウェイがその地を「野生の芝が生い茂る、偏狭な者の町」と表現したのは有名だが、それは私の経験とはちがっている。私たちは町の中心部にある閑静な住宅街、サウススコビル三〇〇番地のボロボロの三階建ての古めかしい家に住んでいた。私たちの家の北側にはフランク・ロイド・ライト〔一八六七年―一九五九年。アメリカを代表する建築家。近代建築の三大巨匠の一人とされる〕の自宅兼スタジオがあって、周囲には大きな住宅とリベラルで知的な住人たちが最先端の暮らしを保っていた。私の友人のキャメロンは、ライトが設計した住宅に住んでいた。彼女の義父が人権派の弁護士で、母親はたしか陶芸家だったと思う。ベジタリアンソルトと、「カブキ」という言葉を私に教えてくれたのは彼らだった。キャメロンの義父が、黒い服を好み、詩に傾倒しがちなキャメロンと私に、トーキング・ヘッズのコンサート映画『ストップ・メイキング・センス』(一九八四年)を観にいって元気を出せと勧めてくれたのを記憶している。

南側には、労働者階級のアイルランド系カトリック教徒の家族が住んでいた。隙間風が入り込むような住宅で、ヘッドボードなしのベッドで寝起きする簡素な暮らしだ。若い愛人を作って父親が失踪し、二度と戻らなくなるなんてこともときには起きたが、だからといって離婚を選ぶような人たちではなかった。大学二年の春休みを私の家族と過ごした友人は、地元のゴシップを私に話す父のことを見て、コメディーを演じているにちがいないと思ったらしい。彼女は、出てくる名前の数々が、確実に、まったくもって、アイルランド系だけだったと言っていた。コネリー家。フラナリー家。オライリー家。そして、次々と続くのである。疲れ切ったアイルランド系カトリック教徒の母親が、私の家族について質問され、それに答えるのを立ち聞きしたことがある。

「マクナマラ家の子どもは何人だい?」

「たったの六人だよ」と彼女は答えた。彼女には十一人の子どもがいたのだ。

私の家族は、オークパークの、それぞれの地域の住人の立場にあった。両親は地元出身で、ウェストサイド・アイリッシュと広く呼ばれていた人々の仲間だった。二人は高校で出会った。私の父は前歯に隙間があって、とても陽気な人だった。彼は笑うのが好きだった。私の母は厳格な家庭で、厳格な両親に育てられた、筋金入りの長女タイプ。ジュディ・ガーランドが大好きでハリウッドのきらびやかな世界に長く憧れを抱いてきた。「ジーン・ティアニーに似てるってよく言われたわ」と、一度だけ恥ずかしそうに私に言ったことがある。誰なのか私にはわからなかったけれど。何年もあとになって彼女の映画、『ローラ殺人事件』（一九四四年）を観た。ミステリアスなキャラクターと、緩やかにウェーブするブロンド混じりの茶色い髪の色はたしかに母に似ていて、上品でシャープな頬骨は私をも虜《とりこ》にした。

友人を探していた父が母の家のドアをノックしたのが二人のなれそめだと聞いている。もちろん本当だろうと思う。感情的な問題に、直接的でないアプローチをするのが彼らのスタイルだったから。両親とも目がとても大きくて、父の瞳は青く、母の瞳は緑。二人が口にすることができずにいた心情の多くを、その大きな瞳が語っていた。

ノートルダム大学在学中の父は、結婚せずに神学校に入ることを一時期考えていたらしい。ノートルダムではブラザー・レオと呼ばれていた。母は他の求婚者との未来も考え、自分の将来の名字の候補を紙に落書きしていたそうだ。しかし、神学校のやつらは飲み足りない連中だからと、ブラザー・レオは心を決めた。そして、二人の友人のマラキ・ドゥーリー牧師が、一九五五年のクリスマスの翌日、二人の結婚式を執り行った。いちばん上の姉のマーゴは翌年九月に生まれた。あまりの早業をからかうと、母は頬を赤らめたものだ。彼女の高校時代のあだ名は、「優等生」だった。

ノースウェスタン法科大学を卒業すると、父はダウンタウンにあるジェナー＆ブロック法律事務所に勤めはじめ、そこで三十八年間働き続けた。網戸で囲われたポーチに置いた椅子に座って、片手にシカゴ・トリビューン紙を、もう片方の手に紅茶を、そして最後にレモンを搾《しぼ》ったドライジンのマティーニのオンザロックを飲んで、父のいつもの一日ははじまるのだった。一九九〇年に酒を断つことを決心したとき、父はそれをいつもの突飛な方法で家族に伝えた。子どもたち全員がタイプライターで打った手紙を父から受け取ったのだ。「私のお気に入りの子へ」という言葉ではじまる手紙で、「父はこれから、ペプシ・ジェネレーションに加わることにします」と書いてあった。後になって、自分がお気に入りの子どもだと思っていたのは二人だけだったと言っていた。私はそのうちの一人だった。

私の兄姉たちは、次々と誕生したそうだ。四人の姉と兄が一人で、私は末っ子。すぐ上の姉のメアリー・リタとは六歳離れていた。メアリーと私は本当の遊び友達となるには年が離れすぎていた。今思い返してみると、徐々に落ち着きはじめた家族のもとに私は生まれてきたのだという気がする。私が誕生したとき、両親はすでにリビングにお揃いのアームチェアを置いていた。玄関の一部にはガラスがはめられていて、そこに立って中を覗くと、リビングにある母のベージュ色のアームチェアの背もたれが見える。友達が来てドアベルを鳴らすと、母は片手を上げて、くるくると回した。「裏に回って」と母は大声で言い、施錠していない裏口に行くよう指示していたものだった。

同じブロックに住む家族とは仲がよかったが、子どもたちは年上ばかりだった。彼らは連れだって行動し、日暮れになると家に戻ってきた。私には七〇年代に生きる十代の若者がどんな生活をしていたのか、はっきりとした記憶がある。なぜなら、私はその十代の子どもたちと多くの時間を過ごしていたからだ。家族の中で最も社交的な姉のキャスリーンは十歳上で、私をまるでお気に入りのおもちゃのように連れ歩いた。マジソン通りにあるスーパーまで、彼女の運転する自転車の長いサドルの後ろに座って、不安定にぐらぐらと揺れていた記憶がある。誰もが彼女の顔見知りのようだった。「ヘイ、ビーニー!」と、彼女のニックネームを呼ぶ人たちが大勢いた。

高校一年のときビーニーは、陸上選手で物静かなブロンドのアントンという男の子に熱烈な恋をした。私たちは連れだって、彼の出場する大会を見にいった。観客席の上のほうに隠れて彼をこっそりと覗き見た。彼がスタートラインから飛び出したときの、恋に恋するような彼女のうっとりとした表情。そのときは気づいていなかったけれど、この後、高校生活の複雑さが姉と私の間に距離を作ってしまうことになった。それからまもなくして、私はキッチンから二階につながる階段のいちばん上で一人座り込み、もみあげを伸ばした十代の男の子たちがわが家の朝食用テーブルでビールを一気に飲み干す姿を観察するようになるのだから。スティーブ・ミラー・バンドの『ザ・ジョーカー』がやかましく鳴っていた。

一九七四年、ヴァン家の姉妹──私と同い年のリサ、私より一歳上のクリス──が通りを隔てた場所に越してきた日のことを、家族全員が、からかって、うやうやしく言う。

「本当に助かったわ」「あの人たちが引っ越してくるまで、あなたのお世話、大変だったのよ?」

*

両親の友達の多くは、小学校、中学校、そして高校からの間柄だった。移りゆく世界のなかで、このような親密な関係を維持してきたことは、もちろん彼らの誇りでもあったけれど、同時にそれは彼らを守る手段であったのではと私は思う。両親は安心できる環境の外では、不安になってしまうのだ。内に秘めた臆病さがあったと思う。彼らは強い人柄に引き寄せられるようだった。ときに鋭いジョークで緊張をそらしていた。特に母は、感情や期待を常に抑圧された状況にあったと思う。母の手は小さくてそばかすだらけで、何か嫌なことがあると指を引っ張る癖があった。

間違った印象を与えたくはない。二人は聡明で、好奇心旺盛で、経済的に余裕があるときは世界中を旅していた。父は、一九七一年、最高裁で争われた、いまだに憲法学の授業で学ばれる訴訟を担当し、敗訴した経験さえある。彼らは「ニューヨーカー」誌を定期購読していた。優れているとか、クールだとされた大衆文化にだって、二人は常に敏感だった。母は『ブギーナイツ』を観にいったこともある（「内容を忘れるために『サウンド・オブ・ミュージック』を二十回観ることにするわ」と母は言っていたけど）。二人とも、ケネディー率いる民主党の支持者だった。母は「政治的には進歩主義者」と言うのが好きだった。「でも社会的にはコンサバよ」父はいちばん上の二人の姉が十歳と八歳のとき、ダウンタウンで行われたマーチン・ルーサー・キング牧師の演説に連れていった。八四年にはモンデールに投票した（政治家。八四年の大統領選挙でレーガンに対抗する民主党の指名大統領候補となった）。私が十九歳のとき、夜明けにパニックになりながら私を起こした母が、（彼女にとっては）見知らぬ錠剤を手に、震えていたことがあった。母は「避妊用ピル」と言葉に出して言えなかった。

「あなた、これを飲ん……で……」と彼女は言った。

「これ、ファイバーサプリだよ」と私は言い、毛布をかぶって寝直した。

＊

母と私の関係はつねに緊張状態だった。姉のモウリーンは私が二歳の頃、家に戻ると母が玄関先をイライラと行ったり来たりしているのを目撃したらしい。「私がおかしいのかしら、それともミシェルがおかしいのかしら」と涙をこらえながら母は言ったそうだ。そのとき母は四十歳だった。彼女はアルコール依存症の両親の元で育ち、幼い息子の死を経験していた。誰の助けも得ずに六人の子どもを育てていた。きっと私がいちばん手のかかる子どもだったと思う。母が私につけていたあだ名は、もちろん半分ジョークだけれど、「小さな悪魔」だった。

私と母は生涯を通して互いを苛立たせてきた。母は何から何まで私を妨害し、私は母を睨みつけた。母は便せんにメモを書いては、ドアの下から私の部屋に滑り込ませた。ひどい内容の手紙で「あなたはうぬぼれが強く、考えが浅く、失礼な人間です」とあり、「それでもあなたは私の娘だから、もちろんとても愛しています」と結ばれていた。そして私たちの家族にはミシガン湖に夏用のキャビンがあった。ある日の午後、私たち子どもたちは波打ち際で遊んでいて、母はイスに座って読書していた。このときのことを私は記憶している。波はちょうど私が全身を水の下に隠せるほどの高さで打ち寄せていた。波がいちばん高いときでも、さっと頭を出せば息を吸うことができると私は気づいた。私は母から見えないように姿を隠した。母がそれに気づいて、イスに座りなおし、私の姿を探して海面を見つめるのを、私はそのままにしていた。母が本を置くのも、そのままにしていた。母が立ち上がっても、私は姿を現さなかった。母が波打ち際まで走り寄り、もう少しで叫び出しそうになっても私は平気だった。あっけらかんと水の中から飛び出て見せたのは、その瞬間だった。

今となっては、もっと母に優しく接するべきだったと思う。あるときは母が映画やテレビのとあるシーンを見ることができないことをからかった。母は、誰かが主催したパーティに、当日になって誰も来ないというシーンをとても見ることができなかった。母はセールスマンの運が尽きるような映画を拒絶した。母のその特徴を、私は風変わりで面白いものだと思っていたけれど、今は、それがとても傷つきやすい人の特徴だと理解できる。母は自分の両親のアルコールの問題と、決して終わることなく、あまりにも長く続いた浮かれ騒ぎを目撃していた。今となっては母の弱さがわかる。母の両親は社会的な成功に価値を見いだし、母の頭の回転の早さと探究心を見過ごしたのだ。それで母は挫折を感じていた。母はその発言で私を攻撃したり、傷つけたりできたけれど、でも年を重ねた私は、それは母が自分自身を責めていただけだと理解している。

私と母は互いの人生の浮き沈みで、いちかばちかの賭けをし、そして母はとうとうそれまでしてこなかった方法で、努めて私を励ますようになった。高校のとき、チアリーディングをやろうとした私を、母が説得してやめさせたことがある。「自分が応援される側になりたくない？」と彼女は言ったのだ。私の学業だとか文学的な成功のすべてを母は喜んでくれた。私が高校生のころ、神学論の教授で卓越した考古学者だった父の姉のマリリン伯母さんに宛てて、母が何年も前に書きはじめた手紙を見たことがある。若き作家であった私をなんとかして応援しようと助言を求めていたのだ。「あの子をグリーティング・カードを書く人生で終わらせたくないわ。どうすればいいですか？」と彼女は書いていた。私はその母の質問を、有名なグリーティング会社のために原稿を書くことで支払われるお金に夢中になりそうだった時期に、何度も思い出した。

それでも母の期待と希望の転移を感じ取り、私は苛立った。母の承認を熱望していたと同時に、私に対する母の気持ちを息苦しく思った。母は芯の強い娘に育てた事実を誇りに思うと同時に、私の鋭い意見をひどく嫌った。私の年代の人間が分析学とディコンストラクション〔テキストをそこに内在する言語の自己指示性によって読み解き、テキストを構成している言語機能や哲学的・社会的・文化的・政治的前提を解決しようとする、一九六〇年代にはじまった文芸批評の一方法。特に米国で盛ん〕に没頭し、母の年代がそうでないという事実も状況を良くはしなかった。母は、決して私のようにうじうじと考えたりはしないし、しなかっただろう。姉のモウリーンと、子ども時代に私たち姉妹のとても短いショートカットの話をしたことを覚えている。

「ねえ、あのショートカットってママが私たちの性的な特徴を消そうとしたんだって思わない？」と私は聞いたのだ。三人の子どもの母親であるモウリーンは苛立ちを含んだ笑いを漏らした。「あんたも子どもができたらわかるわよ、ミシェル。ショートヘアは性的特徴を消していたわけじゃない。ただラクってだけ」

＊

私の結婚式の前日、母とそれまでで最も大きな口げんかをした。私は定職に就いてなかったし、社会からすっかり取り残された状態で、何かを書いているわけでも、何かをしているわけでもなく、そして多くの時間を使って——たぶん、多くの時間を使いすぎていたんだろう——結婚式の準備に没頭していた。リハーサルディナー〔結婚式前日に開かれる、親族のみの夕食の席のこと〕で、お互いのことをまったく知らない人たちを集めて、一つのテーブルに座ってもらっていた。私は彼らに、各テーブルに座る人たちには一つだけ共通点があると話していた。そして、それを当ててみてと言っていたのだ。あるテーブルの人たちは、ミネソタに住んでいたことがあった。他のテーブルの人たちは、料理が大好きだった。

ディナーの中盤、母がトイレに向かう私を遮るようにしてやってきた。私がその晩母を無視していたのは、友人がディナーの少し前に、母と話した内容をうっかり私に伝えてきたからだった。友人は母に、私のことを最高の作家だと思っていると言ったそうだ。すると母は「ええもちろんそうよ、私もそう思う」と言い、「でも、ちょっと遅すぎたと思わない？」と付け足した。その母の言葉が、頭の中をぐるぐると回っていた。

視界の隅で、母が私に向かって歩いてきているのが見えた。私の記憶では、母は笑顔だったと思う。母がすべてに喜んでいたのは見て取れたけれど、手放しに褒《ほ》めることが上手なタイプではなかった。母は愉快なことを言ったと思っていたにちがいない。テーブルを回って楽しそうにしていた。

「あなた、時間を持て余しているのよ」と彼女は言った。私は純粋な怒りをたたえた顔で母に向き直っていたにちがいない。

「こっちに来ないで」と私は吐き捨てるように言った。母はショックを受け、そして何かを急いで説明しようとしたが、私はそれを遮った。「私から離れて。今すぐに」

私はトイレに向かい、個室に入って鍵をかけ、五分間泣くことを自分に許した。そしてトイレを出て、何事もなかったかのようにふるまった。

多くの人がそう証言しているとおり、母は私の態度に打ちひしがれていた。母とはこのことについて一度も話をしなかったけれど、結婚式のすぐ後に、私に長い手紙を送ってきた。母が私を誇りに思う点のすべてを細かく書いていた。そのあと、私たちはゆっくりと関係を立て直していった。二〇〇七年の一月の終わり、両親が船でコスタリカまで旅行することになった。船はロサンゼルスの南部にある港から出港することになっていた。四人で――夫のパットン、私、そして両親――出発の前日に夕食を共にした。私たちは大いに笑い、そして翌朝、二人を港まで送り届けた私は、母と強く抱き合って、別れを惜しんだ。

数日後、キッチンの電話が朝の四時に鳴った。私は目を覚まさなかった。すると電話がもう一度鳴り、私が応答する直前に切れた。録音されたメッセージを聞くと、父からだった。父の声は息が詰まったようで、何を言っているのか聞き取れないぐらいだった。

「ミシェル」と父は言った。「家族に電話しなさい」プツン。

私は姉のモウリーンに電話した。

「聞いてないの?」と彼女は私に尋ねた。

「なんのこと？」

「ああ、ミシェル」と彼女は言った。「ママが死んだのよ」

糖尿病だった母は、船の中で合併症を起こして体調を崩した。サンノゼの病院にヘリコプターで搬送されたが、すでに遅かった。七十四歳だった。

その二年後、娘のアリスが生まれた。産後二週間、私はどうしようもない喪失感にさいなまれた。「産後うつ」と夫は友人に説明していたが、でもそれは、新しく母になったことへの不安感ではなかった。母を慈しむ気持ちだったのだ。生まれたばかりの娘を抱いて、私は悟った。心の底からかき立てられるような愛を、自分の周りの世界のすべてを愛情を求める目の前の二つの瞳に集中させるほど強い責任を。三十九歳にして、それまで母がずっと抱いてきたであろう私への愛に気づいたのだ。話すこともままならないほど泣きじゃくりながら、夫に湿気のこもる地下室に行って、結婚式のあとに受け取った母からの手紙を探すよう頼むと、夫は何時間もかけて探してくれた。すべての箱がひっくり返された。床に紙が撒き散らかされた。でも、夫は手紙を見つけることができなかった。

*

母の死後まもなく、父と姉たち、兄、そして私でフロリダのディアフィールドにある両親のアパートに赴き、母の遺品を整理した。クリニークのハッピーパフュームの香りが残る母の衣服に、私は顔を埋めた。母が人生をかけて熱心に集め続けた山ほどのバッグのコレクションには驚いた。誰もが母のものを一つ、自分のものにした。私はピンクと白のサンダルを受け継いだ。今も自分のクロゼットにしまってある。

遺品整理後、七人で海が見える近所のレストラン、シーウオッチに早めのディナーに出かけた。私の家族はよく笑う人たちで、楽しい母の思い出話に花を咲かせた。七人が大笑いする様はちょっとした騒ぎのようだった。

戸惑ったような笑顔の年老いた女性が、店を去るときに私たちのテーブルに来て、「秘密は何かしら?」と聞いた。

「えっ?」と、兄のボブが答えた。

「素敵な家族でいられる秘密」

私たちは口をぽかんと開いたまましばらく座っていた。私たちの心の中にあった答えを口にする勇気のある者はいなかった。死んだ母の遺品整理をしたばかりなんです。私たちは、より一層笑い転げた。

母はかつて、そしてこれからの人生においても、私との間に最も複雑な関係を持つ人だ。これを書いている今、私の心を痛ませる矛盾する二つ真実にショックを受けている。この本を誰よりも喜んでくれるのは母だ。そして私は母がこの世を去るまで、この本を記す自由を感じることはなかっただろう。

＊

聖エダマンドへの八〇〇メートルほどの距離を、私も毎日歩いていた。ランドルフ通りで左に曲がり、ユークリッド通りで右、そしてプレザント通りで左。女子生徒は灰色の格子柄のジャンパースカートと白いシャツ、男子生徒は芥子《からし》色の襟のついたシャツとスラックスが制服だ。いつも陽気なミズ・レイは私が一年生のときの担任で、腰のくびれた体つきとふさふさしたキャラメル色の髪が特徴だった。まるでスザンヌ・サマーズが六歳児の群れを引き連れているようなものだった。だが、私にとって聖エダマンドの鮮明な想い出はほかのところにある。

妙な話ではあるけれど、それはカトリックの教えでも、教会で過ごした時間でもない。聖エダマンドは私の心の中に、一つのイメージを永遠に残している。物静かで茶色い髪から耳が少しだけ出ているあの男の子、ダニー・オリスだ。

私の学生時代の恋は運動神経が良いタイプから性格の良いタイプまでさまざまだったけれど、すべての男子に共通点があったと自信を持って言える——全員が私の前の席だったということだ。横に座っている人、あるいは自分の後ろに座っている人に対して好感を持つのは理解できるけれど、私はそうではない。そうするには、ときには目をしっかり合わせるために首を伸ばさなくちゃならない。私にはそれはリアルすぎる。私は男子の後頭部が大好きだった。子どもの前屈みになった、なにもない背中に、ありとあらゆるものを映し出すことができた。口を半分開けたままでも、あるいは鼻に指を突っ込んでいてもかまわない。どうせ私にはわからないから。

私みたいに夢見がちな映写技師のような少女にとって、ダニー・オリスは完璧だった。彼が不幸だったとは思わないけれど、それでも彼は笑顔ではなかった。前歯に隙間のある、おとぎ話を信じる幼い私たちが最後には理解できることを、すでに知っているかのように、彼は少年にしては冷静で、厳粛な雰囲気をまとっていた。彼は私たち一年生のクラスの、まるでサム・シェパード〔一九四三年―二〇一七年。アメリカ人俳優、劇作家〕だった。私は生まれたときにおさるのジョージのぬいぐるみをプレゼントされたのだが、ダニーの丸くて妖精のような顔と大きな耳は、ジョージにそっくりだった。私は毎晩、ジョージを頬のところで抱きしめて眠った。わが家で私がダニーに恋をしたことは大きな話題になった。引っ越しで自分の荷物を整理していたときに、アイオワ大学一年だった姉のビーニーから私に宛てた手紙が出てきた。そこには「親愛なるミッシュ　会いたいよ。そういえばダニー・オリスは元気？」と書いてあった。

四年生のとき、地元のウィリアム・ベイ小学校に転校した。家の前の道を隔てた場所に越してきて、私を孤独から救ってくれた仲良しのヴァン姉妹が通っていたからだ。私は彼女たちと一緒に学校に行きたかった。好きな服を着たかった。少しするとダニー・オリスのことなんてほとんど忘れてしまった。おさるのジョージも、私の子ども時代のさまざまなものごととともにいなくなった。

高校二年のときに、両親が用事で町を出ることになり、私は大きなパーティを計画し、それを友人が手伝ってくれた。彼女は地元のカトリック系の男子校であるフェンウィックの学生たちと数ヶ月前から遊んでおり、何人か誘っていいかと尋ねてきた。私はもちろんよと答えた。実際のところ、その時期、彼女はそのうちの一人と付き合いかけていたのだ。

「まあ、付き合ってるといえば付き合ってるかな」と彼女は言った。

「最高じゃん」と私は答えた。「名前は？」

「ダニー・オリス」

私は目を見開いて、はっと息を呑み、悲鳴を上げた。自分をなんとか落ち着かせ、深呼吸して、大きな秘密を打ち明けるわよというしぐさをした。

「絶対に信じられないと思うけど」と私は切り出して、「私、子どもの頃、ダニーのことが大好きだったんだよ」

友人は頷いた。

「音楽の時間に先生が手をつなげって言って、そこからはじまったんでしょ、恋が」と彼女は言った。私の困惑した表情が、彼女を促した。

「彼が教えてくれたの」と彼女は言った。

音楽の授業で手をつないだことなんて、まったく覚えていない。それに、まさかダニーは**気づいていたの？** 記憶のなかの私は、彼の後ろに座っている大人しい少女で、じっくりと、しかし控え目に、彼の丸くてデコボコした後頭部を観察しているだけの子だった。私の執着は昼メロなみに不自然だったにちがいない。ぞっとした。

「彼ってミステリアスな子だったし」と、私は若干イライラしながら言った。

彼女は肩をすくめた。「あたしにはそうでもないよ」と彼女は言った。

その夜、紙コップを持ったティーンエイジャーたちが、庭や道路に溢れていた。私はジンを飲みすぎて、家の中にいる大勢の見知らぬ人たちの間を縫うようにして歩いていた。それまで付き合った男子も、私がその後付き合うことになった男子も家にいた。誰かがファイン・ヤング・カニバルズの『サスピシャス・マインド』をリピート再生していた。

その日の夜はずっと、あの物静かで茶色い髪をした男の子がキッチンの冷蔵庫の横に立っているのを敏感に気づいていた。髪で耳は隠れていた。顔は丸みを失って、すっとしていたけれど、垣間見た彼には、落ちついて謎めいた雰囲気がいまだに残っていた。一晩中、私は彼を避け続けた。彼の目を見ることもなかった。ジンを飲んでいたにもかかわらず、私は教室のいちばん後ろで注意深く座っている、誰も気づくことのない少女のまま。あのときのままだった。

＊

二十六年後の、とある五月の午後、メールの新着を伝える聞き慣れた音が鳴ったとき、私はラップトップをちょうど閉じるところだった。受信箱を覗いてみた。私はメールの返信がまばらな人間で、認めることは少し恥ずかしいけれども、返信に数日、あるいはそれよりも長い時間がかかるときがある。受信箱に入っていたメールの差出人の名前を理解するのに少し時間がかかった。ダン・オリス。私はためらいながらそのメールをクリックしてみた。

今はデンバーに住むエンジニアのダンは、ノートルダム大学同窓会発行の雑誌に掲載された私のプロフィールを誰かから送ってもらったのだという。その「探偵」と題した記事では、私が未解決殺人事件の解決を目指すブログ「トゥルー・クライム・ダイアリー」の著者であることが紹介されていた。記事のライターが私に、未解決殺人事件に対する執着の起源となった事件について質問し、私の答えはこのようなものだった。「私が十四歳のときにすべてがはじまったように思います。近所の女性が残忍な方法で殺害されたんです。とても奇妙な事件でしたね。彼女はジョギングをしていたらしいですが、結局、警察は事件を解決することができませんでした。近隣住民は恐怖を感じていましたが、それでも前に進むしかありませんでした。でも、私にはそれができなかった。どのようにして事件が起きたのか、理解する必要が私にはあったのです」

これは抜粋されたコメントである。別のバージョンでは、次のように書いてある。

一九八四年八月一日の夕方、私は改装された家の三階にある屋根裏部屋で、密閉された自由を謳歌していた。わが家の子どもたちは全員、十代のある程度の時期をそこで過ごした。とうとう、私の順番が巡ってきたというわけだ。父は火事になったら逃げ場がないことからその場所をとても嫌っていたが、多感な十四歳で、自分の日記に『作家のミシェル』と記名するような当時の私にとって、その場所は夢のような秘密の場所だった。カーペットは毛足の長い深いオレンジ色で、天井には傾斜がついていた。壁に埋め込まれた書棚は隠し扉になっていて、物置につながっていた。最高だったのは、部屋の半分ほどのスペースを占領していた大きな木製の机だ。ターンテーブル、タイプライター、そして小さな窓からは近所の家々の瓦屋根が見えていた。私には夢を見る部屋があったのだ。数週間経てば、私は高校に行きはじめるという時期だった。

それと同じ頃、わが家から五〇〇メートルほどの距離に住んでいた二十四歳のキャスリーン・ロンバードが、ウォークマンで音楽を聴きながらプレザント通りをジョギングしていた。とても暑い夜だった。ポーチに出ていた近所の住人がジョギングするキャスリーンを目撃したのは、夜の九時四十五分頃だったそうだ。その数分後、彼女は殺される。

誰かが二階まで階段で上ってくる音を聞いていた──姉のモウリーンだったと思う──そしてなにかボソボソと話す声、息をはっと吸い込むような音を聞いた。次に母が急いで窓際に歩いていく足音が聞こえた。聖エダマンドに通っていた頃からロンバード家のことはよく知っていた。噂はすぐに広まった。彼女を殺した男は、ユークリッド通りとウェズリー通りの間にある路地の入り口に彼女を引きずり込んだ。犯人は彼女の喉《のど》をかき切った。

子どもの頃、『少女探偵ナンシー』〔アメリカの児童向け推理小説で、少女探偵のナンシー・ドルーが事件を解決するシリーズ〕を読む以外、特に犯罪に興味を抱いていたわけではなかった。それなのに、殺害から二日後、誰にも告げず私は、家の近所のキャスリーンが襲われた場所に歩いて向かったのだ。地面には、彼女の粉々になったウォークマンの破片が落ちていた。私はそれを拾い上げた。恐怖は感じなかった。ただ、痺れるほど強い好奇心と、予期せぬ探索のエネルギーが電流のように流れるのを感じたのだ──私はこの瞬間のすべてを詳しく思い出すことができる──刈られたばかりの芝生、ガレージのドアの剝がれた茶色いペンキ。私の心を摑んで離さなかったのは、犯人の顔であるべき部分に浮かんだクエスチョンマークだった。犯人の正体が抜け落ちていることは、暴力的に強烈なことだった。

未解決殺人事件に私は取り憑《つ》かれた。私は、不吉で謎に包まれたディテールを溜め込んでいくような人間だった。『ミステリー』という言葉にパブロフの犬のように反射するようになった。私の図書館の貸し出し履歴はまるで不気味な本とノンフィクションの文献目録のようだった。誰かと会って出身地を聞けば、最も近い場所で発生した未解決事件現場とそこを心のなかで結びつけた。あなたがオハイオ州のマイアミ大学に行っていたとする。私はあなたに会うたびに、あなたとロン・ターメンを結びつける。ジャズバンドのベーシストでレスラーだった彼は、一九五三年四月十九日に学生寮の部屋を歩いて出た——ラジオも電気もつけっぱなしで、心理学の本は開いたままだった——そして彼は姿を消し、二度と目撃されることはなかった。あなたがバージニア州ヨークタウンの出身だったとする。私はこれから先もずっとあなたとコロニアルパークウェイとを結びつける。一九八六年から一九八九年の間にヨーク川に沿ったリボン状の道で、四組のカップルが蒸発、殺害された事件だ。

三十代の中盤で、ようやく自分のこだわりを受け入れられるようになり、インターネット技術の誕生に感謝しつつ、私の手作りの犯罪捜査サイト「トゥルー・クライム・ダイアリー」が生まれたというわけだ。

「なぜそこまで犯罪に興味があるんですか？」と聞かれることが多い。私はいつもあの路地で、自分の手のなかにある、砕けたウォークマンの破片を見た瞬間に立ち返る。

犯人の顔を見なければならない。

顔さえわかれば、犯人の力は失われる。

ウォークマンの持ち主だったキャスリーン・ロンバード殺人事件が解決されることはなかった。

私は彼女の事件について何度も書き、その話題にインタビューで触れることもある。オークパーク警察に電話をして、事実確認をすることとさえあった。唯一現実味のある手がかりは、黄色いタンクトップを着てヘッドバンドをしたアフリカ系アメリカ人が、ジョギング中のキャスリーンを熱心に見ていたという証言だった。高架鉄道を降りた犯人がキャスリーンを尾行しはじめたのを見た目撃者がいたという噂は、警察が打ち消した記憶がある。その噂の真意は明らかだった。住人以外の誰かが犯人だと言いたかったのだ。

オークパークの警官たちは私に、事件は暗礁に乗り上げているという明らかな印象を与えた。ダン・オリスの名前がメールの受信箱に現れるその日まで、私自身も事件は行き詰まっているものだと考えていた。ダンはメールのなかに、別の人物のメールアドレスを記していた。テリー・キーティングである。聖エダムントで一学年上の生徒だと、曖昧ながらも記憶していた。ダンとテリーはいとこ同士だったのだ。二人が私に連絡を寄越したのは、彼らもキャスリーン・ロンバード殺人事件に取り憑かれていたからなのだが、しかし別の、そしてより個人的な理由からだった。メールで、こんにちは、元気ですかと書いたダンは、すぐに要点を書き出していた。

「聖エダムンドの少年たちがキャスリーンを発見したことを知っていましたか?」とダンは書いていた。

その経験は少年らには身の毛がよだつほど陰惨で、精神を揺さぶられるものだったという。少年たちはそのことを頻繁に話題にしていたとダンは書いていた。それは怒りからだ——なぜならキャスリーンに起きたその晩の出来事について、正しいとされ噂となって流れていた話は、彼らの意見では間違いだったからだ。彼らは犯人の正体がわかるような気がしていた。

実はその晩、彼らは犯人と鉢合わせていた。

＊

テリーとダンはいとこ同士だっただけではなく、同じ屋根の下で育っていた。ダンの家族が一階に住み、テリーの家族が二階、そして二人の祖母が三階に住んでいた。テリーと私は路地から、その古い家の裏側を見た。

「何人が住んでいたの？」と私はテリーに聞いた。せいぜい、二八〇平米ほどの家だ。

「子どもが十一人で、大人が五人だよ」と彼は答えた。

一歳しかちがわないダンとテリーは、当時も、そして今も仲がよい。

「あの夏は、僕らにとっても転換期だった」とテリーは言う。「ビールを盗んで酔っ払ったときもあったし、まるでガキみたいにイタズラもしたしね」

彼は裏庭のガレージの横のコンクリートが敷かれた場所で、身振り手振りを交えて説明した。

「ホッケーだったかな……いや、バスケだったかもしれない。みんなで遊んでいたんだよ、あの夜は……」みんなとは、テリー、ダン、ダンの弟のトム、そして小学校からの同級生のマイクとダレンのことを指す。夜の十時少し前のことだった。ユークリッド通りにある小さなコンビニエンスストア「ホワイト・ヘン」に行こうと、誰かが言い出した。キットカットやコーラを買うために、一日に三度も四度も顔を出すほど、彼らはその店に通い詰めていた。

テリーと私は家から北の方向に歩きはじめていた。彼は子どもの頃、この路地で相当な時間を過ごしたらしく、わずかな変化もすぐにわかるようで、それを指摘することができた。

「あの頃は、夜になるともっと暗かったよ」と彼は言った。「まるで洞窟みたいだった。もっと枝が突き出ていたし、垂れ下がっていて」

近所の家の裏庭から生えている見たこともないような木が彼の注意を引いた。「竹だなあ」と彼は言った。「信じられる?」

路地がプレザント通りと交わる場所から一五メートルほど離れた場所で、テリーが足を止めた。プレティーン（十代になる前）の子どもの集団と十代の子どもたちが、大きな音を出して何かを撃っていたとテリーは回想する。バカなことをやって気を紛らわせていたのだ。この場所に来ると、彼は今でも怖くて仕方がないそうだ。まっすぐ前を見れば、通りの向こうに路地が口を開けている。

「注意していれば、彼女が走る姿を見ていたかもしれない」と彼は言う。「ヤツが彼女を摑む瞬間を見たかもしれない」

私たちは道路を渡ってサウス・ウェズリー通り一四三番地の裏手にあるアルコーブに向かった。五人の男の子たちは横一列になって歩いていた。ダンは、自分の右側を歩いていたとテリーは記憶している。テリーはガレージ横のフェンスに片手を置いて、ガタガタと揺すった。

「フェンスは同じものだけど、当時は赤く塗られていたなあ」

ゴミの缶の近くに、巻かれたラグが置いてあると思ったらしい。キャスリーンの両脚は真っ白で、暗闇の中でテリーはそれを明るい色のカーペットだと勘違いしたのだ。次の瞬間、彼女によ り近い場所にいたダンが叫んだ。

「死体だ！」

テリーと私はガレージ沿いの、キャスリーンが仰向けに横たわっていた場所をじっと見つめた。彼女の喉がかき切られていたのは、すぐにわかった。両脚のあたりが血だまりになっており、ひどい臭いが漂っていた。たぶん、内臓がガスを出していたのだろうと、テリーは推測している。テリー曰く「デリケートなタイプ」だったダレンは、頭に両手を当てたまま、ゆっくりとガレージまで後ずさりした。トムはそこから最も近い家の勝手口に走っていき、大声で助けを呼んだ。

次に起きたことは、キャスリーン・ロンバード殺人事件の事実に基づく物語のなかで、テリーとダンの記憶にちがいが生じた瞬間である。二人は、キャスリーンにはそのときまだ生体反応があり、彼らの発見と、大群となった警察の到着の間の数分間に死亡したと記憶している。刑事たちから、犯人とすれちがっているはずだと言われたことを覚えている。

少年たちがキャスリーンの遺体を発見したのとほぼ同時に、男性が路地から現れたそうだ。その男性は背が高くて、インド系のようだった。リネンのシャツをへそのあたりまで開けていて、半ズボンにサンダル履きだった。

「何かあったのか？」と男は聞いた。テリーは男性が死体のほうを直接は見なかったことを記憶している。

「誰かが怪我をしているんです。警察に電話しなくちゃいけないんですけど」とマイクが男性に言った。男性は首を振った。

「うちには電話がないんだよ」と彼は言った。

現場の混乱が、このあと起きた一連の出来事を不明瞭なものにしてしまっている。テリーは制服を着た疑り深いひげ面の警官の運転するパトロールカーが停まって、ヒステリックに死体の場所を確認したと記憶している。キャスリーンの姿を見た警官の声色が変わったこと、急いで無線で助けを呼んだこと。もしかしたらまだ研修中の人物だったかもしれないが、その警官の若い同僚が、車によりかかって嘔吐していた。

ガレージの横にいたダレンは、その時もまだ両手を頭に置いたままで、前後に揺れていたのを覚えている。そして、テリーがそれまでも、そしてそれからも、一度も見たことがないほどの、大量のライトとサイレンに少年たちは囲まれていた。

七年後、トム・マックブライドという、事件現場から数軒先の家に住んでいたという男性と一緒に車を相乗りしてコンサートに行ったそうだ。子ども時代、テリーとトムはお互いのことを知らず、別々の学校に行っていたこともあって、仲が悪かった。テリーは、カトリック系の学校に通う子どもたちが言うように、トムを「公立のやんちゃ坊主」だと言った。でも、実際のところトムはとてもいいやつだとテリーは思った。二人は夜通し話し合った。

「おまえって死体を発見したガキのグループにいなかったっけ？」とトムが聞いた。

テリーはその通りだと答えた。トムは目を細めて言った。

「俺はずっと近所に住んでいたやつが犯人だと思ってきたんだ」

テリーにとあるイメージが蘇ってきた。リネンのシャツの胸元をはだけた男で、不思議なことに、キャスリーンの死体を見なかった人物だ。明らかに恐ろしいことが起きているというのに、いったい何が起きているのかと少年たちに尋ねたのだ。

テリーは胃のあたりがぎゅっとした。

「どんな感じの男だった？」と聞いた。

トムは説明した。背が高い男。インドから来た男。気味が悪い。

「俺たちが彼女の死体を見つけたとき、現場にいたのはそいつだ！」とテリーは言った。

トムは真っ青になった。信じられなかった。トムははっきりと覚えていた。死体を発見した後の大騒ぎのとき、その近所の怪しい男はシャワーを浴びたばかりでバスローブを羽織った姿で勝手口に出てきて、警察の車を眺めていた。そして、裏のポーチに出ていたトムとトムの家族のほうを見たらしい。

「何か言ったのか？」とテリーは聞いた。

トムは頷いた。

「何があったんだい？」と、その近所の男は言ったらしい。

＊

彼女を殺した犯人は捕まらなかった。私が事件現場で拾った割れたウォークマンの破片は、三十年後、サクラメント市キャピトル通りでレンタカーを走らせる私の頭の中で耳障りな音を出していた。町を出て東に向かうと、フォルサム大通りに入る。そのまま大通りを走って、カリフォルニア州立大学サクラメント校とサター・センター・フォー・サイキアトリーを越え、次に藪《やぶ》とオークの木がまばらに生えた空き地を越える。私の右側を平行して走っているのは、ライトレールのゴールドラインだった。ダウンタウンから、四〇キロほど東にあるフォルサムまで走る交通システムだ。そのルートには歴史がある。都市とシエラの採掘施設とを結ぶ最初の蒸気鉄道で、サクラメント・ヴァリー鉄道会社が使用しており、一八五六年に敷設された。ブラッドショー通りの交差点を曲がると、「質《しち》とシックスポケット・スポーツバー」という看板が見えてきた。道を渡ると、錆びた金網のフェンスの向こうに石油タンクが並んでいる。私は目的地にやってきた。すべてがはじまった場所、ランチョ・コルドバだ。

一九七六年―一九七七年 サクラメント

七〇年代、ここに住んでいなかった子どもたちは、この場所をランチョ・カンボジアと呼んだ。アメリカ川がサクラメント郡の東側を二つに分けていて、南岸のランチョ・コルドバは川の反対側にある、緑が多く優雅な場所からは切り離されている。このエリアは、農業のためにメキシコ人に付与された五〇〇〇エーカーの土地としてはじまった。一八四八年、五六キロ川上でジェームス・マーシャルが水車の排水路にあった金属フレークを見つけて「あったぞ!」と宣言して以来、採金がランチョ・コルドバにもたらされ、大きな岩を大量に町に残した。それからしばらくの間は、ぶどう園だった。一九一八年にマザー空港がオープンした。しかしランチョ・コルドバを本当の意味で変えたのは冷戦だった。一九五三年、ロケットとミサイル製造会社であるエアロジェット社がここに本部を設け、従業員のための新築住宅建設がブームとなって、町の曲がりくねった道路(ジンファンデル通り、レスリング通り)が突然舗装され、きれいに分割されて、上品な平屋建てのトラクト・ハウス〔同じ業者によって建設された、デザインがよく似た住宅のこと〕が建てられた。家族の誰かが軍やエアロジェットの関係者という人がほとんどだったようだ。

粗暴な分子も潜んでいた。七〇年代中盤にラ・グロリア・ウェイで育った男性は、コルドバ・メドウス小学校近くでアイスクリームを売っていた男性が、忽然と姿を消したことを記憶しているという。長髪で、ヒゲを蓄え、パイロット風のミラーサングラスをかけて子どもたちにアイスキャンディーを売っていたその男は、実は別のグループにはＬＳＤとコカインを売っていて、警察に連行されていった。七〇年代にサクラメントで育った人間の話には、このような危ない商売が頻繁に出てくる。快楽と恐怖が絡み合う、小さな町の風景のポストカードの裏に書かれた不吉な知らせのようなものだ。

暑い夏の日には、アメリカ川を歩いて進んだものだったと女性は回想する。川沿いの道に沿って走り、深い藪の中にあるホームレスのキャンプに行き当たったこともあったそうだ。川の近くには呪われていると噂される場所があった。ランドパークで遊んでいた十代の女性のグループが、上半身裸の男性たちが車にワックスをかける様子を眺めていた。彼らはその時代のロラパルーザ〔一九九一年にロックバンド「ジェーンズ・アディクション」のペリー・ファレルが組織したロックフェスティバル〕ともいうべき音楽フェスティバル「デイズ・オン・ザ・グリーン」に行くためオークランドに向かい、イーグルスやピーター・フランプトン、ジェスロ・タルを見たそうだ。そしてサッターヴィル通りの堤防まで車を走らせ、ビールを飲んだ。一九七八年四月十四日、堤防でビールを飲んでいたそのとき、下の道をサイレンを鳴らしたパトロールカーの車列が走り去っていった。その車列は終わることがなかった。「あんなの見たことがなかったし、あれ以来、見たことがない」と、当時十代の若者で、今は五十二歳になっている女性が言った。イーストエリアの強姦魔、別名ＥＡＲ《イャー》――後に私が黄金州の殺人鬼と呼ぶようになった男――が再び凶行を重ねだしたのだ。

私はフォルサム通りで左に曲がってパセオドライブを走り、ランチョ・コルドバの住宅街に入っていった。この場所は彼にとっては意味があったらしい。男はここを最初に襲撃し、そしてここに戻り続けた。一九七六年十一月までの半年の間に、サクラメント郡ではＥＡＲ《イャー》が犯人とされる九件の襲撃が起きた。そのうち四件がランチョ・コルドバで発生したのだ。一九七九年三月の時点で、ＥＡＲ《イャー》の襲撃は一年間発生していなかった。もう永遠に襲撃はしないのではと思われたそのときになって、男は再びランチョ・コルドバに戻ってきた。それが最後の襲撃だった。男はランチョ・コルドバの人間なのか？　特に、事件発生初期に捜査に当たった捜査官たちはそう考えた。

　彼が最初に襲撃した場所に車を停めた。そこはシンプルなＬ字型の三〇坪ほどの平屋で、きれいに刈り込まれた木が中庭の真ん中に植えられていた。この木は、はじめて通報があった一九七六年六月十八日からそこにあった。二十三歳の女性が、後ろ手にした両手首を血流が止まるほどきつく縛られた。床に倒れた彼女は、必死に受話器に声を届けようとした。シーラ（仮名）は父のナイトテーブルまで後ろ向きで進み、床に倒し、そして指で必死にダイヤルのゼロを探した。彼女は家宅侵入とレイプを通報しようとしていたのだ。

　彼女は警察に、犯人のマスクが奇妙だったことを理解してほしかったという。マスクは白く、粗末な毛糸のような素材で編まれていて、目の位置に穴が開いており、真ん中に縫い目があったが、犯人の顔をとても窮屈に覆っていた。男が寝室のドアに立つのを見たとき、夢を見ているのではと考えたそうだ。六月のサクラメント市でスキーマスクをかぶる人なんているわけないでしょ？　彼女はそう思ってまばたきをし、そしてその姿をまじまじと見た。男は一八〇センチぐらいの長身で、中肉中背、濃紺の半袖Tシャツに灰色のキャンバス地の手袋をしていた。その他の詳細については、あまりにも不自然なので、彼女の潜在意識の中で彷徨《さまよ》っていたにちがいない――青白い両脚に生えた黒い毛が見えた。そういったパーツが合わさって、全体像を形成した。男はパンツを穿《は》いていなかった。勃起していた。胸部が上下に動いていた。リアルな呼吸だった。

男はシーラのベッドに飛び乗って、刃渡り一〇センチのナイフの刃を彼女の右のこめかみに当てた。シーラは毛布で頭を覆って男を追い払おうとした。男は毛布を引き剝がした。「音を立てたら、このナイフを突っ込んでやる」と男はささやいた。

男は持ってきたコードで彼女を後ろ手に縛り、クロゼットの中で見つけた白と赤の布ベルトでもう一度両手を縛りあげた。そして、彼女のナイロン製の白いスリップを彼女の口に突っ込んだ。これらの行動の中に、後に明確となるヒントはすでに隠れていた。男は彼女をレイプする前に、自分のペニスにベビーオイルを塗った。部屋中を引っかき回した。男が引き出しを開けたとき、リビングルームにあるサイドテーブルの小さな取っ手がカチャカチャと鳴る音が聞こえたそうだ。男は歯を食いしばり、低い、しわがれた声を出した。音を出すなと男がナイフを押しつけた彼女の右側の眉毛に数センチの切り傷ができ、出血した。

常識的に、そして警官であれば、パンツを穿いていない強姦魔など、教養がない若い覗き魔で、軽犯罪から足を洗って重罪に手を染めたパターンだろうと考える。衝動の制御がお粗末な若造はパンツなしのダンスをするが、そういう輩《やから》はあっという間に逮捕される。絡みつくような視線から、近所では気味の悪い男だと知れわたっている。警察は、抗議する母親の家で寝ている男を蹴り上げて、叩き起こすにちがいない。しかし、この事件のパンツなしの若造は捕まらなかった。

頭の切れる強姦魔という矛盾が存在していると私は考えている。元FBIのプロファイラーで性犯罪が専門のロイ・ヘーゼルウッドがこれについて、スティーブン・G・ミショーとの共著『男性が行う邪悪なこと』(*The Evil That Men Do*)で「多くの人間が複雑な強盗事件とインテリジェンスを結びつける。しかし、強姦に至っては別の話である。邪悪な行いだから、インテリジェンスと即座に結びつけることができないのだ。従って、そのような犯罪者に知的側面を付与することを拒み続ける。これは警察官に実際に起きていることである」

シーラのレイプ犯の手法の詳細をつぶさに検証していくと、計算されつくした犯行であったことがわかる。男には、決して手袋を外さない慎重さがあった。シーラは襲撃の数週間前に無言電話を何度か受けている。それはまるで誰かが彼女のスケジュールをモニタリングしているかのようだった。尾行されているような気がしたのは四月のことだった。彼女は、暗い色をした中型のアメリカ車を頻繁に目にするようになった。でも不思議だった——すべて同じ車だと確信していたのに、運転手を認識することはできなかったのだ。

襲撃の夜、裏庭にあった小鳥の水浴び用の水盤が、電話線の下の場所まで移動していた。明らかに、その上に立つために使われたようだった。しかし、電話線は中途半端に切られていただけで、まるで見習いの大工が打った曲がった釘のように、慣れてない人物の不器用な躊躇《ためら》いの跡のように見えた。

四ヶ月後、サクラメント郡保安官事務所のリチャード・シェルビー刑事は、シトラスハイツ市内のシャドウブルック通りの角に立っていた。

サクラメント郡保安官事務所の規則に基づけば、シェルビーはこの事件にも、その他の事件にも関わるべきではなかった。いや、彼はそもそも警官になるべきでもなかった。シェルビーは規則を知っていた――一九六六年当時、サクラメント郡保安官事務所で働くには、十本の指が揃っていなければならなかった――しかし、シェルビーは筆記試験と身体試験はパスしていたから、運試しだと考えた。そして、運は彼に味方した。彼は左手の薬指のほとんどを失っていたが、それさえ彼にとっては幸運だったのだ。ハンターにショットガンで誤って撃たれたシェルビーは、命を失ってもおかしくなかった。医者は、危うく左手そのものを失うところだったと言った。検査官がシェルビーの指を見て、面接を中止した。シェルビーは、あっさりと不合格にされた。そもそも、サクラメント郡保安官事務所でシェルビーが働くなんて、ありえなかったのだ。不合格にされたことにシェルビーは大いに傷ついた。それまでの人生でずっと、オクラホマで保安官をしている叔父を家族が褒《ほ》め称えるのを聞いて生きてきた。きっとそれは導きだったのだろうと考えた。もっと人が少ない、例えばヨローだとかプレイサーなどの地域で働きたいとシェルビーは思っていたのだから。セントラルバレーの広大な空間は彼の幼少期の居場所だった。夏、若い頃の彼は、マーセド郡の農場や農園で肉体労働に勤《いそ》しんでいた。渓谷に行き、裸で泳いだ。シエラネバダ山脈の麓《ふもと》でウサギやリスを追った。サクラメント郡保安官事務所からの「不採用通知」は、一週間後に届いた。そしてその翌日、別の手紙が届いた。この手紙には、いつ、どの場所に出勤すればいいかが書いてあったのだ。

シェルビーは説明を求められた。ベトナムが大ニュースとなりつつあった時期だった。一九六五年二月、毎月の徴兵召集は三千人にまで膨れ上がっていた。十月までにその数は三万三千人に増えた。抗議活動が全国各地ではじまり、徐々に増加し、世の中は騒がしくなっていた。徴兵に行く若者は少なくなってきていた。サクラメント郡保安官事務所はシェルビーを、新しく、そして比較的珍しい現象と捉えたのだ。十年以上前、十七歳の誕生日の十三日後にシェルビーは空軍に入隊し、任務を終えていた。シェルビーは刑事司法で大学の学位を持っていた。結婚していた。そして指を失っているにもかかわらず、保安官の秘書よりもタイプが上手かった。保安官事務所は指の長さに関する規定を変更し、一九六六年八月、シェルビーは初出勤を果たした。そして二十七年間勤め続けた。

サクラメント郡保安官事務所は当時、洗練された場所ではなかった。グースネックランプとクリップボードがダッシュボードに設置された一台のパトカーに、みんなが争うようにして乗っていた。武器庫には一九二〇年代から使用していたトミー銃があった。サイレンは車の上部に取り付けられていた。サイレンの大音量のせいで、当時のパトカーに乗っていた警察官は、今では補聴器をつけている。性犯罪を扱うような専門部署は当時存在しなかった。電話を受け、レイプ事件の現場に呼ばれたら、それで専門家のできあがりだ。これが理由で、一九七六年十月の朝、シェルビーはシャドウブルック通りの曲がり角に立つことになったのだ。

警察犬のブラッドハウンドが匂いを追って、彼をその場に連れてきた。匂いの跡は子ども部屋の窓からはじまり、フェンスを越え、野原を抜けて、曲がり角で止まっていた。シェルビーはその付近の家の玄関をノックし、野原から約六〇メートル向こうの被害者の家を見た。彼は胸に迫ってきた不安を追い払った。

その一時間半前、ジェーン・カーソンが電気のスイッチを入れたり切ったりする音を聞いたのは午前六時半を少し過ぎたあたりで、三歳の息子をベッドで胸に抱きながら眠っていたときのことだった。誰かが廊下を走ってきた。少し前に夫は仕事に出たばかりだった。「ジャックなの？忘れもの？」と彼女は声をかけた。

緑色っぽい茶色のスキーマスクをかぶった男がドアから入ってきた。

「黙れ、金を出せ、傷つけはしない」と彼は言った。

シェルビーは正確なタイミングに興味を抱いた。ジェーンの夫が職場に出かけてすぐに、犯人は息子の寝室の窓から家の中に侵入した。夫婦は二週間前に別の空き巣の被害を受けており、犯人は二人からは十個ほどの指輪を盗み、隣人の家から盗んだジュエリーを残していった。そのときも、息子の寝室の窓から侵入し、そして同じ窓から出ていったのだ。同じ男だとシェルビーは思った。秩序立てて行動する、忍耐強い人物だ。

ジェーンのレイプ事件はイーストエリアの強姦魔が関与した五番目の事件となったが、一連の事件とは切っても切れない人物となったシェルビーとキャロル・デーリーの担当する事件として、最初のものとなった。性犯罪に詳しい女性刑事のキャロルが被害者の事情聴取をするのは自然な流れだった。その人当たりのよさは、彼女を郡保安官代理にまで、あっという間に昇進させることになる。ただし、シェルビーは人を苛立たせる男だった。ものごとを混乱させてしまうため、容疑者の取り調べは同僚に任せた。彼は常に上層部と揉《も》めていた。彼の問題はその尊大な態度ではなく、率直な物言いだった。要領が悪かったのだ。人のいない平らな大地を放浪して過ごした幼少期は、彼からコミュニケーションスキルを培《つちか》う機会を遠ざけてしまったようだ。「僕は昔から器用に振る舞えなくてね」と彼は言う。

その年の十月、短い期間に三件の事件が発生した。彼の同僚の多くが正体不明の連続犯で「アーリーバード（早起き）のレイプ犯」と知られていた人物が犯人なのではと考えたが、シェルビーは彼らが、「アーリーバード」よりもっと賢く、奇妙な犯人に手を焼いていることはわかっていた。これは犯罪プロファイリングがなかった時代の事件であり、「署名的行動」や「儀式的行動」といった専門用語が一般的になる前のことだ。当時は、捜査官は「存在」とか「雰囲気」とか「匂いがする」といった言葉を使っていた。彼らが言わんとしていたのは、匂いと同じぐらいはっきりとした、正確で独特な事件細部の配置だ――つまり、犯罪現場のデジャブ経験だった。もちろん、身体的特徴の一致もあった。男は白人で、十代後半から二十代、身長は一八〇センチぐらいで、中肉中背のスポーツマンタイプだった。常にマスクをかぶっている。抑圧的で、怒りのこもったささやき。歯を食いしばった口元。怒りを募らせると声がうわずった。小さいペニス。男の声は常に慌ただしげだったが、立ち居振る舞いはそうでもないという奇妙な態度が目立った。引き出しを開けて数分間、無言でじっと見つめていた。襲撃現場周辺の目撃情報では、不審者がその場をゆっくりと立ち去ったことが報告された。「まったく急いでいる様子はなかった」と目撃者が証言したのだ。

男の性的嗜好は具体的だった。被害者の両手を背中で拘束し、何度も縛り直した。ちがう素材を使って縛るときもあった。男はその縛り上げた被害者の手を使ってマスターベーションをした。男が被害者の体を触ることはなかった。カップルを襲うときは、女性をリビングルームに連れていき、テレビの上にタオルをかけた。照明が男にとっては大事だったようだ。男は性的な質問をするのが大好きだった。襲撃した家の中にあったハンドローションを使ってマスターベーションしながら、「今、何をしていると思う?」と、目隠しをした被害者に質問した。「大尉よりいいだろ?」と、男はジェーンに質問している。ジェーンの夫は空軍大尉だったのだ。男は「黙れ」と最低でも五十回は言ったとジェーンは証言したが、彼女をレイプしているときは別の指示を与えた。まるで監督が女優に言うように、「もっと感情を込めろ」と命令した。「ダメならナイフを使うまでだ」と脅した。

厚かましい男だった。犯人を見て半狂乱になった被害者が警察に電話をかけていることを知りながら、懲りずに二度も家に侵入した。子どもがいてもお構いなしだ。肉体的な危害を加えることはなかったが、年長の子どもは縛り上げ、別の部屋に入れた。男はジェーンの幼い息子をベッドルームの床で待たせた。男の子はそのうち眠ってしまったという。目を覚ました男の子は、ベッドの上を覗き見たそうだ。EAR《イヤー》は消えていた。引き裂いたタオルで縛られ、ふきんで猿ぐつわをされた母親がベッドに横たわっていた。体を拘束する紐を包帯と勘違いした男の子は、「お医者さんはもう帰ったの?」と小さな声で母にささやいた。

*

シェルビーは、スキーマスクをかぶった変質者の獣のような行為は熟知していたが、この犯人の執拗さには動揺した。あまりにも他とはちがっていたからだ。鳴っては切れる電話。事前の徘《はい》徊《かい》。盗み。EAR《イヤー》は、タイマーが設定された屋外の電気を消す方法を知っていた。男は見つけにくい場所にあるガレージを開けるスイッチの場所を知っていた。シェルビーが担当した事情聴取で、犯人はジェーンについて下調べしていただけではなく、近隣の住民についても、どこに車を停めることができるか、何時頃にゴミを外に出し、そして出勤するのか、下調べをしていたことがわかった。

その日、シェルビーの相棒を務めていたキャロル・デーリーは、この一年後、サクラメントビー紙に対して事件について以下のように語っている。「典型的なレイプ犯は、このケースのように複雑な計画を立てるものではありません」これは、ブラッドハウンドと一緒に歩道の縁石に立ち、草原の向こうのジェーンの家を見ていたシェルビーの心にも去来した思いだった。事件の別の詳細も彼を悩ませた。この犯人は持っていた果物ナイフでジェーンの右肩を刺したのだ。ジェーンは犯人が怪我させようとしていたようには感じられず、その傷はあくまで事故だと思ったようだ。シェルビーは確信を持てなかった。男はより多くの痛みを与えたいという欲望を抑えつけていたのではないかと推測した。捕まるまで、その欲望は大きくなり続けるだろう。

その通りになった。犯人は目隠しした被害者の耳の横でハサミをジャキジャキと鳴らし、動くたびに足の指を一本ずつ切り落とすと脅した。ベッドの上に横たわる被害者のすぐ近くにハサミを突き立てた。心理的な拷問に取り憑かれたようになっていた。「俺のことなんて、知らないだろ？」と、とある被害者に「とっくの昔のことで忘れちまったか？　随分ご無沙汰したけど、あんたのことならよく知っているさ」とささやきかけ、彼女の名を呼んだ。男はいつも、被害者に自分が家を去ったと思わせた。被害者が体を動かしたり、痺れた指を動かして紐に指を伸ばしたその瞬間、大きな音を出したり、動いたりして、被害者に衝撃を与えた。

十月にジェーン・カーソンが襲われてから、連続レイプ魔が逃亡しているとの噂が地域を駆け巡ったが、保安官事務所は地元のマスコミにこのことについて報道しないように伝えていた。犯人にスポットライトが当たることで、保安官事務所が封じ込めて捕まえようとしている犯人を、東部から遠ざけてしまうのではと恐れたのだ。刑事課のシェルビーとデーリーと同僚たちは、静かに事件の手がかりを追いはじめた。まずは保護観察官とともにチェックした。荷物の配達人、牛乳配達人、学校の管理人、そしてカーペット職人を調べた。周辺地域の家々に名刺を配り、情報提供があればそれを調べた。大部分が、絡みつくような視線を投げかけた若者や、遅い時間まで外出していた者の情報だった。とある情報提供者は自分の弟を「同性愛者っぽいから」と通報した。捜査員たちはジェーンに目隠しをして、二人の容疑者の録音した声を聞かせた。ベッドに横たわって聞いていた彼女の両手が震えた。「この人じゃないわ」と彼女は言った。捜査官たちは質屋を戸別訪問して盗品を探し、デルパソ大通りにあるポルノショップ「ハウス・オブ・エイト」に立ち寄って、ボンデージが好きな客がいないか聞き取り調査をした。自動車局でお金を払って女性の登録情報を調べ、車で女性を尾行していた男の情報を得て、それも調査した。家の外でこの男に質問をしたが、捜査官たちは男が排水路に立ち、高級な革の靴の周りに水が流れようとも気づかないほど取り乱していることに気がついた。この男はＥＡＲ《イヤー》ではなかったが、自動車局には個人情報の購入に許可を出すことを辞めさせた。警察は、赤面、瞬き、腕を組む、時間稼ぎのために質問を繰り返すなどの行動を注意深く観察した。しかしその行動のどれもＥＡＲ《イヤー》にはつながらなかった。

一方、地域の噂話は公式な発表がないなかで突然変わりはじめた。事件の詳細があまりに無残だったため、警察はレイプ事件について市民に言及せず、噂が一人歩きしたのだ。男が女性の乳房を切り取ったらしい――噂は真実ではなかったが、報道されないということは、それを公に否定する人物がいないということでもある。十月十八日、ＥＡＲ《イヤー》が二十四時間に二件の犯行を重ねたことで、住民の緊張はピークになった。カーマイケル地域のキップリング通り在住の三十二歳の主婦で二人の子どもを持つ女性は、東側でもっとも裕福な住人で被害者の一人となった。一切報道されないことについて腹を立てたＥＡＲ《イヤー》が、より富裕層の多い地域で犯行を重ねることで報道させようとしたのではと推測した人たちもいた。実際、効果はあったと言える。デルダヨ小学校で十一月三日に行われた犯罪防止タウンホールミーティングには、五百人もの地域住民が押し寄せた。シェルビーとデーリーは、マイクをぎこちなく順番に握っては、辛辣《しんらつ》で冷静さを失った住民の質問に答え続けた。

翌朝、サクラメントビー紙は警察担当記者のワレン・ホロウェイによる「八件のレイプ事件の容疑者を探せ」という記事を掲載した。マスコミの沈黙はこれで破られた。

偶然だったのかもしれないのだが、十一月十日の夜、ビー紙が追跡記事（「イーストエリアの強姦魔……住民に恐怖が広がる」）を掲載したその日、革製のフードをかぶった男がシトラスハイツ内の住宅の窓から内部に侵入し、書斎で一人でテレビを見ていた十六歳の少女を襲撃した。男は少女にナイフを突きつけ、背筋が凍るような脅しの言葉を口にした。「少しでも動いたらおまえは死ぬ。俺は闇に消える」

この事件でEAR《イヤー》は被害者を屋外に連れ出し、土手沿いを進むと、幅約六メートル、深さ三メートルのセメント製の排水路に連れていき、そこを八〇〇メートルほど西に、古い柳の木まで歩かせた。少女は後日、シェルビーや数人の刑事たちと小道を歩いてこの場所まで戻った。木の近くの雑草に、引きちぎられた靴紐、ボロボロになったリーバイスのジーンズ、緑色のパンティーが落ちていた。少女は、自分はレイプされていないと証言している。暴力事件後の被害者から証言を引き出すのは難しいことだ。特に、シェルビーのように、単刀直入でぶっきらぼうな年長の男性が捜査官で、被害者が感情的に揺れ動いている十代の女性であればなおさらだ。そんな被害者たちの目をしっかり見て、聞きにくい質問をしなければならない。答えを信じるか、それとも信じないか。少し時間をおいて、ふいに、別の会話の途中で、同じ質問をして反応を見ることもできるだろう。被害者は同じ答えを繰り返す。できるのはそれぐらいである。

EAR《イヤー》は少女を別の女性と間違えた可能性もある。「アメリカン・リバー・カレッジの生徒じゃねえのか？」と、男は少女に聞いた。少女がちがうと答えると、今度は喉元にナイフを突きつけ、もう一度聞いた。少女は再び否定した。少女は刑事たちに地元のコミュニティーカレッジであるアメリカン・リバー・カレッジに通う近所の女性が自分と似ていると話した。この事件でも、奇妙な時間の正確さが明るみに出た。彼女が家の中で一人になるのは、ほんの短い間だけだった。両親は少女の兄に会いに病院に行っていて、その日、彼女はボーイフレンドとデートに出かける予定だった。彼女を排水路に連れていく前に、犯人のＥＡＲ《イヤー》は窓にはまっていた網戸をきちんと元に戻し、テレビと室内の灯りのスイッチを切っている。それはまるで、家族がすぐに家に戻ってくることをわかっていて、短時間で異変に気づかれないよう警戒したようにも見える。

少女は暗闇のなか、緩んだ目隠しの隙間から見た犯人の特徴を、次々と証言していった。男は黒い、つま先が角張った、堅苦しい印象の靴を履いていた。小さな懐中電灯を持っていたが、あまりにも小さいので犯人の左手の中にすっぽり埋まっていたそうだ。軍服のような作業ズボンを穿いていた。縛られている間じゅう、犯人は土手の西側に登って、何かを見ていたと少女は証言した。行ったり来たり、そわそわしていたという。シェルビーは土手を登ってみた。

彼らは、いつものように、男から何分も何時間も後れを取っていた。男の形跡を追うことはできても、そこに男を導いたものが何なのかわからないのであれば、的外れな分析しかできず、地平線を漫然と眺めてヒントを探すようなものだ。伸びきって絡んだ雑草。フェンス。裏庭。ヒントがありすぎる。いや、まだ十分ではない。振り出しに戻らなくては。

少女が説明した革製のフードは、ＥＡＲ《イヤー》のシャツの肩のあたりにかかるほどの長さで、目と口のあたりに切れ目が入っていた。その様子はシェルビーにとってはアーク溶接に従事する者がへルメットの下に着用するタイプのマスクに思えた。シェルビーは溶接機器を製造する会社に顧客の問い合わせを行った。しかし誰もヒットしなかった。一方で、犯人らしき人物の名前を伝えようとする市民からの通報で保安官事務所の電話は鳴りっぱなしの状態になった。刑事たちはすべての疑わしき人物の張り込みを行おうと努力した。大きい足の男、胸板の薄い男、腹の出た男、ヒゲの生えた男、足の不自由な男、土踏まずが高い男、あるいは一緒に裸で泳いだとき、夫である兄よりペニスが大きかったという理由で、義理の姉に犯人ではないと証言された男などが容疑者から除外された。

EAR《イヤー》はまたしても少女をその毒牙にかけた。今度はフェアオークで、事件発生は十二月十八日だった。一月にはさらに二人が被害者となった。「数ヶ月で十四件の被害　レイプ魔が戻ってきた」サクラメントビー紙一月二十四日のヘッドラインである。保安官事務所の匿名刑事のコメントが、捜査陣の疲労感を示唆していた。「今回の事件も、前回の事件と同じ状況だ」

＊

一九七七年二月二日の朝、カーマイケル地域在住の三十歳の女性がベッドの上で縛られ、目隠しをされ、猿ぐつわをされた状態で発見された。長い間耳を澄ませてじっと過ごし、何も音が聞こえないと判断した女性は猿ぐつわを外して七歳の娘の名を呼んだ。娘の存在を部屋のなかに感じていたのだ。「大丈夫?」と彼女は娘に聞いた。娘は「ママ、シッ」とささやいた。まだここにいるぞと言わんばかりに、女性が横たわるベッドが唐突に強い力で押され、跳ね上がった。その後数分間、彼女はオレンジ色と白色のテリー織りの目隠しの下で両目を見開き、近くで男が呼吸する音を聞いていた。

催眠術師が疑わしい目撃内容の詳細を導き出した。刑事がファイバーグラス製のサドルバッグがついた白黒のバイクを探し回った。黒い車体で排気音の大きい、カリフォルニア州のハイウェイパトロール車も探した。白いバンでサイドウィンドウのない車も探すことになった。ドンという名のバイカーで、マトンチョップ型のひげを生やした男、地元のスーパーで働く男が怪しいと電話をかけてきた女性もいた。彼女はまるで見たことがあるかのような口調で、その男のペニスは「ザラザラしていて極端に使った感じ」と説明した。

指紋の証拠がどうしても欲しくて、人間の皮膚の残留指紋を浮き上がらせるヨウ素移転法を刑事たちは試みた。キャロル・デーリーはチューブを通して細かい粉末を被害者の身体に吹き付ける任務を遂行した。ほとんど成果は上がらなかった。二月、カーマイケル地区で被害に遭った女性がEAR《イャー》と銃の奪い合いになっていた。EAR《イャー》は女性の頭部を殴った。被害者の頭部の傷を確認したシェルビーとデーリーが、傷から約五センチ離れた場所に、別の血痕があることに気づいた。デーリーは血液の付着した被害者の髪を切り、鑑識に送り、分析を依頼した。被害者の血液型はB型。EAR《イャー》のものであるとされたこの血痕は、A型だった。

*

［原著編集者より：これ以降の記述はミシェルが生前記していたノートからの抜粋である］

一九七七年二月十六日の夜十時半頃のことだ。ムーア家（家族の名前はすべて仮名）はサクラメント市近郊のカレッジグレン地区リッポンコート内の邸宅で暮らしていた。十八歳のダグラスはキッチンでケーキを食べようとしていた。一方、十五歳の妹のプリシラはリビングルームでテレビを見ていた。突然、予期せぬ物音が二人の日常をひっくり返した——誰かが何かを壊した音が裏庭から聞こえてきた。誰かがフェンスを跳び越えて中に入り、家族が使っていた電気燻製機にぶつかったようだった。

母親のマーヴィス・ムーアは中庭の電気をつけて、カーテンの隙間から外を見た。ちょうど、裏庭を誰かが走り去るところだった。息子のダグラスが衝動的にその人物を追いかけはじめ、彼の父親のデールは懐中電灯を握りしめて息子のあとを追い、裏口から外に出た。

デールは、裏庭に侵入したブロンドの男を息子が追う姿を背後から見ながら追跡した——リッポンコート通りを渡って、近所の二軒の家の間のスペースを走り抜けた。そこにあったフェンスを乗り越えて、侵入者は姿を消した。ダグラスが男に追いつく勢いでフェンスの上に足をかけた瞬間、デールは大きな破裂音を聞いた。息子が後ろ向きに芝生の上に倒れ込んだ。

「撃たれた」駆け寄った父にダグラスは叫んだ。もう一発銃声が響いた。銃弾から逃れさせようとデールは息子を引っ張って移動させた。

救急車が呼ばれ、ダグラスは病院に運ばれた。銃弾はダグラスの腹部に入り、大腸、膀胱、直腸に複数の穴を開けた。

＊

警察は付近の家を一軒一軒回って、徹底的に調査をはじめた。事件の詳細が記入されていくメモはすぐ一杯になり、その内容はＥＡＲ《イヤー》の襲撃後に得られる証言の数々に薄気味悪いほど酷似していた。裏庭のフェンスをよじ登るような音を聞いた住人が多かった。一人は、屋根の上を歩くような音を聞いている。フェンスとフェンスの間の扉は蹴り開けられ、サイドゲートは開いていた。犬たちが吠え立てた順番を追うことで、幽霊のような侵入者の進んだ方向が示された。地域の住人たちは、ムーア一家への銃撃事件に至るまでの数週間に起きた、侵入と盗みを刑事たちに次々と訴えた。

そしてダグラス・ムーアを含め、すべての目撃者が類似するキーワードを証言した。白人男性、二十五歳から三十歳、一七五センチから一八〇センチ、たくましい脚、日に焼けたブロンドの肩まで伸びた髪、毛糸の帽子、ウィンドブレーカー、リーバイスのジーンズ、そしてテニスシューズだ。

集められたヒントの中には、いままでの特徴から外れていたものもあった。最終的にダグラス・ムーア銃撃事件には関係ないかもしれない特徴だったが、もし関係があったとしても、はっきりとした情報を与えるタイプのものではないように感じられた。それはこのような話だった。

この地区にあるトーマス・ジェファーソン学校の管理人をしていた人物がシフトを終えて、キャンパス内の建物の前を歩いていたときのことだ。二人の不審者とすれちがった。一人が管理人に時間を聞き、もう一人はコートの下に――トランジスタラジオの可能性もある――何かを隠していた。

二人とも十八歳から十九歳ぐらいで、身長は一八〇センチ前後だった。一人は明らかにメキシコ系の男性で、肩まで伸びた黒髪、青いウィンドブレーカーとリーバイスを着用、もう一人は似たような服装の白人男性だった。

管理人が学校で働き出したのは七年前で、授業が終わったあともよくキャンパスに残っている学生たちとは顔見知りだった。しかし、彼はこの二名をそれより以前、見かけたことがなかった。

＊

EAR《イャー》がまたしても事件を起こした。三月八日の早朝、場所はアーデンアーケード地域だった。サクラメントビー紙は「連続レイプ事件か？」と見出しを打った記事を掲載し、事件について報じた。記者は「被害者は夫と別居中であり、小さな子どもがいる。子どもは月曜の夜には別の場所にいた。イーストエリアの強姦魔は、男性が家の中にいる場合は決して襲撃しないが、子どもは現場にいるケースが確認されている」。これをEAR《イャー》が読んでいたかどうかは定かではないが、報道後に起きたことを見れば、読んだのはあきらかだった。EAR《イャー》の次の被害者は十代の少女だったが、その後はヘテロセクシュアル〔異性愛〕のカップルをターゲットに襲撃を続け、連続して十一組を襲い、それ以降は、ターゲットをカップルのみに絞ったのだ。

三月十八日午後四時十五分から五時の間に、保安官事務所に三件の電話がかかってきた。「俺がＥＡＲ《イヤー》だ」と男の声が言い、笑い、そして電話を切った。二本目の電話は一本目の内容と同じだった。そして三本目の電話で男は言った。「俺がイーストエリアの強姦魔だ。次の被害者のことは調べ尽くした。捕まえられるものなら捕まえてみろ」

その日の夜、ランチョ・コルドバで十六歳の少女がアルバイト先のケンタッキー・フライドチキンから自宅に戻り、テイクアウトで持ち帰ったチキン入りの紙袋をキッチンカウンターに置き、受話器を持って友人の番号をダイアルした。両親は町を離れていて、友人宅に泊まる予定だったのだ。緑色のスキーマスクをかぶった男が斧を振りかざしながら両親の寝室から彼女に向かって突進してきたのは、電話の呼び出し音が一回半鳴ったときだった。

この事件では、被害者はＥＡＲ《イヤー》の顔を比較的しっかりと見ることができていた。というのも、ＥＡＲ《イヤー》がスキーマスクの中心部分を破った状態でかぶっていたからだった。直感的に、ＥＡＲ《イヤー》はランチョ・コルドバ在住の若者ではと思ったシェルビーとデーリーは、周辺の学校の卒業記念アルバムを山ほど持ってきて、彼女がすべてのページをめくる様子を観察した。彼女がページをめくる手を止めたのは、フォルサム高校の一九七四年の卒業アルバムだった。そしてシェルビーにアルバムを渡すと、一人の青年の写真を指さした。「この人がいちばん似てるわ」シェルビーとデーリーはこの人物のバックグラウンドを調べ上げた。情緒不安定。変わり者。オーバーン大通りにあるガソリンスタンドで働いている。二人はなんの変哲もない車の後部座席に被害者を隠すと、彼がガソリンを給油する姿をたった一メートル離れた場所で確認してもらった。彼女は確信を持ってこの男が犯人だと証言することができなかった。

＊

家の間取りはさまざまだった。被害者のうち数人はまだ幼い十代の若者で、クッションを抱えて、顔をしかめ、混乱した様子で、「男が絶頂に達した瞬間」についてわかるかと問われても、首を振るばかりだった。三十代の被害者のなかには、二番目の夫と離婚したばかりだとか、美容学校に入学したばかりだとか、独身クラブに熱心に通っているという女性もいた。しかし早朝に叩き起こされる刑事たちにとって、事件現場の詳細は退屈になるほど酷似していた。窓枠に残された覗き見の跡。開けられたままのキッチンキャビネット。裏の中庭にまき散らされたクラッカーの箱とビールの空き缶。名前が刻まれた指輪や免許証、写真、コイン。金銭が盗まれたときには、紙袋をクシャクシャと丸めたような音だとか、チャックを下ろしたような音がしたという。しかし金銭的に価値のあるものを盗らなかったことから、明らかに男の動機は窃盗にあったわけではない。男が盗んだものの多くは、被害者の腫れ上がった指から乱暴に外された大切な指輪など、盗んだにもかかわらず、そう遠くない場所に捨てられていたのだ。

四月二日、男は従来の方法に変化を加え、その変化はその後、継続することになった。男が最初にターゲットとしたカップルは、四角いレンズの懐中電灯の強い光に両目を照らされ、目を覚ました。男はしわがれた声で銃を持っていると告げ（「四五口径で十四発だ」）、長い麻の紐を女性に投げると、男性を縛るよう命じた。男性が縛られると、EAR《イャー》はその背中にコーヒーカップとソーサーを乗せた。「カップが音を出したり、ベッドのスプリングが音を出したら、全員を撃つ」とEAR《イャー》はささやいた。女性には、「軍隊にいたときには、死ぬほどファックしたんだ」と言った。

EAR《イャー》は軍関係者ではとの憶測は何度も議論されていた。サクラメント市近郊には車で数時間の距離に軍事施設が五カ所もあったのだ。ランチョ・コルドバに隣接するマザー空港では、約八千人もの関係者が従軍していた。EAR《イャー》がアーミーグリーンを好んだことや、軍隊スタイルの黒紐の編み上げブーツを履いていたという報告は頻繁にされていた。EAR《イャー》に出くわした人間は数名いて、その中には軍関係者もいたが、EAR《イャー》の権威を匂わせる雰囲気と揺るぎない自信に満ちた行動は、部隊経験者のそれと重なると証言しているのだ。EAR《イャー》独特の警報システムは「ディッシュ・トリック」として知られるようになったが、それが森林戦での技術であることに一部の人間は衝撃を受けた。

警察を苛立たせていたのは、彼が巧みに警察を出し抜いていたという事実だった。男は逃げ続けていた。保安官事務所は、通常であれば放火犯を逮捕するために設置する防犯カメラを林野庁から借り受け、覆面パトロールをEAR《イャー》出没地帯に張り込ませた。軍がベトナムで使用した暗視スコープと、運動検出器も借りた。それでも、犯行時には覆面をかぶる男は、どこかで住民たちに紛れ込んでいて見つからなかった。

保安官事務所は特殊部隊で訓練の経験がある陸軍大佐を招き、EAR《イヤー》が仕掛けた駆け引きを理解するための助けを得ようとした。「訓練の主な目的は忍耐力を得ることだ」と大佐は彼らに教えた。「特殊訓練を受けた者はそれができるし、必要であれば一カ所に何時間でも留まり、座って微動だにしない」頻繁にエアコンのスイッチや暖房機器のスイッチを切って、些細《ささい》な物音でも聞き漏らすまいとしたEAR《イヤー》の音への神経質さは、特殊部隊での経験で研ぎ澄まされるものだ。ナイフ、特殊な結び目、複数の逃走ルートの確保なども、すべて同じだ。「犯人はどんな場所も潜伏地にできるし、きっとそうするだろう」と大佐は言った。「最も想像しにくい、思いもよらない場所、例えば納屋の床下、ブラックベリーの藪《やぶ》の中といった場所を探すことだ」と大佐は指示した。そして、やつの忍耐力を絶対に忘れるなと繰り返した。EAR《イヤー》のスタミナは常人のそれではなく、追う者は必ず精根尽き果てる。しかし彼は決して動きを止めない。

シェルビーは、男の別の案件での逮捕歴を疑った。EAR《イヤー》が頻出する地域に覆面パトロールを手配した日に限って、EAR《イヤー》が別の地域を襲撃することに気づいたのだ。男は一般市民よりも警察の動きを知っている。常に手袋をはめていたし、警察の捜査範囲外に車を停めていた。這々《ほうほう》の体《てい》で逃げ出した女性に「止まれ！」と叫んだこともある。これを指摘したのはシェルビーだけではない。保安官事務所に同じように考えた人間が何人もいた。EAR《イヤー》は俺たちのなかの一人なのか？

とある夜のこと、シェルビーは不審者について寄せられた情報を追跡調査していた。電話でそれを伝えてきた女性はシェルビーが玄関に姿を現し身分を明かしたとき、驚いた様子を見せた。数分前に警察の人間が来ていたとシェルビーに言うのだ。警察無線の音がたしかに家の外から聞こえてきていたと言って譲らなかった。

「追跡者の存在に怯《ひる》まない男だ。やつは息を殺して近くから監視している」と、捜査官たちに助言した陸軍大佐は警告していた。

四月の終わりには、被害者は十七人になった。EAR《イヤー》は一ヶ月で平均二人を襲撃するようになっていた。誰もが警戒していたというのに、状況は最悪だった。

そして五月がやってきた。

＊

保安官事務所はEAR《イヤー》の正体を割り出すことができるという霊能捜査官からの協力の申し出を受け入れた。彼女は呪文を唱え、生肉を食べた。保安官事務所はEAR《イヤー》の「バイオリズムチャート」の作成を検討したが、誕生日がわからなければ無理だと告げられた。

五月二日の夜中、前回の襲撃から二週間と少し間隔をあけて、ラリヴィエラ通りに住む三十歳の女性が、家の外で足音を聞いた。息子たちが土手からフェンスを越えて庭に飛び降りるときと同じ音だった。窓のところまで行ってみたが、何も見えなかった。懐中電灯の突然の閃光が、彼女と夫の空軍少佐を照らしたのは、夜中の三時頃だったという。

その二日後、ベージュ色のスキーマスクをかぶり、米軍のネイビージャケットに似た青いジャケットを着用した一人の男が、暗闇から突然飛び出し、若い女性とその同僚男性に襲いかかった。二人はオレンジベール地区にある男性宅の前に停めた彼女の車まで歩いている最中だった。どちらの事件でも共通した形跡が指摘された。事件前にかかってくる無言電話。ディッシュ・トリック。とても不自然な行動パターン。例えば、キッチンでリッツのクラッカーを貪《むさぼ》り食べた後に、被害者を容赦なくレイプするという行為。EAR《イヤー》が自分を頑健に見せようと無理をし、怒っていると見せようと下手な芝居をしているようだったと、どちらのカップルも刑事たちに証言した。オレンジベールで被害に遭った女性によれば、EAR《イヤー》が数分間バスルームに閉じこもり、過呼吸を起こしていた様子だったという。

「イーストエリアの強姦魔　オレンジベールで二十人目を襲撃」

翌日の、サクラメントビー紙のヘッドラインだ。

保安官事務所へのプレッシャーは日ごとに増していた。いつもはのんびりしていた上層部が、突然いきり立った。五月の段階で、一年分の残業代の予算が吹き飛んでいた。彼らは手詰まりながらも元交際相手に電話や訪問をし、公的事業従事者に街灯のチェックをさせるなどの作業に没頭した。発泡スチロール製のカップに入ったコーヒーをゆっくりと口にしながら状況報告をする日々は消え失せ、全員が焦りを見せはじめていた。刑事たちは地図を睨み、男の次の襲撃先を予測しようとした。シトラスハイツ地区のサンライズモール周辺が怪しそうだった。このところ不審者の出現と盗みの噂が報告されていたのだ。

三月十三日午前〇時四十五分頃、サンライズモールからそう遠くないマリンデール通りに住む一家が、屋根の上を何者かが歩く音を聞いた。隣家の庭では犬が吠えていた。隣人が一家に電話をしたのは夜中の一時で、自分の家でも屋根に誰かがよじ登る音が聞こえたと伝えた。数分後に警察車列が到着したが、屋根の上の不審者はすでに姿を消していた。

その翌日の夜、一ブロック先に住む、若いウェイトレスとレストランマネージャーの夫が被害者となった。

人々の不信感が渦巻いた。アメリカ川の東からサクラメント郡に約一六キロほど続く回廊地帯は、男に包囲されたようなものだった。誰もが情報を持っていた。「ねえ、聞いた?」ではなく、この話を知らない人間などいなかった。「とある男性」は、より具体的に「あの男」に置き換わった。カリフォルニア州立大学サクラメント校の教師たちは通常の授業続行を諦め、ＥＡＲ《イヤー》についてのディスカッションにすべて変更され、新しい情報を持つ生徒はそれを共有した。

住人たちと自然との関わり合いも変化した。不安な雰囲気が漂う冬場の霧雨と濃霧は消え失せ、暖かい季節がやってきた。赤とピンクのカメリアのつぼみがちりばめられた緑の低木が一面に広がっていた。しかしサクラメントで大切にされている、川沿いのオレゴンアッシュやブルーオークなどの木々は、住民の目には別のものとして映るようになっていた。かつて美しい日陰を作った青々とした並木は、今となっては狩りのための目隠しのようにしか思えなくなっていた。すべて刈り込んでしまえという衝動が広がり、東側の住人は自宅周辺の木の枝を刈り込み、低木は根こそぎ引き抜いた。ガラスの引き戸を木材で強化するだけでは足りなかった。そうすれば犯人は家に入ることはできないだろうが、住人はより多くを求めた。彼らは完全に犯人を白日の下に晒《さら》す状況を作りたかったのだ。

五月十六日までに、新たに設置された投光照明器具が東部全体をまるでクリスマスツリーのように照らしはじめた。とある家ではすべてのドアと窓にタンバリンを縛り付け、まくらの下に金槌を隠すようになった。サクラメント郡では一月から五月までの間に三千丁に迫る銃が販売された。夜中の一時から四時の間には眠らないと決める人が増え、交代で睡眠を取るカップルも多かった。片方が必ずリビングルームのカウチの上に座って窓にライフルの照準を合わせていたのだ。

それで再び襲撃を開始するなど、狂気の沙汰だ。

*

次はいったい誰が襲われるのかと地域住民全員が息を潜めるようにして暮らしていた五月十七日の未明、EAR《イヤー》が同月四度目の襲撃を行った（その一年では二十一件目の襲撃だった）。被害者であるデル・ダヨ在住のカップルは、翌日の晩にEAR《イヤー》が別の二人を殺すと予告したと警察に話した。五月十七日から十八日の二十四時間以内で、サクラメント郡保安官事務所には六千百六十九件の通報が相次ぎ、そのほとんどはイーストエリアの強姦魔、通称EAR《イヤー》に関するものだった。

警官がその電話に応えたのは、五月十七日の午前三時五十五分のことだった。三十一歳の男性被害者が、青いパジャマを着て、左手首に白い靴紐を垂らした状態で家の外に立っていた。苛立ったように、イタリア訛りの英語でまくし立てた。「遅いだろ」と警官たちに言った。「やつは消えた。入れ！」現場に到着したシェルビーは、被害者の男性が誰であるのかすぐにわかった。去年の十一月、シェルビーとデーリーがＥＡＲ《イャー》に関するタウンホールミーティングを開催したとき、捜査について批判してきた人物だった。シェルビーは彼と激しい言葉を交わした経緯がある。それは六ヶ月も前のことだったし、偶然だったのかもしれないが、自分を捕まえるために開かれたタウンホールミーティングにＥＡＲ《イャー》が臆面もなく参加し、住民に紛れ込み、観察し、記憶し、邪悪な忍耐力の維持ができる可能性を示しているようにも思われた。

デル・ダヨ地区のアメリカ川通りからすぐの場所にある水処理設備の近くで起きたカップル襲撃は、前回の襲撃によく似ていたが、今回ＥＡＲ《イャー》の心理状態は、地域住民と同じく非常に苛立っていたようだ。言葉がもつれて声にならず、それが演技にも見えなかった。そして今回も、ＥＡＲ《イャー》にはメッセージがあった。興奮し、怒りながら、被害者の女性にそれをぶちまけたのだ。
「あのクソども、豚野郎どもめ。おい、聞いているか？　今まで殺しはやってこなかったが、今日こそおまえの脳天をかち割ってやる。あいつらに、あの豚どもに、俺は家に戻ると伝えてやれ。俺のアパートにはテレビがたくさん置いてある。ラジオを聞いてテレビを見て、もしこの事件のことが報道されたら、明日の晩に二人ぶっ殺す。今度こそ殺すからな」

しかし別の部屋で縛られ拘束されていた夫には、少しちがうメッセージを伝えていた。「いいか、あの豚野郎どもに、今夜だって殺せたんだと伝えておけ。明日、このことが新聞やテレビで報道されなかったら、夜に二人殺す」

　EAR《イヤー》は家を去る前に、チーズクラッカーとメロンを半分、ガツガツと食べた。サクラメントビー紙に並んだ不快なヘッドラインで、街は騒然とした朝を迎えた。「イーストエリアの強姦魔二十三回目の襲撃　次の犠牲者は今夜殺されるのか」記事は、警察が地元の精神科医の一団と協議の末、EAR《イヤー》には「妄想型統合失調症の可能性」があり、おそらく「不適切な身体的資質による同性愛パニック状態」だろうと結論づけた。男の不適切な資質の詳細はこれまでにも何度か記事に書かれていた。これがEAR《イヤー》が求めていたものなのか、そもそも彼が報道を求めていたのか、殺害の脅しを本当に実行するかどうかは、誰にもわからなかった。

　一九七七年五月は、重い鉄の扉が開き、夜警がはじまった月だった。三百人の地域住民男性が市民帯ラジオを携帯し、ピックアップトラックでサクラメント郡東部をパトロールした。家々の窓やドアの内側には頑強なアクリルパネルがボルトで留められた。安全錠は品切れとなり、入荷待ちになった。検針員たちは首にIDカードをぶら下げて、何度も大声で身分を明かしながら住宅の庭に立ち入るようになった。裏庭の投光照明器具の注文数は、月間十件から六百件に増えた。サクラメントユニオン紙には「夜になったら窓を開けて、心地よい空気を取り入れたものだ。しかしそれも過去の話である。夕暮れどきには犬を散歩に連れていった。それも過去の話である。息子たちは家の中にさえいれば安全で守られていた。それも過去のことだ。何の変哲もない物音に飛び起きる必要もなかった。今はもうちがう」と、いかにもそれらしい文言を並べた。

　このとき、シェルビーは同僚の捜査官と一緒に、覆面パトカーでサクラメント郡南部の日中の張り込みを行っていた。東の方角に向いていていた二人の左手には短い道路があって、その一ブロックほど先の道路の真ん中あたりで、タグフットボール〔ラグビーを起源とした接触プレイの少ないスポーツ〕のゲームが行われていた。一台の車が東方向にゆっくりと進み、通り過ぎた。異様なほど遅い速度だったが、シェルビーの注意を最も引いたのは、運転手がゲームを食い入るように見つめている様子だった。シェルビーはプレイヤーをじっと観察した。ほぼ全員が若い男性だったが、クウォーターバックだけ髪の長い女性で、二十歳ぐらいだった。数分後、同じ車が同じ場所に戻ってきた。ゆっくりと通り過ぎながら、再びプレイヤーたちをなめ回すように夢中になって見ていた。シェルビーは、その車種とメーカーをメモした。車が三度目に戻ったとき、シェルビーはナンバープレートの番号をメモし、警察無線で流した。「次に戻ったら、車を停めるぞ」とシェルビーは同僚に伝えた。しかし、そのときが車の運転手は戻ってこなかった。首の細いブロンドの男で二十代前半のように見えた。シェルビーの記憶に残ったのは、男の熱中ぶりだった。実際に、そこから一・六キロほど離れたサクラメント郡南部ではじめてＥＡＲ《イヤー》が被害者を襲撃したのは、数日後のことだった。この事件が、シェルビーがこの案件から外され、転任する前に担当した最後の事件となった。

　ナンバープレートは未登録だった。

＊

長らくサクラメントの人々と接していてわかったのは、彼らには自尊心があり、不平不満を言わないということだ。滞在していたダウンタウンの高級ホテルで、朝食時ある人物にインタビューをしたことがある。家具職人の夫も一緒にその場にやってきた。私はそのときすでに自分のためのヨーグルトパフェを注文済みで、それは小さなメイソンジャー〔ガラス製の口広瓶〕に入れられ、アンティークのシルバースプーンが添えられていた。インタビュー相手である女性に何か注文するよう勧めたが、ウェイトレスが夫のほうに向き直ると、彼は礼儀正しく頭を振って、微笑むだけだった。「もう朝食は済ませましたから」彼がそう言ったとき、私はちょうどシルバースプーンを口に運んだところであった。

私がこの話を書いているのは、サクラメントの人びとならではの気質を理解しやすくするためである。例えば、五月十七日に発生した襲撃の二日後、地元の歯科医が一万ドルの懸賞金を提供すると申し出た（これは後に二万五〇〇〇ドルに引き上げられた）。そしてもう一人、地元の実業家がEARSパトロール（East Area Rapist Surveillance：イーストエリアの強姦魔監視パトロール）を開始すると宣言した。地元住人の男性数百人がこの呼びかけに参加し、夜間に市民帯ラジオを携帯し、東部地域を車に乗ってパトロールした。五月二十日のサクラメントビー紙に掲載された記事で、副保安官はこの状況に対する彼自身の落胆を語った。その基本的なメッセージは、「お願いだからもう襲わないでくれ」というものだった。頭上をひっきりなしに旋回する、カリフォルニア幹線道路パトロールから貸借中のヘリコプターの騒音とその強いライトと並行するように、市民による捜索は精力的に進められた。

サクラメントユニオン紙五月二十二日付けの記事を紹介しよう。「二人の被害者によるイーストエリアの強姦魔の記憶」の中でジェーン（仮名）が証言している。内容は、EAR《イャー》がそれを読めば、自分のことだとわかるように書かれていた。それを考慮すれば、彼女の発言はいっそう注目に値する。

「あいつの頭が撃ち抜かれてもちっともうれしくない。できればもっと下を狙ってほしい」と彼女は言ったのだ。

＊

五月二十七日金曜日の朝は、戦没将兵追悼記念日〔五月の最終月曜日〕のある週の、週末のはじまりだった。フィオナ・ウィリアムス（ウィリアムス家の家族の名前はすべて仮名）は家事を片付けると、三歳の息子のジャスティンを連れてフローリン通りにあるジャンボ・マーケットまで日用品を買いに出かけた。途中、ジャスティンをベビーシッターの家に預けると、検眼士に診てもらうため病院にいった。パートタイムで働いている図書館で給料の小切手を受け取ると、それを銀行に預け、ペニーズという店で追加の買い物をした。その後、ベビーシッターの家までジャスティンを迎えにいき、メルズコーヒーショップへ行き、夕食を食べた。家に戻ったあと、二人はプールでしばらく泳いだ。夕暮れどき、水着姿のままで玄関前の芝生に水をやる彼女の周りを、ジャスティンがよちよちと歩いていた。

もちろんフィオナも、町で何が起きているかは知っていた。地元テレビ局のニュース番組でヒステリックな報道が続いていたからだ。しかし、彼女はそこまで警戒していなかった。犯人は所詮、イーストエリア（東部）の強姦魔だったからだ。夫フィリップとジャスティンと暮らしていた新居のあるサクラメント郡南部は一度も襲われたことがなかった。しかし、EAR《イャー》のことは夫婦の心に残っていた。夫のフィリップはデル・ダヨの水処理設備で管理者として働いており、最近起きた事件の被害者は、五月十七日に襲われたカップルで、工場のごく近所に住んでいたのだ。半夜勤制で働いていたフィリップが出勤すると、事件のせいで道の反対側に大勢の警察がいると同僚が彼に話した。EAR《イャー》は被害者である夫の頭に銃を突きつけ「黙れ、何か言ったらおまえを殺す。わかったか？」と言っていたという。

　フィリップはそのカップルと面識はなかった。二人は警察車両の後部座席に座る見知らぬ人たちであり、職場のゴシップの的でしかなかったのだ。しかし、彼はその後すぐにそのカップルを知ることとなる。

　フィリップが仕事から家に戻ったのは夜中の〇時三十分頃だった。フィオナとジャスティンはすでに寝ていた。ビールを飲み、テレビをしばらく見ると、彼はベッドに入り、眠りに落ちた。二十分後、フィリップとフィオナは同時に目を覚ましてお互いに手を伸ばし合い、ベッドのなかでふざけはじめた。数分後、どこからか引っかくような音がして、二人はぎょっとした。裏庭につながるガラスの引き戸が開いて、赤いスキーマスクをかぶった男が入ってきたのだ。二人はすぐにそれが誰か理解したが、それで衝撃が和らいだわけではなかった。その感覚はリアルで、まるでテレビ画面で見ていたキャラクターがカーテンの向こうから突然出てきて、話しかけてきたような感覚だった。男は懐中電灯を左手に持っていた。四五口径のピストルのようなものを右手に握っていて、懐中電灯の光にそれを当てて彼らに見せた。

「一ミリも動かず寝ていろ。動けば殺す」と男は言った。「おまえを殺して、女を殺して、ガキも殺す」

男はフィオナに長いコードを投げて寄越すと、フィリップを縛るよう命じた。EAR《イヤー》は次にフィオナを縛りあげた。男は部屋を引っかき回し、二人を脅し、懐中電灯の光を寝室じゅうにぐるぐると照らし続けた。フィリップの背中に皿を置くと、フィオナをリビングルームに連れていった。

「なぜこんなことを？」と彼女は男に聞いた。

「黙れ！」男は大声を上げた。

「ごめんなさい」

「黙れって言ってんだろ！」

男は彼女をリビングの床に押し倒した。すでにそこにはタオルが敷かれていた。数回彼女をレイプした後、男は言った「あの豚野郎どもに伝えろ。あいつらは誤解してる。俺は二人をぶち殺すと言った。おまえは殺さない。もしこれがテレビや新聞で明日報道されたら、俺は二人殺す。聞いているか？　おい、ちゃんと聞けよ？　俺のアパートにはテレビが何台もあって、俺は毎日テレビを見ている。もしニュースになったら、二人、ぶち殺す」

男がアパートにある複数のテレビの話をしたとき、とあるイメージがフィオナの脳裏に浮かんだ。六〇年代、ニュースで頻繁に放映されていた映像で、リンドン・B・ジョンソン大統領がオーバルオフィスのデスク横に設置した三台のテレビを見ている姿だった。EAR《イヤー》はアルファベットのLのつく単語で口ごもる癖が顕著で、特に「listening（聞く）」ではそうだった。EAR《イヤー》の呼吸は早かった――とても早くて、はぁはぁと喘《あえ》ぐように息をしていた。フィオナはそれが演技であってくれと願った。なぜなら、もし男がこれを演技でなくやっているとしたら、精神的にとんでもなく不安定な状態にちがいないと思われたからだ。

「ニュースになっちゃったら、ママが怖がるでしょ」と、荒く息を吐き出しながら男は言った。

開け放たれた裏庭のドアから警官が入ったのは午前四時を少し過ぎたところだった。そろりそろりと、助けを求める女性に近づいていった。彼女はリビングの床にうつ伏せになっていて、衣類を身につけておらず、両手首と足首は身体の後ろで靴紐によって縛られていた。スキーマスクをかぶった人物が一時間半滞在し、フィオナとその夫を震え上がらせたのだ。男は残酷なまでにフィオナをレイプした。フィオナは身長一六〇センチ、体重五〇キロの華奢な女性だった。生まれも育ちもサクラメントで、落ち着いていて率直で、洞察力と芯の強さをその小さな身体に備えていた。

「イーストエリアの強姦魔は、ついにサウスエリアの強姦魔になったってわけね」と彼女は言った［注2］。

茶色い縁取りが施された黄色い家にシェルビーが到着したのは、午前五時だった。事件現場の専門家がレイプ事件発生現場であるリビングルームの床にプラスチックの袋を置いて、証拠を採取していた。緑色のワインボトルとソーセージの袋が二パック、家の裏の中庭に放置されていた。ドアからは五メートルほど離れた場所だった。シェルビーはブラッドハウンドとその調教師に同行し、裏庭から北東の場所にある曲がり角の花壇のあたりまで進んだ。そこでは犯人の足跡が発見された。

被害者の自宅は高速道路九九号と隣接しており、北部方面行きレーンの路肩で犬は犯人の匂いを失った。そこには小さな外車とおぼしき車のタイヤ痕が残っていた。たぶん、フォルクスワーゲン・ビートルだろう。専門家がメジャーを取り出した。タイヤ痕は、端から端まで測ると、約一メートル三〇センチほどの長さだった。

襲撃の直後、捜査官たちが小さなノートを手にしてフィオナにさまざまなことを思い出すよう頼んでいたときのことだ。彼女が唯一思い出せたのは、その日の晩の奇妙な出来事だった。それはガレージのドアだ。家の中からガレージの間を行ったり来たりして洗濯をしていたのだが、車庫に続く通用口はたしかに閉まっていたというのに、彼女がそこに戻ってきたとき、一度だけドアが開いていたのだ。風だろうと思ってドアを閉め、鍵をかけた。二人が新居に住みはじめたのはわずか三週間前のことで、徐々に家に順応してきたところだった。角にある家で、ベッドルームが四室、裏庭にはプールがある自慢の邸宅だった。フィオナの記憶にしつこく残り続けることがあった。それは、不動産仲介業者が企画したオープンハウスで二人がプールを見学しているとき、彼女の横に立って、同時にプールを眺めていた男の姿だ。なぜそのことが強く印象に残っているのか自分でもわからなかった。男は自分に近すぎる場所にいたのだろうか？　不自然なほどそこに居続けたのだろうか？　必死になって男の顔を想像してみようとしたが、男はただの男だった。それだけだ。

高速道路九九号は数百ヤードほどの広さの土と針葉樹林を隔て、フィオナの家に沿うようにして延びていた。その反対側は小さな編み目状のフェンスが張り巡らされた空き地だった。今後フィオナは当初いだいた印象とはまったくちがう気持ちで、その広大な何もない空間を眺めることになるだろう。かつて開放的に映ったその場所は、じつは外から侵入するにはもってこいの場所なのだと。彼らの最初の計画にはなかったことだが、戦没将兵追悼記念日の週に起きた事件のあと、彼女とフィリップは三〇〇〇ドルをかけて新居の周りにレンガの壁を築いた。

シェルビーは玄関先にある不動産仲介業者の看板に書かれた売却済みの文字に注目した。捜査の重要な目的は、被害者に共通する特徴を探すことだ。被害者に詳細な質問リストを配り、彼らがチェックした項目を慎重に精査していった。重なる部分が多いと思われる分野と経歴は、学生、教育者、医療従事者、そして軍関係者だった。被害者の何人かは、同じピザレストランに出入りしていたほどだった。しかし、最も頻発したパターンは不動産だった。七六年十月、シェルビーが一連の事件のうちではじめて捜査に着手したジェーンの家では、道を隔てた向かい側の芝生の上にセンチュリー21の看板が立っていた。被害者のうち数人が、入居直後、転居直後、あるいは売却されたばかりの家の隣に住んでいたことがわかった。発生から十年を超え、事件がより複雑化するなかで、不動産というファクターが常に存在していたが、しかしその重要性――本当にそれがあったとして――は曖昧なままだった。不動産管理会社の人間が何の気なしに鍵付きの箱からキーを取り出し、EAR《イヤー》の最後の犠牲者として知られる美しい女性の死体につまずいた、そのときまでは。被害者は、身元の判別が難しいほど残忍な方法で殺されていた。

フィオナとフィリップが襲撃された後、EAR《イヤー》はひと夏の間、サクラメント郡から姿を消し、十月になるまで戻らなかった。そのときまでにシェルビーは事件を離れ、パトロール任務に異動させられていた。上司とのいざこざは、よりオープンな形で再燃することになった。注目を集めている事件は階級組織の権力闘争を引き起こし、シェルビーは堂々と戦った。一九七二年に刑事になったとき、当時彼の上司だったレイ・ルート警部補は、自由で積極的な価値観の持ち主だった。署から飛び出して情報提供者を見つけろとシェルビーに指示し、姿を隠し続けていた重罪人たちの罪を暴いていった。彼は事件が起きるまで待つというよりは、自分の事件は自分で摑めというタイプであった。上司の考えに礼儀正しく興味を示すタイプではなかったにせよ、この哲学はシェルビーの気質によく合っていた。だから、転属させられたことにも腹は立たなかったと彼は言う。犯人の追跡に嫌気がさし、内紛に疲れ切っていた。EAR《イヤー》のような重大事件は終わりのない緻密な捜査が求められ、シェルビーは容疑者の監視に苛立ちを感じていた。彼の中にはいまだに、保安官事務所の委員会の前に立つ誇り高き若者が、身体の重要な一部が欠損しているという理由だけで採用を見送られた、その記憶が残っていたのだ。

＊

襲撃されてからというもの、フィオナ自身が、まるでEAR《イヤー》がそうだったように、言葉がすらすらと口から出なくなってしまった。キャロル・デーリーは女性被害者たちの話し合いの場を設けた。フィオナはEAR《イヤー》との小声による会話を思い出した――「いいぞ、その調子だ」とか「五日も家に籠もっていた」などだ。デーリーは録音された数人の男性の声を被害者たちに聞かせたが、被害者のなかでその男たちの声に聞き覚えがあった人物はいなかったとフィオナは記憶しているという。後にフィオナは、自分の身を守るために、理性を欠いた行動をとるようになった。夜になると、フィリップが戻るまで家の奥側にあるベッドルームには入ろうとはしなかった。車の運転席の下に弾を込めた銃を置くこともあった。神経が高ぶったフィオナは、ある晩、猛然と掃除機をかけて、ヒューズを飛ばし、家全体と裏庭を停電させた。彼女は狂乱状態に陥った。彼女に何が起きたかを知る心優しい近隣年輩夫婦が急いで駆けつけ、ヒューズを直してくれた。

襲撃があってからまもなく、フィリップは仕事の休憩時間に別の被害者宅を訪れ、自分が誰であるかを明かした。このことを、彼はずっと後になるまでフィオナには打ち明けなかったが、彼ともう一人の被害者男性は早朝に待ち合わせ、一緒に車に乗り込んで空き地や芝地の見回りをするようになった。スピードを上げる車、のろのろと運転する車、生け垣あたりをコソコソと歩き回る人物を探した。男たちの絆に言葉は必要なかった。二人が経験した悲劇を共有する人間であれば、踏みにじられて粉々に砕け散った怒りを理解できるだろう。ベッドにうつ伏せにされ、縛りあげられ、猿ぐつわをされてすすり泣く妻の声を聞かされた人間であれば。二人は顔のない男を追っていた。いや、顔などどうでもよかった。拘束された両手を解き放ち、前へと進め。自らの身体を動かし、犯人を追え。二人がやったのは、それだけだった。

＊

「グリーンシート」と呼び親しまれ、週一回発行されていた地方紙に一九七九年二月二十八日に掲載された記事の抜粋を読めば、一九七〇年代のサクラメント郡がどんな地域だったか理解できるかもしれない。「三件の強姦事件が発生」というヘッドラインのこの記事には、「知名度に関する疑問」と副題が付けられている。最初の段落には「公選弁護人事務所は、複数の強姦事件で起訴されている三人の男性のサクラメント郡における公平な裁判を不可能にしている、イーストエリアの強姦魔の知名度を証明する」とあった。

一九七九年二月、イーストエリアの強姦魔がサクラメント郡から去って十ヶ月が経過していた。男がサクラメント郡を通り過ぎ、獲物を求めてイーストベイをうろついていることはその形跡が示していた。さらに新聞記事は、公選弁護人事務所がサクラメントの住人に電話調査を行っており、「イーストエリアの強姦魔のせいでこの地域全体にどれほど恐怖心が蔓延しているのか」を調査した様子を書いている。公選弁護人事務所は、イーストエリアの強姦魔のこれ以上ないほどの恥ずべき行いが陪審員団を惑わせ、正体不明の犯罪者を罰しようという間違った試みにより、依頼人たち――ウーリー、ミッデイ、そしてシティーカレッジ強姦魔の三人――に有罪判決が下されるのではと心配した。依然として恐怖をもたらしている「イーストエリアの強姦魔」の名を、質問を聞いた回答者の多くが口にしたという。。

　サクラメントの七〇年代がどのような雰囲気に包まれていたのかを知るには、記事内の三人の女性を襲った連続レイプ犯の影が四人目のレイプ犯によって薄れ、五人目にいたっては記述さえされていない点に注目すればよい。サクラメント郡で「アーリーバード（早起き）のレイプ犯」〔ラルフ・レオン・ターバー。早朝に女性宅に忍び込み、襲撃を繰り返した〕が活発に動いていたのは、一九七二年から七六年初旬までだが、男はその時期、地下に潜伏していたようだった。四年間にわたる窃盗と性的暴行事件、そして約四十名の被害者を残したにもかかわらず、グーグル検索で彼の名を見るのはＥＡＲ《イャー》に関する情報に紐付けされている場合のみである。

　イーストエリアの強姦魔だと確信する人物に十代の頃に遭遇したという女性が、メールをくれた。友人とイーストサクラメントのアーデンアーケードにある高校までの近道を歩いていたときのことだった。一九七六年、あるいは七七年の秋から冬の時期のことで、肌寒い朝だったと彼女は記憶している。二人は入江沿いの道を進んでいた。セメント敷きの小道で、最後には行き止まりとなり、そこにはフェンスが張られている。フェンスの向こうは住居の裏庭だ。二人が振り向くと、一人の男が五メートルほど後方に立っていた。黒いスキー帽で顔を覆っていたが、両目は見えていた。男は二人に向かって歩き出した。片手はポケットに突っ込んだままだ。女性はとっさにフェンスの上部に手を伸ばしてロックを外した。フェンスを押し開くと、二人は叫びながら裏庭に走り込んだ。住人は騒ぎに気づき、警戒しながら家から出てきて、二人を家の中に招き入れた。その後、捜査員たちの事情聴取に応じた。彼女はメールのなかで、そのマスク姿の男は、ある雑誌の記事で私が詳細に記したEAR《イヤー》のイメージとは体格が異なっていたという。彼女が遭遇した男は過剰なまでに筋肉質だったと彼女は書いている。「過剰殺戮《オーバーキル》をする男だから」

私はそのメールをシェルビーに転送した。シェルビーはすでにサクラメント郡保安官事務所を定年退職していた。「おそらく彼女が目撃したのはEAR《イヤー》だろう」と彼は返事を送ってきた。「ただ、彼女の証言する筋肉質の男のくだりは、リチャード・キスリングそのものだけれど」

リチャード・キスリング？　私はキスリングについて調べた——なんと、サクラメント郡ではかつて、EAR《イヤー》のようにスキーマスクをかぶって、夫を縛りあげてその妻をレイプするというレイプ犯が存在し、精力的に活動していたというのだ。

サクラメント郡で起きていたことは、同郡だけの問題ではなかった。一九六〇年から七〇年代のアメリカ国内の犯罪率は、暴力事件において顕著な伸びを見せており、一九八〇年にピークを迎えている。映画『タクシードライバー』が公開されたのは一九七六年で、この荒んだ暴力映画が時代の雰囲気を封じ込めた作品として高い評価を受けたのは、当然と言えるだろう。サクラメント郡だけではなく、他の地域で活躍していた元警察官たちが、一九六八年から一九八〇年は、とりわけひどい時代だったと、皆が皆、私に話したほどだ。そして他の地域とちがい、川を渡り、雪深い山を越えて辿りついた開拓者が作り上げた町であるサクラメントは、火打ち石のように堅く、頑丈な生存本能を持つ人々が暮らす土地として知られていた。

つまり、この土地だけ悪が蔓延していたと言いたいのではなく、その存在が突出していたと私は言いたいのだ。不屈の住民が住む、暴力的で犯罪者の多い荒れた町であっても、この捕食者は際立っていた。

一九七〇年代のサクラメントとEAR《イヤー》について理解しようとするなら、こんな話はどうだろう。私が地元の住人に、サクラメントの連続レイプ犯について調べていると言っても、誰一人として「どの」レイプ犯かは聞かなかった。

［注2］南部地域でEAR《イヤー》の攻撃として認知されているのはこの事件のみである。EAR《イヤー》パトロールを結成し、一万ドルの報奨金を提供した歯科医は——この報奨金については襲撃の前の週に広く報道された——この現場から八〇〇メートルも離れていない地域で診療をしていた。これがまったくの偶然だったかどうかはわからない。

バイセリア

［原著編集者より：この項はミシェルの残したノートと、二〇一三年二月発行、後にネット版に公開され

た「ロサンゼルスマガジン」への寄稿『殺人者の足跡』という原稿から、情報をまとめ、記述したものである」

一九七七年二月末のとある金曜の朝、サクラメント郡保安官事務所のリチャード・シェルビーの電話が鳴った。向かい側に座っていたのはバイセリア警察のヴォーン巡査部長だった。ヴォーンはEAR《イヤー》の捜査に有益な情報を持っていると考えていた。

一九七四年四月から翌年十二月まで、バイセリアはランサッカーと異名を取った若い犯罪者による奇妙な強盗事件の頻発に悩まされていた。ランサッカーは二年で百三十件もの事件を起こしていたが、一九七五年十二月以降、その動きを止めた。そして、EAR《イヤー》の連続レイプ事件がその六ヶ月後にサクラメント郡で発生しはじめたというわけだ。それだけではない。この二人の犯罪者には多くの共通点があった。突きつめてみる価値があるのかもしれなかった。

＊

ランサッカーは奇妙な男としてプロファイリングされていた。一晩に四軒や五軒を超える家を荒らすことがあり、十軒以上の日もあった。四カ所の決まった居住区を、繰り返し犯行現場に選んでいた。獲物には個人的な所有物、例えば写真や結婚指輪などを好み、高価な物品には手をつけなかった。捜査官たちは、男がハンドローションにこだわりがあることに気づいていた。

ランサッカーは筋の悪い変質者で、個人的なアイテムに明らかなこだわりを持っていた。家族写真があれば破って隠し、ときには写真の入った額を壊し、写真そのものを盗むことさえあった。冷蔵庫からオレンジジュースを持ち出してクロゼット内部の服をジュースまみれにするなど、まるでかんしゃく持ちで行儀の悪い子どものようだった。そして、家じゅうを完璧なきまでにひっくり返した。こういった行動はむしろ盗みよりも大事な目的であるかのように感じられ、よって、ランサッカー（荒らし屋）と呼ばれるようになったのだ。さらに、男は隠されていた場所から現金を見つけ出し、ベッドの上に放置した。ちょっとした装飾品や個人的な思い出の詰まった宝石、豚の貯金箱や商品と交換できるクーポン券などを狙い続けた。電化製品やラジオの電源を抜いた。イヤリングの片方だけを盗むのが好きだった。ランサッカーは悪意に満ちた男だった。

ランサッカーの盗癖における性的傾向は、女性の下着をグチャグチャに引っかき回す手口によく表れていた。いつも部屋じゅうに下着をまき散らし、ときには飾り付けた。あるときは、大量の下着をベビーベッドに突っ込み、別の事件では、男性用下着をベッドルームから玄関ホールを抜けてバスルームまできちんと一枚ずつ並べていた。男は家のどこに何があるのか、何を見つけられるのか、それをどうすれば潤滑油としてレイプ時に使えるかを見極める才能があった――お気に入りはヴァセリン・インテンシブケアのハンドローションである。また、抜け目なく、常に一カ所以上の逃走経路を確保し、作業が終わる前に住人が戻ってきた場合はすぐに逃げ出すことができるようにしていた。男は独自の間に合わせの脱出システムを設置するのが得意だった。例えば香水の瓶だとかスプレー缶をドアノブの上に置いておくというわけだ。

一九七五年九月十一日、ランサッカーの手口が恐怖の急旋回を遂げた。

夜中の二時頃のことだった。セコイアス大学でジャーナリズムを教えるクロード・スネイリング教授の十六歳の娘が目を覚ますと、男が自分の体の上にまたがっていた。手袋をした手で口をしっかりと押さえられ、首筋にナイフが突きつけられていた。「俺と一緒に来い。叫んだら刺す」とスキーマスクをかぶった侵入者が枯れた声でささやいた。彼女が抵抗をはじめると男は銃を取り出し「叫ぶな。叫んだら撃つぞ」と言い、彼女を裏庭から外へ連れ出した。物音を聞いたスネイリングが裏庭に走り出た。

「おい、何をしている？　娘をどこに連れていくつもりだ！」とスネイリングは叫んだ。

侵入者はスネイリングに狙いを定めると引き金を引いた。弾は右胸にあたり、スネイリングはもんどり打って倒れた。次の一発は左腕から心臓、そして両方の肺を貫いた。彼は這《は》うようにして家に戻ったが、数分で死亡した。男は被害者の顔面を三回蹴り上げ、逃走。白人男性で身長は約一八〇センチ、「怒りのこもった目」をしていたと娘は警察に語った。

弾道検査でわかったのは、この事件で使用された拳銃はミロク製の三八式で、その十日前にランサッカーによって盗まれたものだった。捜査員たちはその年の二月にクロード・スネイリング教授が娘の部屋の窓から中を覗き込む誰かを、帰宅時に目撃していたこともわかった。スネイリングはその人物を追いかけたそうだが、暗闇に消えたという。

＊

残された証拠はランサッカーの犯行を強く裏づけていた。夜間の張り込みを命じられた警察の出動回数も増えた。ランサッカーから三度も狙われた西カウェア通りの家には、特に注目が集まった。十二月十日の夜、ビル・マクゴーウェン刑事がその家の外でランサッカーと鉢合わせした。容疑者はフェンスに勢いよくよじ登り、その後しばらく追跡が行われた。マクゴーウェンが警告の発砲をすると、容疑者は投降する姿勢を見せた。

「ああどうしよう、おねがい、撃たないで」と、男は甲高《かんだか》い声を出して怯《おび》えた。「ほら、見えるでしょ？　両手を挙げているよ！」

幼い顔をしたその男はコソコソと体の向きを変え、コートのポケットから銃を取り出すと、直後マクゴーウェンに向かって発砲した。マクゴーウェンはひっくり返り、辺り一面は暗闇に包まれた。弾はマクゴーウェンの懐中電灯に命中したのだ。

＊

一九七六年一月九日、バイセリア警察の刑事、ビル・マクゴーウェンとジョン・ヴォーンは、朝早く起きて三時間かけて車で南に移動し、ロサンゼルスのダウンタウンにあるロサンゼルス警察パーカーセンター本部までやってきた。マクゴーウェンが対峙していた、警察からの逃亡能力を持ち合わせた男の逮捕は大げさではなくバイセリア警察全体の問題になっていた。ランサッカーとの遭遇は一連の事件にとって重要なターニングポイントと捉えられ、ロサンゼルス警察の特別捜査班との調整が行われたのだ。そのとき、マクゴーウェンは事件の詳細をよりはっきりと思い出す助けとして、催眠術にもかけられている。

バイセリア署の二人の刑事は、ロサンゼルス警察催眠捜査チーム指揮官リチャード・サンドストーム警部と面会。二人は警部に事件の詳細を伝え、マクゴーウェンは、ランサッカーと遭遇した住宅地の現場地図を描いた。警察所属の絵描きはマクゴーウェンから得た情報に基づいて似顔絵を作成した。そして全員が集まった三〇九号室で、地図と似顔絵がマクゴーウェンの座る机の上に並べられた。午前十一時十分、催眠セッションがはじまった。

サンドストーム警部はマクゴーウェンにリラックスするよう静かに語りかけた。足は組まず、両手は握らず、深く息を吸い込んでいく。彼はマクゴーウェンの意識を一九七五年十二月十日のあの夜まで一ヶ月引き戻していった。当夜、マウントホイットニー高校の近くの住宅街には複数人の警察官が配置されていた。一部は隠れた場所に待機し、一部は歩きつつ警戒し、そして一部は覆面パトカーの中で事に備えていた。このしっかりと計画された張り込みの目的は、警察最大の敵であるバイセリア・ランサッカーを「感知して、取り押さえる」ことにあった。

前日の夜、マクゴーウェンは、興味深い内容の電話を受けていた。かけてきた人物は自らをミセズ・ハンリー（仮名）と名乗り、西カウェア通りに住んでいるという。彼女は靴跡について情報を寄せてくれた。彼があらかじめ彼女に周囲の靴跡を確認するように依頼していたかって？もちろんだ。

七月、ハンリー夫人の十九歳の娘ドナ（仮名）が、スキーマスクをかぶった侵入者と裏庭で鉢合わせた。この事件を捜査する過程で、今後は裏庭を定期的にチェックし、靴跡が見当たらないか確認するよう、夫人はマクゴーウェンから助言を受けていた。そして、もし異変があったら知らせるよう言われていたのだ。そして実際に、靴跡を見つけたのである。

この情報提供に基づいて、マクゴーウェンはその翌日の晩、住居の張り込みに出たのである。そこでランサッカーと対峙したというわけだ。

パーカーセンターでイスに座り、催眠術師の導きに従いながら、マクゴーウェンの意識はあの晩に戻っていた。

彼は西カウェア通り一五〇五番地の玄関側ガレージの中で張り込むことにした。ドナの部屋の窓の下にテニスシューズ跡を残したランサッカーが、再びハンリー家に戻るのではと考えていた。

午後七時、マクゴーウェンはシンプルな作戦を実行した。ガレージのドアを開けておいたのだ。電気はすべて消してある。マクゴーウェンは暗闇の中で座り、ガレージ側面の窓から近所の家々を観察していたが、同時にガレージの前を通り過ぎる人間も注視していた。一時間が経った。何も動かなかった。そしてそれから三十分が経過した。

そのときである。午後八時ちょうどぐらいに、しゃがみ込みながら動く誰かの姿が窓のすぐ側に見えた。マクゴーウェンは息を潜めて待った。その誰かはガレージの扉付近に現れて、あたりを見回した。マクゴーウェンの頭の中を、次の可能性がぐるぐると回りはじめた。この家の持ち主、それとも同僚か？　しかし暗闇に慣れた彼の目には、その人物が全身黒づくめの衣類を着たうえ、ウォッチ・キャップ〔アメリカ軍で使用される防寒帽。頭部を覆い顔を隠すようなデザイン〕をかぶっているのが見えていた。

ガレージの側面に沿って、建物の裏側まで移動していく、大柄で、不格好で、均整のとれていない姿をした男。マクゴーウェンは外に出ると歩いてその人物に近づき、通用門をガチャガチャと触っている顔に向けて懐中電灯の光を当てた。

同僚のヴォーンは催眠状態にあるマクゴーウェンが、その次に何が起きたか話す様子をメモにとっていた。突然の対峙。裏庭への追跡。女性のような悲鳴。

「オーマイゴッド！　撃たないで！」

「女だったのか？」と催眠術師のサンドストームがマクゴーウェンを問いただす。

「いや、ちがう」と彼は答えた。

マクゴーウェンは逃げていくその人物に懐中電灯を当て続け、そして何度も止まれと大声で警告した。ランサッカーは半狂乱状態で、「オーマイゴッド！　撃たないで！　助けて！」と何度も叫び続け、あたふたとし、最終的に低い木製のフェンスを越えて、向こう側にあった芝地に飛び込んだ。マクゴーウェンは勤務用のリボルバーをホルスターから取り出すと、警告の一発を地面に撃った。ランサッカーはピタリと動きを止め、振り返った。右手を挙げて降伏の姿勢を見せたのだ。

「わかった。ギブアップするって」と男は震えながら言った。「ほら。ほらね、見えるだろ？手を挙げてるから」

回想しながらマクゴーウェンは、どんどん深い催眠状態に落ちていった。回想のなかで、懐中電灯に照らされたその顔をじっと見つめる。

「幼い顔だ。丸顔。柔和な顔つきの若者……」

「ヒゲもまだ剃《そ》っていないぐらいだ」

「とても白い肌。柔らかい。丸い。ベビーフェイスだ」

「若造だ」

フェンスのすぐ近くに立っていたマクゴーウェンは、さぞかし心が躍っていただろう。十八ヶ月にも及ぶ過酷な追跡も今終わりを迎えようとしていた。自分たちは幽霊を追いかけているのではと何人もの刑事が首をかしげていた、あのずる賢い透明人間のような犯罪者を、まさに捕まえようとしていたのだ。しかし、バイセリアのランサッカーは実在していた。そして、一筋縄ではいかない邪悪な男だった。それなのに、刑事たちにとっての邪悪な敵は、決してその肉体を現すことはなかった。歩き回り、高い泣き声を出してマクゴーウェンに許しを請い、傷つけないでと頼むなんて、歩兵の若者ではないか。マクゴーウェンには男を傷つける意図はなかった。彼は信心深い人間で、堅物で、模範的な警察官だ。変態野郎の運もこれまでだ。マクゴーウェンはフェンスを乗り越えて、男を逮捕しようとした。

しかしランサッカーは右手だけを挙げて降伏していたのだ。左手でコートのポケットから青いスチール製のリボルバーを出すと、マクゴーウェンの胸をまっすぐ狙って引き金を引いた。幸運なことに、マクゴーウェンは懐中電灯を体の前に差し出すように構えていた——警察での訓練のたまものだった。銃弾はレンズに命中した。その力でマクゴーウェンは後ろにもんどり打って倒れた。銃声を聞いて駆けつけた彼の同僚が裏庭に飛び込んできて、マクゴーウェンが動かず地面に倒れているのを見た。撃たれたのだと考えながら、ランサッカーが逃げたと思われる方向を追跡した。同時に、警察無線で応援を要請した。突然、後ろで何者かが動く音がした。勢いよく振り返ると、マクゴーウェンだった。火薬やけどの筋のような跡が顔についていた。右目も赤かったが、それ以外は無事だった。

「逃げやがって」とマクゴーウェンは言った。

三カ所の警察から集められた七十人の捜査官が、周囲六ブロックを封鎖した。しかし、犯人は見つからなかった。大人なのか子どもなのか判断のつかない不自然な姿の男は、逃走し、闇の中に消えた――暗闇に呑み込まれた蛾のように――記念コインと装飾品をいっぱい詰めた靴下一足と、ブルーチップを貼り付けた二冊のノートを残して。

＊

マクゴーウェンが報告したランサッカーの特徴的な外見と奇妙な行動パターンは、バイセリアの至るところに出没した覗き魔と至近距離で遭遇した住民たちの証言と一致していた。

警察は、犯人は日中には決して外に出ないと結論づけた。男はそれぐらい青白かった。男を目撃したわずかな人は、男の顔色について言及していた。夏には四〇度近くまで気温が上がるカリフォルニア州中心部にある田園都市バイセリアに住みながら、魚の腹ほど青白い顔でいるのは難しい。なぜ彼の青白い顔がそれだけ不自然に思えたのか理解するには、バイセリアがダストボウル〔一九三〇年代にアメリカ中西部で断続的に発生した砂嵐のこと〕難民の子孫が多く住む地域だと知ることが助けとなる。バイセリア出身者は自然によって整えられる体内時計に従って暮らしているのだ。彼らは大洪水を記憶している。干ばつを予測し、ピックアップトラックに寄りかかって、七〇キロほど離れた地域でチャパラル〔茂みなど〕や材木を燃やす山火事が降らす灰を見ることができる。アウトドア型の生活は、概念ではなく厳しい現実なのだ。日に焼けた姿は、豊富な知識と信頼の表れである。それは、柑橘類の木を生け垣で囲む意味を知る人物であることの証明だ。「綿を刈る」という言葉が「くわを使って綿花畑の雑草を叩き切る」という意味だと知っていることであり、足についたアルカリダスト〔この地域で吹き荒れる砂ぼこり〕を薄いコーヒー色をした水のなかに溶かしながら、セントジョンズ川を浮き輪に乗って下ったことがあるという意味なのだ。

彼の青ざめた顔からは、このような地域の特色は感じられなかった。そのような人物は稀であり、したがって疑わしい。これは、その男の閉鎖的な生活が、陰謀にまみれていることを示唆していた。バイセリア警察署の人間たちは、犯人が誰かはもちろん、どこに潜伏しているのかもわからなかった。わかっていたのは、犯人の活動が夜間だということだけだ。しかし、警察には何が犯人を外におびき出すのかよく理解できていた。

ベッドルームのカーテンを閉め切っている十代の女性を、犯人は闇のなかの輝きとして登録していた。覚えのない懐中電灯の光のちらつきに、彼女たちは動きを止めた。しかし、夜にはすべてをはっきりと見るのが難しかった。ウェスト・フィームスターに住む十六歳のグレンダ（仮名）が、窓のカーテンを閉じながらふと外を見ると、大理石のようにつるつるとした、丸い月のような形をした何かが藪《やぶ》の中にいた。一九七四年冬のとある夜のことだった。興味を抱き、確認してみようと、彼女は寝室の窓を開けた。すると、月のように丸い顔が彼女を睨み返した。左手にはスクリュードライバーが握られていた。

そして男は消えた。険しい、鋭い目線が送られていた場所には、暗闇しか残されていなかった。筋肉質な尾を持つ小さい生きものが明かりから逃げ出すような音が聞こえた。藪が擦れた。フェンスがガタガタと音をたてた。物音はだんだんと小さくなったが、それは問題ではなかった。助けを求める叫び声がすべての音をかき消した。当時、一九七四年のバイセリアでは、すべての商店は夜の九時には営業を終えていたし、夜間のトラブルはだいたい、水の利権を争って水路周辺をうろつく男性に限られていたが、その夜の音はちがっていた。映画は本物がもたらす印象を表現しきれない。スタジオ内で再現するのは不可能だからだ。会話は止まる。頭がくらくらする。鼓膜は恐怖で脈を打つが、闇夜に響く十代の少女の渾身の叫びほど、恐怖を表すものはない。

不安を煽る青白い顔だけが犯人の特徴ではなかった。この事件のあった一週間後、グレンダのボーイフレンドのカールが家の外で彼女を待っていたときのことだ。グレンダの家は、バイセリア南西部ホイットニー高校付近の中産家庭によくあるタイプのものだった。一九五〇年代に建てられた平屋の頑丈な造りで、広さはざっと一四〇平方メートルほど。特別、大きいというわけではなかった。カールは芝生の上に座っていて、その姿は家の前面に設置された大きなガラス窓から漏れる明るい光とは対照的に、影となって見えにくかった。道を隔てた場所にある用水路に接した小道から、男が出てくる様子をカールは目撃した。男はフラフラと歩いていたが、突然何かをじっと見つめると、その動きをぴたりと止めた。カールはその男が吸い込まれるようにして見入っていた先の、窓の中を見た。そこには、ホルターネックのシャツにショートパンツを穿《は》いたグレンダが、リビングルームで母親と話す姿があった。そして男は身をかがめた。

カールは、グレンダが寝室の外に不審者を見つけたときにもグレンダの家にいた。近所の家の裏庭まで追いかけたが、男は闇に消えた。カールにはそのときの男と、目の前の男が同一人物だとはっきりわかった。そこまでわかっていても、この次に起きたことには驚くしかなかった。男は四つん這いになると、今度は窓の中の光景に惹きつけられるように匍匐《ほふく》前進をしながらグレンダの家に近づいてきたのだ。

カールは身じろぎすることなく、暗闇のなかに身を潜めた。そして、男が生け垣に辿りつくまで辛抱強く待った。男はカールに見られていることなど知るよしもない。男に最大限の衝撃を与えようとすれば、声をかけるタイミングは正確でなければならない。男がゆっくりと身を起こして、生け垣の向こうの窓を覗き込むまでカールは待った。

「おい！　何やってんだ！」とカールは怒鳴った。

男はショックで息を呑んだ様子だった。わけのわからない言葉を叫び、パニック状態で逃げ出す姿はまるでコメディアンのようだった。グレンダは覗き見をした男を小太りだと証言し、なで肩と太い足から、たしかに体重はありそうだとカールも証言した。男はぎくしゃくと焦った様子で走り出したが、足が速いというわけではなかった。走りながら左折した男が近隣住宅の壁のくぼみに身を隠したところでカールの追跡は終わった。壁のくぼみは、一方がフェンスで封鎖されていた。カールは壁のくぼみの前に立ち、出口を塞いだ。男がとうとう逃げ場を失った瞬間だった。そして街灯が、ガールフレンドを覗き見した男の姿を間近にカールに見せるチャンスを与えてくれた。身長は一八〇センチぐらいで、体重は八〇キロから八五キロ。短く太い足、切り株のような両腕。髪はブロンドでなでつけられ、べたっとしていた。団子鼻で、耳は小さく肉厚、目は小さかった。下唇が少し前に出ており、顔が丸く、表情は乏しい。

「おいおまえ、俺の彼女の家を覗いてただろ?」とカールが問いただした。

男は顔を背けた。

男はまるで共犯者が横にいるかのように「ベン、どうやら捕まっちまったようだぜ!」と興奮しながら大声で言った。

そこには誰もいないというのに。

「誰だ?　ここで何をしているんだ?」カールは聞いた。

返事はなく、カールは男に近づいた。

「やめておけ」と男は言った。「向こうへ行ってくれ」

男の話し方はゆっくりで力なく、オクラホマ訛りが少しだけあるように聞こえた。カールはもう一歩前に出た。男はポケットに片手を入れて反応した。毛糸で編まれたカフスがついた、茶色いコットンのジャケットを着ていた。数年前に流行したが、近年では忘れ去られたスタイルだ。

「いいから立ち去れ」と男は平坦な声で繰り返した。「立ち去れ」

カールはポケットに入れられた手のあたりの膨らみに気づいた。その状況判断にはほんの一瞬しかかからなかった。カールの本能が彼を一歩後退させた。理解を超えた奇妙な感覚で、鈍い光を放つ男の目の裏側で動く、邪悪な回路を垣間見たような気持ちだった。明らかに銃を隠しているように振る舞う、平坦なオクラホマ訛りで話す流行遅れの服を身につけた丸顔の男は、さっきまでとはまったく別人のようだった。カールは道を空けた。男が横を通り過ぎたときに、男の顔が青白く、妙にすべすべしていることに気づいた。カールは男のことを若くても二十五歳だろうと確信を持ったが、成人男性にしては奇妙なほど幼なかった。ひげ剃りも必要ないのではと思われたのだ。

カールは男がソウェル通りを北上していく様子を見ていた。男は数秒ごとに振り返り、カールがついてきていないことを確認していた。疑り深く、恐れている様子のそのときでさえ、男の青ざめた丸顔に生気はなく、ツルツルとしていて、まるで玉子のように真っ白だった。

さらに遡る一九七三年九月のこと、フラン・クラーリー（仮名）は自宅に面した西カウェア通りで奇妙な出来事を経験していた。車に乗り込もうとしたときのことだ。物音を耳にした彼女は顔を上げた。明るいブロンドの髪をした丸顔の男性が、彼女の家の裏庭から出てきたのだ。男は小走りで道に出て、クラーリーに気づくと彼女の顔をしっかりと見ながら、「また会おうぜ、サンディー！」と叫んだのだった。そして垂直に交わる道を北方面に走ると、景色から姿を消した。フランは十五歳の娘シェリー（仮名）にこれを伝え、シェリーも一週間前に同じような人が寝室の窓から中を覗いていたと母に伝えた。不審者は二ヶ月も二人をしつこく悩ませ続け、十月を最後に現れなくなった。

一九七三年から一九七六年初頭まで、この地区に住む数多くの十代の少女や、若い大人の女性が、窓から家の中を覗き込む不審者に出くわし、同じような証言をしていた。

しかし、一九七六年の十二月中旬、ビル・マクゴーウェンとランサッカーとの遭遇事件の情報に基づく似顔絵が地元紙に公開されると、不審者は二度とバイセリアに戻ってこなかった。

＊

このような状況にもかかわらず、ランサッカーに対する捜査は急速に行き詰まりはじめた。未解決の連続事件を解決に導くには、もう一度捜査をやり直すことが不可欠だ。早期に記された事件報告書を精査すると、後悔ばかりが増えていく。そして被害者と目撃者に再び連絡がいくようになる。すると、おぼろげな記憶も、ときに鮮明になる。見過ごされていた手がかりを探し当てることもある。警察に通報されなかった出来事を思い出す人もいる。しかし、名前はわかるが番号がわからない。こうして電話が何回もかけられる。

一九七七年にサクラメント警察とコンタクトをとっていたバイセリアの捜査官たちは、最低でも十を超える共通点を持つ二人の犯罪者の存在に気づいた。不法侵入と窃盗の犯罪歴があり、高価なものには手を付けずに、小さなアクセサリーと個人所有の宝石を盗んでいた。寝ている被害者にまたがって手で口を覆うという、侵入時の共通点があった。二人とも、家の中にあったものを使って、独自のアラームシステムを組み立てていた。二人とも似た方法で戸口の脇にある柱を同じような道具で壊し、鍵を破壊して押し入った。二人ともフェンスを乗り越えていた。二人とも身長は一八〇センチ前後だった。二人とも家の中から財布を持ち出して、中身を屋外に捨てていた。この共通点は説得力のあるものだった。バイセリア警察の捜査官たちは、何か掴んだにちがいないと考えた。

　サクラメント郡保安官事務所の人間は、このケースとＥＡＲ《イヤー》を比較し、否定しがたい決定的なちがいを見つけ出した。まず、九種の手口のうち、六種が同じではなかった。靴底が一致しなかった。靴のサイズでさえちがっていた。ＥＡＲ《イヤー》はクーポンを盗まない。そして、身体的特徴は根本から異なっていた。ランサッカーの容姿は極めて特徴的だ。まるで大きな体をした赤ちゃんのように幼く丸顔で、手足が太く、顔はツルツルとして青白かった。ＥＡＲ《イヤー》は中肉中背から少しだけ大きめの体格だと証言されており、被害者の一人は彼を「軟弱なやつ」とまで証言した。夏の間は、日に焼けてもいた。もしランサッカーが体重を落として痩せていたとしても、そこまで印象を変えることはできないのではないかと思われた。

　バイセリア警察はそれに反論し、マスコミに訴えた。サクラメントユニオン紙が、サクラメント郡保安官事務所の柔軟性の欠如と、二つのケースが関連する可能性を示す記事を掲載した。翌日、今度はサクラメント郡保安官事務所がマスコミに反論。ユニオン紙に対して、その信頼するに足らないジャーナリズムと、バイセリア警察の売名行為と投げやりな姿勢を批判した。

サクラメント警察署は、それでも二つの事件の類似性についてはオープンなままでいた。リチャード・シェルビーは、事件が発生した通りを時折捜査して歩いた。サクラメント警察署は、一九七五年十二月から一九七六年四月の間にバイセリア地区から転勤した雇用者のリストを地元企業に提出するよう要請した。該当する人物は二名だったが、二人とも最終的に捜査対象からは外された。

四十年後の現代になって、警察の見解は今も分かれているが、両者の間に対立はない。サクラメントで捜査を率いているケン・クラークは、この二つの事件は同じ犯人によるものだと信じている。ＦＢＩもこれに同意している。しかし、犯罪学者のポール・ホールズの意見は異なる。肥満体型の人間が魔法のように痩せ型になることはないと彼は言う。

一九九六年　オレンジ郡

ロジャー・ハリントンは気まずい推論に断固としてこだわり続けてきた。息子と義理の娘の殺害から八年後の一九八八年十月発行の「オレンジコーストマガジン」の記事で彼は、事件の背景には息子のキースではなく、その妻のパティの過去に原因があるのではないかと発言していた。二人は事件のほんの数ヶ月前に結婚したばかりだった。パティは恨みを買うような人物ではなかったが、二人が互いの過去についてどれだけ知っていたというのだろう？　とある事件の詳細が、二人が殺人者を知っていたのではないかという確信をロジャーに抱かせていた。ベッドカバーである。犯人は時間をわざわざ作って、二人の頭にベッドカバーをかけた。

「犯人は二人を知っていて、申し訳ないと思っていたのではないか」とロジャーは記者に語った。

かつて、未解決事件は思いもよらない電話一本で解決していた――ダイヤル式電話の耳をつんざくような呼び出し音が、死に際の告白や、情報提供者による検証可能な事実をもたらしたこともあったのだ。しかし、キースとパティ・ハリントン事件やマニュエラ・ウィットヒューン事件に関して、電話が鳴ることはなかった。そのかわり、十五年にわたり放置されていた茶封筒に入った三本のガラス管が打開策を導いた。

ロジャー・ハリントンはその打開策を誰よりも喜んで受け入れた。息子を殺した犯人の真っ白な顔は、彼の心に大きな穴を開け、支配していた。「オレンジコーストマガジン」に掲載された、キースとパティ・ハリントン殺人事件捜査に関する記事は、率直かつ凄みのある引用で終わっている。

「だから私は死ねない。犯人を見つけるまでは」

一九九六年十月と十一月、謎を答えに導く三本のガラス管は開封され、試験が行われた。十二月までには結果が出て、オレンジ郡保安官事務所の捜査官たちは遺族に電話する準備を整えた。しかし、ロジャー・ハリントンはそれを知るよしもなかった。彼はこの一年半前の一九九五年三月八日にこの世を去っていた。

もしロジャーが生きていたら、息子を殺害した人物の履歴をもっと知ることができていただろう。また、ベッドカバーで息子と義理の娘の顔が覆われていたことへの彼の見解が、間違っていたことを知っただろう。その行為は、自責の念からではなかった。犯人が最後にカップルを撲殺したとき、殺害現場に血が飛び散ったのだが、犯人はキースとパティの血で自分が汚れたくなかっただけだ。

一九六二年のとある日曜日の朝、新聞配達の男の子が道路の脇で猫の死体を見つけた。イギリスの話である。十二歳の少年はその猫を自分のバッグに入れて、家に持ち帰った。ロンドンから北へ五〇キロほど行ったルートンという町で起きた話だ。昼食の前の暇つぶしに、少年はその猫をダイニングルームのテーブルの上に乗せ、自作のメスの入った手作りのキットを使って解剖した。家じゅうに腐臭がたちこめ、少年の家族はそれを喜ばなかった。解剖された猫の内臓が取り出されたときに猫が生きていたのなら、この少年はテッド・バンディーである。実際のところ、新進気鋭の科学者であるこの問題の少年は、シリアルキラー最大の敵であるクリプトナイトの産みの親だ。名前はアレック・ジェフリーズ。一九八四年九月、ジェフリーズはDNAフィンガープリント法を編み出し、法医学と刑事司法に永遠の変革をもたらした。

DNA技術の第一世代と現代の技術を比べることは、コモドール64とスマートフォンを比べるようなものだ。一九九〇年代初頭にオレンジ郡犯罪科学捜査研究所がDNA検査を採用しはじめたとき、犯罪学者が一つの事件に費やす時間は最長で四週間だった。テストされた生体サンプルはかなり大きめで——例えば血痕は二五セント硬貨の大きさが必要だった——状態の良いものが必要だった。現代では、わずかな皮膚細胞が数時間で遺伝子パターンをあぶり出してくれる。

一九四四年ＤＮＡ型鑑定法により、ＦＢＩは全国的なデータベースを保持する権限を確立し、ＣＯＤＩＳ（統合ＤＮＡインデックス・システム）が生まれた。今日、どのようにしてＣＯＤＩＳが運用されているかを知るには、それを巨大な科学捜査のピラミッドとしてイメージすればいいだろう。ピラミッドの底辺は国内の何百もの犯罪科学捜査研究所だ。研究所は身元のわからないＤＮＡサンプルを犯罪現場から採取し、集められた特定の容疑者のサンプルとともに、それらをデータベースにインプットする。カリフォルニアでは、インプットされたサンプルは毎週火曜日に自動的にアップロードされる。政府はこれと同時に刑務所からＤＮＡを収集し、それを検証処理し、州単位で比較検討する責任がある。この後に、サンプルはＣＯＤＩＳに登録されるというわけだ。

スピーディー。効果的。徹底している。しかし、データベースが発展しはじめた一九九〇年代中盤は、そうではなかった。当時、犯罪科学捜査研究所は、ＤＮＡプロファイリングをＲＦＬＰ［「リフリップ」（restriction fragment length polymorphism）と読む。制限酵素断片長多型］分析に依存していた。それは多くの時間と労力を必要とし、やがてポケットベルと同じ運命を辿った。しかしオレンジ郡科学捜査研究所は常に一歩抜きん出ていると評判だった。一九九五年十二月二十日、オレンジカウンティーレジスター紙が「データ収集のターゲット：殺人者の幽霊たち」という記事を掲載した。その記事は、刑事と犯罪学者がタッグを組んでカリフォルニア州バークレーに新設されたカリフォルニア州法務省の研究所に、地元の検察官が古い未解決事件から集められた

DNAプロファイルを提出したとする内容だった。この研究所には、多くの性犯罪者を含む凶悪犯たちの四千件ものDNAプロファイルがすでに保管されていた。一九九六年ではカリフォルニア州のDNAデータベースは初期段階であり、オレンジ郡はその構築を手助けしていたのだ。

六ヶ月後の一九九六年六月、オレンジ郡は初めて「データベースに登録されている犯罪者のDNAの一致（コールド・ヒット）」を迎えた。犯罪現場のDNAの証拠と、データベース内の犯罪者が一致したのだ。はじめてのコールド・ヒットは驚くべきケースだった。五人の女性を殺害した連続殺人鬼ジェラルド・パーカー服役囚がヒットしたその人だったのだ。パーカーの六人目の犠牲者は妊婦で、殺害は免れたが、臨月の子どもは命を落とした。自分も大けがを負い、重篤な記憶障害という後遺症が残った被害者の夫は、そのとき彼女を襲撃したという罪状ですでに十六年も服役していた。彼は即時釈放された。コールド・ヒットであぶり出されたパーカーは、別の罪の服役を終え釈放される一ヶ月前だった。

オレンジ郡保安官事務所と科学捜査研究所のスタッフは啞然とした。立ち上げたばかりの国家的データベースにはじめて提出したデータが、六件の殺人事件を解決したのだ！　保管室の空気はいつもどんよりとしていたのに、明るい光が差し込み、単調な色合いの段ボール箱を明るく照らした。古い証拠はそこで一切触れられることもなく、何十年も放置されたままだった。その箱の一つひとつがタイムカプセルだった。飾りのついたバッグ。刺繡が施されたチュニック。暴力的な死によって分類された命に関するアイテムたち。保管室の未解決ファイルが置かれたセクションは、ずっと失望の色に染まっていた。やり終えることのない、やらなければならないリストだ。

こうなってくると、誰もが可能性を持っているように思えてくる。一九七八年に発見されたパッチワークキルトについたシミから犯人をおびき出し、力の流れを巻き戻すことができるという発想は沸き立つような感覚をもたらした。殺人を犯して消え失せれば、そこに残されたのは痛みだけではなく、喪失である。圧倒的な空白は、それ以外のすべてを呑み込んでしまうほどだ。正体不明の殺人鬼は、決して開かないドアの向こうからノブを回し続けている。しかしこの力は、われわれがその正体を突き止めたときに消え失せる。そうすれば、われわれは犯人の陳腐な秘密を明らかにすることができる。足かせをはめられ、冷や汗をかきながら明るく照らされた法廷に導かれて入ってくる男の姿を見ることになる。彼より高い位置に座った人物が、彼を無表情で見下ろし、小槌《こづち》を叩き、ようやく彼の出生時の名前を一文字ずつ読み上げる。われわれは、それを見るのだ。

名前だ。保安官事務所に必要な情報は名前だった。保管室に放置されていた箱の中には、ありとあらゆるものが詰め込まれていた。チューブに入れられた綿棒。下着。安物の白いシーツ。小さな布地、わずかに残った綿の切れ端、その小さな証拠に望みが託されていた。即時逮捕以外の可能性もあった。証拠から導き出されたＤＮＡプロファイルはデータベース内の既知の凶悪犯とマッチしないかもしれないが、別のケースの鑑定結果とマッチして、連続殺人鬼を白日の下に晒《さら》すかもしれない。その情報が捜査自体に一石を投じるかもしれない。活気を与えるかもしれない。未解決事件は進展しなければならないのだ。

犯罪科学捜査研究所の職員は数字に追われていた。一九七二年から一九九四年の間、オレンジ郡は二千四百七十九件もの殺人事件を捜査し、千五百九十一件を解決に導いたが、九百件は未解決のまま残っていた。未解決事件を再調査するため、戦略が立てられた。性的暴行が絡む殺人事件は優先的に捜査していく。なぜなら、こういった殺人者たちは犯行を繰り返し、DNAタイピングに役立つ生物由来物質を現場に残す傾向があるからだ。

メアリー・ホンは未解決事件捜査担当の犯罪学者の一人であった。犯罪学者ジム・ホワイトが彼女を脇へ連れていった。十五年経過しても、かつて感じた疑惑を忘れてはいなかったのだ。

「ハリントン、それから……」と彼は言った。「ウィットヒューンのケースだ」

殺人事件が起きたとき研究所にいなかったホンにとって、その名前は意味をなさなかった。ホワイトは彼女に二つの未解決事件を急いで捜査するよう助言した。「同じ犯人だと確信しているんだ」と彼は彼女に言った。

＊

ここでDNAタイピングについて簡単に説明しようと思う。DNA、別名デオキシリボ核酸は、個人を特徴づけるための分子配列のことである。私たちの体の細胞の一つひとつには（赤血球を除く）、あなたのDNAが含まれた核がある。遺伝子プロファイルを明らかにする法医学者は、まず生物学的サンプル――精液、血液、髪――から利用可能なDNAを抽出し、分離し、増幅させ、分析する。ＤＮＡには四種の反復配列があり、その配列の正確な連続が私たちを他から区別する。人間のバーコードのようなものだ。バーコードに付与された番号が遺伝子マーカーである。ＤＮＡタイピングの黎明期において、展開させ、分析できるマーカーの数は少なかった。今日、ＣＯＤＩＳには十三種の基本マーカーが存在している。（一卵性の双子を除き）二人の個人が同じバーコードを持つ可能性は、ざっと十億分の一の確率である。

一九九六年の終わり、メアリー・ホンがハリントン事件とウィットヒューン事件のレイプキットを保管室に回収しに向かったとき、ＤＮＡタイピングは喜ばしい変革を迎えていた。従来からのプロセスであるＲＦＬＰは国家データベースとして現役で使用されていたものの、それには絶対に劣化しない十分なＤＮＡが必要だった。それは未解決事件にとっては現実的ではなかった。そこでオレンジ郡犯罪科学捜査研究所は、ＲＦＬＰより格段に早く、新しい統合技術であるＰＣＲ－ＳＴＲ（ヒト細胞認識試験）を採用し、それは現在の科学捜査におけるＤＮＡプロファイルの基礎となった。ＲＦＬＰとＰＣＲ－ＳＴＲのちがいは、数字の羅列を手で書き写すか、高速コピー機を使ってコピーするかのちがいである。ＰＣＲ－ＳＴＲは特に、ＤＮＡサンプルが時間の経過で劣化していたり、サンプル自体が小さかった未解決事件で、その力を発揮した。

科学捜査によるＤＮＡプロファイルが殺人事件を解決に導いた最初のケースは、一二四七年に中国人検視官であり捜査官だった宋慈の綴った『洗冤集録《せんえんしゅうろく》』で読み解くことができる。鎌で無残にも殺害された農夫の死を解説するシーンだ。農夫の死について捜査を前進させられなかった地元の行政官は、村の男性全員に鎌を持って集まることを命じる。彼らは鎌を地面に置き、数歩下がった。太陽の強い光が照りつけると、やかましい羽音が聞こえてきた。ギラギラとした緑色の体を持つハエが、混沌とした大群となって集まり、とある鎌に降り立ち、這い回ったのだ。その鎌以外には見向きもせずに。血液と組織の残留物がクロバエを惹きつけることを行政官は知っていたのだ。クロバエがびっしりとついた鎌の持ち主は、うなだれるしかなかった。事件は解決である。

現在のメソッドはそこまで原始的ではない。昆虫の代わりに、遠心分離機と顕微鏡が使われるようになったのだ。ハリントン事件とウィットヒューン事件のレイプキットから抽出された、身元が不明な男性のDNAが、犯罪科学捜査研究所で最も精密とされるツールで検査された。制限酵素、蛍光染料、そしてサーマルサイクラーだ。科学捜査技術の進歩とはつまり、クロバエを血のしたたる鎌に引き寄せる最新の方法を模索することなのだ。ゴールは十三世紀の中国の田舎の町で起きたことと同じである。罪悪感を引き出す、疑う余地のない細胞だ。

ホン研究員がジム・ホワイトの家を訪れた。彼は作業中だった。

「ハリントン」と彼女は言った。「それからウィットヒューンですよね」

彼は期待を込めた目で彼女を見た。ホンやホワイトのような犯罪学者は几帳面だ。そうでなければならない。彼らの仕事は、常に被告側弁護士によって法廷でこき下ろされるものだ。彼らは導き出した結論を広義に表現することが多く（例えば「鈍器のようなもの」といった表現）、彼らがあまりに自己防衛的だと非難する刑事との間に緊張関係を生みかねない。警官と犯罪学者はお互いを必要としているけれど、気質的にはかけ離れた人間なのだ。警官は行動派。紙が乱雑に散らばる机など大嫌いな、せっかちな人種だ。彼らは現場主義。悪いやつらの行動を、彼らは筋肉の記憶のように理解する。例えば男に近づいたとき、もし彼が突然右をむいたとするならば、それはその男が銃を隠していることと捉える。彼らは指紋にやけどの跡をつけるドラッグを知っている（クラック）。そして心臓が止まっても何分持ちこたえられるかを知っている（四分）。彼らは戯言と卑劣に溢れた混乱を切り抜ける。彼らの仕事は心に傷を負わせる。結果的に、彼らの心はボロボロだ。犠牲になった少女の家族を慰めるよう求められたとき、染料が水に広がるように闇が彼らを支配する。一部の警官にとっては、カオスと癒やしの間を行ったり来たりすることがどんどん難しくなり、ついには思いやりの心をすべて諦めてしまう。

犯罪学者は、使用済みのラテックス製コンドームから、カオスな状況を軌動に乗せる。犯罪科学捜査研究所は乾燥していて、厳格に管理されている。妥協など一切ない。警官は人生の起伏と格闘する。犯罪学者はそれを定量化する。しかし彼らとて人間なのだ。担当した事件の詳細は心に残り続ける。例えばパティ・ハリントンが赤ちゃんのときから使っていた毛布が、パティとキースの間で発見されたこともそうだ。大人になってからも、彼女はその小さな白い毛布と毎晩一緒に寝て、シルクの縁取りを指でなぞっていたという。

「同じ男ね」とホンが言った。

ジム・ホワイトは、仕事に戻る前に、少しだけ笑顔を見せた。

＊

数週間後、もうすぐ一九九六年になろうという頃、ホンはデスクに向かってエクセルのスプレッドシートを精査していた。スプレッドシートには、DNAプロファイルが成功した二十件あまりの未解決事件の詳細が収められていた。チャートは事件番号と被害者の名前をプロファイルと相互参照するようになっていて、プロファイルには当時DNAタイピングに使用されていた五種のPCR（ポリメーラゼ連鎖反応）遺伝子座、つまりマーカー情報が含まれていた。例えば、「THO1」というマーカーの下に「8、7」（事件番号）のような結果が表示されるのだ。ホンはハリントン事件とウィットヒューンの事件のプロファイルが一致していることを知っていた。しかしスプレッドシートを精査した彼女の目にとまったのは、別のプロファイルだった。彼女はその並びを何度か眺め、確証を持つためハリントン、そしてウィットヒューン事件と比較した。想像もしていなかった。ぴったり一致していたのである。

被害者は十八歳のジャネル・クルーズで、一九八六年五月五日、アーバインの自宅内で遺体となって発見された。クルーズがウィットヒューンと同じ居住地ノースウッドに暮らしていたにもかかわらず、そして二つの事件が発生した家が互いにたった三キロの距離にあったというのに、今まで誰もクルーズ事件がハリントン、あるいはウィットヒューン事件と関連していると疑惑を持たなかったのだ。事件が五年後に発生しているというだけではない。あるいはジャネルがパティ・ハリントンやマニュエラ・ウィットヒューンより十歳若かったから見逃していたというわけではない。彼女は他の犠牲者とは異なっていたのだ。

一九八六年　アーバイン

［原著編集者より：以降の項はミシェルのノートから抜粋してまとめたものである］

ジャネル・クルーズの短い人生は、彼女の死がそうであったように悲劇的なものだった。彼女の実の父は長らく彼女に連絡さえ取っていなかった。複数の養父と、一時的に一緒に暮らした男たちがいたが、さまざまな方法で男たちは彼女を虐待した。母はパーティやドラッグに明け暮れ、彼女をしっかりと育てはしなかった――少なくとも、ジャネルはそう考えていた。

彼女は転居を繰り返した。ニュージャージーからタスティン、その後アローヘッド湖、そしてニューポートビーチ、最終的にアーバインに辿りついたのだ。

十五歳のとき、宿泊していた親友の家で、その父親にドラッグを与えられ、レイプされた。ジャネルは家族にそれを打ち明け、家族は近くの海軍基地勤務の軍人だったその父親と対峙したが、彼は否定した。ジャネルの家族が圧力をかけると、仲のよい軍人を数人使って彼らに脅しをかけ、黙らせた。よって、この犯罪が警察に報告されることはなかった。

その数年後から、ジャネルは荒れはじめ、黒い服しか着なくなった。家に引きこもり、自傷を繰り返し、コカインの吸引をしはじめた――コカインは気晴らしというよりは、体重を減らす目的だった。母親は彼女をYMCAのキャンプやユタ州にある職業訓練校付属精神科病院などいろいろな場所に追いやった。

職業訓練校で高校卒業資格を得た彼女はアーバインに戻り、地元の大学のクラスにいくつか申し込み、同時にセックスの相手を次々と探していった。少し年上の男性が多かった。『空飛ぶロッキーくん』というアニメに出てくるヘラジカのブルウィンクルにちなんで名付けられた、ファミリー向けレストランのブルウィンカーズでウェイトレスとして働き出したのもこの頃だ。こんなジョークがある。アーバインを表す表現として「郵便番号が十六もあるのに、家の見取り図はたった六種類」「アーバイン。すべてがベージュ色」。ジャネルはモノクローム色の道を、ひとり彷徨《さまよ》い歩いた。彼女は麻薬を追い求め、そして愛は決して与えられることはなかった。

一九八六年五月三日、彼女の母と義父が、休暇のためカンクーンに向かった。

翌日の晩、両親がいなくて寂しいとジャネルから聞いたブルウィンカーズの同僚男性が、彼女に会いにいった。二人は寝室の床に座り、彼女が彼に自作の詩を読んで聞かせた。ロマンチックな気分の彼はその場に留まり、彼女は家族への不満が原因で受けた四十五分のカウンセリング内容を録音したテープを彼に聞かせた。屋外でゲートかドアが閉まったような音がして、彼は驚いた。ジャネルが窓から外を覗き、そしてシャッターを閉めた。「猫だと思うよ」と、彼女は言った。少しすると、今度はガレージの方角から音がした。

ジャネルは再び、それを打ち消した。「洗濯機の音だよ」

後に、学校があった日だと証言した十代の同僚は、直後に彼女の家を出た。ジャネルは彼に友達としてのハグをして、別れを告げた。

*

五月五日の午後、リンダ・シーン（仮名）は不動産を購入予定だった人物が住むアーバインの自宅を訪れるため、ターベル不動産の自席を立った。その人物が購入を検討していたのはエンチーナ一三番地にあるベッドルームが三部屋とバスルームが二部屋の平屋で、売りに出されて数ヶ月が経過していた。家の所有者はまだそこに住み続けており、彼女の子ども四人――四人の子どものうち二人は成人していた――と夫も住んでいた。その家はノースウッドのあたりでは他と見分けがつかないほどありふれた建物で、それは五年前に未解決事件が発生し、あっという間に忘れ去られた家と同じだった。撲殺されたのは二十九歳の主婦で、住所は一・五キロほど離れたコロンバス三五番地だ。

エンチーナ一三番地の家は公園の裏側にあり、袋小路の突き当たりから数えて二番目の家だった。文明の終点の未開発な土地に続く、中央部分に隙間のある生け垣で封鎖されていた。そこには何マイルものオレンジ畑が広がり、田畑がノースウッドから近隣のタスティンやサンタアナまで続いていた。そのわずか十年前、今ではエンチーナ一三番地やその周辺地域となった場所にも同じオレンジ畑が広がっていた。この事件から二十年後には、オレンジ畑はほとんどすべて市街地化され、巨大なショッピングセンターや建売住宅がひしめき合い、他の都市へとつながるようになった。

シーンはエンチーナ一三番地に到着し、ドアベルを鳴らした。ベージュ色のシボレーシェベットが私道に停まっていたが、家の中に気配がないため、彼女はもう一度ベルを鳴らした。それでも家は静かで、その日の午後早くに電話をかけ、誰も電話に出なかったときと同じだった。彼女は鍵が入った箱まで行ってそれを取り出し、家の中に入っていった。

家に入ってあたりを見回し、ダイニングルームの電気がつけっぱなしなことに気づいた。キッチンカウンターには、牛乳パックが置いたままで、求人欄が開かれた状態の新聞があった。彼女はダイニングテーブルに名刺を置くと、ファミリールームまで歩いていき、ガラスの引き戸を通して裏庭を眺めた。ローンチェアとラウンジチェアにはタオルがかけられていた。主寝室に行き、ドアノブに手をかけたが、鍵がかけられていた。第二寝室は子ども用に使っているように見えた。廊下の突き当たりにある第三寝室に入ったシーンは、ベッドの上に横たわる、動かない若い女性の遺体を発見した。頭部には毛布がかけられていた。

リンダ・シーンの体を恐怖が駆け抜けた。家の中にいるのは彼女だけではないような気がしたのだ。来てはいけないタイミングで来てはいけない場所に来て、見てはいけないものを見てしまったのではないか。目の前の女性は眠っているようには見えないが、意識がないようにも見えなかった――もしかして、ドラッグの過剰摂取なのかもしれない――それともまさか死んでいたりして。シーンはエンチーナ一三番地から飛び出して自分のオフィスに戻り、ボスのノーム・プラトーにたった今発見した状況を報告した。彼は彼女に、もう一度電話してみるように指示した。

彼女は電話をした。二回も。誰も電話には出なかった。

リンダとノームは同僚のアーサー・ホーグ（仮名）と、その家の売買を担当しているセンチュリー21のキャロル・ノスラー（仮名）に伝えた。二人はビクビクしながらエンチーナ一三番地に向かい、家に入り、若い女性の、疑う余地もない死体を発見することとなった。ホーグは警察に電話をして、頭部が著しく損壊した若い女性の遺体を発見した旨を告げた。アーバイン警察の警官バリー・アニナグは最初に現場に到着した。彼が家に入ると、たちまちアーサー・ホーグがキッチンから飛び出してきて、「寝室に死体が。死体があるんです」と言った。

廊下の突き当たりの寝室に向かう間、アニナグは何度か同じ言葉を繰り返した。ベッドの上に横たわっていたのは裸の若い女性で、後にジャネル・クルーズと判明する。彼女はすでに体が冷たく、脈もなかった。死体は仰向けに横たわっていて、胸元と顔が毛布で覆われていた。頭を覆っていたと思われる部分には、黒いシミが広がっていた。アニナグは被害者の顔にべったりと張り付いていた毛布を時間をかけて剝がし、顔を見た。額には大きな傷がついていて、鼻は崩れ、まさに血のマスクをかぶっているようだった。歯は三本折れていた。そのうちの二本が彼女の頭髪から見つかっている。

両脚の間には乾いた液体の跡が見つかり、研究室分析で精液だと判明した。青い繊維の束が被害者の体に付着していて、何者かが彼女にまたがり布地を裂いたことを示していた。

テニスシューズの靴跡が家の東側で見つかった。紐や武器などは現場で発見されなかった。

裏庭に置いてあった重くて赤いパイプレンチがなくなっていたことが後になって確認された。

警察の周辺地域への聞き込み捜査では、手がかりになる情報は見つからなかった。殺人事件のあった前日の夜に、一軒一軒を回った窓清掃業者が黄色いフライヤーを渡していた。近所の子どもがエンチーナ一三番地で女の子が撲殺されたと聞き、近所の空き地に放置されていたバットの存在を警察に伝えた。警察は少年の後をついて現場へ急いだ。バットの表面をナメクジが這っていたが、バットはほぼ無傷だった。周囲には雑草が生い繁っていた。明らかにそれはそこにある程度長期間放置されていた。

とある隣人がジャネルのシェベットのけたたましいマフラーの音を聞いていた。車が停まったのは夜の十一時十五分頃のことだという――同僚がジャネルの家を出て一時間半ほど後のことである。エンジンが切られ、ドアが乱暴に閉められた音を隣人は耳にした。

その日の早朝午前四時と五時半、二人の隣人がそれぞれ、「明るすぎる光」が家から漏れていたと証言した。

姉のミシェルが「ジャネルが殺害された」との連絡を受けたのは、マンモスレイクスで休暇を過ごしているときだった。

電話の回線がつながりにくかった。ミシェルは自分の耳で聞いたことをまったく信じることができず、何度も聞き返した。「ジャネルが**結婚した**って言ったの?!」

二回繰り返したところで、言葉がはっきりと聞こえてきた。

主任捜査官のラリー・モンゴメリと同僚は、ジャネルの生活を詳しく調べはじめた。そして、彼女が殺害される数日前に彼女をしつこく追い回していた若い男の存在を突き止めた。ＹＭＣＡ

のキャンプで出会ったランディー・ジル（仮名）という男で、ジャネルと性的関係を結んでおり、殺害当日の夜には彼女に電話をかけている。殺害される二週間前に、ジャネルは彼と別れている。

前の職場でジャネルと出会った、元受刑者マーティン・ゴメズ（仮名）の存在もあぶり出された。男とジャネルは徐々に体の関係を結ぶ仲となったが、男が支配的になり、ストーカーのようになって、最終的には別れることになった。フィリップ・マイケルズは、ジャネルが付き合いはじめたばかりのライフガードで、彼女が殺される前日に一緒にいたことがわかっている。彼もジャネルと肉体関係になった――しかし当初、彼はそれを否定していた。

そして、二人のデイビッドだ。デイビッド・デッカーは、YMCAのキャンプでカウンセラーをしていたときにキャンプにやってきたジャネルと出会い、殺害される二日前も彼女と会っている。デイビッド・トンプソン（生存している彼女と最後に会ったロン・トムセン（仮名）と混同しないこと）は、彼女と一緒にブルウィンカーズで働いていた。デイブ・コワロスキ（仮名）は、もう一人のボーイフレンドで、彼女が死んだ日に彼女を自宅に訪ね、愛を告げていた。セイコーの腕時計をプレゼントし、自分の気持ちを添えた。この腕時計は彼女の遺体の横で見つかっている。

その他にも、ジャネルが殺される少し前に彼女を家に訪ねたブルース・ウェンディット（仮名）のような変人がいた。ジャネルの住所録に書かれた彼の名前の下には、手書きで「アホ、変態、クソ野郎、ホモ」と書かれていた。

そして一人、実は自供した男がいたのだ。

＊

トム・ヒックル（仮名）は映画を観にいった帰りに、友人のマイク・マルチネス（仮名）をバンの助手席に乗せ、家路を急いでいた。帰り道のちょうど中間あたりで、マルチネスが突然彼のほうを向いて、こう言った。「白状したいことがあるんだ」ヒックルは、それに続く言葉への準備ができていなかった。

「俺が彼女を殺した」と、マルチネスは背負った重荷を下ろしたかのように話した。「ジャネルだ。俺なんだよ」

彼は真剣に見えた。

「俺が持ってる、あの鉄のもの……知ってるだろ？」

「〝もの〟って言われてもわかんねえよ」とヒックルは答えた。

「まあいいや」とマルチネスは続けた。「自分に誰かを殺す根性があるかどうか知りたかったんだ。バスルームでケンカがはじまってさ。しかけたのは俺だ。それで、あの鉄のやつでぶん殴っちまった」

ヒックルは、どんな気持ちになったのかと聞いた。

マルチネスは「なんにも感じなかった。普通だ」と応え、ヒックルは肌が粟立つのを隠そうと必死だった。

「俺にジャネルを殺す根性があるかどうか知りたかった」とマルチネスは説明した。ガールフレンドはジェニファー（仮名）だった。「二十五年ぶち込まれようが、かまわねえ。ここでは死刑はないからな。ジャネルを殺したのは俺で、それは自分で責任を取る」

マルチネスは犯行当日の前の週に、彼女の家に行ったことを告白した。彼女の両親にも会った。そして今、二人が休暇で町を出ること、その間ジャネルが家で一人になることを知った。「単発のショットガンをビッグ・ファイブで買ったんだ」とマルチネスは打ち明けた。「ジェニファーを吹き飛ばしてやろうって思ってる。あいつは死んだほうがいい」

ヒックルは必死に平静を装った。

「ぶっ殺してから自首するさ」と彼は約束した。「土曜日に決行だ」と言ったが、どの土曜なのかは明らかにしなかった。

別れるときになって、ジャネルを殺したというのはただのジョークだとマルチネスが言った。「おまえの反応を確かめたかっただけだよ」

当のヒックルの反応はというと、彼はそのまま警察に行った——マイク・マルチネスは彼にとって知らない人間ではなかったからだ。マリファナ所持、泥棒、住居侵入及び窃盗、暴行及び殴打で数回の逮捕歴があり、二度自殺を試みていた——そのうち一度はパイプ用洗剤を飲んでいる。住居侵入および窃盗の罪と暴行の罪は、マルチネスが殺そうと計画しているジェニファーが関係していた。

そして実は、マルチネスはこのような犯罪を繰り返していたことがわかったのだ——しかもジャネルが殺害されたその夜にも犯行を重ねていた。夜中の一時、マルチネスは酔っ払ってジェニファーのアパートに、ガラスの引き戸を破って押し入り、彼女に対して一週間前にファーストフードの店の前ですれちがったときに自分を無視した理由を言えと要求した。焦点の定まらない目とフラフラした足取りで、マルチネスはジェニファーに愛の告白をし、その同じ口で彼女の宗教的信念を罵《ののし》った。彼女は彼に部屋の外に出るよう懇願したが、マルチネスはそれを無視した。ぼんやりとしたその表情は、彼女が話しかけていることさえ理解していないように見えた。

「なぜ電話してこなかったんだよお」と彼は聞き続けた。

そしてマルチネスは彼女の部屋を出た。ようやくいなくなったと思って、ジェニファーが恐るおそる階下に行くと、マルチネスがキッチンでウロウロし、ナイフを手にして、タオルを引き裂いていた。彼に縛られると予感した彼女は、叫びだした。マルチネスは彼女を捕まえると、手で口を塞ぎ、寝室に引きずり込んで、ベッドに押し倒した。彼女は叫びながら抵抗し、いったんは彼をアパートの外に追いやることができたが、それも一瞬だけだった。

鍵を取りにマルチネスが戻ると、ジェニファーは再び叫びはじめ、マルチネスに外に出るよう命じた。彼は彼女をカウチに倒すと、口を二回、そして頭を一回殴った。そうして、最終的にマルチネスはアパートを去っていった。

六月二十一日、マイク・マルチネスはガーデン・グローブの自宅近くで逮捕された。署に向かう途中、パトカーの中でマルチネスは断固として言い続けた。「もし俺がやったんだったら、自首してた。トムが俺をはめやがった。俺はやってねえよ。クソッ！ なんで俺なんだよ？」「俺を逮捕できるだけの証拠はあるのかよ？ まさか。だって俺は……ジャネルには三年も会ってねえんだぞ！」と、マルチネスはわめき散らした。

「どちらにせよ、証拠は充分あるんだろ」とマルチネスは続けた。「俺はメキシカンだから。金もない。弁護士なんて雇えないから、公選弁護人だ。十五年とか二十五年で手を打てと言われるに決まってる。どうせ第一級殺人で起訴されちまうんだろ。そうだったら二十五年は避けられない。何の容疑で起訴するつもりだ？　第一級か、それとも第二級か？　冗談じゃねえよ、なんで俺を逮捕しやがった？」

これはテープレコーダーで録音されていた。警察は彼を自由にしゃべらせた。みずから墓穴を掘るタイプの男だからだ。

「わかった、わかったよ。俺はいま、完全に第一級殺人って思われてるらしい、そうだろ？　俺のようなメキシカンだとか黒人で無罪のやつらがしょっ引かれることぐらいわかってる。血液ぐらい採取しろよ。そうしたら俺が無実だってわかるし、真犯人を捕まえることができる。俺はやってねえ。トムを訴えてもいいか？　ここから出られるとは思わないけどな。どうせモンゴメリ刑事は使いたい証拠を使うだろうし、それで充分なんだろう」

警察署に到着するとゴールドコースト研究所の技術者がマルチネスの採血をした。ＣＳＩの捜査官が彼の頭髪の採取を手伝った。

七月初旬になって、マイケル・マルチネスの血液サンプルの鑑定結果が研究所からモンゴメリ刑事の元に届いた。マルチネスは容疑者リストから削除された。

ジャネルの同僚もリストから外された。ＤＮＡプロファイルが犯罪科学捜査の舞台にデビューするのはこの一年後だったが、血清学の進歩――血清とその他体液の研究――で捜査官たちはさまざまな洞察を得られたのだった。

ジャネルを殺害した人物は珍しい遺伝子構造を持つ人物だった。それは非分泌型と分類された。非分泌型とされる人物は、唾液や精液中に血液型抗原を分泌しない。人口の約二〇パーセントとされる。酵素タンパク質であるＰＧＭ（ホスホグリセリン酸ムターゼ）も同じく珍しいタイプだった。オレンジ郡犯罪科学捜査研究所の法医学者はクルーズ事件の捜査官に、殺人犯が非分泌型の個体であると同時に珍しいＰＧＭのタイプをしているというコンビネーションは、人口のおよそ一パーセントにしか該当しないと伝えた。

このタイプのコンビネーションが、該当する人物の外見に影響を与えることはない。健康状態や行動パターンにも影響は及ぼさない。この男が珍しいというだけだ。

捜査官たちは法医学者の導き出した結果に感謝したが、彼らに必要なのは男の顔と名前だった。彼らはジャネルの交友関係に答えがあるにちがいないと感じていた。セオリー通り、彼女の周りにいた若い男たちの一人こそが犯人であるはずなのだ。

＊

数年後、ジャネルの交友関係の輪にいたマルチネスとその他大勢のボーイフレンド、そして男友達は全員、犯人のDNAプロファイルができあがった時点で容疑者リストから削除された。容疑者に挙げられていた全員と、犯人のDNAはマッチしなかった。その代わり、他三件の未解決殺人事件の犯人とされる殺人者とマッチしたのだ。

メアリー・ホンには科学者のような冷静さが備わっていた。簡単には驚かない人だ。しかし、ハリントン、ウィットヒューン、そしてクルーズ事件の犯人と、ジャネルの犯人が一致したという結果に、彼女は平静を保つことができなかった。目を大きく見開いたまま、エクセルのスプレッドシートを凝視し続けた。

「ねえ待って、うそでしょ」彼女はコンピュータの画面に向かってこうつぶやいた。

一九八〇年 ベンチュラ

保安官事務所は特別未解決事件捜査チームを結成し、クルーズ事件とハリントン、そしてウィットヒューン事件の犯人が一致したという新しい発見に対応した。一九九七年一月、CLUE（The Countywide Law Enforcement Unsolved Element：全国未解決事件捜査チーム）のメンバーは、古い事件ファイルを再調査しはじめた。一方、メアリー・ホンはハリントン、ウィットヒューン、そしてクルーズ事件のDNAプロファイルを、全国何百カ所もの犯罪科学捜査研究所にファクスで送った。反応は一切なかった。

ラリー・プール捜査官が性犯罪捜査班からCLUEに転属されたのは、一九九八年のことだった。プールは堅物の空軍医師だ。彼の道徳的観点は妥協を許さない。神を愛し、罵《のの》りの言葉を忌み嫌う。警察官が自分の仕事の好きなところを聞かれれば、多くが覆面捜査をしたときのことを思い出して語るだろう。次に何が起きるかわからないという状態で怪しい身分証明書を出すときに湧き出るアドレナリン。プールは一度も覆面捜査をしたことがなかった。自分ができるかどうか、想像することも難しかった。南カリフォルニア警察が女性の失踪事件で犯人だと疑っていた、別の州で死刑を宣告された連続殺人鬼を尋問したことがある。プールは殺人鬼に、どこに遺体を隠したのか言うよう迫った。彼の良心に従えばそれは正しいことだった。彼女の遺族にとっても。殺人鬼はやんわりと交渉をはじめた。カリフォルニア刑務所での待遇改善を要求してきたのだ。情報を出したら、他の刑務所に移送してくれるのか？

プールは書類をまとめて、机から立った。

「ここで死ね」と吐き捨てるように言い、立ち去った。

未解決事件は彼の性に合っていた。未解決事件はとかく、警官を苛つかせるものだ。ドアを蹴破って落ち着きを失うような人間には手に負えない。しかし、プールにはそれができた。プールは脳内で「命令を出す」のが好きな不眠症の男で、頭の片隅で捜査に関する課題について熟考し、後になって、例えば歯を磨いているときだとか、車に乗り込む瞬間に、はっと答えを思いつくような、そんなタイプの男だった。いわゆるスレてしまった警官は、家族のいる自宅に放火したばかりの父親といった連中と、まるで友人のように、野球のゲームを見ながら一緒にビールを飲むかのように話をすることができる。彼らは曖昧な倫理を受け入れる、あるいは少なくとも受け入れたふりをする。一方で、何もごまかすことができないプールのような男にとって、未解決事件はパーフェクトだった。保安官事務所では二十年のベテランだったが、殺人捜査では比較的新人に近かった。三件の未解決事件（ハリントン、ウィットヒューン、そしてクルーズ）の資料が入った段ボール箱が、彼の新しい任務だった。箱の中に入っていたのは、四人の盗まれた命だ。そして、顔の見えない化け物がそこにいた。プールは、犯人を見つけるまで命令を出し続けろと自分に言い聞かせた。

プールはハリントン事件の報告書の中にベンチュラ警察が管轄する別の事件番号が走り書きされていることに気づいた。電話をかけて、問い合わせた。その事件番号はライマンとシャーリーン・スミス殺害事件のものだと知らされた。たしかにベンチュラで発生した凶悪事件である。殺害されたライマンは名の知られた弁護士だった。もう少しで上位裁判所の裁判官になるというところで被害に遭った。シャーリーンは彼の元秘書で、二番目の妻となった美しい人物だった。一九八〇年三月十六日日曜日、ライマンが前の結婚でもうけた十二歳の息子が、父親の家の芝を刈りに自転車でやってきた。玄関ドアには鍵がかけられていなかった。目覚まし時計が鳴っていたので、恐るおそる主寝室に行ってみると、木片が金色のカーペットの上に散らばっていた。ベッドの足元には細めの薪《たきぎ》が転がっている。ベッドカバーの下にいる二人は、彼の父と義母だった。

捜査官の元には手がかりが溢れるようにあった。ベンチュラ港を見下ろすスミスの丘の上の家は、疑惑やドラマのような出来事をあいまいにする、洗練された、きらびやかな建物だった。情事。清廉潔白とは言えないビジネス。捜査官はすぐに、スミスの友人であり元ビジネスパートナーのジョー・アルシップに照準を定めた。アルシップはスミスの家を殺害事件前夜に訪れていた。アルシップの指紋がワインのゴブレットに残されていたのだ。さらに悪いことに、アルシップの慕う牧師が警察に、アルシップが犯行を懺悔したと告げた。アルシップは逮捕された。警察と検察は、意気揚々と予審に訪れた。アルシップの弁護人がリチャード・ハナワルトだと知ったときは、大喜びだった。警察と検察には、ハナワルトは酒酔い運転専門の弁護士として知られた存在だったからだ。混喩と無理な推論が大好きな男、それがハナワルトだった。

アルシップの法廷で彼はこう言った。「ランチの時間に、『強い』という言葉の意味についてしばし考えたのです」。事件にまつわる対立する話については「まるでホテルの玄関に敷かれた長いカーペットのように、少しずつ真相が明らかになってきました」と言った。

捜査官たちは、このようなハナワルトの滑稽な発言の後ろには、爆弾が隠されているのではと身構えた。匿名の情報提供者たちがハナワルトに牧師の過去を調べろと勧めていた。ハナワルトは、牧師の過去を十年にわたって掘り起こした。見えてきたのは、インディアナからワシントンまで、国内の広い地域にまたがって行われてきた牧師から警察への奇妙な保護要請と、捜査に割って入ろうとする姿勢だった。スミス事件で主要な捜査官の一人だったガリー・アドキンソン巡査部長は、ハナワルトが上機嫌で牧師の話を覆しはじめたとき、牧師が尻込みして証言の白紙撤回するのではと予期していた。署長はアルシップの件を通報してから命が狙われていると主張する牧師に、警察無線を与えていた。ある日の午後、牧師の怯えて慌てた声が無線から聞こえてきた。「やつが来た！　こちらに向かってやってくる！」と彼は叫んだ。アドキンソン巡査部長はたまたまテレグラフ通りとビクトリア通りの交差点に立っていて、牧師の家からは一ブロックの距離だった。現場へ急行した。牧師は玄関前に立っていて、警察無線を無言で胸の前に抱きしめ、アドキンソンがあまりにも早く到着したことにひどくショックを受けていた。

「消えたよ」と牧師は静かに言った。

最終弁論でハナワルトは、犯罪現場を薄気味悪い絵画のように描くことにも成功した。それはまるで、スミスを知る者の犯行というよりは、見ず知らずのサイコパスの犯行のように思わせる弁論だった。カーテンコードによる緊縛と、丸太による頭部への激しい殴打、家の中の照明の少なさは、無残な犯行が暗闇の中で行われた可能性を示唆した。そして、バスルームの窓である。そこに立っていた誰かは、寝室の中を完全に見渡すことができた。窓から数メートルの場所には薪が積まれていて、犯人はそこから五三センチの長さの木を持ち込んだものと見られる。

予審が終わると、ベンチュラ郡地方検事はジョー・アルシップを証拠不十分で釈放した。捜査は振り出しに戻った。チームの中で意見は二分していた。半分はスミスの顔見知りの犯行であると考え、残りの半分は、性的な衝動が引き金となった行き当たりばったりの犯行だと考えた。スミス事件のファイルは捜査官の詰め所の棚に数年間も放置されたままになった。そして十年が経過し、それは資料庫に移された。

オレンジ郡保安官事務所ではスミス殺害事件との類似性を持つ、四人の犠牲者を出した未解決の連続殺人事件を抱えていると、ラリー・プール捜査官がベンチュラ警察に連絡を取った。そして、オレンジ郡犯罪科学捜査研究所に、スミス事件に関する法医学的な証拠を送ってくれるよう要請した。メアリー・ホンがベンチュラ警察の袋を開封したのはそのときだ。中には数枚のガラス板が入っているだけで、彼女はがっかりした。レイプキットで必ず使用される綿棒は、精子を顕微鏡で見やすくするためにガラス製の板にこすりつけられる。しかし、通常は使用された綿棒もキットの中に残されているものだ。犯罪科学者は常に、できるかぎりの生体物質を使って作業をしようとする。

ラリー・プール捜査官がホンからの報告書を受け取ったのは一九九八年二月十七日のことだった。スライドに残された精液のDNAプロファイルを行うことに成功していたのだ。被害者であるライマン・スミスの精子ではないとわかった。

DNAプロファイルの結果は、ハリントン、ウィットヒューン、クルーズの事件で採取していたプロファイルと一致していた。

ベンチュラ警察のベテランはその結果を認めようとしなかった。スミス事件で陣頭指揮を執ったラス・ヘイズ刑事は、数年後に放映された『迷宮事件ファイル』でインタビューを受けている。そこでDNAのつながりについて「びっくり仰天、大ショックだったよ」と言った。テクノロジーに対するベテランの戸惑いが、結果を拒絶した理由だった。

「とにかく信じられなかった」とヘイズは証言した。「いや、信じなかった」

ヘイズは、ライマンとシャーリーンの寝室を見渡すことができたとされる家の北側にあるバスルームの窓の外に立った犯人が、そこで目撃した何か——十中八九、愛情行為だろう——にひどく立腹したにちがいないという彼の仮説を回想した。

「犯人は二人に近い人物だと考えていました。あの窓から何かを見た人物、あそこからベッドルームを覗き込んでいた人物が犯人だと。そしてその光景に激高した犯人が、家の中に侵入し、結果としてああいうことが起きたというわけです」

窓の外に犯人がいたという仮説については正しいだろう。強い怒りについてもそうだ。しかし、顔見知りという点では正解だとは言えない。シャーリーン・スミスは、強欲で冷たい女性たちの不運な身がわりだったに過ぎない——母、女学生、元妻——彼女の存在が白昼夢に溺《おぼ》れた犯人を非難の輪で囲み、その耳障りな声が犯人を突き動かし、そして屈服させたのだ。木の棒を掴むという行為は憎悪が形を変えたものであり、つまりこれは腐食した思考を持ったった一人の裁判官による凶暴な懲罰なのだった。

*

死体は六体となった。二十年という長い時間が経過してしまったが、捜査官は犯人の手口を、そしてどうやってそれを習得したのかを解明しつつあった。そのうえ、犯人には機動力があった。犯行のマッピングを行うにしたがって、まるで伝染病を広げるような、次の被害者を探し出してしまうような気持ちにさせられた。ベンチュラの前にはどこにいたのか？　ベンチュラとオレンジ郡だけではなく、サンタバーバラも関連があるのではと疑う古い新聞記事を誰かが探してきた。一九八一年七月三十日のサンタアナレジスター紙の最新号に、「二件の殺人事件に関連の可能性警察が示唆」とのヘッドラインが掲載された。それから約二十年後、三つの郡が再び情報を照会した。一致しない情報もわずかにあったが――サンタバーバラで起きた事件で、犯人に抵抗して撃たれた男性の犠牲者二人――それでも、あまりに多くの類似点があり、関連を否定するものではなかった。うろつきと覗き。就寝中の中産階級の住民に対する夜間の襲撃。こん棒による強打。あらかじめ切っておいた紐の犯行現場への持ち込み。テニスシューズの跡。六五キロ北の町で起きた多重殺人事件の特徴の多くと重なっていた。

［原著編集者より：ベンチュラの捜査は、一連の殺人事件捜査の中で紛れもなく、最も複雑なものだと言えるだろう。本書内でベンチュラの記載があまり多くないのは、入手困難な事件ファイルを手にするために、著者ミシェルが長い時間をかけたためだ。

二〇一四年、ミシェルはベンチュラ郡庁舎に一四〇〇ドルを支払って、ジョー・アルシップの予審記録の原本コピーを手に入れた。二千八百六ページに及ぶ資料は、マイクロフィルムから印刷しなければならなかった。ミシェルはこのときのことについて、庁舎の職員が印刷されたばかりの大量の資料をミシェルに手渡しながら、混乱と冷笑の混じった視線を送ってきたと回想している。

公式記録より詳細に、興味をかきたてる事柄の記述に溢れるこの写しを読むことは、ミシェルにより多くのファイルを切望させただけだった。二〇一六年一月、彼女はとうとうオレンジ郡保安官事務所から三ダースもの黄金州の殺人鬼関連資料箱を借り、多くのファイルを入手することができた。この世を去るまでに、彼女はそのほとんどに目を通していた――犯人と疑われたジョー・アルシップの情報が大半だった――しかしそこから物語を紡ぎ出す時間はなかった。

スミス事件とジョー・アルシップ事件に関する詳細は、コリーン・カーソンのシリーズ『ザ・サイレント・ウィットネス』が詳しい。二〇〇二年十一月にベンチュラ・カウンティー・スター紙に掲載されている」

一九七九年 ゴリータ

［原著編集者より：この項は『殺人者の足跡』から構成したものである。「ロサンゼルスマガジン」向けに二〇一三年二月に書きおろし、後にオンラインでも読めるようになった］

朝、出勤するため家を出たリンダ（仮名）に一人の男性が近づいた。「ゆうべ、君の家の裏庭で僕の犬が刺されたんだ」と彼は言った。男性は若く、たぶん二十代前半で、いたずらっぽい雰囲気を持ち合わせた、少しだけ落ち着きがない印象だった。ゴリータのバークレー通りに立った二人から、六〇メートルほど離れた小川にかかる歩道橋を指さした。彼と飼い犬のキモはあそこから来たのだと説明した。キモは夕べリードをつけておらず、男性はその後ろをゆっくりと歩いていたらしい。ゴリータは治安のよいベッドタウンで、むしろ少し退屈なぐらいだった。だからといって、サンノゼ川のあたりを夜間に一人で歩く勇気のある人は多くなかった。チャパラルに覆われた山々から東側まで狭い渓谷から風が吹き、巨大な樹木で町は覆われていた——アメリカスズカケノキ、ハンノキ、ユーカリノキで、紙のように薄くてひび割れた樹皮は、まるで誰かに爪を立てられたかのようにギザギザとしていた。町に灯りはなく、聞こえるのは食べ物を探し求める動物の足音だけだった。

キモは大きくて警戒心の強い、約五五キロのジャーマンシェパードとアラスカンマラミュートの雑種だった。その犬に何か起きるとしても、人間に起きるわけはなかった。歩道橋から住宅地に入ったとき、彼はリンダと隣人の家の間にキモが猛スピードで走り込んでいくのを目撃した。興味を惹きつける何かがあったのだ。キモは鼻がきく犬だった。人間の目線から見ると、バークレー通り五四〇〇周辺のブロックは静まりかえっていた。一九六〇年代まで、ゴリータはクルミの木とレモンの果樹園に覆われていた。川に隣接している区域ではとくに、エンジンの音もしなければ、電気機器の音もせず、当時がどのような雰囲気であったのかを今も垣間見ることができる。そこには敷きつめたような暗闇と、平屋のランチハウスから漏れる明かりだけがあった。誰かの家の玄関先に停まったフォルクスワーゲン・バス。上にはサーフボードが積まれていた。その光景は、ここが一九七九年秋初頭の南カリフォルニア郊外だと思い起こさせる唯一のものだった。

鋭い悲鳴が静寂を切り裂いた。少し後になってキモが再び現れた。犬はヨロヨロと歩道を歩いてくると、男性の前に倒れ込んだ。腹部を見ると、切り裂かれた傷口から血が流れていた。

キモは命を取り留めた。半狂乱の状態で何軒かの家のドアを叩き、男性はやっとのことで電話を貸してもらい、助けを呼ぶことができたのだ。胸骨から腹の下まで伸びた傷を、緊急医療担当の獣医師が七十針縫う手当をした。しかし男性はキモがどのようにしてそんな傷を負ったのか、理解できないでいた。リンダもまったくその通りだった。仕事には少しぐらい遅れてもかまわない。彼女は隣人に頼んで立ち会ってもらい、三人で注意深く家の横や裏庭に鋭利なものがないか探した。例えば芝刈り機の刃だとか、壊れたフェンスだとか、犬の腹を切り裂くようなものだ。しかし、何も見つからなかった。それはとても奇妙だった。同じく腑に落ちなかったのは、リンダの家の前庭の芝生に水が溢れていたことだ。キモが切りつけられたときと同じ頃、誰かがホースから水を流して、そのままにして去ったようなのだ。

リンダは犬の飼い主に名前を聞かなかった。彼女に丁寧に礼を言うと彼は帰っていった。そして一九八一年七月に、別の男性が外に出たリンダに近づいてきて、いくつか質問をはじめるまで、この出来事についてはほとんど思い出すこともなかった。キモが怪我をしてから一年半で、いろいろなことが様変わりしていた。事件現場に張る黄色いテープを、近隣で三度も目撃することとなった。狭い地域で、普通ならありえない事態だ――たった二平方マイルだ――。隠れてマリファナを吸うためのアボカドの林が常に不足している十代の若者たちを、親愛の情を込めて「赤い目のギャング」と保安官代理が呼ぶ、家庭的な地域でのことだ。

サンタバーバラ郡にはレーガン前大統領が休暇を過ごす六八八エーカーの農場があったし、

ヒッピースタイルで裕福なアート好きにとっては人気の静養地だった。一日中サンダル履きで過ごすことだって、ロデオで遊ぶことだって、派手なビルボードで飾り立てられた歴史あるスペイン風建築を楽しむことだってできる（美の哲学に傾倒した市民運動家により、後にこれは禁止された）。一九五〇年から一九九一年まで、高速道路一〇一号線のロサンゼルスからサンフランシスコの七〇〇キロで、車が停まる場所はサンタバーバラにある四カ所の信号だけだった。誰の話が当になるのかはわからないが、この理由は交通量の多い幹線道路では景観の邪魔になると考えた住人がいたとか、地元のビジネスに観光客がお金を落としてくれることを希望していたなんて話もある。町に車を停めて人生について考えることを推奨すべきだ、そうするためには山脈と太平洋に挟まれたアメリカのリビエラであるサンタバーバラ以上に適した場所はないだろう？　と言う人もいたらしい。楽園にある信号で停まりたくないやつなんて、いるわけないじゃないか？……その意見への答えは、全員が停まりたがった、だ。交通事故は増え、週末の道路は混み、アイドリングしている車からの環境汚染は甚大だった。

犯人が気を引き締めねばと学んだ夜のことは、捜査官たちには明らかだった。犯人が変わった夜を、捜査官たちは知っていた。捜査官と男を結びつけた最初の犯罪は、一九七九年十月一日、キモが刺されてから一週間も経たない日に発生した。クイーンアナ通りに住むカップルが懐中電灯の光で視界を遮られ、若い男の食いしばった歯の間から漏れる声で目を覚ました夜のことだ。女性は男性を縛りあげるよう命令された。そして侵入者が女性を縛りあげた。男は家の中をくまなく荒らし、引き出しを開けては勢いよく閉めた。罵《のの》りの言葉を吐いた。脅迫した。金を出せと言いながらも、金に執着はしなかった。男は女性をリビングルームに連れていき、床にうつ伏せに寝かせ、テニスウェアのショートパンツを頭に被せて目隠しした。男がキッチンに入っていくのが聞こえた。女性は男がこうブツブツ唱えている声を聞いたそうだ。

「ぶっ殺す、ぶっ殺す、ぶっ殺す」

アドレナリンの急増で力を得た女性が紐を解いて玄関から逃げ出し、大声を上げた。寝室で縛られたままだった彼女のボーイフレンドは、ジャンプしながら裏庭に出た。男が近寄ってくる音が聞こえてくると、彼はしゃがんでオレンジの木の後ろに転がり身を隠し、自分を探す懐中電灯の光からかろうじて逃げることができた。

この二人の隣の家に住む人物はFBIのエージェントだった。女性の叫び声に気づいた彼が玄関を飛び出したところで、盗んだニシキ自転車のペダルを一心不乱に漕いで走り去ろうとする男と出くわした。チェックのシャツ。ジーンズ。ナイフケース。テニスシューズ。薄い茶色の髪。エージェントは自分の車で男を追跡した。やがて数ブロック先のサンパトリシオ通りで、車のヘッドライトが男の自転車に当たる距離まで近づいた。ヘッドライトが自転車にぶつかると、男は自転車を乗り捨て二軒の家の間にあったフェンスを跳び越えて、消えた。

カップルは曖昧な説明しかできなかった。白人男性で、肩より短い、色の濃い髪の毛。身長は一七八センチから一八〇センチぐらいで、二十五歳ほどの若者だったと二人は言った。

この事件の後、同じように生還し、男の詳細を語ることができた被害者は一人もいない。

＊

死体は寝室にあった。

サンタバーバラ郡保安官代理がアヴェニダペケナ通り七六七のコンドミニアムに住む整骨外科医ロバート・オファーマン医師の自宅から電話を受けたのは、一九七九年十二月三十日のことだった。オファーマンの親友ピーターとマーリーン・ブレイディ夫妻（仮名）が、オファーマンとガールフレンドのアレクサンドリア・マニングとのテニスの試合のため、オファーマンの家を訪れたところ、ガラスの引き戸が開いているのを発見した。二人は部屋に入ってオファーマンを呼んだが、返事がない。ピーターはリビングルームに入り、寝室につながる廊下の先を覗いてみた。

「裸の女の子がベッドに寝てるよ」と彼は妻に報告した。

「それじゃあもう、行きましょうよ」と、二人の邪魔をしたくなかったマーリーンは言った。二人はコンドミニアムを去ろうとしていた。

しかし数歩進んで、ピーターが足を止めた。何かがおかしい。オファーマンの名前を大声で呼んだっていうのに？　彼はしっかりと確認するため、踵《きびす》を返して寝室に戻った。

保安官代理が現場に到着すると、マーリーン・ブレイディが玄関先に立って泣いていた。

「中で二人亡くなっています」と彼女は言った。

デブラ・アレクサンドリア・マニングはウォーターベッドの右側に寝ていて、顔を左方向に向けていた。両手首は、白いナイロンの紐で体の後ろ側で縛られていた。オファーマンはベッドの足元で膝をついた状態だった。彼は切りそろえられた紐をしっかりと握りしめていた。戸がこじ開けられた跡から考えて、犯人はスクリュードライバーを使って家の中に入り込んだものと見られた。時間は、たぶん二人が眠っていた夜中だ。拳銃をちらつかせながら、盗みに入ったと言ったのかもしれない。マニングが所有していた指輪二個がマットレスとベッドのフレームの間に隠されていた。

犯人は紐をマニングに渡して、オファーマンを縛れと命じたにちがいない。彼女はそうしたが、きつく紐を結ばなかったようだ。捜査官は、犯人がマニングの手首を縛り終えた時点で、オファーマンが紐を解いて犯人に対抗しようとしたのではと考えている。

午前三時頃、近所の住人が何発かの銃声を聞いていた。そのあと間隔があき、もう一発鳴り響いたと証言した。オファーマンは背中と胸に三発の銃弾を浴びた。マニングが浴びた一発は、彼女の後頭部左上に命中していた。

寝室用ランプの近くに置いてあったオファーマンの本は、ロバート・E・アルベルティによる『自己主張トレーニング』（*Your Perfect Right A Guide to Assertive Behavior*）だった。二人はクリスマス休暇中だった。赤い花が添えられた緑色のリースが玄関ドアにかけられ、通用門にはバケツに入った松の木が置いてあった。犯行現場を処理した警察は、中庭に投げ捨てられた、セロファンに包んだ七面鳥の食べ残しをよけて歩いた。殺人鬼は冷蔵庫を開けて、オファーマン医師のクリスマスディナーの残りを食べたのだろうと警察は結論づけた。

その殺人鬼が誰であれ、その夜、犯人は一心不乱に狩りをしていたようだ。履いていたアディダスのランニングシューズの星形をした靴底のパターンは、オファーマンのコンドミニアムの周りをぐるぐると回っていた。アベニダペケナ通り七六九番地の誰も住んでいないコンドミニアム横の花壇が踏み潰されていることにも警察は気づいた。コンドミニアムの中には誰かが無断で入り込んだ証拠が残っていた。特にバスルームには長いナイロン製の紐が残されていたのだ。

殺人事件の前に、周辺地域で空き巣と家宅侵入の被害が報告されていた。オファーマンのコンドミニアムから八〇〇メートルほど離れたウィンザーコートに住んでいたカップルが、自宅の前に車を停めたときのことだ。時間は午後十時五十分頃だったという。二人は男性がリビングルームから裏口まで走るのを窓ごしに目撃した。二人が家に入ると、男が裏のフェンスを跳び越える音がした。白人男性で濃い色のフィッシャーマンズハットをかぶり、同じく暗い色のジャケットを羽織っていた。それが、彼らが確実に証言できることだった。犯人は二人が飼っていたプードルの目を容赦なく殴りつけていた。

殺人事件発生から数日間、サンノゼ渓谷の横の泥道や、クイーンアン通りといった、さまざまな場所にナイロンの紐の切れ端が散乱しているのを捜査官たちが発見し続けた。クイーンアン通りに落ちていた紐がいつ落とされたものかはわからなかったが、そこから数ブロック南には、この二ヶ月前、オファーマンとマニングの運命からかろうじて逃げ切ったカップルが住んでいた。それらはすべて警察の報告書に記載されていた。ナイロンの紐。覗き見をした跡。アディダスのランニングシューズの靴跡……。

一九八一年　ゴリータ

最後に母のシェリとやりとりしたときのことでデビ・ドミンゴが記憶しているのは、二人が話さなかったことだ。二人は怒鳴り合っていた。それは一九八一年七月二十六日の日曜日で、サンタバーバラは夏真っ盛りだった。湿ったユーカリの匂いのする海岸近くの霧はすっかり姿を消していた。大西洋の温度が上昇し、白い波が柔らかい砂と椰子《やし》の並木に向かって打ち寄せていた。長髪で筋肉質の十代の若者たちがボード片手に海に向かい、地元の人たちは彼らをサーファーバウンスと呼んだ。これはサンタバーバラが魔法にかかっていた時代の話で、デビはグラナダシアターでアルバイトをする時間以外は、日光浴をするのがお気に入りだった。デビはイーストビーチの活気が大好きで、特にビーチバレーを観るのを楽しみにしていた。でもちょっとした問題があったのだ。その日の午後、デビがステート通りの公衆電話の前で自転車を停めたのは、そんな理由からだった。デニムのショートパンツのポケットから小銭を取り出し、電話をかけた。母が電話に出た。デビは率直に切り出した。

「水着を取りにいくから」

母のぶっきらぼうな返事に彼女は驚いた。

「お断り」とシェリは答えたのだ。

デビの怒りの炎が燃え上がった。受話器を握りしめ、激しく口答えした。母と娘は再び口論となった。

これは四日前の出来事だった。一三一一アナカパ通りの角にある、クラインボトル・クライシスシェルターという、問題を抱えた十代の若者のケアを担う施設にデビが現れたのは七月中旬で、小さなバッグ一つを持って自転車でやってきた。彼女はルールに関して敏感で、それを軽視する少女だった。しかしクラインボトルは、厳格に施錠された施設ではなかった。マクラメ編みのプランターに、豊かに繁ったシダを見ればそれはわかる。この時期は、アリス・ミラーが書いた『才能ある子のドラマ　真の自己を求めて』というベストセラーが人気のピークを迎えていた。正しく機能しているように見える家族内であっても、実は横行している問題のある子育てを、明るみに出すことを目的とした自己啓発本だ。ミラーは読者に対して、幼少時の虐待の可能性について「あなたたちの真実を探すのです」と説き、そうすることで、トークセラピーの爆発的な流行を生み出した。クラインボトルのカウンセラーたちは陶器のマグで紅茶を飲み、行く先を見失った青年たちに、自分の気持ちを話すことは恥ずかしいことではないと教えた。

割り当てられた手伝いに加えて、一つのルールが課せられていた。子どもたちは、好きなときに来て、好きなときに帰ることができるが、セラピーセッションに参加することを了承しなくてはならなかった。シェリとデビがカウンセラーとともに面談し、問題を解決するようスタッフが手配した。

ドミンゴ家は話し合いに適しているケースだと判断されたにちがいない。母も娘も、目がうつろな麻薬中毒者ではなく、ストレスやネグレクトからくる関係の崩壊が明らかなわけでもなかった。むしろ、まったくそうは見えなかった。二人とも、繊細な印象の美しい女性だった。浜辺によく似合うカジュアルな服装で、軽めのメイク、革製のサンダル、柄物のシャツにジーンズを穿《は》いていた。デビは髪を編み込みにしたり、バレッタで留めてまとめたりしていた。シェリは三十五歳の、ナタリー・ウッドに似た細身の女性で、真面目で、にこやかだった。オフィスマネージャーという職業がそうさせていたのだろう。デビは母よりもセクシーで、多くのティーンエイジャーがそうであるように、大きな青い目は遠い将来というより目の前にあるものごとを見ていた。ともに健康そうで、物怖じしない雰囲気をたたえていた。

ミーティングの時間になった。席につく前に簡単な挨拶が交わされた。デビとシェリはカウチに座るやいなや、電線にとまる二羽の鳥のように、堰《せき》を切ったように口げんかをはじめた。その争いには激しい怒りがこもっていて、ひどい膠着状態だった。立場が変わるのは、どちらかが懐疑的になるか、悲観的になるかしたときだけだった。甘言は必要なかった。境界線。ルール。ボーイフレンド。失礼な態度。デビはカウンセラーが男性だったか女性だったかすら思い出せないという。彼女が記憶しているのは、自分が怒鳴っていたこと、そして誰かもう一人が部屋にいたことぐらいだった。すべてを目撃していたけれど、唖然として声も出せなかった誰かがそこにはいた。最後に、デビは、前と同じように唐突にその場を去った。ダークヘアーの少女はバッグに詰め込んだ荷物を持ち、自転車で走り去ったのだった。あと二週間で彼女は十六歳になるところだった。

シェリは娘が呑み込まれていく町を見て、不安になった。サンタバーバラは人を欺《あざむ》く町だ。惑わせる町だ。恋愛の可能性は町の至るところに転がっているにもかかわらず、危険は目に見えない形で存在していた。一九二五年にサンタバーバラのダウンタウンが十九秒間の強い地震で破壊されたあと、白い漆喰《しっくい》の壁、傾斜のゆるい赤煉瓦の屋根、錬鉄の門など、町は統一感あるスペインのコロニアル様式に再建された。保護活動に熱心な市民団体のリーダーたちは建物を低く建て、看板を排除した。この場所には穏やかな小さな町といった雰囲気があった。リゾート地のスターンズワーフでは、三十二年間にわたって毎日、ギリシャ人移民の「ポップコーンおじさん」が風車とポップコーンをステーションワゴンに積み込んで売っていた。暑い夜には開け放たれた窓から、夜に咲くジャスミンの匂いが部屋に流れ込んだ。海の音が人びとを眠りにつかせた。

しかし、不安定な雰囲気はたしかにあった。薄汚れた暗流が渦巻いているような場所だった。不況が繁華街の商売の多くにダメージを与えていた。当時の町に、オープンコンテナ法〔開封したアルコール飲料の保有を規制する法〕は制定されていなかったから、夜には酔っ払いが互いに怒鳴り合い、けんかの最中にそこらで小便をしたり嘔吐したりしていた。ミュージッククラブは変化を遂げ、フォークとディスコは、より怒りを抱えたパンクに場所を奪われた。地元の新聞は、見知らぬ男からかかってきた電話を取った十一歳から十五歳の子どもが「おまえは死ぬ」と言われたというニュースを報じていた。別の男は、同じ男の可能性もあるものの、命令に従わなければ夫を傷つけると電話で女性を脅した。地元警察はこの気味の悪い男に「荒い息づかいの男」とあだ名をつけたそうだ。

カリフォルニアを南北に延びるステート通りと高速道路一〇一号には信号があって、十年以上にわたって派手なヒッピーたちがサンディエゴとかユリーカへのヒッチハイクを頼むサインを掲げていた。ガソリンスタンドにヒッチハイカー用のフエルトペンが置いてあるのは、サンタバーバラの伝統だった。

しかしサマー・オブ・ラブ〔一九六七年に起きた社会現象。サンフランシスコに集結した若者が政治的な主張を行った〕のローブを着てタンバリンを持っていたとしても、ヒッピーがもう若くないのは疑いようもない事実だった。近くから見れば、その老化は風と太陽による風化が唯一の原因ではなく、目の中の光を消した失意も、見た目に影響を与えていることは明らかだった。行き先を書いたサインは少なくなった。一日中歩き回っているだけの人もいた。

サンタバーバラの紫色のブーゲンビリアは心をかき乱す。シェリはデビに何も起こらなければいいと願った。母たちは子どもに何か最悪なことが起きるのではないかと考えを巡らせるものだ。その逆はめったに起きない。起きる理由がないでしょう？　特に、親を神として、そして人間として見ながらも、なかなか開かないドアのような邪魔な存在と考えている十代の若者には。

クラインボトルの専門用語で「リスクがある」のは、デビのほうだった。美しい十代の逃避行の結末がハッピーエンドで終わることはない。しかし今回、デビは幸運だった。家出していたことがデビ・ドミンゴの命を救ったのだ。

＊

シェリにはデビとの関係性が、人生にはよくあるちょっとした困難にすぎないとわかっていた。道路上にある小さな凸凹のようなもので、時間が経てばそのうちなんとかなると理解してはいた。デビが十代の子どもを持つ頃には、二人で思い出して笑い話にできるだろう。でも、当時のシェリには解決法が必要だった。シェリは誰もが認める「面倒見のよい」オフィスマネージャーだったが、実の娘に対しては、母にもマネージャーにもなれていないような印象だったのだ。

「どうすればいいの?」と、シェリは裏庭にあったジャグジーで一緒にワインを飲んでいた親友のエレン(仮名)に聞いた。エレンは夫と三人の里子の娘と暮らしていて、全員十代だった。娘たちは捨て子で、生まれながらにして薬物中毒だったそうだ。シェリは三人の子どもたちの行儀の良さに驚いていたのだ。

「規律よ」とエレンは言った。

エレンからすれば、シェリのデビへのしつけは遅きに失しているように思えた。エレンは娘たちの居場所を、常に、必ず確認するようにしていた。もし授業をさぼったら、エレンか夫のハンクが、ずる休みをしている生徒のベビーシッターといった振る舞いで学校にやってくることがわかっていたのだ。学校内で恥ずかしい思いをしたくないという気持ちが三人を規律正しくさせていた。

一方シェリは、デビを甘やかしていた。デビが門限を破ったり、時間通りに家に戻らなくても辛抱強く耐えた。シェリは生まれながらにして楽天家であり、同時に冷静でもあった。思春期を迎えたからそう振る舞っているだけだと信じ、デビを厳しく叱りつけることに気が進まなかったのだ。反抗期は過ぎ去っていくものだと彼女は言っていた。デビが生まれたとき、シェリはわずか十九歳だったし、娘がまだ子どもらしかった時期には、ショッピングモールで同じ服を試したり、お気に入りのパンチョヴィラというレストランで一緒にランチを食べ、姉妹に見られることを喜んだりしていたのだ。そう言われてクスクスと笑いあった。もちろん二人は姉妹ではない。二人は友達同士の関係だったのだ。

二人の間に緊張感が増し、「あんたのルールなんてどうでもいい！　私の人生をめちゃくちゃにしやがって！」とデビが叫んだときに返したシェリの答えに、真実だが、自信のなさが表われていた理由がそれだ。「でも私があなたの母親なのよ」

崩壊のコースを走るスタートのピストルが鳴ったのは離婚だった。シェリル・グレース・スミスは高校生のとき、沿岸警備隊の電気工で二歳年上のロジャー・ディーン・ドミンゴに出会った。一九六四年九月十九日、シェリが十八歳になってまもなく、二人はサンディエゴで結婚し、デビは翌年八月に生まれた。ほぼ一年後には、息子のデイビッドが生まれた。ロジャーは湾岸警備隊を除隊し、メソジスト派の牧師を経て、やがて中学校教師となった。一九七五年に一家はサンタバーバラに引っ越した。

デビは温かい琥珀色の光に包まれた、最初の十二年の人生を記憶しているという。シェリルはシュガークッキーを焼いて配っていた。ノホキフォールズ公園までよくピクニックランチに出かけた。ベンチに座ってただ自分を見ているだけではなく、うんていにぶら下げてくれたり、ビーチで自分の後ろを支えながら岩に一緒に登ってくれる、元気で若い両親が大好きだった。シェリとロジャーはアウトドア派の健康な人たちで、見た目にもそれが表われていた。「皮肉な言葉なんて、中学に行くまで知らなかった」とデビは言う。

ある時点から、シェリとロジャーの間に緊張が高まってきた。シェリの人生に焦点を当てたサンタバーバラ郡保安官事務所の千百五十七ページにおよぶ報告書によると、一三〇ページに、ロジャーが二人の結婚について疑問を感じたことが書かれている。特に、サンタバーバラでの交友関係についての記載が多い。彼はアウトドアでのピクニックについて回想する。二人はデンマーク風建築物の多いソルバング市を訪れるのが好きだったと彼は言う。取り調べの途中で、彼は「僕ら」から「彼女は」と言葉を変更した。シェリはダンスが好きだったし、「パーティ」が好きだった。かぎ括弧がロジャーのものなのか、取調官によるものなのかは定かではない。しかし、それはそこに非難めいて存在している。シェリはドラッグに溺れていたわけでも、酒に溺れていたわけでもないのだから、「パーティ」の意味は彼女の社交的な性格を指しているのだろう。ロジャーは、籐《とう》のかごと芝生があれば満足だった。ある時期から、シェリがより多くを求めたのだ。

一九七六年十二月、二人は別れた。

ロジャーはサンディエゴに戻り、デビとデイビッドは二都市の間で暮らすことになった。デビは家族をバラバラにしようと企てた。両親を互いに争わせた。限界を試した。家庭内のルールを無視した。ちょっとした反抗心から、彼女はバッグに荷物を詰め込んで、もう片方の親と住むと宣言する。彼女は数年間にわたってこんなことを繰り返した。サンディエゴとサンタバーバラを行ったり来たりし、少なくとも六回は学期途中に学校を変わった。一九八一年七月までには、かつては優秀だった成績もどん底に落ちた。めったに意見が合わなかったシェリとロジャーも、サンディエゴで娘が年上のボーイフレンドと付き合い出したことについては、悪い兆候だとして思っていた。反抗心を爆発させた挑戦的な十代が安定した家族を崩壊させているのだから、シェリの人生も揺れ動きストレスに晒されはじめた。六月には景気の悪化がきっかけとなり、コンピューター用事務機器を販売していた小規模会社のトリム・インダストリーからシェリとエレンは一時解雇された。シェリはＩＢＭのタイプライターをレンタルして経歴書を磨くことで、新しい職を得ようと努力した。さらにそのうえで、引っ越すことを決意したのだ。

　サンディエゴにいる父親と一緒に住んでいなかった数年間、シェリと子どもたちはモンテシートのゲストハウスに暮らしていた。しかし五月にシェリの父親の従姉妹《いとこ》で、一族のなかではバーバラおばさんとして知られていた人が電話をかけてきた。ゴリータに所有している家を売りに出し、フレズノ市に引っ越すというのだ。バーバラおばさんは売り出し中の家が無人になることが嫌なのだという。シェリと子どもたちで、その家にしばらくの間住んでくれないかしら？　ということだった。

　バーバラおばさんは、ゴリータ北東部に位置する緑豊かなトルテック通り地区に住んでいた。木製の屋根の家だった。ケープコッド様式の二階建てで、ガレージとシャッター付きの窓が備えつけられていた。近所の住民からは「大きな赤い納屋」として知られていた。シェリが心を決めた理由は、まったくの偶然ながら、親友のエレンが斜め向かいのトルテックドライブに住んでいたからだった。

シェリと子どもたちが荷物を引っ越し業者に運んでもらい、四四九トルテック通りに越してきたのは六月初旬のことだった。近辺にはユーカリが茂っていた。自然環境による静けさはそこまで平和には見えなかったが、その静寂がデビを落ち着かせることはなかった。サンタバーバラのメサ地区にたむろしたり、モンテシートの古い友達と再び付き合うようになった。すべてがあり合わせで一時的なもののように感じられた。不動産仲介業者はオープンハウスを計画する。芝生の上の看板には「サンタナ不動産　売り出し中」と書かれていた。デビはサンディエゴのやんちゃなボーイフレンドに会いたがり、彼に電話をするための電話代がとんでもなくかさんだ。引っ越してから数週間後、シェリと大げんかを繰り広げたあと、バッグに詰め込めるだけの荷物を詰め、自転車に乗って家を出た。

ほぼ毎晩、シェリは道路を越えてエレンの家に行き、二人でワインのボトルを開けてジャグジーに飛び込んだ。子育てが原因のシェリとロジャーのけんかについて、職探しについて。恋愛について語り合った。シェリは個人広告と結婚相談所も視野に入れていた。ダウンタウンのレストランでの気取ったデートも数回経験した。シェリ宛てに男性が電話をしてきて、ミステリアスに「マルコ・ポーロ」と名前を残したこともあった。メッセージを受け取ったシェリはそれを笑ったが、結局、何も起きなかったそうだ。エレンはシェリがもう一度結婚したがっていることを知っていた。離婚経験者にしては少し驚きだが、シェリはオールドファッションなロマンチストで、幸せそうなカップルが手をつないで夕日が沈む浜辺を歩く、ポストカードの写真のような恋愛を切望していたのだ。

シェリには離婚以来、彼女の心を勝ち取る寸前までいった男性がいたが、彼に対しては慎重な姿勢を崩さなかった。エレンとシェリの友情がはじまる前から関係が続いていたこともあって、エレンは一度もその男性に会ったことはなかったけれど、シェリの仕事場に紛れ込んでこっそり見たことがあった。彼はシェリよりもずっと若く、ゴージャスで、背が高くて、黒い髪は整えられてきちんとしていた。エレンが知っていたのは二人が何年もくっついたり離れたりしていることだったが、シェリは最近になって別れを決めたという。前に進む時期が来たのだ。

二人の女性の話題のほとんどはシェリとデビの問題だった。愛の鞭《むち》よとエレンは言った。それが論理的なんだから。「絶対に負けちゃだめ」と彼女はアドバイスした。

＊

クラインボトルで二人が衝突した四日後、デビが電話をかけてきたときのシェリの対応がまさにそれだったのだ。デビの心にあったのはただ一つ、謝罪でも和平の申し出でもなく、水着だった。トルテック通りの叔母の家に置いてきたままだったのだ。

「水着を取りにいきたいんだけど」と彼女は言った。

「お断り」とシェリはいった。

「は？」

「お断りだって言ったの」とシェリは答えた。

「あたしの水着でしょ！」

「私の家だから！」

デビは怒りを込めて電話に叫びまくった。シェリも怒鳴り返した。ステート通りを歩いていた人たちは何ごとかと歩みを止めたが、デビは野次馬からどう思われようと気にもならなかった。怒りで体がわなわなと震えた。荒々しい勢いで、最悪な言葉が彼女の口から吐き出された。

「あんたなんか消えちまえ！」そして受話器を叩きつけた。

翌日の午後二時三十分頃、泊まっていた友達の家に電話がかかってきた。グラナダシアターでアルバイトをしていたときの同僚からだった。彼女の母親のエレンが、シアターに電話をしてきてデビを探しており、デビにすぐ電話を寄越すようにとメッセージを残したのだ。デビは、避けることができない後悔の念に苛《さいな》まれた。母親に対してひどい態度をとってしまった。だから受話器から聞こえてきたエレンの最初の言葉にも、デビはまったく驚かなかった。エレンが電話の向こうに立ち、腰に手を当てて、口を尖らせて怒っている姿を想像できたからだ。

「家に戻りなさい」とエレンは言った。

「戻りません」とデビは答えた。「絶対に戻りませんから」

次に何を言ったのか、エレンとデビの記憶は異なっているが、デビが一刻も早く家に戻らなければならないと理解するのに時間はかからなかったと証言している。緊急事態だった。デビは友達のフォルクスワーゲン・バスの助手席に座って家に向かったが、何が起きたのかといてもたってもいられなかった。トルテック通りに着いたときに黄色い犯罪現場用テープが見えたこと、通りだけでなく、通りの西側の家まで封鎖されていたことを記憶している。バーバラおばさんの大きな赤い納屋。

普段は人の少ない袋小路に何十人もの人間が群れをなしている光景は異様だった。制服姿の警官たち。スーツ姿の捜査官。メディアの人間。どよめきはストレスと困惑に満ちていた。情報を追い求める緊張した面持ちの人びとは忙しく動き回り、そして集まってはぐるぐると回っていた。どうにかしてデビはテープをくぐり抜け、中に入っていった。呆然としつつ、喧噪をかき分けて進んでいく。

「あんたなんか消えちまえ!」

母の愛車の茶色いダットサン280ZXが目に入る。心臓が早鐘のように打ちはじめる。車体に黒いレーシングストライプが二本入った白いカマロが、家の前に停められているのを見た。

「グレッグはどこ?」と、誰に聞くでもなく彼女は口にした。彼を探してあたりを見回しながら、デビは大声をあげた。「ねえ、グレッグはどこなの!」

袋小路に集まっていた人たちの動きが止まり、同時に彼女のほうを向くと、眉を上げた。彼らは彼女に近づきながら、同じ言葉を繰り返した。母がいるだろうと思う場所に進むデビは、その奇妙で、無意味なハーモニーを聞いていた。

「グレッグって誰? グレッグって誰? グレッグって誰?」

＊

［原著編集者より：以降の項はミシェルのメモと、「ロサンゼルスマガジン」電子版で『殺人者の足跡』のフォローアップ記事として書かれた『ライターズカット』から再構成している］

グレッグとはグレゴリー・サンチェスのことだった。二十七歳のコンピュータープログラマーである彼がはじめてシェリ・ドミンゴに出会ったのは一九七〇年代後半で、二人がバローズ・コーポレーションで働いているときだった。一九七七年から一九八一年にかけて付き合ったり別れたりを繰り返し、二人がとうとう別れたときデビは、どうせまたいつか付き合いだすだろうと考えたそうだ。

グレッグはシェリの八歳年下で、それがよくわかるときもあった。彼は一人前の男として振舞うことに一生懸命だった。バイクが好きで、レーシングストライプがペイントされたカマロに乗っていた。リトルリーグとフットボールチームのコーチを務め、自分のアパートの空いている寝室には高級ステレオコンポをずらりと揃えていた。グレッグはとてもかっこよくて、いつも身綺麗にしていた。シェリのように、自分磨きを怠らなかった。二人は何ごとにも行き届いた人たちだった。どちらも裕福な家庭で育ったわけではなかったから、生まれながらにして備わったものを大事にしたのだ。四年間、二人の関係はぐるぐると回り続けていた。彼女は彼が成長するのを待ち、彼は彼女が落ち着くのを待った。しかし最終的に、もういやになってしまったのだ。二人は別の人と付き合いはじめた。

　一九八一年六月、バローズ・コーポレーションはサンタバーバラ支店を閉鎖すると発表した。サンチェスは、同社のフロリダ支部での働き口を得るため、ウェストコーストへ職探しの旅を計画していた。その翌月、デビがクラインボトルのシェルターで生活している時期、グレッグが電話をかけてきてデビをランチに誘ったそうだ。

　グレッグとデビは仲が良かった。いわば家族のようなものだった。お父さんという感じではなかったけれど、彼の年齢はシェリとデビのちょうど真ん中ぐらいで、年上のお兄さんという感じだったのだ。彼はとても楽しい人で、デビにやさしかった。デビをデブラ・Dと呼んでかわいがった。

「グレッグ、私の名前ってデブラじゃないし」とデビは彼に言った。

「そうだったかな、デブラ・D」と彼はからかった。「そんなのどっちだっていいじゃん」

　七月中旬の午後、ハンバーガーを食べながら、グレッグはデビにフロリダに引っ越すと告げた。彼は、実際に行った後で知られるよりも、彼女にはこのことを自分から直接伝えたかったのだと説明した。彼は、彼女が心を閉ざしてしまうだろうことがわかっていたのだ。彼から直接聞いても、やはりデビはしょげかえっていた。

「ママには何度もプロポーズしたんだよ」と、諦めたように彼は言った。

「ママが僕と結婚してくれることはないよ」グレッグに比べ自分は年を取りすぎているとシェリは感じていた。シェリのその理性をデビはばかばかしいことだと思っていた。

　デビは、彼が別の女性と出会っていたことを知らなかった。五月、彼はタビサ・シルバー（仮名）と出会った。二人は同じ共同住宅内に住んでいて、グレッグは彼女と仲良しだったシンシア（仮名）と交際したことがあった。シンシアは別れた後もグレッグの友達で、タビサを彼に紹介したというわけだ。二人は付き合いはじめ、そして関係はあっという間に真剣なものへと発展した。三週間も経過していない時点でそこまで深まったことにグレッグは驚いていた――それはある意味、危険を知らせる声のようなものでもあった――物事がそこまで早く、深刻になっていくことに。

　しかしタイミングが悪かった。二人とも人生の過渡期にいたのだ。タビサはＵＣＬＡの歯学部に秋から通う予定で、一時的にサンタバーバラを離れて地元のサンディエゴで夏を過ごすことにしていた。グレッグの求職活動は宙ぶらりんのままで、そのうえフロリダへの転居を考えているところだった。

「今はそのときじゃない」とグレッグは彼女に告げた。

「そのときっていつくるの？」タビサは言い返した。「あんたが死んでから？」

　グレッグは七月二十三日にフロリダから戻り、すぐにタビサに電話した。結局、彼はカリフォルニアから引っ越さないことに決めたのだ。フロリダは友人や家族から遠すぎた。数日後に彼女の誕生日を控え、週末、彼は彼女をサンタバーバラに招待した。

　タビサは土曜日に車でやってきて、二人はその日、一緒に過ごした。彼はプロポーズをほのめかした。翌日の晩、再び彼のアパートに彼女はやってきたが、彼は土壇場で予定を変更したいと言って彼女を驚かせた。その日の晩は別の友達と過ごすというのだ。

その友達とは、シェリ・ドミンゴだった。

＊

シェリ・ドミンゴの隣人が、悲鳴の後に銃声を聞いたのは、夜中のことだった——女性が誰かに落ち着いた、感情のない声で何ごとか話して、「落ち着いて」と言ったのが聞こえたそうだ。この言葉はたぶん、シェリ・ドミンゴが口にした最後の言葉だろう。

捜査官は後に、毛足の長い絨毯と寝室のドアが擦れるはっきりとした音で、グレッグ・サンチェスが侵入者の存在に気づいたのではと結論づけた。彼は殺人者に抵抗したようなのだ。

事件に慣れた捜査官の一人は、隣人が聞いたという女性の声が静かで、震えていたことについて、「やつを怒らせたからだろう」と言った。

このケースでは、犯人は紐を持ち去っている。犯行に慣れ、証拠を消すことを覚えたのだ。

＊

月曜の朝、不動産会社の人間が家の購入を検討している人物とその家族を四四九トルテック通りへ連れてきた。彼は家に入り、主寝室に行ったところで、男性と女性の遺体を発見した。すぐにクライアントに家を出るよう伝えると、警察を呼んだ。

犠牲者は二人とも裸だった。グレッグ・サンチェスの遺体はクロゼットの中に半分体を突っ込み、うつ伏せの状態だった。犯人はクロゼットにかけてあった服を引きちぎるようにして手に取り、それで彼の頭部を覆った。遺体の近くには懐中電灯が転がっていた——電池にサンチェスの指紋がついていたのは、それがもともと家の中にあったことを示している。

犯人と揉み合いになったときなのか、抵抗したときなのか、サンチェスは頰を撃たれていた。その傷が致命傷ではなかった。何らかの凶器による二十四回の強打が彼の命を奪ったのだ。シェリ・ドミンゴはベッドの上の血の海のなかで、うつ伏せで死んでいた。彼女も同じ凶器で撲殺されていた。彼女には、壁紙の模様と揃えたベッドカバーが掛けられていた。両腕は、まるで拘束されているかのように、背中で交差していた。手首に残った紐の跡がこの見解を後押ししていた。

捜査官たちは階下のゲスト用バスルームの窓がわずかに開いているのに気がついた。網戸が取り外され、ジュニパーの木の後ろに隠してあった。成人男性が忍び込むには小さな窓なので、窓から腕を入れて、バスルームのドアの鍵を解錠したものと推定した。

犯罪現場を捜査していた捜査官たちは、廊下にあったガーデニングの棚のほこりの跡から、二種類のツールが持ち出されていることに気がついた。一つは明らかにパイプレンチの跡だった。もう一つのほこりの跡に置かれていた行方不明の道具は、後になってシェリの元夫により、ターフプラガーと呼ばれるガーデニングツールだろうということが確認された。ターフプラガーもパイプレンチも、どうしても見つからなかった。

警察は近所を一軒一軒訪ねてまわった。隣家の住人が午前二時十五分ぐらいに、犬の鳴き声で目を覚ましたと証言した。この住民と彼の妻は、ベッドから起き上がり窓の外をうかがったという。二人は何も不審なものを見かけず、ベッドに戻って眠りについた。

十三歳の少年二人が警察に、付近を午後九時四十五分頃に散歩していたとき、現場から約一ブロックほど離れた場所にある大木の陰に誰かが立っていたのを目撃したと証言した。二人はその人物を男性だと思ったそうだが、確信は持てなかった。木の陰になっていたことから、その姿はほとんど黒いシルエットのようだったのだ。

レンとキャロル・ゴールドシャイン（仮名）は、事件があった日の晩、とある人物と奇妙な遭遇をしたと警察に証言した。午後十時半ちょうどに、ユニバーシティー通りを西に向かって歩いていると、見知らぬ人物が二人の後ろを歩き、次第に追いつきはじめたことに気づいたというのだ。二人がバークレー通りの方向に曲がると、その人物は道路を渡って、今度は二人と平行に歩き続けた。

その人物は白人で、十代後半か二十代前半、身長は約一八〇センチ、細身で、明るいブロンドの直毛が首のあたりまで伸びており、ヒゲをきれいに剃《そ》っていた。カジュアルなシャツにライトブルーのコーデュロイ、あるいはデニムのズボンを穿《は》いていた。

同じ日の午後十一時頃、タミー・ストローブ（仮名）と娘のカーラ（仮名）が、ジャーマンシェパードを連れた怪しい若者が、周辺の住宅のガレージがある方角をじっと見ている姿を目撃した。メリダウェイをランニングしていたときだったという。男性は立ったままままったく動かず、二人に背中を向けた状態で、まるで凍りついているかのようだったという。二十代から三十代前半ぐらい、身長は一七七センチほどで、がっちりとした体格。髪はブロンド、白かベージュ色のテニスショーツと明るい色のTシャツを着ていた。後ほど似顔絵が作成された。

捜査官たちは、殺人が発生した日の前日の午後に、不動産仲介業者のカミ・バルドー（仮名）が赤い大きな納屋で内覧会を開催していたことを知った。彼女が他の客に対応していたとき、三十五歳から四十歳ぐらいの男性が一人で入ってきて、何も言わずに家の中を探索しはじめたそうだ。他の客との会話が終わり目をやると、その男性は去っていった。

内覧会が終わったとき、バルドーは家の中を見て回ったが、キッチンにあった金属片がなくなっていることに気づいた。思い返してみると、それは家の裏口の錠前のように見えた。

バルドーは奇妙な訪問者を、明るく青い目をした、太陽に晒された茶色いくせ毛の、短髪の男性であると説明した。よく日に焼けていて、身長は一七五センチぐらい、緑のシャツに色褪《あ》せたリーバイスを穿《は》いていた。サンタバーバラ保安官事務所の似顔絵画家によって、似顔絵が作成された。

最初、捜査官たちはドラッグの売人が家に侵入してカップルを殺害したのだろうと考えたが、二人に近い人びとはその考えを一蹴した。二人のうちどちらも麻薬常習者ではなかったからだ。すると、捜査官は狙いをシェリの元夫に定めた。容赦ない厳しい尋問の末、捜査官は彼のアリバイを調査して、捜査対象から外した。

この数年で、地元住民は未遂に終わった襲撃事件と二件の殺人事件を起こしたとされる亡霊を、クリークキラーと呼ぶようになっていた。標的になった三組のカップルはいずれも未婚だったため、殺人者は罪を犯していると自分が見なした人間を処罰することを目的とした、なんらかの宗教の狂信者ではとの見方もあった。一方、サンタバーバラの捜査官たちは、彼らが追う殺人者は地元住民のパンク、ブレッド・グラスビーだと確信し続けていた。

一九八〇年、サンタバーバラの捜査官たちに、最初に容疑者の可能性がある人物として目を付けられたグラスビーは、地元のチンピラで、その粗暴な行いと激しい気質でよく知られた人物だった。彼をよく言う人など、一人もいなかった。彼は嫌なやつだった。手慣れた泥棒だったグラスビーは、犠牲者のロバート・オファーマンとも接点があった。彼と一緒に逃げていた仲間のチンピラが、オファーマンのオフィスがあったビルで働く守衛が激しく殴打された事件の第一容疑者だったのだ。グラスビーは標的地域に住んでいるうえ、三八口径のスミス&ウェッソンを所持していた——それはオファーマンとマニング殺害事件で使われた拳銃と同じ種類だった。しかし弾道検査の結果、グラスビーの拳銃は除外され、その他の物的証拠とグラスビーの犯行を結びつけるものは一つとしてなかった。

ブレッド・グラスビー本人は、兄のブライアンとともに、一九八二年に殺害されている。休暇を過ごしていたメキシコで、麻薬取引と信じ込み、サンファンデアリマのビーチに向かった二人だったが実は罠で、二人は金品を奪われたうえ、銃で撃たれて殺されたのだ。サンタバーバラ郡保安官事務所は、グラスビーがオファーマンとマニング、グレッグ・サンチェスとシェリ・ドミンゴの二重殺人事件の容疑者の可能性があるという姿勢は崩さなかった。オレンジ郡の未解決捜査ユニットが、その手口からこの二件の殺害事件をオリジナル・ナイトストーカーのものであると関連づけたにもかかわらず、サンタバーバラは意見を変えることはなかったのだ――オリジナル・ナイトストーカーの最後の犯行として知られている事件は一九八六年に発生しており、それはグラスビーの死後四年経過してからのことである。

何年もの間に起きた失敗の末、二〇一一年になって、サンチェスとドミンゴ殺害事件で押収された毛布から再生した遺伝子素材により、DNAプロファイルが成功した。最終的に、ゴリータで発生した事件はすべて、イーストエリアの強姦魔、別名オリジナル・ナイトストーカーに結びつけられることが判明した。

スミス夫妻殺害事件で疑われたジョー・アルシップと同じく、ブレット・グラスビーも囮《おとり》だったのだ。

＊

母を殺害した人物が、連続殺人犯である可能性があることをデビ・ドミンゴに話した人はいなかった。彼女がそれを知ったのは二〇〇〇年代初頭で、ケーブルテレビ局がオリジナル・ナイトストーカー事件のプロファイリングをはじめたときだった。デビは当時看守としてテキサスで働いていて、十年ほど続いたメタンフェタミン中毒から抜け出して七年経過した後のことだった。彼女の人生は、母親を殺害されてから完全にコントロールを失っていた。

あの七月の日、母親の死を知らされた十五歳のデビは、祖母に電話をしてそれを告げた。「デビ」と祖母は言った。「そんな冗談を言うなんてダメよ」

直後、彼女はサンディエゴに移り住んだ。母方の親戚は徐々に彼女の人生から姿を消していった。母親が死んで間もなく聞いた親戚のやりとりが、彼女を悩ませ続けた。「リンダ」と、祖母がデビの叔母に声をかけた。「あんたでなくて本当によかった。もしあんたが殺されていたら、あたしはどうしたらいいのかわからなかったよ」

デビは、もう一度交流ができないものかと、祖母と叔母に長い間連絡を取り続けたが、二人がデビに応えることは一度もなかった。

二〇〇一年　オレンジ郡

オレンジ郡保安官事務所の古株たちは、未解決事件捜査官ラリー・プールのしかめっ面とか、デスクのパーテーションにピン留めされた被害者の写真とか、彼を囲むようにして積み重ねてあるバインダーを侘しい要塞のようだと思っていた。

「やつは死んじまったよ」と、プールに率直に言う人間もいた。まるで昨夜のバスケの試合のスコアを繰り返して言うように、軽々しい口調で。「それとも、終身刑でもくらってるだろ。ああいう連中は絶対に我慢できないからな」

「ああいう連中」とはサイコパス、シリアルキラー、それからモンスターのことだ。どう呼ぼうとかまわないが、社会通念としては、極端に暴力的で、連続して犯行を重ねる人物は、死、身体的な障害、あるいは投獄によって強制的に停止させられるまで殺害行為をやめないとされていた。プール捜査官のターゲットが最後に被害者を襲ったのは一九八六年。このとき、すでに一九九九年になっていた。

「なんでそんなにこだわるんだよ?」と、古株たちはプールをからかって言う。そんな態度がプールを苛つかせ、彼の清廉潔白な性格に火をつける。自分の中でずっと大事にしてきた信念を、より強いものにさせるのだ。やつを捕まえるのはこの俺だと。

サンタバーバラ郡保安官事務所はまだＤＮＡを持っていなかったが、殺害事件の犯行手口が似通っていることから、プールはアーバインで発生したジャネル・クルーズ事件と同様の連続殺人としてサンタバーバラの事件を認識していた。一九七九年十月一日から一九八六年五月五日までの期間で十人の遺体。そして二人の生存者。事件が発生した範囲が広いことから、捜査官たちには膨大な仕事が待っていた。彼らは手がかりを調べ尽くすまで、メディアをシャットアウトすることにした。殺し屋に情報を与えたくはなかったからだ。古株たちが言うように、このとんでもなく暴力的な男はどこかで重罪で服役しているだろうとプールも考えていた。そして逮捕記録を精査した。覗き見。不審者。盗み。強姦魔。有罪判決を受けた者の死体をボルティモアで掘り起こして調べたことだってある。それでもダメだった。何も見つからなかったのだ。

プールは常に脳内でサーチコマンドを実行し続けていた。警察学校の訓練最終日にはじめて目撃した検視解剖がフラッシュバックした日があった。遺体袋から出された死体は、スチール製のベッドに横たえられた。死体の男性は身長が一八〇センチで髪が黒く、たくましい体つきで、手足を縛られていた。男性は女性物の靴と靴下、パンティーを穿《は》き、詰め物をしたブラジャーを身につけていた。死因はシンナー中毒だった。自慰《じい》に耽りながら、靴下の中に忍ばせた接着剤の匂いを嗅いでいたのだ。パンティーの中の射精の跡を見た。この光景が、真面目なプールの記憶に強く残っていた。被害者を見つけられなかった連続殺人鬼も、もしかしたら同じように自分の体を拘束していたかもしれない。この件を思い出したプールは、最後の殺人事件から五ヶ月後の一九八六年十月に、警察学校で目撃していたときと同様、手足を縛られた状態で遺体となって発見された男性の検視を行った。

プールは、このとき検視された男性の過去を調べ上げた。犯罪歴はなかった。他の犯罪現場との関係も見つけられなかった。男性はすでに火葬されていた。もしこの男性が犯人であれば、これでおしまいだとプールは思った。プールは、南カリフォルニアにある郡すべてにおいて一九八六年五月五日から十二月三十一日までに記された検視官たちの報告書を集め、くまなく調べはじめたが、手がかりは見つからなかった。しばらくの間は、メディアに情報をもらうのも、悪くはないと思えた。

二〇〇〇年十月一日、オレンジ・カウンティ・レジスター紙がDNAの関連性について最初の記事を発表した。『DNAが連続殺人鬼を指し示す可能性』と書かれていた。

プールは「私たちが追っているのは、オリジナルの『ナイトストーカー』です」と言った。

プールは、自分たちが追う犯人の殺人事件は、一九八四年から一九八五年に南カリフォルニアを恐怖のどん底に突き落としたリーチャード・ラミレスこと「ナイトストーカー」の事件より**前に**《オリジナル》起きていたことを指摘したつもりだったのだが、残念なことに、わかりにくいニックネームが定着してしまった。そのときから、「オリジナル・ナイトストーカー」と呼ばれることになった。

犯人の居場所の推測で記事ははじまっていた。死んでいるのか。それとも塀の向こうにいるのか。次の犯行現場の割り出しもしていた。男の過去についての憶測はなかった。多くの捜査官たちが、連続殺人がはじまったゴリータが殺人犯の出身地ではないかと密かに考えていた。プールの同僚の一人、ラリー・モンゴメリはゴリータまで車で行って、サンノゼ川の近隣に住む小学校の現役教師と元教師たちに、六〇年代中盤に教えた生徒のなかで、問題を起こした男児児童を思い出すことはないか、小動物をいじめるなどの問題があり心配したことはなかったかと数日をかけて尋ねて回った。モンゴメリは数名の名前を聞き出したが、彼らのアリバイはしっかりしており、成長にも問題はなかった。

一九七九年十月一日に起きた事件では、地元の不良が犯行に及んだことを匂わせる、幼稚な側面が明らかになった。盗まれたギア付き自転車。家の中から盗まれたステーキナイフ。しかし当時見過ごされた手がかりは、犯人の経験がどこかちがう場所で蓄積されていたことを示唆するものだった。おしゃべりが大好きで、少しだけ行いの悪いサーファーたちの排他的な空気のなかではなく、それは孤立と孤独、しかも強迫観念に囚われた世界の中で培《つちか》われたものだ――生々しい犯罪技術を習得するための孤立だ。男はカップルの家の鍵を鉄梃《かなてこ》でこじ開けるだけではなく、ドアの枠を外してフェンスの向こうへ投げ捨ててもいた。

実際、男は盗んだ自転車に乗って、車で追いかけてくる武装したFBIのエージェントと、迫りくる保安官軍団から逃げ切っている。男を追いかけていたFBIエージェントのスタン・ロスは、後で地元警察からなぜ男を撃たなかったのだとなじられて苛立ったが、自分の判断については毅然とした態度を貫いた。女性が叫んでいたことと、自転車に乗った平凡な白人男性が、ロスが叫んだりクラクションを鳴らすたびにスピードを上げているという状況がすべてだったのだ。発砲するための根拠に欠けていた。

ロスは占い師だったわけではない。男が自転車を歩道に乗り捨て、サンパトリシオ大通り五四一七番地と五四二三番地の間を猛スピードで走り、フェンスを跳び越えることなど想像できたはずもない。男が次に現れたときには手口がより荒み、縛りつけた紐の結び目が固くなり、自分を鼓舞するためのかけ声がいらなくなるなんて予想できたはずがないのだ。男は完全無欠の殺し屋になっていた。

ペダルを漕いでいた男が、スタン・ロスから逃げようとしていたのは明らかだった。しかし同時に男は、何か他のものに向かって突き進んでいた。毎日の些細な問題が消え、妄想が男の思考に迫り、力を得た状態だ。

ロスが発砲することは不可能だった。車を再スタートさせるまでに要した数秒、Uターン、五〇メートル先を行く自転車に乗った男の姿、右側のヘッドライトへの接触、ヘッドライトが命令を出すような役割を果たしたこと。ロスはあの夜の出来事を思い出さないわけではなかった。乗り捨てられた自転車。走る男。もしロスに、その男が将来どうなるか予測する能力があったとしたら、三八口径スペシャル〔スミス&ウェッソン38スペシャル〕で狙いを定め、そこで男を倒していたはずだ。

一九七九年十月一日は、将来殺人者になる男が一線を越えた、その日だと誰もが認めた。謎に包まれた不審者は、最終的にカテドラルオークス通りとパターソン通りの交差点周辺五キロ四方の北東地域にターゲットを絞った。サンタバーバラで起きた襲撃事件はすべて、月桂樹に覆われた山から流れ出し、曲がりくねりながらゴリータの東を抜けてやがては大西洋に流れ込むサンノゼ川に沿って発生していた。川が流れた先にある郊外はまるでハックルベリー・フィンの世界で、苔《こけ》に覆われた岩やロープで作られたブランコがあり、不良たちが吸ったたばこの吸い殻が木の葉で隠されているような場所だ。ゴリータの地図上で犯罪現場を確認しながら、犯人がまるで命綱であるかのようにサンノゼ川にへばりついていたことにプールは驚いた。

ゴリータで発生した事件に注目すべき理由は別のところにあった。この犯罪者が選んだ言語は、支配である。それは拘束からもたらされる統制だ。そして急襲。日中は負け犬かもしれないこの男は、忍び込んだ家では恐怖を植え付ける無表情な仮面をつけた支配者となった。男はミルクやパンを冷蔵庫から出したままにすることもあった。サイコパスが自信満々の遊びを見せつけているのだ。

それなのにこの熟練の犯罪者は、ゴリータでは常にわれを失っていた。男は三回ゴリータを襲撃したが、三回とも邪魔が入った。女性被害者にわいせつな行為をすることは一度もできなかった。最初の襲撃では女性に逃げられ、二回目と三回目は男性が抵抗したので銃撃し殺した。男は銃声が警察を引き寄せることを心配して直後に女性被害者を殺害し、逃走したのだろう。

殺人者の捕食の進歩をつぶさに追うことは、まるでホラー映画を逆再生で観ているようなものだったが、巻き戻す作業は重要だった。「犯罪者はその未来よりも、その過去において脆弱である」とは、英国人犯罪心理捜査官デヴィッド・カンターの著書『心理捜査官　ロンドン殺人ファイル』での言葉だ。カンターは、連続して発生する犯罪行為を解決に導く鍵は、犯罪者が最後の犯行後にどこに行ったのかを証拠立てるのではなく、最初の犯罪の前に何が起きたのかを明らかにすることだと主張する。「犯罪を行う前に、自分がそのような犯罪に手を染める人間であることを彼自身が知らなかった可能性がある」とカンターは書き、「それゆえ犯人は、犯行後に比べ、犯行前のほうが用心していない可能性がある」とした。

犯人がどんどん用心深くなっていったのは疑う余地がなかった。男は観察者であり、計算高い人間だ。例えば、ベンチュラの事件を考えてみればよい。男はサンタバーバラとオレンジ郡で何度も犯行を重ねたが、ベンチュラでは一度きりだ。なぜだろう？　スミス事件の容疑者としてジョー・アルシップが逮捕されたのは大きな事件だった。あえて再び多重殺人事件をベンチュラで起こし、アルシップの犯行ではないと疑わせるリスクを高める必要があるだろうか？　もう少しで罪をかぶってくれるマヌケがいるというのに？

＊

サンタバーバラよりも新しく、あまり上品とは言えない西側のゴリータで三件の家宅侵入事件が起きたという事実も、保安官事務所の秘密主義を変えることはなかった。歴史の古い団体がそうであるように、サンタバーバラ郡保安官事務所は組織文化を形成していて、視野が狭く保守的だとして知られていた。犯罪現場を目撃し、わずかに動揺はしても、捜査官とはポーカーフェイスを貫くことを求められる仕事だった。緊急電話を受け、最初に現場に到着した捜査官となった五日後の一九八一年七月三十一日金曜日の午後、トルテック通り四四九番地付近を尋ね回っていたときのO・B・トマス捜査官が醸し出していた印象はまさにそんなものだった。訪問とはいえ、彼は近隣住民宅のドアをノックして、何かいつもとちがったこと、あるいは疑わしい光景や出来事がなかったか質問した。住民たちに余計なパニックを引き起こす必要はなかった。トマスは何が起きたかをまったく明かすことなく、話をした。彼が何を目撃したのかは、その表情から推し量ることはできなかっただろう。

トルテック通りからわずか一ブロック離れた場所にリンダは住んでいた。トマス捜査官が玄関ドアをノックし手帖を出したとき、リンダにふと記憶が蘇ってきた。負傷した犬と、水が溢れてしまった芝生、そして彼女の裏庭にも、隣人の裏庭でも、犬を傷つけた可能性のある鋭い物が見つからなかった違和感を思い出したのだ。トマスは彼女に、その出来事があった日はいつかと尋ねた。彼女はしばらく考え、自分の日記を確認して、一九七九年九月二十四日だと言った。

その日付の意味を、捜査官たちはすぐさま理解した。最初の襲撃の一週間前だ。捜査官たちは、目撃者が語った、暗闇のなかを逃げていく白人の成人男性ということ以外、容疑者についてほとんど何も知らなかった。男がなぜこの建売住宅地の静かな一角に惹きつけられたのか、捜査官たちにはわからなかったが、わかっていることもあった。男はナイフを持ち歩いていた——最初の現場から逃げるときに、ナイフを落としていた。男の活動は夜間である。捜査官たちは獲物を探して家から家へと歩き回る男の靴跡を追跡していた。そして男は川を好んだ。もしかしたら男は藪《やぶ》や木々の陰を使って、気づかれないように動いていたのかもしれない。もしかしたら男にはそこになんらかの過去があり、子どもの頃、苔に覆われた岩場で、ブランコで遊んだことがあったのかもしれない。理由がなんであれ、靴跡と男が落とした切りそろえられた紐は、そこに彼がいたことを示唆していた。そして男が侵入した三軒の家には共通する一つの特徴があった。川に近いということだった。

　二人が立った位置から、リンダとトマス捜査官が見ることができたのは、互いに絡み合うようにして立つ木々と、川と平行に設置された白い木製の低いフェンスだった。暗闇で動く怪しい何かを感知したジャーマンシェパードのキモが飛び出してきた歩道橋があった。次に何が起きたのかは徐々に明らかになっていった。犬は家々の間から出て匂いを嗅ぎ回り、それに不審者は驚愕し、当然腹を立てて、犬の腹を切り裂いて遠ざけたのだ。キモの血液を浴びたであろう男は、リンダの家のホースを使ってそれを洗い流したのかもしれない。襲撃前から男がその近辺にいたことは、小さいながらも不穏な形跡となって残っていたが、それは事件後になってようやく理解されたのだった。

数年後にグーグルアースが発明されると、未解決事件担当捜査官たちはカリフォルニア内で起きた容疑者の暴力の軌跡をまとめたデジタルマップとタイムラインを作成した。サンノゼ川に沿って立てられた黄色いピンのアイコンはゴリータ北東部で男が出没した場所を示していた。近隣住民は三十五年の間、あまり変わっていない。よりズームインすると、夜間の犬の吠え声によって男の存在がはじめて知られた裏庭がある。男の靴跡の深さは、男が一つの体勢で長い時間留まっていたことを示し、壁に寄りかかったり、庭にしゃがんでいたことがわかっている。キモがクンクンと鳴き、飼い主の男性が玄関ドアをノックしたとき、暗闇の中、裏庭で男が立っていた姿が想像できる。そして車が来て、飼い主と犬は去っていった。再び、夜の静寂が戻ってくる。男は家々の間からゆっくりと歩いて出てきて、ホースから水を出し、靴についた血液を洗い、逃げ出す。そして男が去った後の芝生には水で薄められた血液が浸透していく。

一九九七年　コントラコスタ郡

「EARって何のことです?」とポール・ホールズ捜査官は聞いた。
ジョン・マードックはしばし驚いてしまった。その頭字語を聞いたのは久しぶりだ。

「なぜ？」とマードックは聞いた。

二人はカリフォルニア犯罪学者協会会議（California Association of Criminalists）に向かう飛行機の中で、通路を挟んで座っていた。一九九七年のことだった。マードックは、コントラコスタ郡保安官事務所鑑識課の課長を引退したばかりだった。彼の専門は銃器と道具の痕跡だった。二十代後半のホールズは、カリフォルニア大学デービス校で生物学を専攻し、卒業してすぐに保安官代理を務める犯罪学者として職を得た。彼が学んだのは法医中毒学からだったが、自分の望む道はＣＳＩであることにすぐに気づいた。そして彼の好奇心は顕微鏡の世界を飛び出した。捜査官たちと付き合うようになり、そのなかには犯罪科学捜査研究所に閉じ込められた、未解決事件担当捜査官がいたというわけだ。ホールズは保管室にある箱に入った古い未解決事件のファイルを引っ張り出して時間を潰すのが好きだった。そこで彼が見つけたのは物語だ。供述の数々。写真。考えがまとまらない捜査官が余白に書き殴った中途半端な見解。曖昧さは研究室には存在しない。しかし古い未解決事件ファイルは曖昧さで満ちあふれていた。パズルが手招きしていた。

「ポール、それはおまえの仕事じゃないぞ」と、彼を叱りつけた犯罪学者は一人ではなかったが、彼は気にしなかった。自分のやりたかったことそのものをやりながらも敵を作らない、ハンサムな優等生のような才覚が彼には備わっていた。自分のやりたかったこととは、捜査官になることだと彼は気づいていた。チャンスが来たら、その部署に移ろうと考えていたのだ。

年齢に大きな差があったにもかかわらず、マードックとホールズは互いの共通点に気づいていた。研究室での仕事が終わると、ホールズは古い未解決事件ファイルとともに座り、暗い脇道にそれる人間の行動にぞっとしたり、魅了されたりした。未解決事件は彼の心に残り続けた。彼には不確実な物事に対する科学者ならではの不寛容さがあった。箱の中の古い未解決事件ファイルを一心不乱に貪り読んだ後に、彼は一つのパターンに気づいた。極めて詳細に記述された犯罪現場報告書には、いつも同じ人物のサインがあったのだ。それがジョン・マードックだった。

「ファイルの棚に置かれたフォルダーに大きな赤い文字でＥＡＲと書いてあるのを見たんです」とホールズはマードックに説明した。ホールズはそのときまだファイルを掘り下げてはいなかったが、それは特別な、ほとんど神聖化されたような方法で確保されていたことが彼にはわかった。

「ＥＡＲ《ィャー》はイーストエリアの強姦魔（East Area Rapist）の略語だ」とマードックは言った。その名前ははっきりと彼の頭の中に分類されており、その深刻さは時の流れによってぼやけたりはしてはいなかった。

「聞いたことないですね」とホールズは言った。

残りの飛行時間、地上から三万フィート上空で、マードックはホールズに物語を話して聞かせた。

男は危険なこそ泥だった。最初は、警察に印象をほとんど残さなかった。一九七六年の六月中旬、男はイーストサクラメント地区の若い女性の寝室に突如として現れ、Ｔシャツだけを着た姿で「パンツなしのダンス」を踊った。ナイフを握りしめていた。脅しの言葉をささやいた。家を荒らした。女性をレイプした。それはとてもひどい犯罪だったが、一九七六年のサクラメントには悪いやつらが山ほどいた。スキーマスクと手袋は知性を示していたが、パンツなしで踊るのは通常、母親たちが襟首を捕まえて警察に連れてくる、酔っ払ったティーンエイジャーである。

　それ以降も強姦事件は多発した。十一ヶ月で二十二件に及んだ。男の手口は他とははっきり区別でき、揺るぎないものだった。初期の、ただの泥棒と見せかける手口から、決めごとを遵守する手口へと進化した。女性は猿ぐつわをした物体で、男のやり方に従って動かされた。両手両脚は多くの場合靴紐で縛られ、縛り直された。奇妙なことに男は女性被害者の両胸を避け、キスもしない性的暴行を行った。刺激剤としての部屋荒らし。楽しげに危険性を高めていく男にサクラメント郡東部は完全なるパニック状態に陥った。寝ているカップルを狙いはじめる。縛りあげた男性の背中に皿を積み上げ、皿を落とそうものなら、妻、あるいはガールフレンドを殺すと脅した。イーストエリアの強姦魔は何もかも知っている寝室の妖怪のような存在だった。家の間取り、子どもの数、そして仕事のスケジュールまで把握していた。スキーマスクとかすれたわざとらしい声は第二の人格を連想させたが、男は誰から変身しようとしていたのだろう？

　サクラメント郡保安官事務所は行き詰まっていた。二進《にっち》も三進《さっち》も行かない状態だった。とある若い白人男性が、繰り返し事情を聞かれたりもしたが、探している男には決して辿りつかなかった。それとも辿りついていたのかもしれない。それが問題だったのだ。EAR《イャー》特別捜査班の捜査官たちはすべて、それぞれが容疑者の顔を脳内で思い浮かべていたが、皆が同じ顔ではなかった。アーミージャケットを着たブロンドのジャンキー。自転車に乗ったモルモン教徒。日焼けし、洗練された不動産の仲介人……。

　女性捜査官キャロル・デーリーは、特別捜査班を率いている一人だった。二十二件目の強姦事件が発生したとき、夜中の三時に取り乱した被害者を病院に連れていくことになった彼女は、自分の中に湧いてきた黒い感情に驚いた。**私、夫のことは愛しているけど、男が憎い。**

リチャード・シェルビー捜査官が夜中まで起きていた理由は、「のんびりとしたペースで」立ち去るのを目撃された、とある不審者に関する報告書が繰り返し提出されていたためだ。気味の悪いその男は、のうのうと、そしてゆっくりと歩いていた。

地域の住民は保安官代理たちの目の中に恐怖を見て取るようになった。EAR《イャー》は全員を精神的に追いつめていた。全員だ。日没は地域全体を恐怖に陥れた。男を捕まえることなんて、決してできないだろうという空気が漂っていった。偶然捕まることはあるかもしれないが、それまで待つ愚か者になれというのか？

そしてイーストサクラメントに現れたときと同じように、一九七六年から一九七八年の恐怖の二年を経たあと、男は突然消えたのだ。

「へえ、すごいですね」とホールズは言った。「それで、そのあと何が起きたんです？」

マードックはホールズが当時十歳で、この事件が引き起こした集団的な麻痺状態や、誤解、的外れな希望と閉塞感を知らない年齢だったことを思い出した。ホールズと事件を結びつけるのは、EARと赤い文字で記されたファイルを見つけたというそれだけのことなのだ。

「やつはイーストベイに再び現れたんだ」とマードックは言った。「俺たちの場所にね」

ホールズは年長の友人や同僚にEAR《イャー》のことを聞きはじめ、事件があまりに広範囲に蔓延していることに驚いた。誰もがネタを持っていた。郡保安官代理は上空で旋回するヘリコプターと、閑静な住宅街を照らすサーチライトが動く様子を記憶していた。カリフォルニア大学デービス校のとある教授は、当時夜間に行われていたパトロールに参加したときが妻との最初のデートになったと教えてくれた。その教授の同僚が静かに、彼の姉妹の一人が男の被害者であるとホールズに話した。

カリフォルニア北部から男が姿を消した後の一九七八年十月から一九七九年七月までの間に、サンノゼ市で二件、フリモント市で一件を含む、十一件のEAR《イヤー》による事件がイーストベイの広い範囲で発生した。二十年後に捜査を前進させようとするのには困難を極めた。地元の警察署がいくつかの事件を担当していたが、サクラメント郡を含め、すべての局が証拠を廃棄していた。それは保管室の通常の手続きなのだ。事件は保管期限を超えていた。幸運なことに、ホールズが勤務していたコントラコスタ郡保安官事務所は、証拠を廃棄せず保管していた。棚に置かれた赤文字のEAR《イヤー》ファイルは偶然だったのではない。事件発生当時、意気消沈していたコントラコスタ郡保安官事務所の保安官たちが、そこにちゃんと保管されるよう手配していたのだ。それは表彰状を壁にかける行為とは正反対のことだった。EAR《イヤー》は彼らの失敗の象徴だった。専門家がそう主張するように人間の脳が世界最高のコンピューターであるのならば、かつての捜査官は目立つEAR《イヤー》のファイルを囮にして若い興味津々のコンピューターを、早く、深く、おびき寄せることを望んだだろう。難解な事件は、単なるリレー競争のようなものだったのだ。

警官は「馬鹿ばかりが捕まる」と言う。彼らは、こういった逮捕劇で、百のファイルボックスの九十九個にチェックマークをつけることができた。でも、チェックマークがつかない箱が一つだけある。その箱は関わる者を煩わせ、早すぎる死に導きかねない。

＊

一九九七年七月、ホールズはEAR《イヤー》事件の証拠として残っているレイプキットを保管室から持ち出して、どんな証拠を導き出すことができるか調査しはじめた。コントラコスタ郡保安官事務所の鑑識課はカリフォルニア州内の他の鑑識課のように進歩的ではなかった。DNAプログラムは他と比べて初歩的なものだった。それでも、三つのキットが基本的なプロファイルのための素材を提供するように見えた。ホールズはEAR《イヤー》の手口がわかりやすいもので、カリフォルニア北部の犯行が疑う余地のないものだったとしても、もしコントラコスタ郡保安官事務所の捜査する三件のEAR《イヤー》の関与が疑われる事件が一人の男によって行われたものだという科学的な確証を得ることができたら、捜査が再び動き出すのではと考えたのだ。過去の容疑者を洗い出し、DNAを採取すればいい。

　DNA増幅のプロセスには時間がかかったが、結果、三件のDNAの一致を確認することができた。同じ男が、予想通り、コントラコスタ郡で発生した三件の事件に関係していたのだ。こうしてホールズは、研究所の設備が整えば、より多くの情報を導き出す可能性の高いEAR《イヤー》の基本的なDNAプロファイルを手に入れたのだ。彼は科学に集中している際は無視していたであろうファイルを調べはじめ、EAR《イヤー》のパターンを読み取った。情報を集めるために、その周辺地域でこそ泥をはたらき、被害者に電話をするなどして戦術的な準備を行うのだ。

昔の容疑者の名前のリストを集めるうち、ホールスは元捜査官のラリー・クロンプトンに辿りついた。クロンプトンはコントラコスタ郡保安官事務所の絶頂期にあったEAR《イヤー》特別捜査班のメンバーだった。クロンプトンの名前が捜査報告書に頻繁に出てくることから、彼が事実上のリーダーだったことがホールズにはわかった。生来の働き者であったか、事件に特別の心血を注いでいたか、どちらかだろう。

元捜査官に古い事件について電話をするというのは複雑なものだ。うれしがる人もいる。しかし多くの捜査官が、気分を害するものだ。「心臓の薬をもらうために薬局の列に並んでいる」「魚釣り用のボートに水抜きプラグを取り付けている」質問をする者の礼儀正しい雰囲気が、彼らにとっては無駄な時間の象徴なのだ。

クロンプトンは、ちょうどEAR《イヤー》の話をしていたとばかりの語り口でホールズの電話に応えた。きっと何年もEAR《イヤー》について話してきたのだろう。この予期せぬ歓迎は、クロンプトン家で交わされている会話からの自然なつながりだった。

ノバスコッチア生まれのクロンプトンは、背が高く細身で、西部劇で誠実な顔をした農場主のジョン・ウェインが信頼するタイプの男だった。息を飲み込むような、特徴的な話し方だった。ためらわず、簡潔で、自信に満ちていたが、空気が足りないような声だった。

昔の容疑者のなかで目立つ人物で、クロンプトンが再度捜査したほうがいいと思う人間を思い出せるかどうかホールズは知りたかったのだ。クロンプトンには実際にその覚えがあったようで、熱の入らない様子でホールズに名前をいくつか告げた。あとからわかったのだが、クロンプトンの本当の願いは、当時のボスたちにそれ以上追求することを止められた、昔の直感のようなものをホールズに追ってもらいたかったのだ。

管轄権を超えた捜査協力は、今でもまばらにある程度だが、一九七〇年代後半では紛れもなく情けない状況だった。他の局が担当した事件で刑事たちが耳にするのは、ゴシップとテレタイプ通信による情報だけだった。一九七九年の夏にEAR《イヤー》がイーストベイから姿を消したとき、クロンプトンの上司たちは、ほっとして踊り出さんばかりだった。一方で、クロンプトンはパニックに陥った。彼には、犯人がエスカレートし被害者たちの目にもっと強烈な恐怖を求めはじめていたのがわかっていたからだ。それまではぎこちなかった被害者に対する殺害の脅しは、より激しいものとなり、同時に、まるで誰かに抑制を解かれたかのように、自由に行動するようになっていた。

一九八〇年初頭、クロンプトンはサクラメント郡保安官事務所捜査官ジム・ベヴィンスから連絡を受けた。この二人は後に、EAR《イヤー》特別捜査班で共に捜査に参加し、近い関係となる。ベヴィンスは事件から距離を置こうと考えていた。あまりにも事件に没頭したため、結婚生活が破綻してしまったのだ。しかし、サンタバーバラで数軒の事件が発生している噂があること、一件は殺人で、EAR《イヤー》が関係している可能性があることをクロンプトンには伝えたかった。クロンプトンは以前、サンタバーバラ保安官事務所に電話をしたことがあったのだ。

だが、サンタバーバラの捜査官は協力しようとしなかった。「そんなことは起きていない」とクロンプトンは聞かされた。

数ヶ月後、州の訓練会議で、クロンプトンは偶然にもサンタバーバラ保安官事務所の捜査官と隣り合わせの席になり、雑談をした。何も知らないふりをして軽口を叩くだけだと思わせながら。

「ちょっと前に多重殺人事件があったけど、あれはどうなったんだい？」と聞いてみた。

その詳細を聞いた彼は、湧き上がってくる恐怖を、決して表情には出さなかった。


「いいか、ポール」と、クロンプトンは言った。「南に連絡をつけろ。まずはサンタバーバラだ。あそこでは、聞くところによると五体ほどあるはずなんだ」

「わかりました」とホールズは約束した。

「やつに間違いない」とクロンプトンは言って、電話を切った。


クロンプトンとサンタバーバラの捜査官の会話から二十年を隔てて、ホールズはサンタバーバラに電話をした。しかし彼も拒絶された。保安官事務所は、ホールズが言うような事件を捜査している事実はないと否定した。しかし会話の最後のほうで、電話の向こうの捜査官は何かを思い出したのか、それとも曖昧な答えしか与えないことについて心変わりしたのか、こんなことを言った。

「アーバインに電話してみるといいですよ」続けて「そんな事件があったような気がしますし」と付け加えた。

アーバインに電話したことでオレンジ郡保安官事務所に辿りつくことになったホールズは、そこで犯罪科学捜査研究所所属の犯罪学者メアリー・ホンとつながった。ホールズは最近になって、ＥＡＲ《イャー》別名イーストエリアの強姦魔として知られる、身元不明白人男性のＤＮＡプロファイルを解析したことを説明した。一九七六年から一九七九年の間に、カリフォルニア州北部で五十件もの性的暴行事件を起こしたとされる容疑者だ。ＥＡＲの捜査官たちは、男が南に向かい、そこでも犯行を重ねていたのではと常に疑っていた。ホールズは男の手口を簡潔に、よどみなく話した。中流から上流階級の住人が住む平屋建ての家。夜間の侵入。寝ているカップル。目隠し。レイプされる女性。ときには盗みをはたらくが、盗むのは主に個人的な気持ちのこもったジュエリーで、被害者にとって価値のあるもの。身体的特徴を見極めることを困難にするスキーマスクを使用している。しかし証拠によれば、靴のサイズは9〔二七センチ〕で、血液型はＡ型、非分泌型の個体である。

「私たちの事件と、とてもよく似ていますね」とホンは言った。

当時、ホンの科学捜査研究所では別のＤＮＡタイピング技術を使っていて、オレンジ郡はＳＴＲタイピング（短縦鎖列反復遺伝子タイピング）を早期に採用した局の一つであった。二人が比べることができたのはＤＱＡ１という一つの遺伝子だけだったが、それは一致した。そして比較するのはそれだけでよかった。ホールズの所属するコントラコスタ郡保安官事務所鑑識課はこのとき、まだＣＯＤＩＳを利用できない状態だった。つまり、州や国が持つデータベースには関連づけができなかったのだ。ホンとホールズは以後連絡を取り合うことを決め、コントラコスタの鑑識が活発に動けるようになったら、互いの情報を交換することを約束した。

＊

政府から資金援助を得ている鑑識課は、気まぐれな経済的変動に振り回されるものだ。政治家は警察部隊を減らすことは一般的でないと知っているから、人員の削減は人目につかないようなポジションで行われることが多い。例えば科学捜査官だ。鑑識課の設備は高額だから、責任者はしばしば、必要な備品のリクエストを繰り返さねばならない。

コントラコスタ郡保安官事務所の鑑識課が歴史的に見て余裕がなく、オレンジ郡に追いつくのに約一年半必要な理由が、ある程度説明できる。二〇〇一年一月、コントラコスタがSTRタイピング法を採用し、運用しはじめたとき、ホールズは同僚であるデイブ・ストックウェルに、EAR《イヤー》事件のDNA抽出物をテストしなおし、三件の事件がいまだに同じ犯罪者のプロファイルなのかどうかを調べるように頼んだ。ストックウェルは、それはテスト済みだと回答してきた。

「オレンジ郡のメアリー・ホンに連絡しろ」とホールズはストックウェルに言った。「こちらも今は同じ技術を持ってるんだ。彼女の結果と比べてみよう」

電話ごしに、ストックウェルとホンはお互いのマーカーを読み上げた。

ストックウェルがEAR《イヤー》のマーカーを読み上げたとき、ホンは「イエス」と言った。ホンがマーカーを読み上げると、「イエス」とストックウェルが返して言った。

ストックウェルがホールズのオフィスに入ってきた。
「完璧に一致だ」
二〇〇一年四月四日、このニュースはメディアを駆け巡った。

「七〇年代のレイプ事件が連続殺人事件に関連」

こんなヘッドラインで記事を出したのはサンフランシスコクロニクル紙だった。その記事が出ることについてレイプ被害者は事前に連絡を受けていなかったため、朝食の席で新聞を開いた多くがショックを受けた。サクラメントビー紙の一面にはこう書かれていた。

数十年経過してから、連続強姦事件の手がかりを発見
オレンジ郡で発生した事件にイーストエリアの強姦魔のＤＮＡがリンク

ビー紙に掲載された捜査官たちの写真は、被害者にとってよりいっそう非現実的だった。リチャード・シェルビーとジム・ベヴィンス。シェルビーは背が高く、つっけんどんで、完璧な記憶力を持つ男。そしてジム・ベヴィンス――同僚はからかって彼をギョロ目と呼んだ。ベヴィンズほど好かれた人物はいない。五〇メートル先から彼が近づいてきたとしても、騒ぎを収めるために送られてきた気の良い男とわかるだろう。

紙面に掲載された二人は、すっかり年老いていた。警察官にとって二十五年は長い時間だ。身を酷使した様子が見てとれる。二人の発言は、奥歯に何か挟まったような印象だった。決まりが悪いのか？　不名誉に感じているのか？　二人は敵が今、何をしているのか推測していた。シェルビーは、精神科病院だろうと言った。ベヴィンズは、もう死んでいるだろうと語った。

ホールズは記者たちからの電話をうまく処理し、数日間は熱狂を楽しんだ。個人的には、捜査官としての仕事が自分の天職だと感じていたが、彼はすでに犯罪学者の管理者に昇進していた。彼には責任があった。結婚して幼い子どもが二人いる。新しいＤＮＡの関係がまとめられた一万ページにも及ぶ事件ファイルに没頭するだけの時間が彼にはなかった。なにしろ膨大な量の証拠だった。

しかし、事件を担当した捜査官たちは楽観的だった。ＤＮＡプロファイルだって？　カリフォルニア州全体で、六十件の事件があったって？　男を逮捕し取調室にぶち込んだら誰が最初に尋問するかで彼らは争ったぐらいだ。

オレンジ郡保安官事務所のラリー・プールは生まれながらにしてリーダーのような男だった。プールにとって、ＤＮＡの関連性はすばらしいニュースだったが、気の遠くなるような気分だった。まるで、ここ数年過ごした狭くて懐かしい部屋が、広大な倉庫の中にぽつんと存在する小さな離れだったと気づくようなものだった。

彼は、怪物はすでに死んだと言い張る頑固な刑事たちからの侮辱をはねのけ続けた。性的欲求に駆り立てられ犯行に及んだシリアルキラーは、止められるまで止まらない。もしかしたら、盗みをはたらいている最中に正義感のある家主が男を撃ち殺したかもしれない。時間を無駄にするなと同僚は言った。

七ヶ月後、プールは太平洋岸北西部からのニュースで汚名を晴らすことになる。二〇〇一年十一月、メディアの注目は二十年にわたって潜伏し、長い間死亡したと推測されてきたもう一人のシリアルキラーに集中していた。ワシントンのグリーンリバー・キラーだ。多くの売春婦を狙った人殺しは生きており、健康状態も良く、シアトル郊外に住んでいたのだ。なぜ男がスローダウンしたかって？　結婚したからだ。

「俺を捕まえたのはテクノロジーだ」

とガリー・リッヂウェイは警官を煽った。言葉で中指を立てたのだ。男は正しかった。何年にもわたって男は警察を翻弄し、顔を隠し、目の中の光を消してきた。こんな間抜けが悪魔のようなシリアルキラーだなんて、そんな馬鹿なことがあるかと警察は思った。いつもの通り証拠は山ほどあったというのに、警察は彼を取り逃がしていたのだ。

二〇〇一年四月六日、イーストエリアの強姦魔とオリジナル・ナイトストーカーの関連が報道された二日後、サクラメント市の東部、ソーンウッド通りに立つ家の電話が鳴った。六十代前半の女性が電話を取った。

彼女はこの家に三十年近く住み続けていたが、名字は変わっていた。

「もしもし？」

その声は小さかった。男はゆっくりと言葉を口にした。

「あのときは楽しかったねえ？」

彼女はすぐに気づいた。

第二章

二〇一二年　サクラメント

［原著編集者より：以降の項は「ロサンゼルスマガジン」の記事『殺人者の足跡』の初期ドラフトからの抜粋である］

イーストサクラメントにある教育困難校の狭苦しいオフィスで私の向かい側に座った女性は、見知らぬ人だった。それなのに、私たちは会った瞬間からＥＡＲ《イヤー》－ＯＮＳ《オンズ》（イーストエリアの強姦魔そしてオリジナル・ナイトストーカー）に関する専門用語を駆使して話しはじめた。それを理解できた人間はいないだろう。

「七四年の犬が襲われたあの事件、どう思います？」と私は聞いた。

女性は（私は彼女をソーシャルワーカーと呼ぶことにするが）、たっぷりとしたポニーテールを結び直し、エナジードリンク缶を一口飲んだ。彼女は「もう少しで六十歳」で、貫くような鋭い光を放つ緑の瞳を持ちハスキーな声をしていた。頭上で大きく両手を振って、駐車場で私を出迎えてくれた。私はすぐに彼女が好きになった。

「あの犬の件は、あたしは関係ないと思う」と彼女は言った。

「ボード」と呼ばれている、「Ａ＆Ｅの未解決事件ファイル」内のＥＡＲ《イヤー》－ＯＮＳ《オンズ》に関する掲示板メンバーのなかで、七四年にランチョ・コルドバで起きた強盗事件は比較的最近話題になった出来事だった。この掲示板でソーシャルワーカーは、分析を得意とするリーダー的存在だった。事件へのメンバーの徹底した姿勢に私は感銘を受けたが、まずは単純に怯《ひる》んでしまった。掲示板には千件を超えるトピックスと、二万件に及ぶ投稿が存在していたからだ。

それらの内容を貪《むさぼ》り読み、そしてラリー・クロンプトンが記した『突然の恐怖』（*Sudden Terror*）を読んでから、実際には一気に読み終えてから、私も掲示板に参加するようになった。一年半ほど前のことだ。ラリーの『突然の恐怖』は膨大な事件の詳細と、一九七〇年代に溢れていた政治的な不正確さ、実際の刑事によって記された率直な後悔の念とその描写に、不思議と心を動かされる一冊である。利用できる大量の情報が存在していることに、私は仰天した。一九九六年十二月二十五日に発生した、ジョン・ベネット・ラムジー殺害事件に関する書籍は山ほどある。でも、EAR《イヤー》－ONS《オンズ》の本ですって？　これはカリフォルニア州全土を巻き込み、十年にわたり発生し、DNAに関する法律を変えた事件で［注3］、六十人の被害者と、容疑者が犯罪現場で発した奇妙な発言の数々（「ベーカーズフィールドで殺したように、おまえを殺してやる」他）、男が書いたと思われる詩（「興奮への渇望」）、男の録音された声（警察が被害者の電話に設置した録音器に録音された短いため息のような声）が残っていながら、それについて書かれた本は入手困難な自費出版による一冊のみだった。

EAR《イヤー》－ONS《オンズ》の掲示板にはじめてログインしてすぐに、有能で徹底的なクラウドソーシングが行われていることに私は感動した。もちろん、いたずら目的の人間も出入りしていたし、ユナボマーことテッド・カジンスキーがＥＡＲ《イヤー》－ＯＮＳ《オンズ》だと言い張る善意の男性がいたりもした（テッドはＥＡＲ《イヤー》ではない）。しかし、ほとんどのアナリストたちは一流だった。例えば頻繁にポストするポートフリーフという人物が、ＥＡＲ《イヤー》が活発だった頃のカリフォルニア州立大学サクラメント校の学校歴が、彼の犯罪と相互関係にあるという事実を明らかにしていた。犯罪現場の位置から、血のついたバイク用手袋を落としたデイナポイントの目撃情報の場所まで、事件のすべてを細かく記したメンバー作成の地図がある。軍、不動産、そして薬物と犯人とが関連する可能性を分析した投稿は数百もあった。

　ＥＡＲ《イヤー》－ＯＮＳ《オンズ》探偵たちには技術があり、彼らはその技術を使って男を捕まえることに真剣に取り組んでいる。私はコンピューターサイエンスを学ぶ大学院生とロサンゼルスのスターバックスで会い、彼の考える疑わしき人物像について意見を交わしたことがある。会う前に、彼からは足跡、地図、そして容疑者の卒業アルバムの写真が掲載された、七ページにも及ぶ調査書類が届いていた。私も、犯人はその容疑者である可能性が高いという点で彼に同意した。大学院生が悩んでいる事件の詳細が一つあり、それは靴のサイズだった（サイズ9か9・5というＥＡＲ《イヤー》の靴のサイズは、成人男性の平均からは若干小さかった）。

　インターネット上で連続殺人について長時間を費やして議論しているような人であれば驚くことではないが、掲示板のメンバーは偏執的で、性格のちがいからくる衝突が発生するときもある。ソーシャルワーカーは、サクラメント郡の捜査官たちと掲示板の間の、ある意味門番のような役割を果たしていた。機密情報をほのめかしながらも、それをシェアするよう言われると却下する彼女を非難する投稿者も一部いた。

彼女が時折新しい情報をシェアすることについては、議論になっていない。二〇一一年七月二日、ソーシャルワーカーはサクラメント郡で発生したレイプ事件の現場近くで目撃された、疑わしい車両を描いた絵を投稿した。

「ノースアイランド海軍航空基地のものである可能性はあるけれど、確認はされていませんし、記録もありません。この掲示板内に見たことがある方はいませんか？　これがどこからのものかわかると私たちもうれしいのですが」

私たち、とはどういう意味だろうか。掲示板の内容に没頭すればするほどわかってくる、興味深い、そして紛れもない警察の存在。個人的に、特異な理由で、数十年前に発生した古い未解決事件に引きつけられてしまったウェブ探偵たちは、ラップトップを使って殺人者を追跡していたが、捜査官たちは巧みに彼らを操ろうとしていた。

＊

ソーシャルワーカーは、EAR《イャー》のホットスポットを巡るツアーに私を連れ出してくれた。マザー空港に隣接する、地味なランチハウスが迷路のように立ち並ぶ地域から、より広く、緑の多いアーデンアーケードからデル・デヨにわたる地域だ。五年前からサクラメント郡の捜査官たちと、非公式に仕事をはじめたのだと彼女は教えてくれた。

「一番ひどいときに、まさにここに住んでいたから」と彼女は言った。当時は若い母親だった彼女は、レイプ事件が十五件前後に達したときの、恐怖がピークだった頃のことを記憶していた。EAR《イャー》－ONS《オンズ》が捕食を繰り返したイーストサクラメント周辺地域は、平凡な場所だ。切れ目なく立ち並ぶベージュ色の住宅を、思わず数えたこともある。警戒が緩んでいたのは、ここで起きたひどい事件と矛盾する。一九七六年八月二十九日、風鈴が鳴り、アフターシェーブローションの強いにおいで十二歳の少女だった彼女が目を覚ましたという、マラガ通りのとある場所に辿りついた。マスクをかぶった男が彼女の寝室の窓の向こう側に立ち、左手にナイフを握った状態で、網戸の上部左側から中を覗き見ていた。

「考えたくはないわよ、こんなことは」とソーシャルワーカーは言った。それじゃあ、なぜ？

数年前の夜、ベッドでテレビを見ながらいろいろなチャンネルに替えていたときに、『迷宮事件ファイル』の最後の部分が画面に映し出された。彼女は怖ろしいことに気づき、起き上がった。**ああ、なんてことだろう**と思ったそうだ。**あいつ、殺し屋になっていたんだわ**。

あの頃の居心地の悪い記憶に苦しめられていたソーシャルワーカーは、サクラメント郡保安官事務所の捜査官に連絡を取り、自分の記憶が想像上のものなのかどうかを確かめた。それはやはり現実だった。EAR《イャー》が被害者に電話をすることを好む傾向にあると報道される以前に、彼女がわいせつな電話について警察に三度通報したことが確認された。曰く、男はストーカーで「私のことをすべて知っていた」そうだ。ソーシャルワーカーは、それがEAR《イャー》－ONS《オンズ》だと確信している。

アメリカ川は遠くから見るとキラキラと青く輝いていた。事件解決を手助けするよう「霊的に呼ばれた」のだとソーシャルワーカーは私に言った。

「でもね、気をつけなくちゃだめよ。自分のことを大切にしないとね。でなきゃ、こっちが呑み込まれちゃうかも」

かも？ 出会って四時間、私たちはEAR《イヤー》―ONS《オンズ》について話し続けている。ディナーパーティの席で、いつしかその話題に近づいていったりすると、テーブルの下で夫が彼女の足を蹴り、小さな声で「やめろよ」と言うのだそうだ。私自身は、リオアメリカーノ高校の水球チームの一九七二年メンバーの情報を片っ端から調べて、午後を潰したことがある。卒業アルバムに写ったそのメンバーが、痩せていて、ふくらはぎが太いことがわかったからだ（ある時期、噂になったEAR《イヤー》―ONS《オンズ》の特徴がそれだった）。彼女は容疑者の一人と夕食を共にし、容疑者が持っていた水入りボトルをDNA鑑定のために持ち帰った。警察のファイルでは、容疑者の名前は名字が先に記されている場合が多いのだが、精神的にも肉体的にも最悪で完全な放心状態のときは、目の前の「ラリー・バーグ」（Lary Burg）という名前を見つめながら、脳内ではそれを「バーガリー」（Burglary：強盗）と認識していたことが私にもある。

今となっては、私の喉の奥には常に悲鳴が張りついたままだ。夫が私を起こすまいと爪先立ちで寝室に入ってきた夜、ベッドから飛び起きた私は、いきなりランプを握りしめ、それを彼の頭めがけて思い切り振り下ろしたそうだ。幸運なことに彼には当たらなかったが、朝、逆さまになって床に転がっているランプを見たとき、自分は何をしたのかとたじろいだ。そしてラップトップを置いたあたりのベッドカバーを手で探り、警察の捜査報告書の、いつ終わるともわからない研究に戻ったのだった。

ただ、ソーシャルワーカーの心を奪われるなという優しい忠告については真面目に受け取り、頷いた。うさぎの穴の周りをまわっているだけで、中に深く入っていたわけではないのだと、私は自分を取り繕うことに同意したのだ。

うさぎの穴の中で私たちに加わったのは、南フロリダ出身の三十歳の男性で、私はキッドと呼んでいる。キッドは映画製作の学位を持ち、彼が言うには、家族との関係で問題を抱えているということだった。詳細にこだわる男で、ケーブルテレビで放映された『ダーティーハリー』の視聴を最近になって途中でやめたらしい。「オープニングクレジットのあと、縦横比が2・35：1から1・78：1に変わったからだよ」と言うような人だ。彼は聡明で注意深いけれど、ときどきぶっきらぼうになった。そして私から言わせてもらえば、彼はこの事件にとっては最も偉大なアマチュアの星だった。

EAR《イヤー》－ONS《オンズ》事件をよく知る人たちは、事件の最も大事な手がかりは地理的な痕跡だという意見に賛成するだろう。一九四三年から一九五九年に生まれた白人男性で、サクラメント、サンタバーバラ郡で暮らしていた、あるいは働いていた人は限られている。一九七六年から一九八六年の間にオレンジ郡に暮らしていた、あるいは働いていた白人男性の数も同様だ。

しかし、Ancestry.comからUSSearch.comまで、未解決事件に関するすべてを検索し、証拠のデータマイニングに四千時間近くも費やした人物は、キッドしかいない。彼は、eBayで売られていた、ラルフ・レーン・ポルク社〔アメリカのデータベースサービスビューロー〕が一九七七年に発行したサクラメント地域の住所氏名録を持っている。ハードドライブには一九八三年発行のオレンジ郡電話帳をデジタル化したものも保有している。

掲示板の投稿を見て、彼が事件に精通しており、高いクオリティーを持つことに気づいたのは、私が事件に興味を持ちはじめた頃のことだ。そこで私は自分が見つけ出した容疑者について書いたメールを彼に送ってみた。容疑者を見つけて喜ぶなんて、警鐘が鳴らされているにもかかわらず、この人しかいないと突き進む、恋愛初期のようなものだと、今ならわかる。

私はこの容疑者は絶対だと思っていた。しかしキッドは、リサーチでは私の一年先を、データベースでは数年先を行っていた。「その名前の人物は何年も調べてないね」と彼は返事をよこした。メールに添付されていたのは、毛糸のベストを着た気難しいオタクのような写真で、私の容疑者候補が大学二年のときの写真だった。「僕にとっては、彼はトップってわけじゃないです」とキッドは書いていた。

EAR－ONS《イヤーオンズ》の地理的経歴と身体的特徴を考慮すれば、ぴったり合う容疑者はトム・ハンクスになると指摘しながら、容疑者の評価には手がかかると彼は後に指摘していた（トム・ハンクスについてはTVドラマ『Bosom Buddies』の撮影スケジュールのみで容疑者からは外すことができることを、ここに強調しておく）。

去年の春、家族と一緒に休暇でフロリダを訪れた際、私はコーヒーショップでキッドに会う約束をしていた。彼は薄茶色い髪をしたきちんとした身なりの魅力的な男性で、はきはきと話す人だった。全体的に見れば、自分とは何も関係ない未解決事件のデータを熱狂的に収集しそうな人にはとても見えなかった。彼はコーヒーは飲まず、キャメルライトをひっきりなしに吸っていた。私たちはカリフォルニアと映画界について少し話をした。彼のお気に入りの映画である、ヴィム・ヴェンダース監督の『夢の涯てまでも』のディクレターズカットを見るためにだけに、ロサンゼルスに行ったことがあるそうだ。

お互いに共通している事件への執着についていろいろ話した。一連の未解決事件はとても複雑で、誰かに理解してもらうことはとても難しい。そんなとき、内容を簡潔に伝えられる人物に会うと、私はいつもほっとするのだ。私たちは二人とも、自らが没頭しているものごとについて少し戸惑っていて、自意識過剰だった。最近開かれた結婚披露宴でも、キッドが新郎の母親と話をしていると、新郎が昔からの友人であるキッドの話を遮《さえぎ》って割り込み、「母さんに大好きなシリアルキラーのことを教えてやれよ!」と促されたそうだ。

私がいつも考えているのは、人間に飼育されている動物は、与えられるよりも、自ら獲物を探すことを求めると示す実験だと彼に言った。探し求めることは、ドーパミンを放出するためのレバー。われわれの一心不乱な追跡が、踏みつけられた花壇、網戸に残ったひっかき傷、いたずら電話などの強迫行動の意味をどれだけ正確に映し出しているのかという不安については、彼に話さなかった。

サンタバーバラ郡保安官事務所の捜査官ジェフ・クラパキスが何気なく言ったひと言で、ようやく自分が未解決事件に魅了されることについて、少しはましな気分になることができた。オフィスの奥にある、古いファイルホルダーとプラスチックのゴミ箱に溢れたEAR－ONS《イヤーオンズ》の「戦争部屋」で、彼と彼の同僚と一緒に座っていたときのことだ。彼の右肩の向こうにはポスターぐらいの大きさの、ゴリータ地区を写したグーグルアースの地図が貼ってあった。多重殺人事件が発生した場所にはマークがしてあって、それは九ヶ月間に起きた二件の事件だったのだが、わずか一キロしか離れていなかった。地図の真ん中をサンノゼ川がカーブしながら流れていて、ドレープのような大きな木々がEAR－ONS《イヤーオンズ》の隠れ蓑になっていた。

警察を引退したにもかかわらず事件を調べている理由をクラパキスに尋ねた。彼は肩をすくめた。

「俺はパズルが好きだからね」

自らの調査を目にするかもしれない捜査官に宛てて短いメモを記したキッドも、同じような心境になっていたようだ。彼は三人称を使いながら、自身の興味の行く先について「簡単には説明できないが、シンプルな答えがあるはずの大きな疑問であり、その疑問を彼はどうしても知りたいのだ」と書いていた。

キッドは最終的に、自身が「マスターリスト」と呼ぶ大作を私に見せてくれた。百十八ページにも及ぶ文書に、二千人の男性の名前と、誕生日、住所履歴、犯罪歴、そして可能なときは写真まで加えた情報が記されていた。彼の徹底ぶりに——なにせ目次までついていたのだから——私は呆然としてしまった。数名の男性の名前の下には注記があり（「熱心なサイクリング愛好者」とか「親戚：ボニー」だとか）、それは、もちろん私たちだって理解はしていたが、最後に活動していたのがレーガン大統領の時代だった、すでに死亡しているかもしれないシリアルキラーの情報としては、あまりにもやりすぎで、無意味なように思えた。

「いつかはこの事件から離れて、自分の人生を歩いていかなくちゃいけないことはわかっているんです」とキッドは私宛のメールに書いていた。「皮肉なことに、僕が時間とお金をこの非常識な試み（そしてほとんどの人にとっては意味不明の試み）につぎ込めばつぎ込むほど、このとんでもない野郎を特定して自分の投資を正当化できるのではと考え、やめられなくなるんですよね」

掲示板の住人たちが執心している探偵ごっことその努力をすべての人が称賛するわけではない。最近、警官に憧れる屈折した哀れな妄想を持つやつらだという暴言を吐くために、とあるアジテーターが掲示板にやってきた。彼はそんな人びとを、レイプと殺人に対して不健康な好奇心を持つ、未熟なお節介野郎たちだと糾弾した。

「妄想捜査官」と彼は書いた。

このときまでに私は、そんな妄想捜査官の一人がこの問題をきっと解決するだろうと確信していたのだけれど。

［注3］この事件は二〇〇四年に承認されたカリフォルニア州の提案六九号に影響を与えた。この州法では、すべての重罪人と特定の罪（性犯罪、殺人、放火）に問われた成人と未成年からのDNAの採取を義務づけている。デイナポイントで殺害されたキース・ハリントンの兄のブルースがキャンペーンに二〇〇万ドルほどの資金を提供した。

二〇一一年　イーストサクラメント

彼らが目撃したもの：

家の裏の原っぱで光っていたヘッドライト（車が停車しているのは不自然な場所）。午前三時、白いシャツを着て、暗い色のズボンを穿《は》き、近隣の家のフェンスの穴をくぐり抜けてドアをこじ開けた男。寝室の窓を照らした懐中電灯の光。排水路から出てきて、隣の家の裏庭に忍び込んだ男。閉めたばかりなのに開いているゲート。青いカジュアルなスーツを着た黒髪の男性が道を隔てた場所の木の下に立っていて、こちらを見ている姿。庭に残ったミステリアスな足跡。藪《やぶ》から出てきて、自転車に飛び乗った男。寝室をくまなく照らす懐中電灯の光。家のそばを走って、プランターの後ろに隠れた、茶色いコーデュロイのズボンとテニスシューズをはいた男の下半身。人口調査が行われていない年だというのにやってきて、家族が何人住んでいるかを聞きたがる人口調査員。近所の住人で三十四歳の男性が、夜中の二時に手足を縛られた下着姿で転がるように家から出てきて、助けを呼んでいる姿。

彼らが聞いたもの：

吠える犬の声。溶岩の小道から聞こえた大きな足音。誰かが網戸を切っている音。エアコンに誰かがぶつかった音。ガラスの引き戸を触る音。家の横を爪でひっかく音。助けてという声。

揉《も》み合う音。銃声。女性の長い悲鳴。

それなのに誰一人として警察に通報しなかった。

警察はこれらの事後観察をのちに詳しく捜査している。周辺地域を訪ねて質問をすると、人びとは切られた網戸や壊されたポーチライトを警察官に見せる。警察による事件報告書を見ていると、私は最初、こういった地域住民の無関心が奇妙に思えたが、やがて夢中になった。イーストエリアの強姦魔がサクラメントをパニックに陥れているまさにそのとき、警察に報告されなかった疑わしい動きが発生していたのだ。

「男はありとあらゆる場所を定期的にうろついていたんですよね。なぜ誰も通報しなかったんでしょう?」と私はサクラメント郡保安官事務所のリチャード・シェルビーに聞いた。シェルビーはプレイサー郡に住む七十代中盤の元警察官らしい、武骨な印象だった(「私たちはガソリンをジェリー缶に保管するような田舎に住んでいた」と彼は教えてくれた)。背が高く、用心深い人だった。コメディアンのW・C・フィールズに似た丸い鼻をしていて、もちろん左手の薬指が半分欠損していた。その怪我のせいで警察官にはなれないと言われた。でも、彼には優しい一面もあった。着用しているライトブルーのシャツと、ほとんど聞こえないぐらいの小さな声。ランチを食べた場所でウェイトレスが、レモネードが売り切れてしまったと言ったとき、彼は怒るでもなく微笑んで、柔らかな声で「それじゃあ、アイスティで」と静かに言った。サクラメント郡保安官事務所で不動のキャリアを築いたシェルビーは事件の初期、一九七六年の秋から捜査に参加していた。

そしてサクラメントの連続強姦犯とＥＡＲ《イヤー》を結びつけた人びとのなかの一人だった。「通報ってなにを？」とシェルビーは私にジョークを言った。「夜だよ。男は全身黒ずくめだった。生け垣のそばをコソコソと歩いていた。何が見えたと思う？」

「いいえ、警察の個別訪問のときに出た話ですよ。周辺地域の人が見たことや聞いたことです」と私は言った。一九七六年九月一日、ランチョ・コルドバのマラガ通りとエルカプリス通り周辺で、三回目のレイプ事件の後に残された聞き込みに関するメモが私を悩ませていた。叫び声を聞いたと証言する地域住民は何人かいたが、外を見ることはなかったというのだ。

一九七七年一月、アメリカ川の南側に住む、最近強盗に遭ったばかりの人物が、若い男が家の窓から中を覗き見ているのを目撃した。彼が咳払いをして見ているぞと知らせると、男は走り去った。その行動はほとんど礼儀正しいほどだった。一週間後、一ブロック離れた場所に住む二十五歳の女性が十一人目の被害者となった。彼女は妊娠五ヶ月だった。

警察に通報することへの躊躇《ちゅうちょ》は、七〇年代を象徴する姿勢なのかもしれませんねと、私はシェルビーに言った。ベトナム戦争後の社会の不安定さなどを例にひいて言ってみたのだが、シェルビーは首を振った。何も答えなかったが、それが理由ではなかったようだ。彼にとって、周辺住民の受け身な姿勢は、住民を悩ませた事件で起きた失態の一つに過ぎなかった。くだらない駆け引きに気をとられている上司から、シェルビーが犯してしまった致命的な失敗まで、多くの間違いが起きた。シェルビーは通信司令官からの指示により、生け垣に隠してあったバッグのなかに、懐中電灯、スキーマスク、手袋が入っているのを見つけたと通報した家に向かい、「それは捨ててください」と指示を出したのだ。

いまシェルビーはサクラメントから四八キロほど北に住んでいるが、その場所では、彼曰く、「農夫がやるようなことをやっているよ」ということだ。しかし、私たちがランチの待ち合わせをしたのは、三十六年前に彼がパトロールした川沿いの曲がりくねった道や、ダッシュボードの明かりを消して、ラジオのぶつぶつと途切れる音だけを頼りに正しい方向に曲がることを祈りながら進んだ地域だ。ヘッドライトの明かりがスキーマスクをかぶった一八〇センチぐらいの若い男を照らすことを期待していた、彼がかつて精力的に活躍していたその土地だった。シェルビーはそのキャリアのなかで、イーストエリアの強姦魔のような犯罪者とは二度と絡むことはなかった。警察は男が被害者から盗んだものを、その家の屋根で発見し続けた。理由はわからないが、男は盗んだものを屋根の上に投げていたらしい。そして、屋根の上で鳴った奇妙な音に関する通報が増えた時点で、盗まれたアイテムは屋根の上に投げたものではなく、男のポケットから落ちたものなのではとシェルビーは気づいた。男は屋根によじ登っていたのだ。

シェルビーは、何か辛辣《しんらつ》なことを言う前には目をそらしてしまうような、そんな人だ。表情の下には優しさが揺れ動いている。ランチの場所を選んだのは彼だったが、この地域は彼にとっていつも敵の足音に邪魔されてきた場所なのだ。彼の言う「あの反社会的な野郎」とは、覗き見が好きな嘘つきのことだ。シェルビーは、ノースウッド通りの街路樹の下に山積みになったたばこの吸い殻と、ジグザグに残った靴の跡を見つけたことがある。漠然とした目撃情報は他にもあったが、通報されることはなかった。

「やつがとても賢かったという人がいるけれど」とシェルビーは言って目をそらした。「常に賢い存在でいる必要がなかったというのが真実だ」

「ロサンゼルスマガジン」に売り込んだEAR《イヤー》−ONS《オンズ》に関する記事を取材しはじめたばかりの頃、私は四千ページにも及ぶ警察の古い捜査資料の入ったフラッシュドライブを手に入れることができた。とても古くさい方法で。互いが相手を本当に信頼していないときの方法で、腕を組み、睨み合ったまま、同時に隠し球を相手に渡すというやり方だ。私は、南カリフォルニアで発生した殺人事件につながる、直接の関係はないが重要な人物との二時間にわたるインタビューが録画されたDVDを持っていた。私は迷いなくそれを手放した。家にコピーがあったからだ。

こういった裏取引は、顔のないシリアルキラーへの執着から発生した密かな同盟関係として、私たちの間ではよく知られていた。オンライン探偵、引退した捜査官、そして活躍中の捜査官――誰もがそれをやっていた。私も「交換」という件名のメールを何通も受け取ったことがある。彼らもそうだったと思うけれど、私が、私だけが、誰もが見つけられないものを見つけられると信じていた。そのためには、すべてを見る必要があったのだ。

ホテルに戻りラップトップにフラッシュメモリを差し込むのが待ち切れなかった。信号で停まるたび、バックパックの一番上のポケットを触って、そこに小さな長方形のものがちゃんと入っているか確認した。私はダウンタウンのJストリートにあるシチズンホテルに宿泊していた。ウェブ上で見た、格子の入った窓とからし色をしたストライプ柄の壁紙が気に入ったのだ。チェックインカウンターの壁に本棚が埋め込まれていた。フロントデスクは朱色に塗られていた。

チェックインのとき、「このホテルのコンセプトって何なんですか？」と、私はフロントデスクの係員に聞いてみた。

「法律図書館が娼家に出会ったって感じでしょうか」と彼は言った。

後になって、このホテルを建てたジョージ・セロンは、サンクエンティン州立刑務所を設計していたことを知った。

いったん部屋に入ると、私は急いで着心地のよいホテルの白いバスローブに着替えた。窓のシェードを下げて、電話の電源を切った。クマのグミをコップの中に空け、ラップトップを前にしてベッドの上にあぐらをかいて座る自分のすぐ横に置いた。

私の目の前に広がっているのは、この先二十四時間の、邪魔や集中を乱すものがない、まさに貴重なひと時だ――洗ってほしいと絵の具にまみれた小さな手が伸びてきたり、お腹が空いて頭がいっぱいになっている夫がキッチンに入ってきて、ディナーについて聞いたりしない。私はフラッシュメモリをラップトップに滑り込ませた。頭の中は、メールを分類ごとに並びかえるモードになっていた。人差し指を下向き矢印のキーに置き、ゆっくりと読みはじめた。

警察の調査報告書はまるでロボットが読み上げる物語のようだ。簡潔で、細かく区切られていて、意見や感情の入る余地はない。最初はその乏しさが私の心を捕えた。必要ない事件の詳細が消されることで、彼の名が光を帯びるのだと信じていた。私は判断を誤ったのだ。報告書の簡潔なフォーマットはむしろ真実から目をそらさせる。次々と重なり積もっていくと、最も歯切れのよい事件の詳細でさえもが、識別不能な塊へと姿を変えはじめる。その塊からいくらかの瞬間が切り取られ、めったに目にすることのない強い感情の揺れに私は出合うことになる。三十八歳の母が暗闇のなか、腫れた手首を拘束する紐を切ろうと息子のおもちゃののこぎりで切ない努力をしたこと。レイプ魔が部屋を去ったあと、かわいがっていた犬に「おばかさんだね、なんで助けてくれなかったの？」と話しかけた、ベッドに縛られた十三歳の少女。犬は鼻で少女を軽く押した。彼女は、寝ていいよと話しかけ、犬はそうした。

何時間もの時が消えた。クマのグミはすべてなくなった。私の滞在している部屋は十階で、結婚式の披露宴が開かれていたテントの真上だった。廊下を歩いていると、緑のパステルカラーのドレスを着た花嫁付き添いの女性たちが集合写真のためにポーズをとっていて、私は身体を横にして歩き写真に入らないようにした。今は、音楽がはじまっている。とても大きな音だ。私は電話の受話器を持って、フロントにかけた。私が何を言ったかって？「喜びを抑えろ」とでも？私は受話器を置いた。本当のことを言えば、甘いものが食べたかったし、お腹が空いていたし、自動車局の受付係の死人のような声でナレーションされた、五十章からなるホラーストーリーを、暗闇でたった一人で聞きすぎて、イライラしていたのだ。両目はディスプレイの光でチカチカし、まるで飛行機内のトイレで一気に吸い込まれたように水分を失っていた。私の気持ちにクール・アンド・ザ・ギャングの『セレブレーション』は、BGMとしてぴったりとは言いがたかった。

カリフォルニア北端のセントラルバレーに位置するサクラメントの町は、サクラメント川とアメリカ川の合流地点で、排水を考えて設計された。山々から流れてくる、あるいは雨として降る過剰な水は、カリフォルニアデルタの下流に流れて、海に辿りつく。私がこのことを知っているのは、排水路とセメントで固められた用水路が、警察の事件報告書に頻繁に出てくるからだ。最初からはっきりしていたことだが、足跡、証拠、疑わしき目撃情報、そして実際に被害者を一名殺害していることから、イーストエリアの強姦魔はまるで地下の生きもののようにこの進路を移動して、暗くなるまで地中に姿を隠していた。『大アマゾンの半魚人』の印象深いシーンを思い出した。美しい女優のジュリー・アダムス演じる海洋生物学者のケイが、調査船から黒い池に飛び込むと、人間にそっくりの恐ろしい姿をした生きものが、水中で絡まった海藻の間から彼女の真下にこっそりやってきて、彼女の動きを真似、うっとりするのだ。彼女がその生きものの姿に気づき、パニックになって大慌てで逃げ出す様子を観客は待つのだが、生きものがうろこに覆われた水かきで彼女の足をさっと撫でた瞬間、彼女は足を引き、ぎょっとしただけで、その存在に気づくことはなかった。

イーストエリアの強姦魔は個人をストーキングしたが、警察の事件報告書を読めば、彼が周辺地域までもストーキングしていたことは明らかだった。多くの場合、サクラメント地区に広がる用水路や排水路で構成される地下迷路を縦横無尽に移動していた。男は緑豊かな地域――田畑や公園――に近い場所に建つ平屋を好み、たいてい角から二軒目の家を狙った。襲撃の前には、被害者宅の近所でのうろつきや、不法侵入などの証拠が残されている。些細《ささい》なもの、安価なもの、ときには個人的なアイテムが盗まれた。襲撃の直前には、被害者宅から半径四ブロックから五ブロックの地域で、突如として無言電話がかかりはじめる。男は事前調査をしていたのだ。人びとを分析し、いつ家にいるのかを学んでいた。男の手法は、まずは地域を選び出し、被害者候補を五人ほどに絞り、そしてたぶん優先順位までつけていた。男は選択肢を最大にして、準備を重ねた。この方法であれば、ミッションを行う夜が来たとき、不測の事態が生じても衝動が満たされないことはなかった。

つまりそれは、スケジュールを変更したことで、あるいはただ幸運だっただけで被害者にならずに済んだ女性が存在するという意味だ。しかし、化けものの強迫観念が池の中で美しい足に触れたように、彼女らも、体に撫でつけられた得体の知れない何かを感じ取っていた。

わずか五行か六行の割り当てしかない戸別訪問報告書でも、近隣住民はまるで俳句のように簡潔に時間や場所を証言している。いわく、ディスコの帰りだとか、『大地震』〔一九七四年公開のスリラー映画〕と『エアポート'77／バミューダからの脱出』〔一九七七年公開のパニック映画〕の二本立てをドライブインで見た帰りだとか、ジムの帰りだとか。女性物でサイズ5のジャケットが二枚なくなっていて、一枚は茶色いスエードで、もう一枚はレザーだったこと。女の子が「ウルフマン・ジャック」に似た怪しい男を見たこと。訪問販売――スプリンクラー、ブラシ、個人写真、ペンキ塗り――が全盛期だったこの時代、家を訪れる人はひっきりなしだった。とある地域では、ほぼ全員が朝の五時には出勤するという共通点があった。新型の〝ピカピカ〟の車にこだわる人たちだった。別の地域では、アメリカ川の北側の地域の場合が多かったが、家にいて警察の質問に答える人は、住み込みのベビーシッターである場合が多かった。この地域に住む人たちは、「汚い」車、車体にくぼみがある車、「おんぼろ」あるいは「見た目が悪い」車が怪しいと証言している。

一九七七年四月、少年が妹を肩車していた。いつもより高い、見晴らしのいい場所から見た彼女の視界に、突然、近所の家の庭をうろつく不審者の姿が入ってきた。白人男性で黒い服を着て、藪の中にしゃがみ込んでいた。見られたことに気づいた不審者は走りだし、フェンスをいくつか越えて逃げていった。一ヶ月後、その家の住人で若いウェイトレスの女性が朝の四時に「何か聞こえたわ。何か聞こえたんだって」と言って夫を起こした。寝室の入り口を誰かが懐中電灯で照らしていた。EAR《イヤー》に殺すと脅されたときは本当にそうされるだろうと思い、暗闇のなかで手足を縛られ横たわりながら、銃弾に体を貫かれるのはどんな感覚なのだろうと考えたと、彼女は後になって警察に語っている。

＊

サクラメント郡で作成された報告書をすべて読むと、連続レイプ犯が野放しになっていることに対して社会がどういう反応を示していたかを辿ることができる。最初の十回の事件までは、ほとんど関心は寄せられていなかった。しかしメディアが事件を報じはじめると、噂話や疑心暗鬼が湧き起こった。襲撃がはじまって一年が経過した頃には、男に懐中電灯で起こされた被害者は、「ああどうしよう！　やつが来た！」と考えたと証言するようになる。彼女たちは男に対して、同じように振る舞った。例えば、イーストエリアの強姦魔について耳にした噂に基づいて、怯《おび》えながら対処したのだ。なぜなら、被害者が恐怖に震えるのを男は好むと聞いていたから、そうすれば少しは身の安全を保てるかもと考えたのだろう。無関心だった近隣住民が、要塞を築くような気持ちに変わっていった。何かを目撃し、ドアの鍵をかけ、電気を消し、そして寝室に引っ込み、男が来ないことを願った。「恐ろしかったんです」と女性の一人は認めている。それでは、なぜ警察に通報しなかったのだろうか？　私の頭の中は「もし、通報していたら」という想像でざわめいた。

通報をしなかった人たちは近隣住民のことを考えてはいなかったが、男はちがった。男にとっての醍醐味は、そういった人びとを点と点で結ぶパズルゲームにあったと私は確信している。男は最初の被害者からたばこのウィンストンを二箱盗み、それを四番目の被害者の家の前に放置した。二週間前に被害者宅から盗まれた安物のジュエリーは、五人目の被害者の家に置き去りにされた。二十一人目の被害者は大声を出せば聞こえるほど水処理施設の近くに住んでいたが、そこで働いていた、一三キロ先に住む女性が次の被害者となった。被害者宅から盗まれた薬や銃弾は、近所の家の庭から発見されている。被害者の一部は名字が同じだったり、職業が同じだったった。

それはパワープレーであり、至るところに出没できるというサインだった。俺はどこにもいないし、そしてありとあらゆる場所にいる。近隣住民の間には何の共通点もないと思うのかもしれないが、共通点はあるんだよ。俺だ。俺はめったに目撃されない、黒髪であり、金髪であり、がっちりしていて、華奢で、後ろ姿を目撃され、薄明かりの下にいる人間だが、互いを知らないおまえたちを結びつけることができるんだよ。

私は不機嫌なままサクラメントを去った。よく眠ることができなかった。ホテルを出ようとしたら、二日酔いの披露宴客がドアの前にたむろして、混雑していた。空港では、今まで何かに没頭しすぎて見落としていた巨大な赤いうさぎの彫刻の横を通り過ぎることになった。いままでどうやって気づかずに過ごしてきたんだろう。全長一七メートル、四五三〇キロのアルミニウムのうさぎがケーブルで縛られ、手荷物受取所に向かってダイブしているように見える。私は飛行機に搭乗する待ち時間にiPhoneで「サクラメント空港のうさぎ」を検索してみた。AP通信の記事によると、アーティストのローレンス・アルジェントが新しいターミナルのアイコンとなる作品の製作を依頼され、二〇一一年十月に披露されたそうだ。

「外からやってきた何かが、建物の中に飛び込むというアイデアでちょっと遊んでみたかったんです」とアルジェントは語っていた。

カフスボタン　最終章

［原著編集者より：以降の項はミシェルの記事『殺人者の足跡』の初期ドラフトからの抜粋である］

カフスボタンを注文した翌日、私はキッドに電話し、翌日にはカフスボタンが届くと伝えた。

「私書箱宛てだよな？」とキッドが聞いた。いいえ、ちがうと私は認めた。馬鹿げたシナリオが心によぎった。EAR-ONS《イヤーオンズ》がたまたま働くその店で、彼はカフスボタンを売っている。顧客のアドレスを入力する。翌日到着便を指定し、八ドルのカフスボタンに四〇ドルも払う客を怪しく思うにちがいない。

最善の策は、それをEAR-ONS《イヤーオンズ》の捜査官たちに渡すことだとわかっていた。私がこうしたイニシアチブをとることで彼らを立腹させてしまうのは一種のリスクだ。偶然ではあったが、オレンジ郡のラリー・プール捜査官とのはじめてのインタビューをアポ取りしたばかりだった。インタビューがうまくいったら、私は事の成り行きを説明して、あの小さな金色のカフスボタンを彼らの四角いジップロックバッグに入れようと心に決めていた。

問題は、すべての捜査官のなかでもラリー・プールと会うことは、私にとって最も緊張を強いられる時間になりそうなことだった。彼は近づきがたく、よそよそしい人物だと言われていた。彼が十四年間にわたってこの事件を追っていることを私は知っていた。犠牲者であるキース・ハリントンの弁護士の兄ブルースとともに、カリフォルニア州の住民提案六九号――『DNA指紋、未解決犯罪、無罪保護法』(DNA Fingerprint, Unsolved Crime and Innocence Protection Act)で、二〇〇四年に構築された犯罪者DNAデータベース――の可決に彼は尽力した。現在、カリフォルニア州法務局の持つDNAデータバンクは国内最大である。

プールとハリントンは、DNAデータベースを拡張すれば、当然EAR-ONS《イヤーオンズ》も捕らえられるものと思っていた。それが実現しなかったときの落胆は、私にはそれとなくしか言わなかったが、激しいものだったはずだ。ラリー・プールという人は、壁にEAR-ONS《イヤーオンズ》の情報をびっしり貼り付けた暗い部屋に閉じこもる、鋼のように強い、感情を表に出さない冷静な警官だと想像していた。

銀縁の眼鏡をかけ、赤いチェックのシャツを着た、快活だけれど、どこか改まった雰囲気の男性が、オレンジ郡コンピューター・フォレンジック〔コンピューター犯罪に関する科学捜査のこと〕研究所のロビーで私を出迎えてくれた。彼はその日、研究室の担当警官で、同僚が時折部屋に頭を突っ込んできて何か言うと、歯切れよく「了解」と答えた。

私は彼のことを思慮に富んだ慎重な話者であり、ストイックな表情が洞察力のある優しさを隠しているような人物だと考えた。コントラコスタのラリー・クロンプトン捜査官に会ったときには、もうすでに引退した彼が自らの過失を個人的に解決しようとしていることがすぐにわかった。クロンプトンは夜も眠れないと告白し、自分自身に「俺は何を見落としたんだ?」と常に問うていると言っていた。

プールからはそのような苦悩が見えなかった。最初はそれをうぬぼれなのかと思ったが、あとになってそれは希望なのだと私は気づいた。彼はまだ諦めていないのだ。

私たちは会話を切り上げようとしていた。話をしていて、彼が手順を尊重する人だと確信したので、カフスボタンの件は喜ばないだろうと考えた。でも、会話の最後の最後で、私は陥落してしまった。自分でも理由がわからない。私は早口でしゃべりながら、バックパックの中に手を突っ込んでガサガサと音を立てた。プールは私の話を聞いていたけれど、表情には何の変化もなかった。私は会議室の机の上にカフスボタンを置いて、彼のほうに押しやった。彼は袋を手に取って、注意深く観察した。

「私に？」と彼は無表情で言った。

「ええ」と、私は答えた。

彼はほんの少しだけ微笑んだ。

そして、「君って最高だよ」と言ってくれた。

故郷ロサンゼルスに戻るまでに、プールは盗難被害者を見つけ出し、カフスボタンの高解像度写真をメールで送ってくれていた。カフスボタンは元々、すでに死去している家族の持ち物で、盗まれる少し前に被害者が手に入れていたものだった。それは盗まれたカフスボタンのように**見えたが**、被害者はそれを単に「そうあってほしい」と思っているだけかもしれないと慎重だった。被害者は、その装飾品により詳しい別の家族に連絡をとった。数日後、プールが電話で私に報告してくれた。盗まれたものと同じカフスボタンではなかった。

私は落胆した。プールは平然としているように見えた。「昔みたいに興奮しなくなったんですよ」と彼は以前私に言っていた。EAR《イヤー》（イーストエリアの強姦魔）とONS《オンズ》（オリジナル・ナイトストーカー）のDNAが一致した衝撃がまだ生々しかった十年前、彼はすべての捜査資源を自由にできる立場だった。オレンジ郡保安官事務所のヘリコプターが容疑者のDNA鑑定用綿棒を取りにいくためだけにサンタバーバラへ飛んだことさえある。プールは死体を掘り起こすためにボルティモアにも行っている。これは9・11発生前のことで、容疑者の体の一部が機内に持ち込んだ手荷物の中に入っていたことを思い出すという。

結局、未解決事件の捜査財源は底をつき、捜査官たちは転属させられた。そしてプールは事件の新展開のすべてに感情を揺り動かされなくなってしまった。プールの机に張り出されたＥＡＲ《イヤー》－ＯＮＳ《オンズ》の合成写真でさえ、事務的で味気ない――スキーマスクをかぶった容疑者の顔であった。「この写真に価値があると思います？」とプールは言った。「ないですよ。でも、男がこんな見た目だったことはわかっているんです」

彼は市民から送られてくるヒントを書き記したメールの束を見せてくれた。その中の一枚には、男性の運転免許証に掲載された写真のコピーと「こいつがＥＡＲ《イヤー》－ＯＮＳ《オンズ》です」と文字が書かれていた（その男性は容疑者としては若すぎる）。

数年間で八千人の容疑者が尋問されたとプールは見積もっている。数百人がＤＮＡ検査をされた。最初の解析の品質に警察が納得できなかったために、州南部の一人の容疑者については、ＤＮＡテストが二回も行われた。プールが特に興味を抱いた容疑者に巡り会ったときでも、素っ気ない反応はいつも同じだ。

「こいつも除外しなくちゃ」

長年の徒労感からか遠慮がちなプールの態度にもかかわらず、事件に関してプールが楽観的になってもよい理由があった。実際のところ、ＥＡＲ《イヤー》－ＯＮＳ《オンズ》のミステリーに関して喜び、そして落胆を繰り返してきた人たちはみな、振り子はいま上向きに揺れていると考えていたからだ。

二〇二一年 ロサンゼルス

私はパニック状態だった。ここ数年間主催してきた感謝祭のパーティで、毎年十人以上の大人と十歳以下の四人の子どもをもてなしていた。七千文字の原稿の締め切りは火曜日だった。数日前、私は短くて率直なお願いを書いたSOSメールを夫に出していた。「夕食用のパン。バター」。感謝祭にはいつも生まれ育った中西部を思い出し、ノスタルジックな気分になる。その日は晴れていて、珍しく爽やかな日だった。カリフォルニアの秋の午後は、友人のグレーのカーディガン、口いっぱいのパンプキンパイ、裏庭に流れるNFLの実況中継に集中することさえできれば、なんとかなる。ブーゲンビリアや裏庭のイスにかけられた水に濡れた水着を忘れることができる。季節が実際に変化する場所に住む自分を想像できる。私は本来の私ではなかったけれど。だから、イライラとしていた。夫のパットンが小さな七面鳥を買ってきてしまったことに、必要以上に腹を立てていた。テーブルについて、何に感謝すべきか話したとき、私はこれが休暇なのだということを忘れ、目を閉じ、願い事をしてしまった。夕食が終わると子どもたちはカウチに重なるようにして座り、『オズの魔法使い』を見はじめた。私は部屋から出た。小さな子どもは感情的なものだが、私は自分の感情を抑えつける必要があったからだ。

あの土曜日はパットンがアリスを連れて家を空けていて、私は二階の自分のオフィスに閉じこもって、本腰を入れて原稿を見直し、そして書いていた。午後の四時頃、玄関のドアベルが鳴った。わが家には宅配の荷物が山ほど届くのだけれど、この日、私はすでに何度もサインして荷物を受け取っていた。また邪魔が入ったことに私は苛ついていた。いつもだったら、念のため寝室の窓まで行って外を見て、フェデックスの配達人の背中と、彼の後ろで閉まるわが家の門扉を確認するのだ。

なぜこのときに限って席を立ったのかはわからないけれど、私はカーブを描く階段を数段降りて、「どなたですか?」と声をかけた。返事はなかった。寝室の窓まで行き、外を確認した。ピンクのシャツを着てネクタイを締めた、細身で、若いアフリカ系アメリカ人の男性が私の家から去っていくところだった。私は彼が十代の若者だという強い確信があった。彼の横顔を少しだけ見たのだ。雑誌を売り歩いているのかもしれないと思い、カーテンを閉めた。私は仕事に戻り、その後それについては考えなかった。

四十五分後、私は立ち上がり、車のキーを摑んだ。近所のお気に入りのレストランで、パットンとアリスと落ち合って、夕食を食べる約束をしていたのだ。ドアの施錠を確認し、道路に停めてあった車に向かって歩いていった。玄関前のアプローチを半分ほど進んだとき、私の視界の左側に、隣の家の玄関前を、こちらに背中を向けながらとてもゆっくり歩いている若い男性の姿が見えた。

彼の動きがそこまで奇妙でなかったら、気づかなかったかもしれない。彼は、こちらに気づくと、完全に動きを止めた。わが家のドアベルを鳴らした青年とは別の男性だったが、やはり若いアフリカ系アメリカ人で、よく似たパステルブルーのシャツにネクタイを締めていた。彼は動きを止めたまま、首をほんのわずかだけ私のいる方向にねじった。私はそれ以上進むのをためらった。十代の若者が雑誌を売り歩いているのかと考え、彼は私が買ってくれるかどうか、推し量っているのかもと思った。でも、状況はそれよりずっと奇妙であることはわかっていた。彼の様子はとてもおかしかった。私は車に乗り込んでその場を走り去りながら電話を手に取り、警察に通報しようとした。9を押して、そして1を押した。でも、通報して何を言うっていうの？怪しい黒人の若者がいたって？人種差別的な気がしたし、過剰に反応しているように思えた。私は電話をキャンセルした。彼らが悪いことをしていたわけじゃない。それでも、私はブレーキを踏み、ハンドルを左に切って急いでUターンすると自宅に戻った。どちらの少年もそこにはいなかった。夕暮れどきで、あまりよく見えなかったのだけれど。彼らは別の家のドアベルを鳴らし、雑誌の宣伝をしはじめ、そして家の中に招き入れられたのだろうと考えた。私はレストランに向かった。

その翌日の夜、私が二階にいるとドアベルが鳴り、パットンが玄関で誰かを迎えている音が聞こえた。「ミシェル！」とパットンが私を呼んだ。階下に降りた。隣人のトニーが立っていた。

二年半前に私たちがこの家を購入したとき、最初に会った隣人がトニーだった。まだ入居前で、私は施工を請け負っていた人物と建物の中にいて、リノベーションについて話をしていた。そこに四十代のハンサムな男性がやってきて玄関から家の中を覗き、挨拶してくれたのだ。私の記憶では彼はゴージャスで、少し控えめな人だった。前の家のオーナーが引きこもりがちな人だったから、トニーは家の中を見たことがなかったという。彼は好奇心でいっぱいだった。私はどうぞ、家を見ていってくださいと答えた。彼の社交的なふるまいを見て、新天地で暮らしはじめる誰もが抱くような想像力を膨らませた私は、彼とはいずれ友達になるだろうと考えた。離婚したばかりの彼は、地元のカトリック系の女子校に通う十代の娘と同居する予定だと教えてくれた。彼はわが家の隣の家を借りていた。

常に友好な関係は築けていたものの、私たちは本当の意味で友情を育むことはできなかった。私たちは互いに気づけば手を振り、簡単な会話を交わした。引っ越したばかりのときには、パットンと二人で、ご近所さんを招いて裏庭で何かしようと話していた。それには前向きだった。二人で話はしていたのだけれど、結局中止になってしまった。家は常にどこか直している状態だったし、私たちのどちらかが家を空けていた。それでも、アリスのボールがトニーの家の裏庭に入ってしまったときは、彼も彼の娘もいつも親切にボールを投げ返してくれた。私が彼らの家の前の縁石で母鳥のいない子鳩を見つけ、籐のかごと葉っぱで巣を作って枝にぶら下げると、トニーが家から出てきて私に笑いかけた。「君は優しい人だね」と彼は言ってくれた。彼はいい人だった。しかし私たちの交流は、犬の散歩であったり、小さな子どもの喧嘩があるときなど限られた場合のみで、つかず離れずといった状態だった。

私の二階のオフィスは彼らの家が見渡せる位置にあり、たった五メートルほどしか離れていなかった。私はトニーとその娘さんの生活リズムに慣れていった。夕方に玄関が閉まる音、声の美しい娘さんが歌いはじめること。あなたの声って美しいわといつも言おうとして、忘れてしまっていた。

そんなトニーがわが家の玄関にやってきたのは、彼らが昨日泥棒に入られたと私たちに伝えるためだった。

「私、それ知ってると思う」と言って、私はリビングのカウチに座るよう彼に促した。ドアベルが鳴ったこと、それに応えなかったこと、そして私が目撃したことを伝えた。トニーは頷いて、向かいに住む年配のカップルが、同じ少年たちがトニーの家からバッグを運び出す様子を目撃したのだと教えてくれた。少年らはキッチンの窓から侵入し、家の中を荒らし回った。警察によると、これはこそ泥のチームが、休暇や週末によく使う手口らしい。ドアベルを鳴らして、家に人がいるかどうか確かめるそうだ。返答がなかったら、侵入する。

「iPadとパソコンだけだったんだけどね」とトニーは言った。「でも、娘がもし一人で家にいたらって考えてしまうんだ。何が起きていたのかってね」

「娘」という言葉を口にした彼の声は震えていた。両目には涙が浮かんでいた。私もそうだった。

「大丈夫よ」と私は言った。「ひどい話だもの」私は手を伸ばして、彼の手に重ねた。

パットンが「ミシェルは事件を追う作家なんだ」と言うと、トニーは驚いたようだった。

「それは知らなかったなあ」

私たち三人は口々に言い合った。これから先は、お互いのことにもっと気を配りましょうと話し合った。街を出るときは、声を掛け合うことにした。もっとお互いのことを気にかける関係になろうと約束した。

その日の夜遅く、私はここ数日の出来事を頭の中でぐるぐると考えていた。私はリビングでトニーとの間に感じた親密さと、予想外のこみ上げてくる感情について思いを巡らせていたのだ。

「あたしたち、彼の名字さえ知らないのよ」と、私はパットンに言った。

＊

寝付きが悪く、怖い夢を見がちな娘のアリスとの間には、毎夜の儀式がある。眠りにつく前、彼女は私を寝室に呼び出す。

「夢を見たくないよ」と彼女は言う。私は彼女の茶色い髪を撫でながらおでこに手を当てて、その大きくて茶色い瞳を覗き込む。

「夢なんて見ないよ」と私は彼女に言う。はっきりとした、自信に満ちた声で。

彼女の体は緊張を解放し、そして眠りにつく。私は寝室をあとにしながら、約束通りになるといいなと願いながらも、こればかりはどうしようもないことなのだと思う。

私たちは、こうなのだ。誰もが、そう。いつも望み通りにはいかないのに、あなたを守るという善意の約束をしてしまう。

あなたを守る。

それなのに、叫び声が聞こえても、十代の若者が遊んでいるのだろうと決めつけてしまう。フェンスを跳び越えた青年は近道をしているだけ。夜中の三時の銃声は花火かそれとも車のバックファイヤー。驚いて、ベッドの上で起き上がる。あなたを待っているのは、冷たくて固い床、そして行く当てのない会話。そしてあなたは温かいまくらに倒れ込み、眠りに戻る。

サイレンの音で目覚めるのは、それからあとだ。

今日の午後、トニーが大きな白い犬を散歩させている姿を車のドアの近くから見た。私は鍵を探し、自分の用事を思い出しつつ、彼に手を振った。

トニーの名字を、私はまだ知らない。

二〇一三年　コントラコスタ郡

コンコード

カリフォルニア州コンコードの歴史は、サタンと誤解の連続である。伝説によると、一八〇五年にキリスト教信仰を強制されたアメリカ先住民を、スペイン兵が、現在はコンコード市となった柳の群生地近くの採石場に追いつめた。原住民たちは木々の密集地に姿を隠したが、兵士が捕まえようと突入すると、忽然と姿を消していた。恐れをなしたスペイン人兵士たちは、このモンテ・デル・ディアブロ――デビルの森――という地域を、「モンテ」の古い定義である「森」と大まかに訳して呼び名とした。その後に一般的な「山（mountain）」や「小山（mount）」とへ変わり、英語を話す入植者たちが、その名を近隣の、イーストベイの地を支配する標高一一七三メートルのマウント・ディアブロに移した。意味は悪魔の山だ。二〇〇九年、地元の男性アーサー・ミハレスが連邦政府に対して、山の名前をマウント・レーガンへ変更するよう申し立てた。悪魔という名が侮辱的だと考えたのだ。

「神を崇拝している普通の男ですよ」と彼はロサンゼルスタイムズに語った。ミハレスの願いは受け入れられなかったが、心配する必要はなかった。コンコード市はサンフランシスコから五〇キロほど東の場所にあり、その影響を大きく受けている。不吉な荒野が存在していたとしても、それはすべてブルドーザーで破壊され、今や熱心で愛想の良い小売業の拠点にとってかわられている。私のホテルの向かいには、オールドネイビー、ピア・ワン・インポーツ、そしてフドルッカーズといった、気になるほど客の少ないチェーン店とレストランが入ったウィローズショッピングセンターがあった。コンコード市について私が質問した誰もが、イーストベイにある地下鉄システムのバートの駅について言及した。「二〇分でバークレーまで行ける」と皆が口を揃えた。

コントラコスタ郡保安官事務所の捜査員ポール・ホールズと私は、朝の九時にホテルの前で会う約束をしていた。彼が迎えにきて、コントラコスタ郡の犯罪現場を見せてくれることになっていた。すでに気温は二五度を超えていて、イーストベイは猛暑の一日を迎えようとしていた。シルバーのトーラスが約束の時間ぴったりに到着した。鍛えられ、きちんとした服装に短いブロンドの髪をした、少し日に焼けた男性が車から降りて、私の名前を呼んだ。ホールズに会うのははじめてだ。最後に電話で話をしたとき、彼は明るい声で家族の一員となったゴールデンレトリバーの子犬が夜遅くまでうるさいのだと言っていた。目の前の彼は、今まで心配ごとなど一つもなかったかのような雰囲気で、四十代半ばの穏やかで大らかな顔つきをした体育会系の男性だった。温かく微笑みながら歩いてきて、私の手をしっかりと握った。私たちはここから八時間、レイプと殺人について語り合うことになる。

ホールズは正確には警官ではない。犯罪科学者で保安官事務所鑑識課のチーフという立場だ。しかし、警官と長い時間を過ごしてきた私には、彼にもその雰囲気があると感じていた。私が警官と言うときは、厳密には捜査官という意味だ。ずいぶん長い時間を彼らと過ごしたせいで、私は捜査官という人間について理解できるようになっていた。彼らはほのかに石けんのにおいがする。脂ぎった髪をした捜査官には会ったことがない。彼らはアイコンタクトに優れていて、うらやましいほどの身のこなしだ。皮肉を放つことは決して彼らの切り札ではない。言葉遊びは彼らを居ごこち悪くさせる。優秀な捜査官は、無意識に埋めようとしてしまう会話の空白を作り出し、私自身の残念なおしゃべりを通じて自白がいかに簡単に引き出されるかを教えてくれた。彼らは表情に乏しい。いや、封じ込めている。私はいまだかつて、顔をしかめる捜査官に会ったことがない。萎縮したり、目を丸くしたりもしない。私は表情が顔に出やすい人間だ。結婚した相手はコメディアンである。友人の多くがショービジネスの世界に身を置いている。常に大げさな表現に囲まれて生活しているからこそ、私は捜査官たちのその欠如にすぐに気づいた。彼らは心地よくて、同時に力強い空白をたたえており、私はそれが立派だと思っている。マネしようとしたけれど、無理だった。しだいに、わずかだけれど認識できる移ろいが、その空白にあることを見分けられるようになった。例えば、目を細めたり、口を真一文字に結んだり、彼らが長い間考えることもなかったセオリーを耳にしたときの反応がそれだ。ベールが降りてくる。しかし彼らは手の内を決して明かしはしない。「とっくの昔にその方向で検討しましたよ」なんて、決して言ってはくれない。その代わりに、彼らはただそれを呑み込み、そして礼儀正しく「なるほど」と返してくるだけだ。

彼らの控え目な態度もそうだけれど、その他のほとんどすべての面で、捜査官たちはショービジネスの世界にいる人間とは異なっている。捜査官たちは聞く耳を持っている。彼らは相手に関心を持たせる。エンターテナーが相手に関心を持たせるのは、室内で自分の影響力を推し量るためだけだ。一方で捜査官たちは具体的なタスクを扱っている。私は一度、女優の友人が読んで傷ついたという三行のセリフについての分析を、一時間も聞かされたことがある。最終的には捜査官の仮面にもヒビの一端を見つけるのだろうけれど、彼らと時間を過ごすことは予想外にも心安らぐことなのだ。まるで、お互いを牽制し合うおしゃべりで騒々しい映画出演者のパーティから抜け出して、次の挑戦を待つ決意の固いボーイスカウトのメンバーに加わるような気分になる。私はそもそも現実的な思考をするタイプではないけれど、それでも彼らとの時間は楽しかった。

イーストベイで発生したＥＡＲ《イャー》の最初の襲撃は、コンコード市で発生し、現場は、私が滞在していたホテルから車で十分の距離だった。ホールズと私は世間話もせず単刀直入に事件について意見交換をした。当然ながら最初の質問は、なぜ男はこの場を選んだのか？　ということだった。なぜ男はサクラメントでの活動をやめ、一九七八年十月に、ほぼ一年の間、イーストベイ周辺で傍若無人な攻撃をはじめたのだろう？　私は最も一般的な説を耳にしていた。ホールズもそうだった。しかしホールズはそれを信用していなかった。

「サクラメントから逃げ出したわけではないと思いますよ」と彼は言うのだ。

「逃げ出した」説は、ＥＡＲ《イャー》がサクラメントで十五歳のベビーシッターを襲った二日後の一九七八年四月十六日、警察がマッジョーレ殺害事件の容疑者とされる二名の手直しが施された似顔絵を公開したことに由来する。若いカップルが犬の散歩中に銃撃された未解決事件である。容疑者とされる二名の似顔絵が公開された途端、ＥＡＲ《イャー》はサクラメントでの動きを止めた。サクラメントで発生したレイプ事件でＥＡＲ《イャー》が行ったとされるのはもう一件だけで、それは一年後のことになる。マッジョーレ事件で公開された犯人の似顔絵の一枚は、たぶん、本人が慌てるほど正確だったにちがいない。

　納得できなかったホールズは、検証を重ね、犯人の住居のあるエリアを特定できるとされる地理的プロファイリングに精通するようになった。七〇年代後半、警官は地図の周りに集まってピンを刺しながら、むなしく推測するだけだったが、今日、地理的プロファイリングは、アルゴリズムとソフトウェアを駆使した極めて専門性の高い分野である。捕食性の犯罪には通常、犯人の居住地域周辺に一定の「バッファーゾーン（緩衝地帯）」がある。そのゾーンにいるターゲットは、自身の居住場所に近すぎることから、犯人にとってはリスクが高い。連続犯罪の場合は、地理的プロファイラーが襲撃場所の分析を行い、犯罪者が暮らすバッファーゾーンに辿りつこうと試みる。なぜなら、誰もがそうするように、犯人は予想できる範囲を、決められた方法で移動するからだ。

「連続犯が犠牲者をどう選ぶかについては、論文を読み込みました」とホールズは言う。「彼らは日常を送りながら犠牲者を選ぶんです。例えば、あなたが連続強盗犯だとして毎日普通の人のように仕事に通うじゃないですか。自宅も係留地だし、仕事場も係留地ですよね。でも、やつらは常に注意深く見ているんですよ。彼らはここで我々がこうしているように、見ているんです」と、ホールズは車を停めた交差点で身振り手振りで語った――「そして彼らは気づいているんです。あそこに入りやすそうなアパートがあるなあって」

サクラメント内の襲撃地点の地理的分布パターンは、イーストベイのそれとは完全にちがっているとホールズは言い、そしてそれは顕著だった。

「サクラメントでは、犯人は縦横に移動していたけれど、北東と東側の郊外に留まっています。地理的プロファイラーは犯人を『略奪者』と呼んでいますよ。やつはさまざまな場所に係留地を作っているんです。しかし、いったんイーストベイにやってきてからは、やつは通勤をするように行動している。明らかに、この州間高速道路六八〇号周辺の回廊地帯を上へ下へと移動し続けている」

州間高速道路六八〇号は南北に延びる一一二キロの高速道路で、コントラコスタ郡を真ん中で二分している。イーストベイにおけるEAR《イャー》の犯行のほとんどが、この六八〇号付近で発生しており、そのうち半数が高速の出口から一・五キロ、あるいはそれ未満の距離で起きている。プロが用意した地理的プロファイルマップ上では、イーストベイの事件は小さな赤い丸で記されていて、ほとんどすべてが右側、つまり六八〇号の東側で発生していた。赤い水滴が黄色い静脈にくっついているようだった。

「六八〇号を往復したら感覚は摑めると思います」とホールズは言う。「活動範囲を広げているのは、人生の転機を迎えているからだと思います。いまだにサクラメントに住んでいて、今は仕事場まで通勤しつつ、自分の管轄区域を出るのをいいことに、攻撃をしているとしても驚きませんね」

「仕事場」という言葉に私は耳を立てた。最近交換したメールの文面から、EAR《イャー》が就いている可能性のある仕事について何か調べているように感じていたのだが、彼は遠回しに書くだけだった。今であっても、彼は私の質問を予感して釘をさしてくる。

「それは、また追々《おいおい》」

ホールズが育ったのはこの地ではない。一九七八年、彼はまだ少年だったが、後にコントラコスタ保安官事務所で二十三年間勤務し、数え切れないほど犯罪現場に足を運んできた。そして当時の現場がどのような様子だったのかを徹底的に調べ上げた。彼は許可を取り付け、航空写真を研究して、地元の人間と話していた。車中で彼は一九七八年十月頃の地域の認知地図と、現時点のものとを重ね合わせた。車を減速して袋小路を指さす。コンコード市でEAR《イャー》が最初に襲撃した家の裏には何軒もの家が建っていた。

「以前はここに家はなかったんです」とホールズは言う。「何もない空き地だったんですよ」

ホールズは閑静な住宅街にある角の家の前で車を停めた。写真が添付された最初のイーストベイにおける事件ファイルには、魅力的なカップルが一歳の娘と一緒に写っていた。赤ちゃんは水玉模様の帽子にサマードレスを着ていて、彼女の前に掲げたボールに両親が手を添えていた。わが子への誕生日プレゼントなのだろう。赤ちゃんは撮影者に向かって笑いかけていて、両親はカメラを見て微笑んでいた。この写真が撮影された一ヶ月半後の一九七八年十月七日、夫は足に触れる何かの感触で目を覚ました。目を開くと、スキーマスクをかぶった人間がのしかかってくる姿が見え、震え上がった。

「欲しいのは金と食べ物だけだ。それだけだ。言うことを聞かなければ殺すからな」侵入者は懐中電灯を左手に握り、右手にはリボルバーを持っていた。

ホールズは三十五年前にＥＡＲ《イヤー》が忍び込み、カップルが寝るベッドの足元まで行ったダイニングルームの窓を指した。そこで起きていたことに一切気づかなかった赤ちゃんは、その辛い時間をずっと眠って過ごしていたということだ。

Ｌ字型の平屋が建築されたのは一九七二年だった。そのブロック内にある他の住宅と面積はほぼ同じだった。私は、自分がこれまで目撃してきた事件現場とこの家があまりにも似ていることに打ちのめされた。すぐに見分けがつくし、いつでも訪れることができる雰囲気だ。

「間違いなく、同じタイプの家ですね」と私は言った。ホールズは頷いた。

「二階建ての家に住む被害者は皆無でした」と彼は言った。「被害者が眠っていたことを考えると、当然だと言えますね。二階建てだと、二階へ上がる階段と一階に降りる階段は一つしかない。そのシチュエーションだと追いつめられる可能性がある。それに、家の中で何が起きているのかすべてを判断しようと思ったら、平屋建てのほうが簡単なんですよ。窓から窓に移動すればいいから。うろついていたり、フェンスを跳び越えたり、裏庭を横切ったりしていると、二階に誰かいた場合、見つかりやすいですから」

被害者である夫は催眠下で、事件があった晩の夜十一時十五分頃、妻と車を停めたとき、家の脇道に停めてあった車の近くに立つ若い男を目撃したことを思い出した。そのバンはボックス型で、白とアクアグリーンのツートーンカラーで塗られていた。男は二十代のようで、白人、黒髪で中肉中背、バンの右後方の角に立ち、かがみ込み、まるでタイヤをチェックしているようなそぶりだった。毎日そのあたりで目撃される周囲に溶けこむ何百という景色の中の一コマだった。催眠下でイスに座った夫が、その光景を記憶から呼び起こし、過去に遡《さかのぼ》ることは極めて重要だったのだろうと私は想像した。いや、本当に重要だったのだろうか。これがこの事件の狂気だったと思う。すべての手がかりに不確かさが重くのしかかっている。

「この事件で衝撃的なのは、犯人の侵入方法が洗練されてきている点ですね」とホールズは言う。「まずは通用口を開けようとしたように見えるんです。ドアノブの近くを切っていますよね。理由はわかりませんが、その労力をあっさり捨てています。そして玄関側に回ってきた。ダイニングルームには窓がある。男は窓にパンチして穴をあけ、鍵を開けて中に入ったというわけです」

「私は強盗に関して詳しくはないんですが、彼は優秀なんでしょうか」

「ええ、そうですね」とホールズが言った。

私たちは暑い車内のシートに座って、犯人が戦略的に秀でていた点をリスト化していった。ブラッドハウンド、靴跡、そしてタイヤ痕が、男が侵入ルートについて抜け目のない人間だと捜査官に教えていた。建築現場が近隣にあれば男はそこに車を停め、作業員たちの車両が多く停車していることで風景のなかに紛れ込むことに成功した。男を見た人は工事関係者だと思う。侵入時と逃走時に目撃されるリスクを下げるため男は家に一つのルートで近づくが、逃げるときは別のルートを取った。それゆえ、男が記憶される可能性は低かった。

普段であれば吠える犬が男に対しては吠えなかったということは、事前に犬たちにエサを与え手懐《てなず》けていた可能性も示唆していた。被害者の女性をリビングルームに連れてくると、ランプや音を消したテレビに毛布をかけるという独特な癖が男にはあり、そうすることで男は視界に充分な明かりを確保しつつ、家の外からは気づかれにくくすることができた。そして、事前の計画だ。角家に住んでいたカップルは家に戻ったとき、夫の書斎のドアが閉まっていることに気づいたという。それはいつもとちがっていて、そのうえ玄関には鍵がかかっておらず、二人は鍵を忘れて出てしまったものだと思い込んだ。そのとき、すでに男は家の中にいたのだろうか。もしかしたら、廊下のクロゼットのコートの中に隠れて、二人のおしゃべりがおだやかになり、やがて男の足元を照らしていた明かりが暗くなるそのときを待っていたのかもしれない。

事件についてのより突っ込んだディスカッションを予期して、時折私はホールズとの会話を一時停止した。何かが起きるのを待つ時間だ。言葉の方向転換は、昔の恋人のことを話しすぎてしまったとき、ふとわれに返り、もちろん、その恋人が取るに足らないクソだったと思い直す瞬間に似ている。

「この男は**自分の**犯罪を全うすることに長けているんですよ」とホールズは言い、「ただ、建物の側面をつたたって降りる離れ業はやらない。特別な訓練を積んだことを示す行いは一切ないんです」

ホールズの両親はミネソタ出身なので、彼自身も元気な中西部のリズムで話をするが、EAR《イヤー》に特別な技術がないと言うとき、彼の声は勢いを失い、説得力がなく、確信を奪われているように聞こえた。事件分析における次の明確なステージは、自分との対話なのである。

「肝っ玉の据わったやつですよ、EAR《イヤー》って男は。それは確かなことです」とホールズは言い、いつになく口元をきっと結んだ。「ほかの犯罪者とEAR《イヤー》を分けるのは、家への侵入方法です。例えば、ゾディアック。彼の犯罪はいろいろな意味で、臆病な部分が多かった。散歩道から、少し離れた場所から、と侵入するときも段階的なんです。家の中に男性がいる場合はより段階的になるものなんです」

私たちは男性被害者がいかに見過ごされているかについて話し合った。ホールズは、ストックトンで夫とともに襲われた女性に質問をしなければならなかったときのことを教えてくれた。電話での接触のほうがいいだろうと思い、まずは夫に連絡を取ることにした。夫は礼儀正しく、妻は襲撃について話したがらないだろうとホールズに告げた。彼女はその記憶を葬り去ったのだ。それにもかかわらず、夫は渋々、ホールズの質問を妻に伝えておくと言った。ホールズが彼女から答えを聞くことはなかった。ホールズは見込みがなかったのだろうと推測した。数ヶ月後、妻とようやく連絡がとれた。彼女は彼の質問にあっさり答えてくれた。ホールズに協力したいとまで言ってくれたのだ。思い出してもいいと言う。しかし、夫はそうではなかったのだろう。

「問題を抱えているのは夫のほうよ」と、彼女は打ち明けてくれたそうだ。

男性被害者は四〇年代から五〇年代生まれで、彼らにとってはセラピーを受けるなんて、まったく思いもよらないことだ。警察書類に記されたジェンダーの役割は厳格で明白である。捜査官はどこで買い物をするか女性に尋ね、ドアと窓の鍵のメカニズムについて男性に質問している。女性の肩には毛布をかけて、病院に搬送した。男性は何を目撃したのかを問われ、何を感じたのかは聞かれなかった。男性被害者の多くは従軍経験があった。道具小屋を持っていた。彼らは行動力とパートナーを守る能力を否定された、やり手の男たちだったのだ。彼らの強い怒りは細部に表れている。とある夫は、妻の足を拘束している紐を噛みちぎっていた。

「いまでも相当なトラウマが残っているはずです」とホールズは言い、車を発進させた。歩道の縁石から離れ、角の家は視界から消えた。女性被害者に関する書類のなかに、短い手書きのメモがはさまっていた。一歳の誕生日を迎えたばかりの愛娘の、美しくて若い母親が、主任捜査官に対して襲撃の五ヶ月後に記したものだった。

ロッドさん

なくなったもののリストと、七月から八月にかけて書いた小切手のリストを同封しました。

ジュエリーはすべて、私たちの寝室にあった箪笥《たんす》か、ドレッサーの上に置いてあったもののなかから盗まれました。他についても、詳細に記してあります。

いつも通りの生活を取り戻そうと必死です。どうかこれが最後になりますように。お互いの立場は理解し合えるものと信じております。

報告書、がんばってくださいね！

文のトーンは理性的で率直、快活なものだった。むしろ陽気ですらあった。私はこれを驚くべきことだと受け取った。報告書を読むと、最悪な、トラウマになるような出来事に耐え、先に進むことのできる人がいることがわかる。数ページ先には、郡保安官代理による別の短い注記があった。この家族はコントラコスタ郡から引っ越したとあった。数百キロ離れた街に移り住んだのだ。

報告書、がんばってくださいね！

私はこの言葉を希望的観測だと受け取っていた。本当の意味は、さよならだったのに。

＊

私たちは東へと向かった。コンコード市での二回目の襲撃は、一回目の襲撃の一週間後、たった数百メートルしか離れていない地域で発生した。ホールズは「止まれ」の標識で車を減速し、私たちのいる場所から垂直に延びる通りを指さして、一九七八年十月の記憶地図を紐解きはじめた。「まさにここのエリアで、新しい工事がはじまっていたんです。だから、建設作業員だとか配達のトラックがこの道路を行ったり来たりしていた」と、彼は私たちがいる道路について言った。「あるいはあそこの道を、建築現場に向かうために移動していました」

ホールズ曰く、一九七八年十月にその建築現場に向かうことができる主要道路のうち、一つが最初の攻撃地点を通過しており、二本目の道路が二回目の襲撃地点を通過するのだという。EAR《イヤー》はこの地に働きにきていたにちがいないとホールズが言っていたことを思い出した。

「住宅の建築？　それとも何かの工事でしょうか？」と私は聞いた。

「僕が追求しているのは、まさにその線ですね」と彼は言った。

私は彼が「その線」と言ったことに気づいた。

「もしかして工事現場の業者はすでに割り出してるんですか？」

それには答えなかったが、彼の表情がそうだと告げていた。

私たちは二件目の犯行現場に車を停めた。ここもL字型の平屋建てだが、クリーム色に緑の縁取りがしてあった。そして巨大なオークの木が狭い前庭を占領している。平日の暇な時間を楽しむ人が住んでいるような気配はなく、犬を連れて歩いている人もいない。iPodを聞きながら早足で歩いている人もいない。車も走っていない。

EAR《イヤー》は、一連の事件を通して、興味深い特徴を何度も示していた。事件が起きたのは十三日の金曜日、午前四時三十分だった。EAR《イヤー》が懐中電灯と歯を食いしばりながらの脅迫で強いる犠牲者への性心理的な台本は、この三十九件目の襲撃までに完全に定着していた。警察の事件報告書によれば、このときまでに主語が「俺」から「俺たち」に変化していた。困惑する人が出てもおかしくはない。

「俺たちが欲しいのは食料と金だけだ、それだけ取ったらここから出る」と、混乱しているカップルに男は言った。「彼女と自分のために、食べ物と金が欲しいだけなんだよ」

カップルが従順で素直だったとき、男は大騒ぎしながら部屋を荒らし回った。キッチンのカップボードを叩きつけ、棚を引っかき回した。女性被害者はリビングルームに連れていかれた。

「死にたくねえか?」と男は女性に聞いた。

「死にたくありません」と彼女は答えた。

彼はバスルームにあったタオルで彼女を目隠しした。

「これが人生最高のファックでなかったら、おまえを殺す」

捜査官に彼女は、気まぐれな殺人鬼が出てくる『冷血』のなかで夜中に惨殺される家族のシーンを繰り返し思い出していたと語った。

けれど、その次に起きたことは、被害者にとっては恐ろしい一方で、奇妙なまでに未熟だったという。犯人にとってほとんど興味のないものであったかのように、彼は素早く、いい加減に彼女の太ももをまさぐった。厚い革製の手袋を付けていることがわかったそうだ。男は女性に短い時間、自分のペニスをしごくように言い、彼女に挿入すると三〇秒で果てた。男は飛ぶようにして立ち上がると、再び家中を引っかき回した。家中をあさることが、実際のセックスよりも男を興奮させるようだった。

ドアが開き、彼女は風が入るのを感じた。男は車庫に侵入していた。ゴミ箱が音を立てた。家と車庫の間を行ったり来たりしているようだった。男が何か言うのが聞こえてきた。しかしそれは、彼女に対して発した言葉ではなかった。

「ほら、これを車に入れろ」と男はささやいた。

返事はなかった。足音も聞こえなかった。車はスタートしなかった。彼女は男がどのようにして、そしていつ出ていったのかわからなかったが、どこかで男は立ち去っていた。

EAR《イヤー》が共犯者がいるように振る舞ったのはこのときだけではない。最初の被害者はリビングルームで二種類の声を聞いたと思ったそうだ。ささやきが熱を帯び、脅しに重なっていった。「黙れ」という言葉のすぐあとに、「**おまえが**黙れ」と続いた。

別の被害者は車のクラクションが四度家の外で鳴り、その後、誰かが玄関のドアベルを鳴らすのを聞いた。家の前側にある窓を誰かがノックしていた。数人のくぐもった声が聞こえ、一人は女性のようだったそうだ。EAR《イヤー》の声がそのなかに含まれていたかどうかは判断できなかった。男は去り、そして声は聞こえなくなったが、リビングルームで拘束され、床に顔を伏せた状態の被害者は、この出来事が同じ時刻に起きたことだったのか、それとも、そもそもお互いが関係しているものだったのかはわからなかった。

「俺の友達が外の車で待っている」と言ったこともある。単なる嘘だったのか、それとも心理的なバックアップが必要だと男が感じていたときの支えだったのか？　警察を攪乱しようとしていたのか？　捜査官の多くがハッタリだと信じていたが、ホールズは確信を持てないという。

「彼を支援する誰かがいたってことでしょうか？　性的暴行のときにはいませんでしたけど、それじゃあ、強盗のときは？　誰がそんなことわかるっていうんです？『たぶん』ってケースがこの連続事件の発生時には多すぎるほどあるんですよ。可能性を考えてみる必要があるかもしれませんね」

ホールズはEAR《イヤー》が話したことの大半は、偏向と見当違いであると考えている。

彼はバンの車内に住んでいるだとか、川の近くのキャンプ場に住んでいるだとかわめきちらしたが、そういった路上生活者が出すタイプの体臭を発していたことはめったになかった。男は被害者との間に関係をでっちあげた。「中学校のプロムでお前を見たとき、絶対にものにすると思ったんだ」と、目隠しした十代の女性の耳元でささやいたが、彼女は寝室の壁からテープが引き剝がされる音を聞いていた——彼女の中学生のときのプロム写真が剝がされていた。「湖でおまえを見たぜ」と男は、ボートを私道に置いていた女性に言った。

ベーカーズフィールドで人を殺したとか、軍から追い出されたという嘘の一部は、きっと彼自身が内部で膨らませていたタフガイのイメージを演じていたのだろう。被害者との偽りの関係はたぶん男の妄想の一部か、曖昧な親密さを示すことで被害者を不安にさせる狙いだった可能性がある。私とホールズは、男の他の行為について推測した。例えば、男の喘《あえ》ぐような呼吸だ。それはとても大きく、大量に空気を吸い込む感じで、過呼吸の状態に近かった。七〇年代に事件を検証していた犯罪プロファイラーは、荒い息は被害者を恐怖に陥れる戦術で、何をするかわからない狂気をはらんでいると思わせる方法だったのでは、と感じていたようだ。ホールズは、喘息《ぜんそく》を患っている同僚の捜査官が、本物の呼吸困難なのではと疑問に思っていたと話してくれた。アドレナリンがそれを誘発するのだ。

EAR《イヤー》はテーブルに伏せて置かれたカードのようなものだ。われわれの推測は袋小路に行き着いて、ぐるぐると回り続けるだけだ。

「じゃあ、サンラモーンに行きますか?」とホールズが聞いた。

サンラモーン

私たちは州間高速道路六八〇号に向かっていた。二七キロ南にある次の犯行現場に行くためだ。その月では三番目の襲撃だった。一九七八年の十月のことだ。カーター大統領の時代で、映画『グリース』が夏場に大ヒットし、ジョン・トラボルタとオリビア・ニュートン・ジョンの歌う『想い出のサマー・ナイツ』がラジオを席巻していた。ザ・フーの『フー・アー・ユー』がチャートを登りはじめたあの頃だ。十三歳のブルック・シールズの若々しい顔が、雑誌「セブンティーン」の表紙からぼんやりとこちらを見つめていた。ワールドシリーズでは、ヤンキースがドジャーズを下した。シド・ヴィシャスのガールフレンドのナンシー・スパンゲンがチェルシー・ホテルの一室のバスルームの床で、刺殺体で発見された。ヨハネ・パウロ二世が新しい法王となった。サンラモーンが襲撃される三日前、映画『ハロウィン』が公開された。

「泣いたことについてはどう思われます？　それも本物だったと思いますか？」と私はホールズに聞いた。

十人以上の被害者が、男が泣いたと証言していた。彼はすすり泣いていたというのだ。男はよろめき、われを失ったようだった。子どものような甲高い声でうめくように言った。「ママ、ごめんね」と、男は嘆いた。「ねえマミー、おねがいたすけてよ。こんなことしたくないんだよマミー、ねぇマミー……」

「本物だったと思いますよ」とホールズは言った。「女性は男性の行動について鋭い洞察を持っていますからね。男の怒りはわざとで、演技だと言った被害者もいましたけど、別の襲撃では部屋の隅でコントロールできないほど泣きじゃくっていた姿もあって、それはリアルだったそうです。男自身、矛盾しているんですよ。泣くのは必ず性的暴行の後です。やつがすすり泣くのはそのタイミングです」

男の涙を本物と信じる被害者の中にも例外はいる。事件について話すことに苦しんでいた夫の妻で、ストックトン在住のあの女性は、男の涙を信じていなかったとホールズは教えてくれた。

「彼女もたしかに声を聞いているんです。でもそれを、泣いたことが原因の声だとは考えていなかったようです」とホールズは言う。

「じゃあ、彼女はそれをなんだと思ったんですか?」と私は聞いた。

「高音のヒステリー状態」とホールズは答えた。「高音の笑い声みたいな感じ」

非法人地域〔市町村組織に属していない地域のこと〕だったサンラモーンでは、緊急電話番号911が動作していないことに、誰も何年も気づいていなかったようだが、それでも電話会社はそのサービス料金を住人に請求していた。静かな路地の片隅に住んでいたとある女性が、その状態に気づいた。電話がつながらないことを示す受話器の耳障りなキーキーとした音は、見知らぬ男によって二時間も性的暴行を加えられたばかりの彼女には、必要のない衝撃だった。

キャシー(仮名)という被害女性は、一九七八年十二月十日、襲撃の六週間後に発行されたオークランド・トリビューン紙の記事で発言している。レイプされた夜にキャシーは目覚め、暗闇に目を慣らそうと必死になってあたりを見回した。真っ暗闇のなかで見ることができたのはただ一つ、狂気じみた男の視線だった。犯人の「**ただこちらを睨みつける**、小さな目」だった。

キャシーは「とにかく虫唾《むしず》が走る」と、彼女をレイプした人物について冷静に語っている。そして同時に、緊急電話サービスをしっかりと提供していなかった電話会社にも怒りを表明していた。激しい怒りを抱いたキャシーは、定量化できる形で正しい裁きを下すと記者に語った。彼女の電話料金からは、911利用料金が差し引かれ、今では毎月二八セント節約できているという。

コントラコスタ保安官事務所に直接電話したことで、キャシーの元に助けが駆けつけた。

保安官事務所はコンコード市で二件のレイプ事件が発生したことから、保安官補佐たちに警告を発令した。サクラメント郡保安官事務所の警告は将来を暗示していたのだ。ＥＡＲ《イヤー》はとうとう、コンコードの家々の窓に、スキーマスクを押し当てはじめた。油断するな。ＥＡＲ《イヤー》が襲撃しそうな地域を犯罪対策班が割り出しはじめた。開けた場所に駐車してあったり、怪しげな車のナンバーは、静かに記録された。

寝ずの警戒態勢は、サンラモーンのいつものモードではなかった。一九七〇年から一九八〇年までに、市は人口を四倍に増やしていた。しかし当時も、そして今もなお、オークの木が生い茂る起伏のある草原に囲まれた広大な未開の緑地が、空間と静寂をもたらしている。圧倒的な静けさのなかで、警察無線も静かになる。パトロール車両のヘッドライトは、ガレージの前を、若い家族が住む平屋の住宅の明かりが消された窓の前を、繰り返し、短時間照らすだけだった。サンラモーン郊外のいつもと同じシルエットから、疑わしき人物の姿が浮き出ることはなかった。フェンスは壊されることなく、低木が揺れることはなかった。保安官代理は行動訓練を行ってはいたが、すっかり静けさに慣れきっていた。

それが変わったのは、爆発音が聞こえたあと、わずかではあったが警戒すべき状況が報告された墓地に派遣部隊が到着した十月二十八日の朝五時を少し過ぎたときだった。その後、家宅侵入、強盗、そしてレイプ事件が発生した。場所はモンクレア・プレイス。最も早く現場に駆けつけたのは保安官代理だった。被害者はキャシーとその夫のデイビッド（仮名）で、落ち着いた様子で、玄関先で保安官代理に対応した。すぐに医療的ケアが必要でないことを確認した保安官代理の興味は、二人の後ろの不自然な光景に引きつけられていた。家は、ほぼ完全に空の状態だったのだ。家具の引き出しはでたらめに引き出され、空っぽだった。クロゼットのドアは開けっぱなしで、中のポールがむき出しになり、中には何もなかった。すべて侵入者によって持ち去られたのか？

それはちがうとキャシーとデイビッドが説明した。二人は引っ越ししようとしていたのだ。

男は二人がその家で過ごす最後の数時間にやってきた。

再び、不動産がらみで事件が起きた。抜け目ないタイミングでの犯行は、内部事情への詳しさを物語っていた。キャシーとデイビッドには三歳の息子がいたが、EAR《イヤー》は息子の寝室のドアを開けたり、近づくことさえしなかったと二人は捜査官に証言した。小さな子どもを持つ別の被害者たちもその点には気がついていた。どのようにして男がターゲットに照準を合わせ、彼らの生活についての情報を得て、家の間取りを熟知していくのかは、終わりなき憶測と疑問だった。

連続殺人鬼グリーンリバー・キラーであるゲイリー・リッジウェイは、襲撃前に被害者を囲い込む時間を「パトロール」と呼んでいた。何気なく振る舞うことが彼にとってのカムフラージュ術だった。彼は自分のトラックをパシフィックハイウェイサウスにあるセブンイレブンに駐車した。ここはシアトル・タコマ空港周辺のほこりまみれの地域で、売春が盛んなことで知られていた。男はボンネットを開ける。とても華奢で、灰色がかった顔色をした、エンジントラブルを抱える男になりきった。その存在が記録されることはなかった。色褪せた灰色の土地が男の姿を完全に吸収していたのだ。近づいて、辛抱強く観察した者だけが、何かがおかしいと感じることができただろう。時間は男にとって重要ではなかった。瞳孔を振り子のようにちらつかせながら、男はエンジン以外のものすべてに視線を走らせる。まるでウィジャボード〔霊魂や魂との交信をするためのボード〕の三角形の板のように、貪欲な思考が、素早く、力強く獲物を追いかけるのだ。

バンッ。あまりにもありふれていて、小雨に濡れた車のタイヤが立てる音やコンビニのドアのチャイムといった都会のノイズにかき消されてしまうその音は、誰も聞いたことがないほど恐怖に満ちた音だった――リッジウェイが車のバンパーを閉める音だ。パトロールは終わった。新しいフェーズのはじまり、はじまり。

最初は、リッジウェイのようにEAR《イヤー》もなんの変哲もない風景に紛れ込んでいるにちがいないと私は考えていた。長期間にわたる注意深い観察でのみ収集することができるタイプの情報を持っているのがEAR《イヤー》だと思えたのだ。しかし彼は明らかに、コソコソと隠れているタイプではなかった。しかし、被害者の証言と近隣住民への聞き取り調査の内容が含まれた、警察による何千ページにも及ぶ報告書があるにもかかわらず、被疑者の容貌についての一貫した特徴は明らかになっていないのだ。五十件のレイプ事件が発生したのだから、その容貌についての見解ぐらいは統一されてもいいはずだし、少なくとも髪の色ぐらいは何とかならないものかと思った。しかし、それもなかった。そこにパズルがあった。いずれは偶然が起きるのだろうか。でも運には任せられない。調査をかわしながら、EAR《イヤー》はどうやってこれだけ長期間、ターゲットの調査を重ねることができたのか？

私は何度も何度も、制服を着た男性の姿を思い浮かべていた。架線作業員、あるいは郵便配達人だ。リチャード・スカーリー〔一九一九年―一九九四年。児童文学作家。カラフルで楽しい世界観を描くことで人気〕の描く街から飛び出してきたような働き者で、その姿があるから、すべてが順調に動いていると教えてくれるような人だ。誰も気には留めない人とも言える。常に周囲に溶け込んでいる、そんな誰か。誰もが過去に流してしまったこと、ぼんやりとしたベージュの風景のなかに見落としていたこと。それは、男の怒りに震える目のなかの、猛烈なエネルギーだったのではないか。

アーバイン警察の殺人捜査課を引退した捜査官が、男に対して偵察のプロといったイメージを抱くのは間違いだと私に指摘した。襲撃にはそれほど多くの下準備や建物内部の情報はいらなかったと彼は考えていたのだ。彼と彼の同僚は、捜査中のある夜、ちょっとした実験を行ったそうだ。二人で真っ黒い服に着替えて、底の柔らかい靴を履き、犯人が辿ったと彼らが思うアーバインの道路に沿ってうろうろと歩いてみたのだ。軽量のコンクリートブロックでできた壁沿いをこっそりと歩き、裏庭のフェンスから中を覗き、暗闇のなかで木の幹に姿を隠した。

長方形に照らす明かりは二人をより近くまで導いた。家の裏側の窓は何十人もの見知らぬ人の生活に直結できる場所になっていた。カーテンのわずかな隙間から、女性がキッチンでコップを何度も水で洗い流すうつろな顔を見ることができた。とても静かではあったけれど、テレビから笑い声が漏れ聞こえた。ボーイフレンドに触れられ、女の子が緊張する様子さえ見えた。

捜査官はその記憶を思い出して、頭を振った。

「あまりにもよく見えて、驚くと思う」と彼は私に言った。

事実、私が他の捜査官にこうした点について尋ねると、同じ反応を得た。頭を振って彼らが見せる表情が、すべてを物語っていた。誰かの生活を盗み見ることは、いとも簡単なことなのだと。強迫観念に取り憑《つ》かれた徘徊者は、ターゲットの行動パターンをあっという間に習得する。一人で家にいる女性が、電気を消す前にリビングルームの窓から外をちらりと見る様子だとか、両親が寝ているときに、十代の子どもたちは音を出さないように静かに動くといったことだ。そのあとは、各自の行動パターンの認識である。作戦時間は大幅に短縮される。

私はホールズに、EAR《イヤー》の被害者の選び方について、どれほど几帳面だと感じたか聞いてみた。

「証拠はどちらも示していると思いますね。充分下調べをしたと感じるときもありました。誰かを見つける。焦点を定める。尾行する。同時に、初対面でいきなり襲うこともあったんです」

キャシーのことを男がどれだけ観察していたのかは誰にもわからないが、どこから観察していたかは明らかだ。家の裏にはクリスマスツリー農園があり、犯罪心理学者が記した「ジグザグのジョギングタイプ」の靴跡が裏庭の板塀に残されていた。

ホールズは右折して、家の裏手にかつてあった農園の方向を指さした。

一ブロックから二ブロックほど進み、そしてホールズはもう一度右折して、セッジフィールド通り七四〇〇に向かった。

「事件の翌日、ここの脇に車が停めてあったんです。中には血痕があったそうです」

車はフォードギャラクシー500だった。盗難車として届けられていた。

「あきらかに流血していた人間がいるんですよね。たぶん鼻血でしょう。そしてここまで血痕が続いていました。この証拠は長い間忘れられていましたけれど、私は、例えば誰かが夜中にクリスマスツリー農園を抜けて逃げてきて、途中で木にぶつかったのではないかと考えたんです。そして、ここに放置されていた盗難車に乗り込んだのではないか、と。銃撃から逃げて、電話ボックスに駆け込んだというケースを担当したことがあるんですよ。そのときもこんな感じで血痕が残されていた」

血痕は東方向に進み、縁石を越えていた。しわくちゃに丸められたティッシュが、側溝に捨ててあった。滴り落ちた血痕は徐々に小さくなり、そしてやがて消えた。すべての事件で発見される血痕と同じく、この血痕も殺風景な壁のところで途絶えていた。玄関へとつながるものは何もなかった。捜索で発見された物証のいずれも男のものではなく、確固たる、追跡できる情報はなかった。延々と回り続ける車輪のような事件だった。

「手がかりのすべてが中途半端なんです」とホールズは言う。

「当時のサンラモーンの建設関係ってどうなんです？」と私は聞いた。

ホールズは、被害者のキャシーが役立つ情報を捜査官たちに提供してくれたと教えてくれた。

「彼女は、襲撃された当時、新しい区画作業のために周辺で行われていた複数の工事現場について詳しく説明してくれたんですよ」

ホールズがキャシーと直接話をしたのだと気づくのに、しばらくかかった。

「彼女と直接話したんですか？」

私が驚いた理由をホールズは知っている。

コントラコスタ郡保安官事務所のラリー・クロンプトン刑事は、著書である『突然の恐怖』（*Sudden Terror*）の中で、キャシーの品位を損なうような記述をしている。彼は警察での事情聴取の際の彼女の振る舞いを、あたかも「これ以上ないほど最高の刺激」を追体験しているようだったと書いたのだ。彼は本の中で、被害に遭った後の彼女の波瀾万丈な人生までつまびらかにしている。彼は、彼女の夫と息子が気の毒だとも書いた。私はクロンプトンのことが好きだが、この行いについては間違っていると考えていた。本当に、深刻なまでに間違っている。彼は彼女の容貌を他の被害者と比べて評価しているのだ――好意的にではあるが、それでも間違っている。彼によるキャシーの扱いは、控え目に言っても無神経であり、最低レベルの被害者批判といえよう。彼の記述では、暴力的な攻撃に対抗するには一つの方法しかなかっただろうと推測している。思いやりも足りなければ、理解も足りていない。例えば、彼は彼女がＥＡＲ《イヤー》からフェラチオを要求されたとき、まずは一杯の水を頼んだと警察で証言したことを、怯えた被害者による時間稼ぎである可能性を考慮せず、嘲笑《あざわら》うかのようにして書いている。そしてクロンプトンが彼女の仮名を、たぶんわざとそうしたわけではないだろうが「サニー」としたことは〔ときに尻軽の意味がある〕、彼女に対する彼の描写を考えれば、特に残酷な選択であるように思えた。

　クロンプトンの本が出版されてからすぐに、保安官事務所はキャシーからメールを受け取った。彼女は書籍のなかで自分がどう描かれたかについて激怒していた。保安官事務所はすでに退職しているクロンプトンをつなぐ権限は持っていなかったが、ホールズと同僚の女性がキャシーを事務所に招いて面談を行った。

「彼女は震えていましたよ」と、ホールズは彼女を責められないといった口調で話してくれた。キャシーは面談中ほとんどホールズの目を見ることもなく、彼はそれが彼女に残されたトラウマに起因しているのではと考えた。被害者と未解決事件捜査官の関係は、親密さとよそよそしさの奇妙なコンビネーションを行き来するようなものだ。マスクをした男がキャシーの喉元にナイフを突きつけ、キッチンの冷たいリノリウムの床に押し倒したのはホールズがわずか十歳の頃のことだ。それから十九年後、ホールズは彼女の事件番号が書かれたジップロックのバッグを保管庫から出して、プラスチックチューブの中から綿棒を取り出すことになる。彼は彼女をレイプした人間の精子細胞を顕微鏡で調べたが、一度もキャシーの目を見なかったし、彼女と握手することもなかった。

ホールズは面談で一切質問をせず、同僚の女性にすべて任せた。するとキャシーがホールズの注意を引く証言をしたのだ。

彼女と夫のデイビッドが離婚したのはずいぶん前のことになる。EAR《イャー》の被害者となった夫婦の多くがそうであるように、二人の関係も困難を乗り越えることができなかった。キャシーは、襲撃の後にデイビッドがEAR《イャー》の声に聞き覚えがあると言ったが、それが誰であるのかははっきりとわからなかったと証言した。

キャシーの証言が重要だった理由は二つある。まず、彼女は一度も地理的プロファイルを見てはいなかった。コントラコスタ郡はサクラメント郡と同じような、明らかな生活パターンを提供してはいなかったが、地理的プロファイラーが犯人の住む可能性が最も高い地域は、いずれにせよサンラモーンであると結論づけていた。これについても彼女は知らなかった。それはイーストベイの連続事件で、たった一度の襲撃しか受けていない場所の一つだった。犯人の居住地域から遠く離れればそれだけ、ターゲットとなる人数も増える。しかし、その犯罪者が特定の被害者に引きつけられている、あるいは絶対に捕まらないと自信があるなどいずれかの理由で、居住地近くで犯行に及ぶこともある。

地理的プロファイルマップには、ＥＡＲ《イヤー》の本拠地と予想される赤いピークエリアが、キャシーの家のすぐ北側を東西に延びている。

またキャシーは、最新のＥＡＲ《イヤー》特別対策本部ミーティングでＦＢＩのプロファイラーが新しい発見を報告したことを知らなかった。その新事実のなかには、ホールズが重要だと思うものもあった。プロファイラーは、一部の事件では男性被害者がターゲットだったと考えるべきだと発言した。ＥＡＲ《イヤー》が、悪事と受け取られたことへの復讐を、男性に強要していた可能性もある。

キャシーが捜査官に話したことは、以前は見過ごされていた容疑者につながる可能性を上げる、人間関係のつながりが存在することを示唆していた。他の有名な連続事件の多くでは、そのような人間関係のつながりが最低でも一つはあったのだ。テッド・バンディの犠牲者リンダ・ヒーリーのかつてのルームメイトはテッドのいとこで、捜査官たちは名簿から二人が少なくとも同じ授業を三クラス受講していたことを突き止めた。ＢＴＫキラーことデニス・レイダーは、彼の八人目の犠牲者であるマリン・ヘッジの家から六軒離れた場所に住んでいた。ジョン・ウェイン・ゲイシー〔キラー・クラウンと呼ばれた連続殺人鬼。ピエロに扮したり、ピエロの絵を描くことが多かった。

三十三名を殺害」は、被害者であるロバート・ピーストが失踪する直前、建築現場の仕事で雇いたいと、本人と商店内で話していた。

EAR《イヤー》は自らの正体を隠すためなら労を惜しまなかった。彼は顔を隠し、声を押し殺した。被害者に懐中電灯の光を当てて視界を遮り、ひと目自分を見ようものなら殺すと脅した。しかし彼は同時に図々しい男でもあった。吠える犬は彼を阻止しなかった。一九七七年十二月の霧の夜、ジョギングをしていた大学生ぐらいの年齢の男女が、スキーマスクをかぶった男が、アメリカ川通り三二〇〇ブロックにある家の生け垣に囲まれた通路から出てくるのを見た。二人を見ると男は突然停まった。二人はジョギングを続けたが振り返ると、男が素早くサイドステップ付きの古いピックアップトラックに乗り込むのが見えた。二人はトラックが彼らに向かってスピードを上げ近づいてくる大きなエンジン音を耳にし、全速力で角まで走った。トラックはストップサインの場所でけたたましい音を立てて止まり、そして二人がいた場所まで走って戻っていった。二人は別の家まで走って逃げ、身を隠した。ピックアップトラックはぐるぐると円を描くように走りまわり、スピードを上げて走り去った。

自衛本能は究極に高いEAR《イヤー》だが、成功と奢りが基本的な計画に穴を開けていった。成功体験は大きな説得力となって男にささやきかける。彼は普通の人間のほとんどが直前で足を止める、レイプ、他人の家に侵入する、一人の女性よりもカップルの支配権を得るといった行いに伴う心理的なバリアを、乗り越えている。他から邪魔の入らない成功体験を何十回も重ねた結果、彼の自尊心は、たった一人のターゲットを狙うという独自のルールを破り、関係のない人物を巻きぞえにするほどに、彼にアドレナリンを与えたのかもしれない。三十六年前の真夜中に聞かれたしわがれ声のささやきが、手がかりになるかもしれない。

サンラモーン襲撃のあと、EAR《イャー》は六五キロ南のサンノゼを二度襲った。ホールズと私は、サンノゼは飛ばして、時間を節約することにした。

「デイビスを見ませんか」と彼は言った。「僕はデイビスが重要だと考えているんです」

しかしデイビスより前に、私たちにはもう二カ所、行かなければならない場所があった。サンノゼの後、EAR《イャー》はコントラコスタ郡に戻り、ダンヴィル市での合計三回の襲撃の一回目を完了させた。ホールズと私は六八〇号を北へダンヴィル市方向へ進み、男が最も有力な手がかりを残した一九七八年十二月九日に起きた襲撃現場に向かった。

ダンヴィル

百年前、蒸気機関車の規則的な音は、ディアブロ山に隣接する広大な緑の渓谷の好景気を象徴するものだった。一八九一年から運転を開始したサザン・パシフィック鉄道は、乗客をサンラモーンからコンコード北部まで、三二キロのルートを運んでいた。設計図と夢を手に、野心的な訪問者が上陸した。土地は肥沃だった。区画整理や開発がはじまった。旅客輸送は自動車の発明とともに徐々に姿を消したが、サンラモーン・ブランチラインが、バートレット梨、砂利、羊といった荷物の輸送を続けた。線路はその地形に溶け込んでいた。汽車は決まった時間に警笛を鳴らした。駅はすべて同じタンポポのような黄色に塗られ、茶色で縁取りされていた。線路はウォルナットクリークにあるマーウッド小学校の前を通っている。子どもたちは、汽車の音を聞き、地面が揺れるのを感じると、ホップスコッチやドッヂボールを中断して、通り過ぎていく乗組員に手を振り、お返しの警笛を聞くのだった。

サザン・パシフィック鉄道は田舎の渓谷に変化を促したけれど、それは汽車を動かし続けるという方法ではなかった。工業の中心地が目に見える形で出現することはなかった。その代わり、家族向け住宅が建築されていった。コントラコスタ郡の中心地は「郊外のイーストベイ」となった。一九六四年には、スピード、効率、そして鉄道路線の死を象徴する州間高速道路六八〇号が完成した。荷物の輸送はトラックのほうが安かったから、多くの鉄道車両が姿を消した。無秩序に広がった果樹園はなくなり、道路を走るトラックの両側には、家々の屋根が連なる様子が見えるようになった。サザン・パシフィック鉄道はとうとう州際通商委員会に路線の廃止を申し立てた。一九七八年九月、最初の線路が敷かれてからおよそ一世紀後、路線は永久に廃止となった。

その後、敷設権をどうするかについての議論が巻き起こった。決断が下されるまで、六メートル幅の、細くて長い土地は空き地のまま残され、周辺の暖かい灯りをともした家々を二分する影の回廊となっていた。そのデッドゾーンは、無関心ほどに恐怖を煽るものではなかった。サンラモーン北部のダンヴィルに広がる全長八キロの土地については特にそうだった。ダンヴィルはより大きく、家々は古く、住人はより裕福で静かだった。放棄された線路は、きちんと封鎖した裏庭の向こうに敷かれていた。フェンスの並びは本来のカーテンの役割を果たしていた。実用性がなくなったことで、敷設権は抹消されることとなった。何も動かなかった。何も聞こえなかった。しかしそれも、ある十二月の朝、奇妙な物音が静寂を破った、そのときまでのことだった。たまたまその音を聞いた人は、最初は心配もしなかっただろう。その音は一定で、リズミカルだったけれど、微妙なちがいを聞き取る耳があれば、それが切迫しているものだとわかったはずだ。ブラッドハウンドが目的を持って、全速力で走っている音だった。

*

一九七八年十二月初旬、コントラコスタ郡の住人は口に出すことはなかったが、そろそろ落ち着けるのではないかと希望を抱いていた。十月、イーストエリアの強姦魔は、ただ単に出没しただけでなく、その迅速な動きと衝撃を与える能力を駆使し、二十一日間に三度という、まるでお祭り騒ぎともいえる襲撃を行い、住民に苦痛を与えた。三回目の襲撃のあと、夜間になると住民はライトを明るく点けたまま家の中に閉じこもり、眠りと闘い、うすぼんやりとしたスキーマスク姿を視界の中で追いかけ、瞬きを重ねた。そして、何も起きないまま数週間が過ぎていたところで、ある新たな恐怖が集中を途切れさせた。十一月十八日、ニュース番組の通常放送を中断してキャスターが伝えたのは、九百人を超えるアメリカ人が、その三分の一は子どもであったが、ガイアナのジャングルの共同体のなかで、カルトの指導者ジム・ジョーンズの命令によりシアン化物の入った飲み物を飲んで死亡しているのが見つかったと報じたのだ。人民寺院〔一九五五年にアメリカで創設されたカルト宗教。創設者・教祖はジム・ジョーンズ〕はガイアナに移転するまで、その本部をサンフランシスコに設置していた。死亡した人びとのなかには、虐待の有無を調査するため現地に向かったカリフォルニア州下院議員レオ・ライアンも含まれていた。彼は離陸直前、仮設の滑走路で銃撃に倒れたのだ。ジョーンズタウンの大虐殺は、世界中と言わないまでも、国内全域で恐怖を引き起こし、特にベイエリアを震撼させたのだった。

感謝祭の週末は平穏にやってきて、そして過ぎ去っていった。あの日の夜、十一月三十日の夜空を覆った新月は、最も人気のない場所にまで煌々《こうこう》と光を当てた。普段は決して姿が見えないものも、理想的な形でよく見える状況だった。しかし十二月に入っても、EAR《イヤー》の新たな襲撃は発生しないままであった。家に籠もるのをやめる人はいなかったが、パニックに陥り、敏感になった反射神経は徐々に緩慢になっていった。

より価値のある物品があるにもかかわらず、EAR《イヤー》が五軒の住宅からクロックラジオを盗んだのは偶然ではなかったのだろう。彼にとって時間は重要だった——それを管理すること、それを巧みに操作することが大切だ。彼は、警戒が緩むまでどれぐらいの時間が必要なのかを察知する、並外れた直感を持っていた。自分の存在をコミュニティーから、そして被害者から不確かなものにし続けることで、彼は戦略的に優位な立場にいることができた。暗闇のなかで体を縛りあげられ目隠しをされた被害者は、野生の感覚を発達させる。静かに閉まる引き戸の音は、大きな、機械的なクリック音として記憶される。彼女は徐々に遠ざかる足音で距離を測る。希望が脳裏をかすめる。じっと動かず、待つ。感覚が研ぎすまされるなか、時間が過ぎていく。彼女は自分以外の呼吸を聞こうと必死に耳を澄ます。そして十五分が過ぎる。

見ることができない、取り憑くような視線でがんじがらめにされ、監視されているという恐怖の感覚がしだいに過ぎ去る。三十分。四十五分。彼女は体をほんのわずかだけ、緩めてみる。肩が下がる。そのときだ。息を吐き出す危険を冒した瞬間、ふたたび悪夢がスタートする——ナイフが皮膚に食らいつき、喘《あえ》ぐような呼吸が聞こえはじめ、近づいてくる。仮死状態になった獲物が動かなくなるのを辛抱強く待つ動物である男が、彼女の真横に来る。

被害者に自分がそこから消えたと思わせるトリックは、残酷で効果的だ。そのトリックをしかけられた被害者は、次にＥＡＲ《イヤー》が消えたと確信を持つまで、ずっと長い時間を待つことになる。被害者の何人かは、あまりの恐怖に体が動かず、何時間も待ち続け、翌朝、小鳥が鳴きはじめ、目隠しの隙間から弱い日差しがチラチラと見えはじめるまで何もできなかった。警察に通報が入るまでのこういった余分な時間は、ＥＡＲ《イヤー》に犯罪現場から遠く離れるチャンスを与えた。

十二月の初旬までに、ＥＡＲ《イヤー》がコントラコスタ郡を襲撃してから六週間が経過していた。地域は、男は決して戻ってはこないと、警戒をしながらも安心している被害者と同じようなものだった。サクラメントもイーストベイも、大衆も捜査官も、当時ＥＡＲ《イヤー》が彼らの地域で姿を見せない間、六五キロ南のサンノゼで二件の強姦事件を起こしていたことは知らなかった。一件目は十一月初旬、そして二件目は十二月二日だった。仮にサンノゼの強姦事件について知っていたとしても、EAR《イャー》の辿ったルートはコントラスタ郡の住人らを安堵させていたかもしれない。男は南側のコースを着実に下っていたからだ。最初はコンコード、そして三〇キロほど六八〇号を下ったサンラモーン、サンノゼ、そして別の郡だった。

十二月八日金曜日の夜が更けると、ディアブロ山の麓《ふもと》に広がる郊外住宅地の住人は、安心してベッドに入った。イーストベイの外側の町、コンコード、ウォルナットクリーク、ダンヴィル、そしてサンラモーンの人びとだ。常識的にいえば、彼はそのまま南下して、サンタクルーズやモントレーを襲うはずだ。彼らは男のバックミラーの中で小さく後退していくターゲットなのだ。最悪の時期は過ぎた。夜中の一時、暗い家の中で冷蔵庫が音を立てていた。時折車が通り過ぎ、静寂を中断させた。概日《がいじつ》リズムは休憩モードだった。

すべての場所がそうだったわけではない。廃線となった線路のすぐ東側のダンヴィルでは、大木に覆われた一八〇センチの木製のフェンスが、誰かがよじ登った重みで倒れていた。フェンスの後ろにあったランチハウスには外灯が設置されていなかった。フェンスを乗り越える人間にとって夜間はもってこいだ。夜のとばりが男を引きつけた。男は黒い服でさまよい、灯りがついた家々の影を探した。

男は裏庭を横切り、中庭に向かった。建物の中には灯りがついておらず、キッチンカウンターに女性物の財布が置いてあった。ガラスの引き戸はわずかな力で開き、ほとんど音を立てることはなかった。男はキッチンに足を踏み入れた。どこかでラジオが静かに鳴っていた。二〇〇平方メートルほどの広さの家は、ほとんど家具もなく空っぽだった。売りに出されていたからだ。フレンドリーな不動産販売業者が、過去二ヶ月間にわたって見知らぬ人をこの家に案内し続けてきた。男は、奇妙な連中のなかの一人だったのだろうか？　もし何か話をしていたとしたら、たぶんブツブツとつぶやくような口調だっただろう。多くの購入検討者が質問をし、興味をそれとなく伝える一方で、男は若干批判的だと記録されただろう。心ここにあらずといった様子は、物件の購入に乗り気ではないように見えただろうし、間取りを記憶していく姿は批判だと誤解されただろう。

男は閉まったドアを迂回して、家の北西の位置にある主寝室にまっすぐ向かっていった。ドアの前に立ち、三メートルほど離れた場所からベッドのほうを見た。女性が一人でそこに寝ていた。うつ伏せの状態で、顔をまくらに乗せている。それはまるで「意識の岸壁から落ちた」ような眠り方で、漂流しているというよりは、しっかりと根を張ったような熟睡状態だった。男に深い眠りから引き剝がされるように起こされた彼女は、それまでの人生をどう過ごしてきたのだろうか？　エスター・マクドナルド（仮名）は小柄で、彼女のエスターという名前が親しまれていた時代の人は彼女を「痩せっぽち」と呼ぶだろう。寒さの厳しい中西部の故郷で十九歳のとき結婚した。子どもは生まれず、気づけば彼女は三十歳になっていた。他の沿岸地域に比べて中部アメリカでは、女性の三十歳は比較的高い年齢とされていた。『夢のカリフォルニア』は曲というよりは、太陽の降りそそぐ未来への誘惑の声だったのだ。彼女はガールフレンドとサンフランシスコに引っ越した。サマー・オブ・ラブは終わりを迎えていたが、ベイエリアはぶっつけ本番を許す土地柄という高い評価を維持し続けた。過去を清算し、新しい人生をスタートさせる場所だったのだ。

ベイエリアに仕事はあった。生花の卸売と電動機の修理会社での仕事だ。二十歳年上の質屋が宝石を片手に彼女に求愛し、ダンヴィルで一緒に住もうと誘った。その家は、サンアンドレアス断層の主要分岐であるカラベラス断層から八キロの場所にあった。しかし六ヶ月後、二人は友好的に別れることにした。彼は家を出て、売りに出し、売れるまで自由に住んでいいと彼女に伝えた。エスターの新しい恋愛は元同僚との間ですでに生まれていたが、質屋との関係もしっかりとは切れていなかった。恋愛事情は二股で、決着がついていない状態だった。

十二月の寒い夜の午前二時に眠りについた彼女は、そんな人だった。幌馬車が足を止める、復活の地として名高いこの州で、すべてをやり直そうとしていた。とても複雑な恋愛生活を送り、そして今、人生を根底からひっくり返されようとしている女性、それが彼女だった。今まさに寝ている暖かい場所が、自分の墓場になると確信したあとのダメージはどれぐらい続くものだろう？　時間は体の怪我を癒やすだろうが、決して忘れさせてはくれない。体を名前のない症状が延々と駆け抜け、ときに長時間に及ぶ、痛みと恐れの波を放出する。

彼女の首を締め上げる男の手。首の横に突きつけられる先の鈍い武器。北カリフォルニアの最低でも十人以上の捜査官が、暗闇のなかでささやかれた最初の言葉を正確に言い当てることができた。

「動くな」

「叫ぶな」

男はとうとう戻ってきた。あるいは、もっと正確に表現すれば、男は引き返してきた。予測できないコースと気まぐれな襲撃は、邪悪な力を発揮しはじめた。たったひとりの男による犯罪の急増である。

最初に出動を要請された保安官代理たちが現場に到着したのは午前五時十九分だった。明らかな証拠の発見に彼らのテンションは上がった。結んだ白い靴紐。引き裂かれたオレンジのタオル。切られた電話線。家の中は身が縮むほど寒かった。なにもかもよく聞こえるように、男はラジオだけではなくサーモスタットも切っていたのだ。無線での呼び出しがはじまった。電話が鳴った。ブルーブラック色の夜明けの空の下、人びとが集まりはじめた。犯罪捜査官ラリー・クロンプトンが車を停めた。彼は集中して証拠集めを行い、早朝にもかかわらず神経を張りつめた。彼は前庭にあった不動産販売業者の看板と、隣の空き家と、後方の線路に気づいた——EAR《イヤー》の抑えがたい欲望をかき立て、彼の迷いを断ち、たった一人の標的に対して一気に集中させた究極のコンディションといえよう。

あと数週間で、クロンプトン捜査官は巡査部長に昇進し、緊急に結成されたEAR《イヤー》対策本部に参加する予定だった。家に入ったときは心の準備ができていなかったが、ドアは彼の背中側で閉まり、この事件は生涯彼の背中にのしかかることになった。まるで絶対に負けられないハングマンのゲーム〔対戦相手の考えた単語を当てるゲーム。出題する者が単語を考え、その文字数だけ下線を引く。解答する者は、その単語に入っていると思われるアルファベットを提示する。アルファベットが入っていない場合は、絞首台に首を吊られる人間の絵を描いていく。入っていた場合は、下線の引かれたその場所に記入する。この出題と解答を繰り返し、解答者が単語を完成させるか、出題者が絞首台に吊される人物の絵を完成させたら「ゲームが終了する」のように。すべての推測は間違いで、線で描かれた人物は永遠に吊される。クロンプトンは、自分自身や先達たちが時間を巻き戻して空白を埋めることができるまで、最後の動きは保留し、失敗をかろうじて避けていた。最後の文字が正しくなったときにはじめて、暗闇の中の、長く、激しい追跡が、シンプルだが長期間にわたって探し求められていた褒美とともに終わる。それは男の名前だ。

三頭のブラッドハウンドのうち、一頭目のピータが到着した。彼女はすぐに興奮し、鼻をねじるようにして空気を嗅ぎ回った。周りにいるいかめしい顔をした人間の願いを追跡犬がはたして理解しているのか、犬が何を考えているかなんて誰にもわからない。ピータの仕事はうらやましいぐらい明快である。匂いを嗅ぎつけて、それを追う。クロンプトンを含む、ハンドラーと警官の少人数グループが、ピータが裏庭のテラスから外に出て、自信ありげに裏庭の南西の角に向かうのを見守っていた。彼女はフェンスのあたりで動揺を見せ、そこを越えたがった。彼女は庭の外に連れ出され、そしてフェンスの向こうにいき、放棄されたままの線路まで進んだ。そこで彼女は鼻を上げた。

捜査官たちは、顔のない破壊者が置き去りにしたばかりの残骸をもう一度調べていた。冷蔵庫から出したビール瓶にはまだ泡がついていた。フェンスについた擦り傷が撮影された。線路の近くで寒さのなか身を寄せ合うようにしていたグループは、ピータが次の動きをするのを待っていた。彼らの望みは、犬の鼻孔にかかっていたのだ。

そのとき物事が急に動き出した。ピータが匂いを捕らえたのだ。彼女は男の匂いを発見した。勢いよく前に進み、線路の左側の小道を南の方向に走っていく。警察のK－9チームは、「ピータが嗅ぎつけた」と言った。彼女は徐々に速度を増し、天から授かった遺伝的才能を使って執拗に追いかけ続けた。彼女は、ありとあらゆる意味で、解き放たれていたのだ。クロンプトンとハンドラーはピータのあとを追いかけた。危険と不安が漂う空気のなかで起きた突然の騒動は、ダンヴィルの土曜の朝としては珍しい光景だった。この歓迎されない混乱状態は、このあと数ヶ月の間に繰り返されることとなる。

ピータは、八〇〇メートルほど離れた線路が住宅街と交わる地点で突然止まった。別の二頭のブラッドハウンドのベッツィーとエリが犯行現場に加わっていた。ピータの担当者であるジュディー・ロブは追跡調査報告書で、分刻みで変わる風速が堆積した匂いを変えてしまうと書いた。それでも、三人の担当者の意見が一致する点もあった。犬はフェンスに沿って匂いを嗅ぎ、何カ所もの側庭に入り込んだ。三頭の行動は、容疑者が多くの時間を割いて周辺を歩き回っていたことを意味した。男は被害者宅の裏庭に北側のフェンスを乗り越えて侵入した。南西側にあった垣根越しに逃げ、線路沿いに南に進み、交差道路のあたりで車両に乗り込んだと考えられた。

被害者は巡査部長によって病院に運び込まれた。検査が終了すると、彼女を車で家まで送り届けたが、家の外に車を停車しても彼女はそこを動こうとはしなかった。生々しい苦痛のせいでシートから身動きがとれなくなっていたのだ。夜明けの明るさも彼女に安心を与えなかった。家の中には入りたくなかった。警察にとって、これは用心しなければならない状況だった。捜査官は同情したが、それでも彼女の証言は必要だった。被害者とともに犯罪現場を歩くことが重要であることが、彼女にそっと伝えられた。彼女は、短時間であればできると同意し、そしてすぐに現場を離れた。あとで友人たちがやってきて、彼女の荷物を引き上げていった。彼女がその家に戻ることは二度となかった。

名前のない加害者を捜査報告書でどう呼ぶかは、常に議論となるところだ。使われるのは「容疑者」あるいは、ときには「犯罪者」であり、シンプルに「男」と書く場合もある。ダンヴィルの報告書を誰が書いたのかはわからないが、その人物が選んだ言葉は激しく、はっきりとした非難を含んでおり、その叱責するようなトーンはまるで、その報告書のページからこちらに向かって、指が差されているような雰囲気さえあった。その言葉を読んでしばらく私は動揺した。以降、それは私にとってEAR《イヤー》のあだ名のようになった。夜中の三時に目を覚まし、収集癖のある人間が集めた、ぼんやりとした手がかりと不明瞭な顔の特徴を繰り返し眺めているときにふと戻ってきた、とてもシンプルなひと言だ。私はこの言葉の明快な主張に感嘆した。

The responsible——責任を負う者、である。

*

自転車、馬、ハイカーのための通路で、コントラコスタ中心部を通る六五キロにおよぶアイアン・ホース・リージョナルトレイルのすぐ近く、ダンヴィルの住宅街にホールズは車を停めた。

いにしえのサザン・パシフィック鉄道が舗装された通りで、歩行者には優しい場所だった。

「ここで降りて歩きましょう」とポール・ホールズが言った。

車を降りた私たちは南に向かって歩いていった。ホールズが私にとある裏庭を指して見せるまでに、三メートルほど歩いただろうか。

「ブラッドハウンドは被害者宅の庭の隅までEAR《イャー》の逃走経路を追ってきました」と彼は言った。彼は一歩前に進んだ。フェンスの向こう側にはリュウゼツランが繁っていて、近づこうとする者を拒絶しているかのようだった。

「男はここでフェンスを跳び越えた」とホールズは指差し、刀のような形をした固いリュウゼツランの葉を長い間じっと見つめていた。

「家主は襲撃に大きな恐怖を感じて、このサボテンを植えたんでしょうね」と彼は言った。

私たちは歩き続けた。犯罪心理学者のジョン・パティーが、ブラッドハウンドがEAR《イャー》の逃走ルートを割り出したあと、証拠をくまなく探すために三十五年前に進んだ道を、いま私たちは辿っていた。パティーは捜索の途中であるものを見つけていた。彼はそれにラベルをつけ、そしてプラスチックのバッグの中に密閉した。そのバッグは保管室に運ばれ、箱に入れられ、そして同じような数百個の箱が並ぶスチールの棚の隙間にきっちりと納められた。そしてそのまま誰にも触れられることなく、三十三年間眠ったままだった。二〇一一年三月三十一日、ホールズが一九七〇年代にEAR《イャー》と疑われた人物のスキー帽について保管室に電話を入れた。この人物のことを再調査していたのだ。保管室の主任はスキー帽の入った箱を用意してくれていた。そこでホールズは、「RRの通路から採取したもの」と書かれたタグのついたジップロックのバッグの存在に気づいたのだ。そのバッグの中身が、彼の捜査の道筋を変えた。

証拠の収集には、他の警察のすべての仕事と同様、文書足跡が必要だ。ジョン・パティーの現場証拠リスト表は殴り書きで、簡潔に書かれていた——

一．

a）らせん綴じノート用紙二枚、手書き文字が書かれた三穴バインダー紙

b）らせん綴じノート用紙一枚、手描き地図が描かれた三穴バインダー紙

c）長さ約一メートルの紫の紐一本

d）タイプライターで印字された紙の一部

これらのアイテムは同時に見つかったのだろうか？　それとも地面にばら撒かれていたのか？　ホールズが正しく判断するための犯行現場の写真やスケッチは残されていなかった。パティーは短いノートを残し、どの道でその証拠を発見したのか説明していた。それだけだった。ホールズはその紙をタッチDNAや高解像度スキャニングで分析し、何人ものエキスパートに地図の詳細の解析と分析を依頼することができたが、肝心な人物に会うことは叶わなかった。それはジョン・パティー本人だった。彼は一九九一年に癌で死亡しているのだ。未解決事件の悩みの種、それは無関係とされたものの、のちに重要だと判断された知識が、それを知る者とともに死を迎え

てしまうことだ。

最初ホールズは「宿題の証拠」（作文や地図が手書きで書かれた紙数枚）に関して、どう判断していいかわからなかった。カスター将軍について書いた、下手な作文の一ページがはじまりだった。二ページ目の内容はより興味深かった。「怒りのひと言だ（Mad is the word）」という書き出しの作文だ。書き手は、彼をからかった六年生と、彼に罰として何度も同じ文章を書かせた教師に対する怒りを露わにしていた。「ぼくは今までこれほど大嫌いになった先生はいない」と、とある教師について書いていた。

三ページ目は住宅地域の手描きの地図で、ビジネスエリア、行き止まり、小道、そして湖が記されていた。ホールズは地図の後ろの至るところにいたずら書きがあるのを見つけた。

この証拠はホールズを困惑させ、彼をあっという間に惹きつけた。次々とアイデアがひらめき、夢中になった。彼は専門家に電話をかけ意見を聞いた。不動産販売業者の思いつきが、ＥＡＲ《イヤー》が誰であるのかというホールズの理解を変えた。手がかりはちがった角度から検討し直された。ホールズは自分のセオリーが同僚の捜査官たちとは異なっていることは理解していたが、それを気に病まないことにした。彼は、物の見方が「レフトフィールドにある」男として、自分自身のいる場所を確保したのだ。彼は質問をしまくった。すると、文章の幼稚さと、地図から読み取れる確かな設計技術の奇妙な組み合わせに関して、説得力のある説明を得た。さまざまな洞察が重ねられていった。カタコンベ〔地下にある墓地〕で道に迷うような危険性が、この事件には常につきまとっていた。可能性は地平線まで誘うように延びていた。個人のコンパスには、ある種のバイアスや信じなければと思う設計上の欠陥が備わっているものだ。それでも、特定の標的はいまだ出現しておらず、ホールズの視界にはより大きなターゲットが少しずつ入り込んできていた。

事件捜査において、期待していなかった発見があることはとても珍しい。それは人を興奮させる。EAR《イヤー》のような犯罪者の正体を暴くコードを解読することは、捜査官たちにとってジェットコースターに並ぶ列の回転式入場ゲートが回る、カチッという音のようなものなのだろう。シナプスがパチパチと音を立てる。かつては平衡感覚を持ち合わせていたマルチタスク人間も、もはや完全に虜《とりこ》となる。強迫観念はいつも、駆り立てられる瞬間を記憶しているのだ。ホールズは保管室で作業を終えると、一番近いコピー機で、見つけたページをコピーした。事務員がホールズに話しかけたとき、彼は研究室で手描きの地図のコピーを分析していた。

「ポール？」

「ん？」

「**ポール**」

ポールは地図のコピーから目を話して、眉毛を上げた。事務員は地図を裏返すようジェスチャーでホールズに教えた。ホールズは言われた通りにした。裏に落書きがあったことは知っていたけれど、じっくりとは見ていなかったのだ。裏返して見てはじめて、事務員が何を示していたのかがわかった。

そこには、まるで解読せよとばかりに、読みにくい文字が書いてあった。二語がぐしゃぐしゃと消されていて、そのうちの一語は特に勢いよく消されていた。メラニーという名前がかろうじて読めた。でも、それ以外にも何か書かれていたようだった。文字は残りのぐしゃぐしゃと書き殴られた意味のない線とまったく合っておらず、その意味を理解するには少し時間がかかった。実際のところ、文字の構造もちがっていたのだ——大きくて、筆記体で、最後の文字はT、その先は意味もなく、鋭角の三角形が二つ描かれている。文字は他のページのそれよりも濃く、まるで筆者が怒りに駆られて書いたようだった。ぐしゃぐしゃに書き殴られた残りの文字は線で雑に消されていたのだけれど、この単語はそうではなかった。斜めに走り書きされていた。ページの下半分を使って書かれている。最初のPの文字は他よりも大きく、そして一番驚いたのは、その単語は逆から綴られていたのだ。全体的な印象としては、不安定な心理状態だった。

書かれていた単語は、「Ｐｕｎｉｓｈｍｅｎｔ」——罰。ホールズは夢中になった。

＊

アイアン・ホース・リージョナルトレイルを歩いていた私たちは、とある電柱の前で立ち止まった。それは数百ヤード離れた場所にある交差点から北に二本目の電柱で、ブラッドハウンドがＥＡＲ《イヤー》の匂いを失い、ＥＡＲ《イヤー》が車に乗り込んだ地点と考えられている場所だった。

「『宿題の証拠』が見つかったのはこのエリアです」とホールズは言った。

彼にはその紙がＥＡＲ《イヤー》のものだと信じる経験的な理由があった。追跡犬は絶対に間違わないとは言えないが、三頭のブラッドハウンドがそれぞれ、ＥＡＲ《イヤー》が道路を南の方向へ逃げたと示唆した事実は、確実な証拠である。ホールズにとってそれより大事だったのは逃走経路で、匂いが途切れた場所は、襲撃前に車を停めることで知られるEAR《イヤー》が、通常ターゲットから取る距離と一致していたのだ。ジョン・パティーは周囲から尊敬されている犯罪学者でコントラコスタ郡の事件とは深い関わり合いを持っていた。もしパティーが証拠を収集していたのなら、彼はそれが重要だと考えていたにちがいない。「宿題の証拠」とともに発見された二つのアイテムについては、行き詰まったままだった。紫の紐の長さは謎のままで、何かがタイプされた紙切れは判読ができなかった。しかしらせん綴じノートは、性犯罪現場から見つかったとしてもそれほど不自然なものではなかった。連続性犯罪犯や連続殺人犯は、被害者を探してうろつきまわりながら、その内容をメモすることが多いのだ。ときには、自分にしかわからない暗号のような言葉を使うことさえある。EAR《イヤー》がサクラメントを襲撃している期間、疑わしい人物を見たと通報してきた目撃者の数名が、男はらせん綴じノートを手に持っていたと証言した。そしてEAR《イヤー》は、警察を巧みにかわす能力を持っているにもかかわらず、よく落としものをする男だった。スクリュードライバー、血のついたバンドエイド、そしてボールペン。それが意図的だったかどうかはわからない。

　激しい怒りと自己憐憫の間を行ったり来たりする、跳ね回るような「怒りのひと言だ」という言葉も、もう一つの手がかりだ。EAR《イヤー》のような暴力的な犯罪者、つまり連続性犯罪からエスカレートして殺人を犯すようになった人間は、珍しいだけではなく、さまざまなタイプが存在するため、彼らの背景や行動を一般化するのは得策ではない。しかし、共通のテーマは存在する。未来の悪夢の創造者は、そもそもは夢見がちな若者である場合が多い。彼の世界は二分されている。

暴力的な空想は、過酷で失望ばかりの現実を覆い隠す役割を果たしている。自尊心に対する明らかな脅威は、しっかりと男の内面に取りこまれている。苦悩のもとが集められ、自分の古傷を何度も指でなぞり出す。

暴力的な空想はやがて、精神的なリハーサルへと進んでいく。台本を暗記し、メソッドを洗練させてゆくのだ。その物語のなかで、男は冷酷なヒーローだ。苦悩の視線で彼を見つめているのは、次々と変わる恐怖に顔を歪めた出演者たちだ。男の歪んだ信念のシステムは、中心にある、吸血鬼の教えの周辺で作動する。男の足りないという感覚は、被害者に対して完全な力を行使して、女性から表情を奪い去ったとき、はじめて抑えられる。彼はそれを自分のなかに認識し、同時に憎んでいる。

暴力的な空想をする人間の大部分は、それを行動に移したりはしない。一線を越える者を、何が作り上げるのか？　ストレス要因のつながりがそれだ。感情のマッチに火が点けられるのだ。白昼夢を見る者はトランス状態から歩み出て、知らない誰かの家に入り込む。

「怒りのひと言だ」と書いた筆者は、暴力的な犯罪者に共通している、ある種の過剰で、いびつな感情的な反応を示している。彼を罰した六年生のクラス担任は「私の心のなかに憎しみを作り上げた」そうだ。書き手は自分への哀れみに満ちた、まるで安物のメロドラマのような言葉を使って自分の体験を書いている。「苦しみ」「不公平」「恐ろしい」「忌まわしい」。

車に戻るため私たちは歩きはじめた。北カリフォルニアの多くの町と似た歴史を持つ、ダンヴィルについて自分が何を知っているのか考えてみた。昔むかし、北東部にあるディアブロ山ではネイティブアメリカンが集団生活を送っていたが、一八五四年にゴールドラッシュで大もうけした白人男性がやってきて、そこに一万エーカーの土地を購入した。彼の名はダン。果実や小麦の栽培が一九七〇年代まで続いたものの、住宅の建築が大ブームとなり人びとがやってきた。そしてこの町を、イーストベイ地区でもっとも暮らしやすい、裕福な郊外へと変えた。ホールズが検証した航空写真では、EAR《イヤー》が裏庭をうろついていた時期に周辺地域で大がかりな建築作業があった事実は確認できなかったそうだ。被害者の家は六〇年代中盤に建てられていた。ダンヴィルの風変わりな歴史は人びとを惹きつけ、一九八〇年代までに人口は倍になった。

今日のダンヴィルの評判はといえば、均一的でステータスにこだわるというものだ。最近では、アメリカ国内で最も衣類にお金をかける地域ナンバーワンになったそうだ。

「こんな場所で育ったと思いますか？」と私はホールズに聞いた。

「中産階級ってことですか？　まあ、そうですね、彼は貧困層の出身ではないように思いますよ」と彼は言った。

私はEAR《イヤー》のDNAプロファイルがヒットしない問題を引き合いに出した。ずいぶん憶測が過ぎるとは認めつつも、私はいままで彼が社会的地位のある人間ではないかと疑ってきたのだ。私はDNAについて意見を聞き出すべく、ホールズを刺激してみた。

「そりゃあ、驚いていますよ」と彼は言った。「DNAを十年以上も保有していて、全国レベルで検索しているというのに、一人もヒットしないんですから」

「似たタイプのDNAすらヒットしないことにも驚きませんか？　それって男がお堅い家柄の出

身だってことにはならないんですかね？」——意見にみせかけた質問だ。

「常に犯罪に加担している人とはちがい、そういう可能性もありますね」とホールズは注意深く答えた。

ホールズと私はこのときすでに数時間を共にしていた。彼は一緒にいて頼もしい人だ。本当に気が楽なのだ。実際、彼の振る舞いはとても気楽で、穏やかだったから、彼の会話のパターンを理解するのに普段よりも長い時間がかかってしまった。アイデアに賛成していないとき、彼はそれを冷静に私に伝えてくれる。しかし質問の内容にしっくりきていないときは質問に答えなかったり、風景のなかで興味深い何かを指摘したりして話をはぐらかす。ＥＡＲ《イヤー》の社会経済的な背景に関する話題になったとき、私はホールズの態度から同じような偏りを感じとった。彼は犯罪学者なのだと私は自分に言い聞かせた。定規と測径器を駆使する定量化のプロフェッショナルで、緩慢な推理を目の前に出されると、厳然たる事実と取るに足らない戯れ言をはっきり分けようとするのだ。私がＥＡＲ《イヤー》のふくらはぎは筋肉質なのではとそれとなく言うと、それをあっさり彼は訂正した。目撃者が実際にそう証言していたのだが、あとになって、彼は見事なスプレッドシートを私に見せつつ、被害者の証言からＥＡＲ《イヤー》の身体的特徴を結論づけることがどれだけ無謀かを教えてくれた。目の色と髪の色の証言だけで無限にあった。乏しい明かりと被害者の受けたトラウマが心象を曖昧なものにした。体格が唯一、一定の証言を得ている特徴だとホールズは指摘した。ＥＡＲ《イヤー》の身長は約一七五センチ、高く見積もって一八二センチだった。それでも、過信せずに調査し続けるべきとホールズは言った。「慎重すぎるほど慎重にいかなければならないから」

科学者だ。

思慮分別と科学的正確さこそが私には必要だ。しかし、私たちがダンヴィルを去ろうとしていたこの時点では、まだ理論を繰り返してしまうモードにいた。私は、EAR《イヤー》が正常な人間の仮面をかぶっているのではという手がかりをホールズに言い連ねていた。殺された被害者のほとんどはホワイトカラーの専門家たちで、上流階級の人びとが住む地域の住人だった。EAR《イヤー》はさもそこの住人であるかのようにように振る舞ったにちがいない。そこで正規雇用されていたはずだ。男には方法と手段があった。

「車に乗っていたのは間違いないですよね」と私は言った。

ホールズは頷き、表情を曇らせた。心の中で何かについて考え、言うか言うまいか迷っているように見えた。

「彼が車を使ったのは確かです」と彼は言った。そしてとてもゆっくりと、次の言葉を口にした。

「彼はそれ以上のものを持っていたかもしれません」

私はそれが何であるのか、少しの間、考えつくことができなかった。

「飛行機だった可能性もあると思います」

「え、本気ですか⁉」

私は思わず口走った。

彼は謎めいた微笑みを浮かべている。どうやら誤解していたらしい。彼は私の推測ばかりの質問を非難してはいなかった。いつ物語の流れを変えようかと考えていたのだ。

「ランチのときに、また詳しく」と彼は約束した。
私たちにはランチの前に、コントラコスタ郡で行かねばならない場所がある。
ウォルナットクリークだ。

ウォルナットクリーク

サンフランシスコ郊外のヒルズボローのロンバート通りに建つフランク・ロイド・ライトが設計したシドニー・バゼット・ハウスは、樹木に覆われて曲がりくねった車道の末端にあった。通りからは見ることができない。並外れたその美しさはよく知られていたが、外観が誰かの目に触れることはめったになかった。一九四九年のとある日の午後、その家で一人で過ごしていた所有者の義理の母は、玄関をノックする音に驚いた。訪れてきたのは中年のビジネスマンで分厚い眼鏡をかけていた。その人物の後ろには真面目な顔をした、いかにも専門家といった姿の男性たちが六人立っていた。その人物は自らをジョーゼフ・アイクラーと名乗った。一九四二年から、現在の所有者が購入する一九四五年までの間、彼と家族は三年間その家に住んでいた。セコイア製の作り付け家具とガラスの壁でできたバゼット・ハウスは、日中ありとあらゆる角度から日の光が入り、終日、各部屋の雰囲気を変えていた。アイクラーにとっては芸術品のような家だった。

この家を忘れられなかったとアイクラーは説明した。その家に住んで彼の人生は変わったのだ。今は建築業者となった彼は、同僚を彼のインスピレーションの源になっている場所に連れてきたというわけだ。グループは中に招き入れられた。戸口から中に入ると、ウォール街で活躍したタフなビジネスマンであるアイクラーが涙を流しはじめた。

一九五〇年代の中盤までには、ジョーゼフ・アイクラーはベイエリアで最も成功を収めていた、カリフォルニアモダンスタイルの家族向け平屋一戸建て住宅を専門とする宅地開発業者だった。柱梁工法による平らな、傾斜の緩いA字型の屋根を持った自由設計の家で、ガラスの壁とアトリウムと呼ばれる中庭が特徴だった。彼の野望はビジネスの拡大とともに大きくなった。戦後急激に数を増やした中産階級の人たちに、美しい幾何学的なラインを楽しんでほしかった。モダンな美の哲学を大衆にもたらしたかったのだ。アイクラーはコントラコスタ郡の中心部を偵察して、分譲するための土地を探した。数百エーカーの土地が必要だった。それ以上に、彼には正しいフィーリングが必要だった。都市のスプロール現象が起きてはいないが、インフラが整っている最先端の土地が望ましいのだ。一九五四年、アイクラーはウォルナットクリークを訪れた。その町は本来、馬の町だった。イグナチオバレー通りは、今でこそ主要道路であるが、当時はその二車線道路が牛に占拠されることも珍しくなかった。しかし、ちょうどこの地域最初のショッピングセンターが開店したばかりだったし、新しい病院も建設済みで、高速道路の建設計画もスタートしたばかりだった。

町の北部、ヘザー農園の向かい側にあるクルミの果樹園のなかで、アイクラーの調査は終了した。ディアブロ山が遠くで輝いていた。クリエイティブな専門家や、モダンアートとデザインを評価する進歩主義者で、目隠しをしても歩き回ることができるような月並みな家に住むことに飽き飽きしているタイプにとっては、ここは完璧な土地になると彼は考えた。一九五八年、五六三区画、三百七十五軒のアイクラーハウスと、残りの標準的な区画が完成した。パンフレットには、流れるようなドレスを着た美しい女性がガラスの壁から整えられた裏庭を見ている姿が描かれていた。屋根は柱と梁でできていた。イスはもちろんイームズだ。アイクラーは自分が作った新しいコミュニティーを、ランチョ・サン・ミゲルと名付けた。

この周辺地域には、アイクラーハウスを誹謗中傷する者もいた。視界を遮るために通りに向けて立てられた壁と裏庭に開かれたデザインが特徴のアイクラーの設計は、反社会的だと批難された。家の前方の窓から近所に手を振ることもできない、美しさに欠けた、まるでガレージのような家だと考える人もいた。それにもかかわらず、「アイクラーズ」と人びとが呼んだその建物は、カルト的人気を得るようになった。そして、公園と学校が多くあるランチョ・サン・ミゲルは、常に人気の居住区域となった。しかし、ガラスの壁とスライドドアと、裏庭を高いフェンスで閉鎖している風変わりな家は、別のタイプの信奉者を惹きつけることになってしまった。進歩的な考えの人びとではなく、暗い動機を持つタイプの人間だ。この事実は公に言われていることではないが、何年もの間まことしやかにささやかれ人びとを当惑させてきた。

私とホールズはEAR《イヤー》が最初に襲撃したウォルナットクリークの家にやってきた。ランチョ・サン・ミゲル内のアイクラーハウスだ。

「僕はこれをコントラコスタ郡のバミューダトライアングル〔フロリダ半島、プエルトリコ、バミューダ諸島を結んだ三角形の海域で船や飛行機が消えるという伝説〕と呼んでいるんです」とホールズは言った。「このあたりで連続して発生した殺人事件は、実は他にもありました。女の子が行方不明になったのです。これは、よく知られたシリアルキラーの襲撃です。一九六六年には主婦が絞殺され、パンティーが引きちぎられていた。そのうえ、二件のEAR《イヤー》の襲撃があったわけです。なぜだ？　と疑問に思いますよね」

一九七九年の春、ウォルナットクリークのランチョ・サン・ミゲルに住む十七歳の女性が正体不明の人物から電話を受けるようになる。この電話が不気味だったのは、彼女を追いかけるようにして、彼女がベビーシッターをしていた家にもかかってきたことだった。両親が家を出て、子どもが寝かしつけられる。すると、電話が静寂を切り裂くようにして鳴るのだ。「もしもし？」聞き覚えのある、静寂に続くカチッという音。それは受話器の向こうに、意図的にその電話をかけてきた人間がいるという唯一のサインだった。

その十七歳の女性は、エル・ディビサデロ通りの二軒のアイクラーハウスに向かい合わせに住む二世帯で、ベビーシッターとして働いていた。五月初旬には、彼女の家からナイトガウンと電話帳が盗まれていた。そんなことがあっても、彼女は自分自身に熱い息のような脅迫行為が迫っていると感じてはいなかった。アイクラーハウスは、人間の意識を外に向かわせる。ガラスの壁は居住者を珍しいミュージアムの展示物のように見せてしまう。夜になると、部屋の明かりは、外の暗闇に反射して、中にいる人の視界を遮ってしまう。その不透明さが不安な気持ちをかき立てる。

五ヶ月後には、映画『夕暮れにベルが鳴る』が公開された。誰もが知る都市伝説のようなストーリーが展開するこの映画には、何度もかかってくる不吉な電話に苦しめられるティーンエイジャーのベビーシッターが登場する。「子どもたちの様子は見たのか?」と、見知らぬ男が聞く。オフホワイト色のダイヤル電話が、まるで時限爆弾のようにリビングルームに置かれているのだ。彼女を助けようとする捜査官が、緊急のメッセージを彼女に電話で伝えようとするオープニングシーンの最後で、恐怖はピークを迎える。

「逆探知したんだ。その電話は家の中からかかってきている」

日常のなかにある恐怖だ。

一九七九年六月二日、『夕暮れにベルが鳴る』はまだ公開されていなかった。その土曜日の夜、ウォルナットクリークにいたベビーシッターに対して不審者から電話はかかってはいなかった。無言電話が、別の方法での接近が考慮され、計画されているという意味だという認識は彼女にはなかったのだ。

足音と男性の声を聞いたとき、彼女はキッチンテーブルの側に座っていた。どちらが最初に聞こえたのかは思い出せないが、暗い廊下から突然、恐怖に支配された彼女の心に飛び込んできたかのようだった。

男はほとんど何も言わなかった。気まぐれで、予測不可能な暴力で彼女とコミュニケーションをとった。彼女の頭をいきなり押さえつけ、プラスチック製のケーブルで両手首をきつく縛りあげ、彼女の左乳首に噛みついた。犯罪学者は、犯罪現場にいる被害者の写真を撮影する必要がある。誰も楽しそうではなく、誰もがカメラを覗き込んでいる。ベビーシッターはどこも見てはいなかった。彼女は視線をそらしたままで、ずっと下を見ていた。その両目が上を見ることは決してないように思えた。

当時、通りの向こう側には広場と学校があった。隣の家には誰も住んでおらず、借主を募集している状態だった。犬がEAR《イヤー》の匂いを追いかけ、通りの角まで進んだが、そこでEAR《イヤー》は車に乗り込んだと考えられている。EAR《イヤー》はプールが造られたばかりの家の前に駐車していたのだ。

レイプ事件のあと周辺地域をパトロールしていた警察が、ナイフと鞘《さや》を所持して飲酒運転をしていた男の車を止めた。ズボンを下げたままで猫を探していると言った男も止めた。この男の車の中には、何も知らない女性を望遠レンズで撮影した写真が何枚もあった。彼らは、セメントで埋め立てられてもなおウォルナットクリークの地下に渦巻く水路のように、夜間に郊外をうろつく、暗い強迫観念に囚われた二人の男に過ぎなかった。

二十三日後、EAR《イヤー》はランチョ・サン・ミゲルに舞い戻ってきた。連続事件捜査の手がかりを検証する捜査官たちが言うには、自分の個人的な気持ちが犯人に伝わり、それに応えるように、犯人が話しかけてくるような気持ちになることがあるそうだ。これは強迫観念に囚われた競争相手同士の間にはよく知られた言葉のない会話で、戦いのなかにいる二人だけに意味のある些細なジェスチャーのやりとりである。捜査官と一般的に犯罪者とされる者たちのレースの第一段階では、捜査官は時間を気にする心配性で、犯罪者は薄笑いを浮かべた操り師なのだ。

犯行が起きた二軒目のアイクラーハウスまで、あと三〇メートルほどの距離だった。被害者は十三歳の少女だ。父親と姉が家にいたが、何が起きていたのかはまったく気づいていなかった。追跡犬がハンドラーに吠え、突然止まったのは角のあたりで、見覚えがある場所だった。プールが造られたばかりの、あの家の前だったのだ。

事件の詳細が混ざり合い、ほくそ笑んだ卑劣な顔がそこから浮かび上がったようだった。

「あの人、戻ってきたことってあるんですか？」と、襲撃後、様子を聞いてきた捜査官に十三歳の少女は聞いた。

「一度もないよ」と最初の捜査官が言った。

「絶対に、一度も、戻ってきてはいないからね」と二人目の捜査官が言った。

「ここらへんで一番安全な家だから」と最初の捜査官。

まるで、安全な家など二度と存在しないかのようだった。

周辺地域は、ホールズの考える建築的特徴と必ずしも合致するわけではない。アイクラーハウスはすべて一九五〇年代に建てられている。ランチョ・サン・ミゲルでは当時、活発な開発が行われていたわけではなかったが、隣接する場所では開発が進んでいた。六八〇号からわずか三・二キロの場所だった。

「ちょっと普通じゃないんですよね」と、周囲を見回しながらホールズは言った。「何かが男をこの田舎に引っ張り出してきているんですよ」

コントラコスタ郡をドライブする意味は、ホールズと私では異なる。実際に地域を見るのは、私にとってはこれがはじめてのことだ。ホールズにとっては古い殺人事件現場を走っているようなものだ。「〇〇へようこそ」という看板を見るたびに、研究室でぼやけた目で顕微鏡を覗いていた午後に発見した、法医学的な証拠が脳裏に蘇るのだ。そのなかでもウォルナットクリークはホールズの心を揺さぶった。行方不明になった少女の謎を思い出すからだ。

エレイン・デイヴィスは紺色のピーコートに真鍮《しんちゅう》のボタンを縫い付けようとしていた。ウォルナットクリーク北部のパイオニア通りにある家から、エレインの父を迎えにいくために母は家を出た。一九六九年十二月一日、月曜日の夜十時半のことだった。デイヴィス夫妻が家に戻ると、成績優秀で丸顔にブロンドの髪をした、十七歳のエレインは姿を消していた。三歳の妹はベビーベッドで寝ており、家の中に荒らされた様子はなかった。近視だったエレインは、絶対に欠かせない眼鏡を置いたままでいなくなっていた。彼女がコートに縫い付けようとしていたボタンは家の裏の草原から見つかった。金色のバックル付きの茶色いローファーが、アラモの州間高速道路六八〇号で発見され、そこから一二〇キロ離れたサンタクルーズマウンテンの人里離れた高速道路で小柄な女性用の紺色のピーコートが見つかった。

エレインが姿を消して十八日後、サンタクルーズのライトハウスポイントで女性の死体が浮いているのが発見された。

放射線科医が骨を調べた結果、二十五歳から三十歳の女性であると判明した。エレインではなかったのだ。結局、そのジェーン・ドウ〔本名がわからないときに用いられる女性の仮名〕は名前のない墓に葬られた。デイヴィス行方不明事件は未解決となった。

三十一年後、ウォルナットクリーク警察に勤務する定年間近の刑事がホールズに事件ファイルを持ち込み、そしてホールズがその検証を行った。ホールズは放射線科医の分析が間違っていたと結論づけ、正確な年齢判定がなされなかったとした。他の職員らと協力して、ジェーン・ドウの遺体を掘り起こすと、丘の側面にある八メートルの深さの場所で、骨がいっぱいに詰まったプラスチックのバッグにシャベルが当たった。

エレインの父親はすでに他界、母親はサクラメントで暮らしていた。発掘から二日後、ウォルナットクリーク警察の人間が母親との面会を申し込んだ。妹も警察と会うために街に戻ってきた。刑事が母親と妹に、エレインの身元が確認されたと伝えた。

「二人は彼女を埋葬しましたよ」とホールズは言った。「その一週間後に母親は亡くなりました」

私たちはウォルナットクリークを出て、北に向かった。

渓谷の上にある奇妙な形の尖った山で、区画された住宅街の真ん中を切り裂くようにそびえ立つディアブロ山がしだいに遠ざかっていく。マウントディアブロでは、黒い山猫が高い岩の間を悠然と歩くと言われている。山では神秘的な光が目撃されていた。一八七三年、生きたままのカエルが、地下七〇メートルにあった石灰岩の床板に身体を半分埋め込んだ状態で発見されたという伝説もある。八月後半から九月前半にかけて、秋になって最初の雨が降ったあとには、数百匹の雄のタランチュラが地面の穴から一斉に出てくるのだそうだ。ミントの香りのする赤いサルビア・レグラの花々の間を走り抜けながら、交尾の準備ができた雌のために、繊細なシルクに覆われた巣穴を探すために。ちょうど日没か、その直後ぐらいがタランチュラを見るのには最高の時間で、懐中電灯を手にした観光客が山に集まってくる。コウモリがバンクス松とライブ・オークの上を旋回し、アメリカワシミミズクが厳粛な鳴き声を聞かせる。小道を照らす懐中電灯の光が時折、地面でうごめく何かを映し出す。よく見てみると、それは皿ほどの大きさの、素早く動くタランチュラだ。雄のタランチュラは決して巣穴に戻ることはない。可能なかぎり交尾を繰り返したのち、飢え、あるいは寒さで命を落とす。

私たちは橋を渡ってソラノ郡に入り、そこから東に曲がってデイビスに向かう。

「天気のいい日はここからサクラメントが見えるんですよ。それからシエラネバダ山脈もね」とホールズが言った。

サクラメントとイーストベイのちょうど中間地点に住んでいるというホールズは、週末には頻繁に犯罪現場を訪れているそうだ。「ドライブが好きでね」と彼は言う。南カリフォルニアにいるときも、常に犯罪現場に出向くそうだ。家族とディズニーランドに行ったときも、子どもが眠そうにし、妻がホテルで昼寝をすると決めると、ホールズは車に飛び乗った。アーバイン市の住宅地であるノースウッド、エンチーナ一三番地は、ジャネル・クルーズが住んでいたところだし、コロンバス三五番地はドルー・ウィットヒューンが義理の姉マニュエラの血痕を拭き取ったあの家がある場所だ。

「訪れるたびに、なぜこの場所だったのか？　と考えることにしています」とホールズは言う。

「なぜこんなことに？」

デイビス

［原著編集者より：これ以降の記述は、ミシェルがデイビスを調査していたときの声の録音から書き起こしたものである］

ポール・ホールズ：EAR《イヤー》がイーストベイまで移動したとされるルートがここです。州間高速道路八〇号で、まさにこの位置になりますね。

ミシェル：EAR《イヤー》の出身地を推測する場合なんですが……出身大学っていう意味です……いえ、あなたに考えてほしいっていうわけじゃなくて、ただ私に興味が……ということなのですけど。

ホールズ：僕が推測したらってこと？　カリフォルニア州立大学サクラメント校だろうね。もしEAR《イヤー》が大卒だったとしたらの話。土地勘があるから。やつの襲撃場所を見てみれば、ランチョ・コルドバに集中していることはわかりますよね。ラ・リビエラ沿いにも襲撃は発生している。カリフォルニア州立大学サクラメント校のすぐ横と言っていい場所だ。カリフォルニア州立大学サクラメント校は可能性があると思いますね。サクラメントのあたりには、コミュニティーカレッジもありますが、そのうちの一つに通っていたのかもしれません。あ、高校の話？　えーっと、そうだなあ……。それはいろいろと考えないとわかりませんねえ。

ミシェル：ということは、あなたは、EAR《イヤー》がゴリータで生まれ育ったとは思ってないってことですか？

ホールズ：そうとまでは言いませんが、でもサクラメントのケースでは……これはいずれあなたにも見せようとは思っているんですけど、やつの襲撃の順番を見てみると、犯行開始直後の早い段階で、彼はサクラメントをまさに縦横無尽に動き回っているわけです。これは彼がこの地域を非常によく知っていることを表しています。

ミシェル：ということは、カリフォルニア州立大学サクラメント校に通うだけではなくて、それ以外でも出没していたと。

ホールズ：いや、そうじゃないんですよ。彼にはきっとサクラメントに過去があると僕は考えているんです。それならば、ゴリータではどうなんだろうって思いますよね？　何があってもおかしくないですよ。まったくわからないことだらけだから。でも南のほう、ゴリータは、僕にとっては南方のグラウンド・ゼロ（中心地）なんですよね。それからアーバインにも何かがある。アーバインで二度襲撃したのには、何か理由があるはずです。

ミシェル：そのうえ、その二件は近い場所で発生してる。

ホールズ：そう、そういうことです。ベントゥーラとラグナニゲルは二カ所の例外のようなものですよ［原著編集者より：ここでポール・ホールズはデイナポイントでの事件を示唆している。デイナポイントをラグナニゲルの一部と勘違いする人が多い］。デイビスとモデスト市なんかも僕にとってはわかりやすいですね。

ミシェル：モデスト市って一回か二回の襲撃でしたっけ？
ホールズ：二回ですね。
ミシェル：なるほど。
ホールズ：自分の中で最初に地理的な評価を行うときは、EAR《イヤー》をフェーズ（段階的）に分解していくんです。最初のフェーズはサクラメントでの成長過程。次のフェーズはモデスト市、それからデイビス市。三つ目のフェーズがイーストベイ、そして四つ目のフェーズが、下って南カリフォルニアです。二番目のフェーズになると――僕はストックトンとサクラメントを一緒にしてしまうんです。なぜかというとEAR《イヤー》がストックトンからサクラメントに戻るものですから。でも、ひとたびモデスト市に入ると、イーストベイに移動するまでサクラメントには戻りません。それからEAR《イヤー》はモデストとデイビスの間を行ったり来たりしはじめます。この都市の間には一八〇キロほどの距離があります。そして二度目のモデスト市での襲撃と二度目のデイビス市の襲撃の間には、二十二時間の時間差しかない。なぜ行ったり来たりするのか。
ミシェル：たったの二十二時間なんですか？
ホールズ：たったの二十二時間。
ミシェル：えー、それだけしか時間が空いてなかったなんて知らなかった。
ホールズ：そしてその二件のケースでは、この二件のケース**だけ**がそうなんですが……モデスト市の事件では空港から不審な男をタクシーに乗せたというドライバーがいて、彼はその不審な男を建築がはじまったばかりの土地で降ろしたというんです。被害者が襲撃された場所から少しだけ南の場所です。デイビス市の事件では、被害者宅からUCデイビス空港まで足取りを辿ることができました。靴跡です。今日はそこをあなたに見せようと思っているんですよ。だから、EAR《イヤー》はモデストに飛行機でやってきて事件を起こし、そしてUCデイビス空港まで飛んで二度目の襲撃をしたとは考えられませんか？

ミシェル：移動は仕事のため？

ホールズ：そう、仕事のため。これってEAR《イヤー》の正体を表していると思うんだけど、どう？

ミシェル：そうよね。

ホールズ：だって、普通の男はそんなに頻繁に飛行機に乗らないでしょ？

ミシェル：乗りませんね。

ホールズ：普通の男なら「どうやってこの土地を区画しよう」なんていう図表を作っていたりしないですよね？

ミシェル：その通り。

ホールズ：それをやろうと思ったら財力が必要なんだ。でも、EAR《イヤー》の事件ファイルを読めば、EAR《イヤー》が金持ちではないことは明らかでしょ。

ミシェル：ええ。

ホールズ：そこがわからないんだ。矛盾してるように思うんですよ。でも、EAR《イヤー》ってやつはそんな男なんだよな。EAR《イヤー》に関するすべてが見当違いなんですよ。

ミシェル：ということは、あなたはEAR《イヤー》にはある程度の資金があったと考えているんですか？

ホールズ：そうですね……うーん、大学の研究のためだけに移動しているのではなくて、実際にEAR《イヤー》が、開発するための土地を視察し、開発業者で働いていたとなると、少なくともその会社で発言権はあり、熱心に働いていたのではと考えられますよね。

ホールズ：ここです。ここがデイビスのビレッジ・ホームズですね。有名な開発地です。ここであなたに見せたいのは、最初のデイビス襲撃時と、二回目の襲撃時の間に偶然撮影されたビレッジ・ホームズの航空写真なんです。この写真が撮影されたのは、襲撃番号三六が発生した、ちょうど八日前です。襲撃現場からほんの少し北にある、建築現場の数の多さを見てください。なんとこれだけあるんです。今からあなたをそこに連れていって、空港の工事現場なども全部見せますよ。

ホールズ：ストックトンでの被害者と話をすることができたんですが、彼女はセントラル・バレーにあった大手の開発業者に勤めていたんです。とても働き者でね。結局妊娠して退職しました。これ（『宿題』の証拠地図）を開発業者で働く友達に見せたんですが、「これはたぶんプロが描いていると思うよ……だって記号を書き込んでいるだろ」って言ったんですよ。それって建築業界に携わる人間からの、法医学的なエキスパートとしての意見のようなものですよ。だから、この意見を僕はかなり信頼しているんですけどね。

ミシェル：あなたの言う通りだと思う。空想なんかじゃないですよ。

ホールズ：僕もそうではないと思ってます。だって、カリフォルニア大学デイビス校出身の景観設計家が「ここにはビレッジ・ホームズならではの特徴がある」なんて言ってるんですから。

ミシェル：へえ、そうなんですか？

ホールズ：行ったらわかりますよ。ビレッジ・ホームズはすごく珍しいタイプの開発地なんです。だから、EAR《イヤー》はそこに行って、襲撃をしていた。EAR《イヤー》はビレッジ・ホームズに通い、自分の仕事のために、その特徴を見て図表に書き込んでいったのだと、そう思えませんか？

ミシェル：確かに。それで「なあ、これってどうだろう？」なんて感じで提案するっていうことですよね？

ホールズ：そうそう、そういう感じです。

デイビスでの最初の襲撃が発生した集合アパートに到着するホールズ。

この襲撃番号三四の犯行は、一九七八年六月七日の、午前三時五十分ちょうどに発生した――EAR《イヤー》のモデスト市における最初の襲撃発生から二日後のことだった。被害者は二十一歳のカリフォルニア州立大学サクラメント校の生徒で、後にオレンジ郡保安官事務所捜査官のラリー・プールが「構造的に異常な建築物」だと判断した、高層アパートに住んでいた――平屋の戸建てではないこのような居住施設をEAR《イヤー》が狙ったのは、この一回だけだったと言われている。

EAR《イヤー》はアパート二階の部屋に、中庭のガラスの引き戸から侵入した。この被害者に対しては特に暴力的だった。抵抗した彼女を最初に数回にわたって殴りつけた。レイプをしている間、EAR《イヤー》は彼女の顔を無理やり床に叩きつけ、鼻の骨を折り、脳しんとうを起こさせた。
　この襲撃が他に比べて衝動的だったと示唆する明白な要因がある。男はスキーマスクの代わりに、ナイロン製のストッキングをかぶり、Tシャツを裏表に着ていた。武器として使われたのは、爪やすりとスクリュードライバーだけ。しかし、言葉遣いや、被害者の縛りあげた手の上にペニスを置いてしごくように強要する特徴的な手口などから、犯行は間違いなくEAR《イヤー》によるものとされた。

ホールズ：さてと、デイビスでの最初の事件で被害に遭った女子大生はカリフォルニア大学デイビス校に通っていたわけです。専攻はテキスタイル。
ミシェル：ここはEAR《イヤー》が駐車場から急発進するところを目撃されたと考えられている場所ですよね？
ホールズ：そう。黒いカマロ、またはそれに似た車だったらしい。でも僕はそれがEAR《イヤー》だったかどうかは疑わしいと思ってる。ああ、ここは様子が変わったなあ。実は以前ここに住んでいたことがあってね。
ミシェル：え、そうなの。これっていわゆるキャンパスハウス〔大学生向け賃貸住宅〕的なもの？
ホールズ：これはキャンパス外の寮ですね。七〇年代はちょっと事情がちがったんでしょう。僕が住んでいた頃からも変わっている。

――ホールズは車を停め、アイドリングさせた状態にした。

ホールズ：みんな大学生ですよ。ラッセル・ブルーバード通りに来れば、大学生が自転車に乗ってる様子がよく目につきますよね。だからやつがデイビスに来た理由があるとすれば、ここにきて尾行する誰かを探していたっていうことです。

ミシェル：ああ、なるほど。

ホールズ：理由はどうであれ、目を引く女性を見つけると、どこに住んでいるのか割り出すんです。僕はやつが理由もなくうろついたり、盗みを働いたりするとは思えませんね。この犯行は例外的ですよね、男の……

ミシェル：いつもの手口からすれば。

ホールズ：そういうことです。

二人は二番目の現場に移動する。襲撃番号三六番が発生した地点である。デイビスで起きた三件の事件のうち二件目となるもので、一九七八年六月二十四日午前三時頃に発生した――EAR《イヤー》がモデスト市で襲撃番号三五番のレイプを犯した翌日のことである。

被害者は三十二歳の主婦で、夫は彼女と一緒にベッドで寝ていた。二人とも縛られた。十歳の息子は、犯人がバスルームに閉じ込めた。男は家中を荒らし回って女性のところに戻ると、女性をリビングルームまで移動させ、レイプした。そして家を出る際には小

――銭を大量に盗んで持ち出した。――

ホールズ：さあ、そろそろビレッジ・ホームズですよ。

ミシェル：オッケー。

ホールズ：道路の名前が全部映画『ロード・オブ・ザ・リングス』〔二〇〇一年〕にちなんで付けられてるんですよね。

ミシェル：へえ、本当に？

ホールズ：そう。開発したマイケル・コルベットが『ロード・オブ・ザ・リングス』の関係者なんだそうで。

ミシェル：関係者っていうのは……

ホールズ：いわゆる、大ファンなんだとか。

ミシェル：ああ、そういうことね。オタクだ。

ホールズ：彼と妻のジュディー・コルベットがこの開発を主導したんですよ。この家が全部……僕らのいるこの通りは、家の裏側に面しているんです。家の前面が共用の緑のエリアのほうに向いていています。それが、コミュニティーという感覚を促すんだとか。だから住人が家から出てくるってわけですよ。庭があるでしょ……共同の庭です。みんなでシェアする緑地ってことなんですよね。

ミシェル：ということは、学生はここに住むことはないってことですか？

ホールズ：そういうことになるでしょうね。もちろん、住むことはできたと思うけど、当時は新築だったから。学生が払える金額じゃなかったでしょう。

――ホールズは地域のあちこちへを車を走らせ、襲撃が起きた家を探している。――

ホールズ：被害者は……ここです、この家に住んでました。右側の家。

ミシェル：なるほど……。

ホールズ：こちら側っていうのは当時活発に建築が行われていた場所なんです。長くて、細い行き止まりの道があるのがわかりますかね。市から「絶対に許可しない」と言われたコルベットは、消防署に掛け合い消防車を呼んできて、ここでも方向転換できると証明して市の担当者に見せたってわけです。今からここのあたりを走りますから、特徴を見てもらえると思いますよ。ソーラーとかね。このあたりの家は全部、太陽熱を利用したソーラーシステムを備えてますから。人気だったんですよ、当時はね。

ホールズ：ここなんてそうですよ。排水路の上に渡された歩道橋です。ここを経由してEAR《イヤー》は出てきたんです。

ミシェル：どうしてわかったんですか？

ホールズ：靴跡です。コルベットが、このあたりは砂場のような場所だったと教えました。毎日、自分でそれをならして平らにしていたと。襲撃のあと来てみたら、ならしたばかりの砂場に靴跡があったそうです。その靴跡を追いかけていくと、被害者の家に行き着き、家の周辺を歩き回り、緑のエリアを抜けていたそうです。「ボーイスカウトにいたものだから、追跡が大好きでね。いつも何かを追いかけてましたよ」なんて言うんですよ。「靴跡を見つけたときには、絶対に追いかけなくてはいけないと思って」ということだったらしいのです。だから、彼は普通の人よりは、そういった能力を持っていたはずです。彼が捜索や救助のプロだとは言いませんけど、でも……

ミシェル：自分のやっていることの意味は理解していたと。

ホールズ：そういうことです。彼は、その靴跡はここから抜けて、こっちに続いていったと言っていたんです。

ミシェル：ほう。

ホールズ：家の前面にある共用の緑のエリアですね。

ミシェル：ちょっと待って。ということは、靴跡はぐるっと円を描くように回っていたということですか？

ホールズ：そういうことになりますね。だから、男はこの道を上がって、被害者の家をぐるりと回っていたということです。靴跡は被害者宅の裏庭にもありましたから。

ミシェル：すごいですね、ここは。こんな場所、私、一度も足を踏み入れたことがありませんよ。

ホールズ：ユニークですよね。ビレッジ・ホームズは世界的にも有名だったんですよ。とても珍しい地域だということでフランソワ・ミッテランがヘリコプターでやってきたこともありました。

学生や開発業者も大勢やってきて、見学したそうです。だから雑誌で『『デイビスのビレッジ・ホームズ。私たちは開発を行っています』……彼らがやっていることを見て、何を取り入れられるか考えてみませんか』なんて特集が組まれたこともあった。「サンセットマガジン」だったかな。ベティー・フォードがこのあたりに自転車で来たこともありましたよ。僕も妻を連れて車で来たけど、妻は「私はここには絶対に住めない」なんて言ってましたね。

ミシェル：閉所恐怖症にはきついですね。

ホールズ：閉鎖的で、だから捕食者にとっては楽園みたいな地域ですよ。何にも見えないんだから。中に入り込んで、襲撃して、外に出ることが簡単にできる。でも、誰もそれを知ることはないっていうことです。

ホールズ：三人目の被害者ですけれど……ここを見てから案内しますね。……このすぐ近く、あちらの地域に住んでいました。つまり、三件のデイビスでの襲撃はとても近い場所で発生しているんです。

ミシェル：ええ、ほんとうに。

ホールズ：興味深いことに、ここの被害者と三番目のデイビスでの被害者は、子どもを一緒に車で送り迎えする間柄だった。互いの子どもが同じ幼稚園に通っていたんですね。それが唯一、僕が知っている被害者同士の関係です。しかし、これについて詳しく調査された形跡はありません。

ミシェル：なるほど。

ホールズ：被害者と改めて話をした人がいないんです。送り迎えをしている様子をＥＡＲ《イヤー》が見ていたかもしれない。それで被害者を選んだのかもしれませんし。それともただの偶然で、こんなに近くに住む人たちを襲ったってことなんでしょうかね？

ミシェル：被害者の二人はお互いが被害者であることを知っていたんですか？　知り得たんでしょうかね？

ホールズ：まったくわからないですね。

ホールズ：ＥＡＲ《イヤー》がビレッジ・ホームズにやってきたということで……それで、コルベットは今度はこの道に沿って追跡したそうなんです。それで、警察は最初に靴跡を否定したんですよ。コルベットが声をかけた最初の警察官は、「靴跡を見つけて追跡したんだけど」と言うと、「まあ、このあたりはジョギングする道だし、距離的に遠すぎると思う。犯人が車をここに停めて、それから襲撃する場所まで行くなんて想像できない」って言ったらしいんです。靴跡はこのオリーブ畑の小道を、そちらの方向に下った場所で終わっています。

ホールズ：こっちのオリーブ畑の向こう側ですね。

ミシェル：なるほど。じゃあ男はここの、路肩に車を停めていたってことですか？

ホールズ：いや。なぜかというと、靴跡が続いているんですよ。

ミシェル：えっ。見られるかもしれないから、リスキーじゃないですかね？

ホールズ：夜中にですか？　このあたりは真っ暗ですよ！

ミシェル：あ、そうか。それに黒い服を着ていたのでしょうしね。

ホールズ：でも、やつがいつもやってることを考えたら、家々が建つ地域にやってきたり、歩き回ったりするほうがずっとリスキーですよね。

ミシェル：そうですよね、確かに。

ホールズはカリフォルニア州立大学サクラメント校の敷地内まで車で入っていった。さまざまな研究施設が右側に建ち並び、左側は農地となっていた。

ホールズ：それで、コルベットは靴跡を追跡して……ずっとここまでやってきたというわけ。ここはもう通ることができないんですよ。ビー・バイオロジー（Bee Biology）っていう場所で、蜂についていろいろ研究しているらしくて。

ミシェル：ほお、なるほどね。

ホールズ：最初にこの事件ファイルを見たとき、よく理解できなかったんですよ。Boo Biologyだと読み間違えちゃって。ずっと向こうのキャンパス内の建物だろうと思って、「これは手がかりにならないな」と。でも、足跡を見失った場所を確認してみると、靴跡は左の方角に方向転換していることがわかったんです。左側に何があるかって？　さて、どう思います？……空港ですよ！

ミシェル：あっ！

ホールズ：そこで僕は空港に電話をかけて、「すみませんけど、どんなタイプの記録を持ってます？」と聞いたわけです。

――二人の笑い声。――

ホールズ：飛行機に乗るって……とても素朴な考えなんですけど、いざ飛ぼうと思ったら飛行計画を提出しないといけないですよね。空港まで飛行機で来るとなると、そこにあなたの飛行機が着陸しただとか、それ以外のことも記録に残ると思うじゃないですか。でも、空港の係員が言うには「いえいえ、誰でもここに着陸できますから、誰がやってきたのかなんてわかりません。時間外に来たら、とりあえず飛行機を着陸させますよね。そしてやるべきことをやったら戻ってきて、また出ていくわけで、誰が来たかなんて記録には残りませんよ」ってことだったんです。

ミシェル：それって本当に？　すごく変な話。

ホールズ：ということで、モデスト市で襲撃事件が起きた二十二時間後にここで事件が起きたというわけです。モデスト市での事件では空港で奇妙な男を拾ったタクシーが、はじまったばかりの建築現場で降ろしたという証言があって、どうも被害者宅に向かっていたと思われるんです。

ミシェル：でも、その男性がおかしいって思った理由は？

ホールズ：タクシーの運転手曰く、一つしか鞄を持っていなかったというんですよね。そしてひと言、「シルヴァンとメドウの交差点まで」と言ったらしいんです。最後に「ここで降ろしてくれ」と言って車を降りると、しばらくうろうろとしていたと。そこには特別なものは何もなくて家が建っていただけだったそうです。そして次の事件だけど……これには空港が関係しています。
ミシェル：飛行機を所有できる人間って、どんな人なんだろうな。小型の飛行機なのかなあ？
ホールズ：そうですね、軽飛行機だと可能性が広がってきますよね。開発業者って普通、数人乗りの会社の軽飛行機を持っているじゃないですか。また、個人が所有している軽飛行機の場合でも、億万長者じゃなくても、かなりの資金を持っている人だとかなら……
ミシェル：そうですね。
ホールズ：「アメリカ中にそういった開発地区があるとすれば、飛行機で行きますか？」と開発会社に聞いたとしたら、「ああ、行きますよ。飛行機を飛ばすには金がかかるけど、まあエゴみたいなものだから。成功していると思わせたいじゃないですか。だってジェットを使って飛んでいるわけですからね。もちろん、自分たちが建てている王国を見学しにいきますよ」なんて言うでしょうね。
ミシェル：なるほど。うーん。発生した事件のなかで、わずかであっても飛行機に関係している事柄ってありますか？　例えば、ええと……犯人は、ナビゲーターと一緒だったとか？
ホールズ：いいや、考えつかないですね。

ホールズは、デイビスにおける三人目の被害者宅に向かっていた。この三十七番目の襲撃は、一九七八年七月六日午前二時四十分に発生した。被害者は三十三歳の女性で――離婚したばかりで一人でベッドに寝ていた――別の部屋には息子が寝ていた。

EAR《イヤー》は力を誇示するため言う通りにしなければ殺すと女性を脅した。被害者をレイプし、また肛門性交を行ったあとで、男はすすり泣いた。三ヶ月の休止期間のあと、男はイーストベイに再び姿を現したのだった。

ホールズ：角にある家でした。端の家とでも言えばいいかな。このあたりの家は当時ここには建っていなかったと思います。そして、裏側には一切建物はなかったんです。ただ、学校の建築ははじまっていました。ここで襲撃が発生したわけです。とにかくこのエリアでは建築現場がたくさんあったんですよね……あ、ここだ。この被害者は、さきほどのデイビスの被害者と、子どもの送り迎えを一緒にしていました。カープールです。

ミシェル：思っていたより、事件現場が近いですね。だって、現場がとても……なんていうのかな、ちょっとすごいですね。

ホールズ：そうですね。近所と言っていいでしょう。男はこのあたりをよく知っていたはずです。ダンヴィルは密集している地域ですから。コンコード、それからウォルナットクリーク。

ミシェル：そうですよね。ランチョ・コルドバだって……被害者宅が隣り合っていませんでしたっけ？

ホールズ：一つ先のブロックですね。間に何軒かの家があった感じです。

ミシェル：そうでした。でも、パンツを穿《は》かないでうろうろ歩いているなんて、そこに住んでいるか、車を停めているか、どちらかですよね。それともただの変人か。あるいは、それら全部だったのかもしれないけど。

ホールズ：そうですね、僕が時間を費やしたシリアルキラーたちは……例えばフィリップ・ヒューズなどは、精神科医との面談のなかで、高校生のときの話として、夜中に外へ出歩いていたことを認めているんですよ。両親は気づいていませんでした。それも裸で、近所の他人の家に押し入って女性の衣類を盗んでいました。

ミシェル：それって誰かに暴力を振るう前の段階の話ですか？

ホールズ：我々が把握しているかぎりでは、そうですね。動物を殺してはいました……ほら、よくあるシリアルキラーの特徴っていうか……（動物虐待、放火、幼い頃の夜尿症などが、将来的な性的暴力を予兆するとされる）。

ミシェル：ええ、わかります。

ホールズ：でも、このケースでは高校生のときの話ですよね。だからやっぱり……裸で外に出るっていうのは、明らかにスリルがあるんでしょうね。

ミシェル：そういうことでしょうね。

ホールズ：それから、それが便利だからっていう場合もあると思うんですよ。これが彼の最初の攻撃だったと仮定すると、もし彼が「パンツはどうしよう？　もういいや、パンツは穿かないでおこう。どうせ邪魔だし」なんて考えることだってありえますよね。

ミシェル：そうですね。多くの殺人者のケースで言えば、彼らは身近にあるもので殺人を行うんですよね。だからすごく興味深くて。

ホールズ：わかります。彼は銃を持っていたんだけれど、撲殺に関しては、その場にあったものを使っているんです。

ミシェル：撲殺を選ぶ人と、それ以外の殺し方をする人の間で差のようなものってあるんですか？

ホールズ：撲殺と刺殺は本質的には同じなんですね。とてもパーソナルな方法ですよ。暴力の限りを尽くして、相手に怒りをぶちまけるわけです。それから絞殺ですね……拳で殴るとか絞殺っていう方法は、すべて……。

ミシェル：手を使って行う犯行っていうのは、だいたい同じであると、そういうことですか？

ホールズ：そう。すべて同じですね。銃での殺害は個人的な恨みの要素が少ないですし、なにより簡単です。銃を使えば、誰でも誰かを殺すことができますから。でも、実際に身体的な対立があるときには、それは個人的な意味を持つ犯行だと言えるでしょうね。首を絞めながら相手の目を睨みつけるなんていう話を読むときがあるじゃないですか……。

ミシェル：なるほど。

ホールズ：それで、犯人はまるで神のような気分になるわけです。被害者の生と死を握るのは、自分なのですから。

フレッド・レイ

何年も悩んできたミステリーへの答えを見つけるために、私はフレズノ市から三二キロほど南東に位置するカリフォルニア州キングスバーグまでやってきた。カフェで口にした二杯目のコーヒーはまったくひどい味がした。私に答えを教えてくれたのはフレッド・レイ。背が高くて口数の少ない男性だった。セントラル・バレー〔カリフォルニア州中央部に位置する広大な土地〕に何代も続いてきた農家の子孫という雰囲気がぴったりで、かすかな鼻声でゆっくりと話す。何かを強調するとき以外は、まるで学者のように手を組み胸の前に穏やかに置いていた。かつて捜査をした三十五年前の多重殺人事件について聞かれる定年した捜査官としては、うらやましくなるほど髪の量が多かった。最初に、使い古したブリーフケースを持って大股で店に入ってきて、いかにもダスト・ボウル的な鼻声で話しはじめたときは、彼に対して口やかましそうな印象を持った。高校生たちを避けるために早い時間の面談を希望したのだと私に教えてくれたが、この狭いカフェには七十代未満の人間なんて一人もいなかった。テーブルは分厚く透明なマットで覆われていて、スウェーデン産の雑貨が陳列された棚と（キングスバーグは「リトルスウェーデン」として知られているのだ）、小さなガラス製のカウンターにはまばらにペイストリーが並んでいた。数少ないカフェの客のうちの一人がレイの妻で、もう一人が牧師で、私がよそから来た者だと自己紹介する前に、どこから来たのかと尋ねてきた。私は、ロサンゼルスからやってきたと彼に言った。

「カリフォルニア州へようこそ」と牧師は言った。

私のレイへの印象は、彼がサンタバーバラ郡保安官事務所で捜査官として働いていた日々について説明しはじめた直後の段階で変わっていた。彼が町のチンピラを尋問していたときの話は特にそうだった。表向きには、その町のチンピラは若い白人男性がほとんどで、脅威は感じなかった。資産家の多い海辺の街のゆったりとしたペースは彼らにも徐々に浸透していたのだ。彼らがプライベートビーチや馬専用通路があるような上流階級が住むホープ・ランチ地区に住んでいなかったとしても、近隣のホリスターにはトレイラー用の駐車場があった。二人の名はガリーとキースで、七〇年代後半のボサボサの髪型をしたやる気のない若者で、ドス・プエブロス高校やサン・マルコス高校に入学はしたが、卒業することはなかった。二人はボロボロのアームチェアをアボカド農園に引っ張りこんで、自家栽培した大麻を吸っていた。日がな一日ハスケルビーチでサーフィンをして、夜になるとたき火の周りに集まり、酒を飲んで、誰にも手の届かない場所にいることに安心するような生活だった。低木が生い茂る断崖絶壁までやってきて警察がパーティをぶち壊すなんて、しないとわかっていたのだ。彼らの悪さなんてかわいいものだった。ちょっとしたいたずらだ。しかし、驚くほど多くのメンバーが秘密裏に行っていた、身の毛もよだつような遊びをレイが聞きつけたときは、事情がちがった。彼らはお互いにそれを秘密にしていたのだが、夜中に知らない人の家に忍び込むというスリルを楽しんでいたのだ。

まるで徘徊者だ。覗き魔だ。盗みはあとから思いついた。レイが彼らと話をしたところによると、彼らは家の中に侵入し、床を這いずり回り、暗闇のなかで立ち上がって、人びとが寝ている姿を見ることしかしないと固く決めていたそうだ。話をしはじめると、すべての詳細を話す彼らに対してレイは驚いてしまった。

「やつらを饒舌にする方法がわかっていたんですよ」とレイは言った。

「秘密を教えてくれませんか?」

彼は両手を開いた。印象がわずかに和らいだ。

「誰でも一度はやってみたいよな」と彼は言い、その声のトーンはいわくありげで率直だった。

「誰でも、他の人の家の中で何が起きているのかを見てみたいものなんだ」

それはそうだろうと思った。私は頷いた。

「確かに」と私は言った。

しかしその瞬間、レイはそれまでの自分、彼の本当の姿に戻ると、私が気がつかないうちに少しだけ前屈みになって、表情を緩め、より親しみやすく見えるようにしていた。これは、私が『LAW&ORDER:性犯罪特捜班』で見たような、容疑者から情報を引き出す際に使われる不器用な手法ではない。あっという間の変化は驚くべきものだった。めちゃくちゃかっこよかった。レイの最大の魅力の一つは、まったく予測できない満面の笑みで、それは熱望しているものではなかったからこそ、与えられるとうれしくなってしまうのだ。私はそれに参ってしまったし、彼はそれを知っていた。彼はにやりと笑った。

「誰もが自分の話をしたがるんだけれど、彼らが話をしたいのは、脅してくることのない誰かに対してなんだ。彼らを前にしてただ座って、感情を出さず、彼らに賛成しつつ、彼らの話を楽しんでいるかのように接していれば、勝手にペラペラしゃべるんですよ」

数十年前にレイが質問をした若者たちの多くに私が興味を抱いたのには、特別な理由がある。

「あなたは彼らに話を聞いたのですよね？　ごろつきたちに」と私は言った。「その中に例の男はいたと思いますか？」

「いや」と彼はすぐさま答えた。

そして注意深く「可能性はある」と言い、しかし彼は頭を振っていた。

例の男。私がインタビューをするたびに出てくる、あの顔のない殺人者。レイが現場周辺でテニスシューズの靴跡を追いかけ、被害者を探しながら窓から窓へと歩き回った、その行程を辿り直した、あの男。レイはヒッチハイカーを狙った連続殺人犯の捜査に深く関わっていた。男はヒッチハイカーの頭部を横から撃ち抜き、その死体を犯した。捜査官としてのキャリアのなかで、彼は頭のない死体の前に立ち、若い女性の腐敗した皮膚に刻まれた儀式的な切り傷を詳細に観察したことがあるという。しかし、「首の後ろの毛が立つほどの恐怖を感じた」殺人者は、私をここまで引っ張ってきた人物ただ一人だという。例の男だ。

私が名付けた身元不明の殺人鬼「黄金州の殺人鬼《ゴールデン・ステート・キラー》」と話をしたことはないと彼が言ったことに、私は驚かなかった。捜査関係者のほとんど全員が同じことを言うからだ。彼ら全員が、犯人が現場に残した、切りそろえてあった靴紐を手で持って、顕微鏡で男の精子をじっと観察したことがある。催眠術にかけられた目撃者やサバイバーの音声の録音を何度も何度も聞き、男の身元を示す何気ないヒントを得ようと努力してきた。定年退職してから何十年も経過してから、とある捜査官はオレゴン州の犯人と疑わしき人物の自宅前の森でかがんで身を隠し、ゴミが家から出されるのを待っていたことがあるそうだ。そこからDNAサンプルを持ち出そうとしたのだ。黄金州の殺人鬼は彼らに悪夢を見させる。彼らの結婚生活を台無しにした。頭の中の深い場所に潜り込んで隠れて、EAR《イヤー》の目を見れば、それが本人だとわかるようになりたい、あるいはわかるようにならなければならないと信じ込ませるのだ。

「ブラッドハウンドみたいですよね」と、とある捜査官が私に言った。

「ショッピングモールにいて、もしやつが横を歩いたら、絶対にわかります」

私はレイに、なぜ私が、彼が尋問した若者たちの記憶について興味があるのかを説明した。私はカリフォルニアのセントラルコーストにあるサンタバーバラから一二キロ西のゴリータを訪問していた。そこは一九七九年から一九八一年の間に犯人が三回の襲撃を行った場所だった。すべての現場はいずれもゴリータ北東部の目立たない地域で、五・二平方キロにも満たないエリアで発生した。靴跡と、偶然ポケットから落ちたと思われる撚《よ》り糸は、男がサンノゼクリーク沿いを移動していたことを示していた。北にある山々から流れ出し、地域にある家々の間を流れて太平洋まで辿りつく、狭い渓谷だ。彼の被害者全員が、この小川の近くに住んでいた。

私は小川に沿って歩いたのだが、その巨木に覆われ苔《こけ》の生えた岩が点在する小道が、郊外に住む、少しワイルドなことに憧れ、逃避を渇望する青年にとっていかに心を奪われるものかをレイに説明した。ロープでできたブランコがプラタナスの木からぶら下がっていた。地域に住む大人が、七〇年代に近所の男の子たちがモトクロス自転車用のコースを作ったのだと教えてくれた。秘密のトンネルやセメントでできた排水路で子どもたちはスケートボードをした。電灯はなく、小道は複雑に延びて、辿るのが難しかった。子どもの頃、そこで長い時間を過ごした者だけが理解できるような場所だった。

「クイーン・アン・レーンで起きた最初の襲撃のことを考えると、特に土地勘が必要なのではと思うんです」と私は言った。クイーン・アン・レーンの家は、別の家の裏側にあるため、通りから見ることさえできない。小川に沿った小道からしか目にすることはないのだ。

クイーン・アン・レーンで発生した一九七九年十月一日の襲撃について言及すると、常に事務的なレイの表情が固くなった。

「あの晩、捕まえることができていたかもしれないんだ」とレイは言った。

あの晩とは、男が殺しを意識した夜のことだ。被害者はなんとか生き延び、被害者宅の横の家に住むFBIのエージェントが、盗んだ自転車で逃げる容疑者を追いかけた、あの夜である。追跡ルートを歩いた私は、エージェントが男を見失った地点で足を止めた。エージェントは急行してきていた保安官と無線で連絡を取り合っていた。私には、彼が逃げ切った理由が理解できなかった。

「俺にはわかっていたけどね」とレイは言って頭を振った。「保安官たちが何をやらかすか、はっきりわかっていたよ」

保安官たちは男を逃がしたのだ。

その男

ジム・ウォルサー（仮名）の三十年以上に及ぶEAR《イヤー》事件との関係は、一九七九年二月二日の早朝、ダンヴィルではじまった。コントラコスタ郡保安官代理のカール・ファブリの懐中電灯の明かりで無理やり起こされたのだ。ウォルサーは、ウェスタン・パシフィック鉄道で制動手としての仕事を終え、仮眠をとるため一九六八年製の灰色のポンティアック・ル・マンで州間高速道路六八〇号を走ってきたと言った。ファブリはその話を信じなかった。ウォルサーの車はカミノ・タサハラ通りに駐車されていた。州間高速道路からは二・五キロも離れた場所だ。なぜそれほど離れた場所で仮眠を取ったのか？　ファブリはウォルサーの目を見て、寝ていた様子があるかどうかを確認した。ファブリは苛立っていた。前の晩の夜、怪しい男を取り逃がしたために、パトロールを行っていたのだ。五ヶ月前、サクラメントの最も悪名高き亡霊であるイーストエリアの強姦魔が七〇マイル南西に移動し、このエリアにやってきたのだ。四件もの被害が発生した。アイアン・ホース・リージョナル・トレイルの角地に建つ家に住む三十二歳の離婚経験のある女性が直近の被害者で、十二月に襲われていた。「立たせるのは好きか？」と、男は彼女にささやいたらしい。「それじゃあ、会うたびに俺のをよろしく頼むよ」とも言ったそうだ。ウォルサーが車を停めていた地点から、この襲撃現場までは一マイルほどしか離れていなかった。

　保安官代理のファブリはウォルサーに動かないよう告げ、彼の履歴をチェックした。すると、彼には交通違反で令状が出されており、少量の大麻所持で二年前に逮捕されていることがわかった――それもサクラメント郡で。二十一歳、身長一七七センチ、体重は六八キロ。細かいことを除けば、概要としては合っていた。ファブリの同僚はウォルサーを逮捕した。彼の抵抗はお決まりのものだったが、ファブリの同僚がポラロイドカメラを取り出して識別用の写真を撮影した瞬間に、とつぜん変わった。激怒したのだ。ファブリはウォルサーを全身で押さえつけなければならなかった。ウォルサーの反応はとても奇妙だった。たいした過去のない彼が、なぜ写真を撮られることにそこまで怒り狂ったのだろう？　二人は彼の頭を無理に上げて、写真を撮影しなければならなかった。

　警察までの道のりで、ウォルサーは、一方的にしゃべった。

「絶対に本物の犯罪者を捕まえることなんてできないぜ」

「やつらはいつも逃げるんだから」

　最初からとんでもない偶然が起きていた。住所を尋ねられたときのことだ。ウォルサーはカーマイケルのサッター通りと書いた。イーストサクラメントだ。保安官代理はEAR《イヤー》の襲撃があった時間にウォルサーの車と似た車がサンラモーンの近くで目撃されていることを思い出した。逮捕されて間もなく、ウォルサーはそれまでの車を捨て、新しい車を手に入れていた。EAR《イヤー》の特別捜査班が彼に質問をしようとすると拒絶し、母に頼んで弁護士を立てた――成人した息子を「私のジミー」と呼ぶタイプの威圧的な母親で、保護観察官と一触即発になったこともあった。弁護士は捜査官に、クライアントが「不利になるかもしれないから」と、唾液のサンプルは提出しない旨を告げた。特別捜査班は引き続きウォルサーを注視し、彼は抵抗し続けた。その後自らの血液を提供し、血液型はA型で靴のサイズは9だと判明した。EAR《イヤー》と同じだった。八月になってようやく、捜査官は彼をガールフレンドのアパートから呼び出し、彼女がマリファナを部屋の中で栽培していることを摑んでいると告げた。捜査官は彼に厳しい選択をせまった。唾液サンプル用のガーゼを噛むか、それとも彼女を逮捕するか。彼はガーゼを噛んだ。

唾液の鑑定の結果、ウォルサーは容疑者から除外された。彼はABH物質の量の多い、分泌型の人間だったのだ。EAR《イヤー》は非分泌型である。特別捜査班は彼を容疑者から外し、次のチンピラを探すこととなった。

*

三十年以上経って、ポール・ホールズが、この容疑者を捜査対象から除外したことに疑問を呈した。科学捜査研究所のベテランとして、彼は当時の分泌液の試験方法が理想からほど遠いものだと知っていたからだ。一九八〇年代、品質管理の専門家がこの試験方法に重大な欠陥があることを指摘している。その後数年のあいだに科学者が、どちらの型にも属さない人間がわずかな比率で存在することを発見している。このタイプの人は体液の一部ではABO型を示すが、別の体液ではまったく示さない。したがって、ホールズは分泌型体質というだけで容疑者を対象から除外するやり方は信用できないと感じた。

ホールズは三十年分の過去への振り返りの恩恵を受けていた。EAR《イヤー》について、警察はより多くを知っている。ホールズは自分のパソコン上でグーグルアースを開き、襲撃地や疑わしい状況が出来した地点を年代順に飛び回ることができた。黄色いプッシュピンと青いミニチュアの車から小さな人間まで、足跡から目撃者を示すものの間をめまぐるしく飛び回るのだ。スピードと高さの調節もできた。机に座って、犯人の足跡を自分の目で確かめることができた。ジグザグに延びたその道はでたらめに見えたが、誰かにとっては、その男にとっては、意味があったのだ。

ホールズは二十年前に捜査班に加わらなかったことを後悔していた。安定が勝ったのだ。彼には幼い子どもが二人いた。科学捜査班で出世街道にいた。なぜ彼が主要な人物であったかはその姿を見ればわかる。金髪で、鍛え上げられた体をしていて、ハンサムで優しそうな顔をした男性だ。彼は絶対に顔をしかめたり、軽蔑した目で人を見たりしない。両親はミネソタ出身で、彼自身もアルファベットのOを「オー」と長めに発音する癖がある。一度彼にルパート・マードックについて話したとき、肩をすくめてその有名な名前に気づいていないようだった。「僕らは分野がちがうみたいだね」と彼は言った。彼を見ていたら、まさか両親から『性的殺人　そのパターンと動機』を「あなたのことを想っています」と書き添えたカードとともにプレゼントされていたことなど、想像もつかない。

かつてDNA鑑定には、長く単調な手作業が必要だった。性的暴行事件では、例えばプラスチックのチューブから綿棒を取り出して精液を分離させ、細くて白い紙、トレイ、そして特殊な洗剤の必要なドットブロット技術でDNAマーカーの位置を定めていく。技術の進歩に伴い、ロボットアームや機械がその役割を担った。そのおかげで、ホールズは未解決事件により時間を割くことができるようになった。ホールズはウォルサーがその男にちがいないと信じていた。

二〇一一年の春の日の午後、保安官事務所の保管室ではじめて「宿題の証拠」を見たとき、彼はあるスキーマスクを探した――ウォルサーのスキーマスクだ。ウォルサーが第一容疑者だったとき、特別捜査班の捜査官たちが、七七年にサクラメントで彼と一緒にマリファナの売買で逮捕された友達に事情聴取をしていた。その友達がウォルサーの持ち物を彼らにいくつか提出しており、そのなかに黒いスキーマスクもあった。ウォルサーのDNAプロファイルは、その時点ではシステムに登録されていなかった。そこでホールズは、スキーマスクに付着した頭髪あるいは皮膚細胞からプロファイルを作成できないかと考えたのだ。

残念なことに、ウォルサーの行方はわからなかった。彼は地球上から姿を消していたのだ。二〇〇三年にドメスティックバイオレンスに関する軽罪で起訴されていたが期日に出廷しなかった。逮捕状が執行され、彼の運転免許証は二〇〇四年の七月に停止された。それ以降、何も起きていない。クレジットカードもなし。職歴もなし。福祉援助もなし。ホールズはウォルサーのめちゃくちゃな人生を再構築しようと必死になった。彼はウォルサーの学生時代の記録を請求して、彼の六年生のときの教師が、当時では珍しく男性だったことを知った。ホールズはその教師に電話をかけた。年老いた男性はウォルサーを覚えていないと言った。しかし、教室で行われた罰として作文を書かせることは当時あったと答えた。

教師は十年ほど前に知らない男性から電話を受けて、電話口で『自由はタダじゃない』という歌を歌われたと言った。それは、ルールを守らない子どもにクラスで歌わせていて歌だそうだ。「覚えてるか?」と電話の向こうで誰かが言い、電話が切れたらしい。不安になった教師は、電話番号を変更して電話帳に載せることはなかった。彼はホールズに、役に立てなくて申し訳ないと言った。

ホールズは『自由はタダじゃない』というポール・コルウェルによる曲の歌詞を調べた。四番は「ジョージという名前の大将がいました」という歌詞ではじまる。「フォージ渓谷で小部隊を組んでいました」

ロン・グリア(仮名)にちがいない。ボロボロのアパートに住み、一日三箱のたばこを吸っていたその男について調査した結果、お気に入りの銘柄だとわかったたばこを警察はなにげなく彼に差し出したが、それを吸おうとしない。彼は強く気分を害しており、慎重だった。サクラメント郡保安官事務所のケン・クラーク刑事と同僚はなんとかして男をリラックスさせようとした。DNAが採取されるところをしっかり確認するまでそこを離れるつもりはなかった。しかし、グリアは水のボトルから一口飲むことさえ断った。何が起きているのか彼はわかっているのだとケンは推測した。間違いない。神経質で法医学の知恵がある。こいつにちがいない。

グリアが彼らの注意を引いたのは三十年前の補足データがきっかけだった。多くの捜査官が、EAR《イヤー》の名前は書類のどこかに紛れ込んでいて、停止させた車両報告書や疑わしき状況報告書の中に書き込まれているはずだと信じ込んでいた。彼のでっちあげ話は完璧であったか、あるいはいい加減だが認められたアリバイによって排除されたか、どちらかのはずだ。ケンと彼の同僚は古い報告書を入念に再調査しはじめた。グリアの名前はその初期の段階で出てきていた。

一九七七年四月十五日の午前四時二十七分、彼は黄色いツードアのダットサンでサンライズ大通りを南に走っていて車を停められた。EAR《イヤー》が数ブロック先でレイプをしたと通報があった数分後のことだ。彼は警察に、精米所で管理人の仕事をしていて、そこに向かうところだと説明した。彼はとても物静かで協力的だった。警察が彼の車のトランクを開くと、関心は無視できないものとなった。彼は家の捜索に同意した。母親が最近亡くなったばかりで、今は妹と暮らしているのだという。もっと詳細に言えば、彼の妹の家である、フェアオークスの丘陵の斜面にある草の生い茂る場所に廃棄された貯蔵用トレーラーの中で暮らしていた。トレーラーは二・五メートルの長さもなく、内部は立つことができる高さもなかった。彼には、初期のEAR《イヤー》のレイプ事件発生時に、しっかりとしたアリバイがあるようだった。それでも、グリアに接した捜査官たちは彼のことを忘れなかった。車の中で見た記憶を消すことができなかったのだ。

それが理由で、三十年後にケンと同僚が彼を再び追跡した。グリアはそのとき、明らかな健康的問題を抱えていた。なのに、水は結構です、いりません、たばこも結構ですと譲らなかった。

最終的に捜査官たちの忍耐と戦略が尽きてしまい、その結果、無理やり封筒をなめさせた。捜査官たちは彼が見ていないときに、彼の車のすべてのドアハンドルを綿棒で擦って念には念を入れた。

一九七七年の春の日の夜、EAR《イヤー》がレイプ事件を起こした場所の近くでグリアは車を停められた。襲撃者の身体的特徴に似ていたからだ。彼は白人で、二十五歳で、身長は一七五センチで、体重は六八キロだった。巡回中の警察官が懐中電灯で最初に見たのは、車の運転席に置かれたプラスチックのボトルに入ったハンドローションだった。ペンキ塗りだとか、手術のときにかぶるのに似た白いマスクが助手席のダッシュボードの上に置いてあった。警察官が彼の車のトランクを開けると、すでに開封済みのセロファンの包み紙に入ったロープが見つかった。そのうえ、テニスシューズが一足入っていた。

そして、ジッパーのついた大きな袋がふたつ入っていた。そのバッグの中に、捜査官たちはピストルとハンティングナイフを見つけた。

ケンと彼の同僚はグレアから採取したDNAを科学捜査研究所に送り、そして結果が戻ってきた。

信じられないことだった。

グレアもその男ではなかったのだ。

先にも述べたように、容疑者への執着は盲目の愛のはじまりに似ている。たった一人の顔にすべてのフォーカスを合わせてしまう。その世界と音は、あなたが心の中でいつも編集をしているパワフルな無声伝記映画のなかの、かすかなサウンドトラックだ。あなたの持つ強迫観念の情報はいくらあっても充分だとは思えない。もっともっと欲しくなる。常に、もっと。グーグルマップを駆使して、靴の趣味をメモしたり、家の前を車で通り過ぎたりなんてこともやってのける。手に負えないような確証バイアスに携わることになる。フェイスブックに投稿された中年男性が笑顔でろうそくが飾られたケーキを切る写真は、誕生日を祝う姿ではなく、ナイフを握る姿となるのだ。

私が同じようなことを感じたのは、オレンジ郡保安官事務所の捜査官ラリー・プールが疲れ切った顔をして、捜査をはじめたばかりの頃は、容疑者について「もっと感情があった」と打ち明けたときだった。一九七九年に発生したオリジナル・ナイトストーカー（後のＥＡＲ《イヤー》）の事件をはじめて担当した、オレンジ郡の未解決事件担当刑事だったときの話だ。当時はもっと「元気だった」と、長いため息をつき、まるで愛の気まぐれでタフにならざるを得なかった中年のデート好きな男性のように見えた。

二〇〇一年夏のはじめの興奮をプールは思い出していた。保安官補佐の事務所に来るよう求められたのだ。こういった連絡はつねに良いことが起きる兆候だ。プールが事務所に入っていくと、全員が振り返って彼を笑顔で迎え入れてくれた――警部、警部補、管理職員、そして最も多くを物語っていたのは、オレンジ郡の犯罪学者のメアリー・ホンその人がそこにいたことだ。彼女はオリジナル・ナイトストーカーのＤＮＡプロファイルを作成した張本人だ。ホンは別の建物内で勤務していた。

プールはドアを閉めるまえに拳を握りしめてガッツポーズをした。「よっしゃ！」と彼は言った。プールはノンストップで捜査し続けた。取り憑かれたようになっていたかもしれない。三年が経過していた。

指紋の一致があったと保安官補佐がプールに伝えた。イーストエリアの強姦魔が事件を起こしたダンヴィルの現場のランプに、犯人のものと思われる指紋が残されていたという。被害者は犯人がランプの明かりを点けた音を聞いている。ランプは襲撃直前に箱から出された状態だったため、他の誰の指紋もついていないはずだということだった。コントラコスタ郡からやってきたすでに退職している捜査官が、古い指紋のコピーをオレンジ郡まで送ってきたそうだ。

「すばらしい」とプールは言った。

その容疑者は事件・事故以外の要因で五年前に他界していると保安官補佐は続け、プールのほうに向かって該当する容疑者のファイルを滑らせた。部屋の中の誰よりも殺人者について知っているプールはファイルを開いた。誰もが期待を込めてプールを見つめていた。プールはすぐ落胆を感じた。

「ああ……年齢が気に食わないなあ」とプールは言った。容疑者は一九三四年生まれだった。プールはファイルをペラペラとめくった。容疑者の犯罪歴についてもしっくりこなかった。武器の使用。違法売買。銀行強盗。男は証人保護プログラム下にあった。

彼は部屋のムードが変化するのがわかった。

「僕はこの人物が容疑者とは思いませんね」とプールは認めた。「ただ、こればかりはわかりませんよ。こいつだからこそ、真犯人が捕まっていないのかもしれないですし。でも、こいつじゃないですよ」

「男が埋葬されている場所を割り出そう」と保安官補佐が言った。

「了解です、ボス」とプールが言った。

プールは死んだ容疑者が被害者のボーイフレンドの友人であったことを突き止めた。二人の男は犯行の数週間前に仲違いをしていた。被害者と彼女のボーイフレンドは同じ時期にステレオを盗まれていて、プールはその盗んだ犯人が死んだ容疑者であると理論づけた。おそらく喧嘩の仕返しの犯行であったのだろうと。死んだ容疑者は、家の中でステレオを盗んでいたときにランプに手を触れたにちがいない。やつは殺人鬼ではなく、盗み癖のあるただのクソ野郎だ。

それでもプールの上司たちは確実な答えを欲しがった。

「掘り返してＤＮＡを調べろ」と保安官補佐は言った。

ポールは飛行機に乗ってボルティモアへ飛んだ。遺体を掘り起こすためだ。これはオレンジ郡保安官事務所がはじめて容疑者の遺体を掘り起こしたケースとなった――被害者を掘り起こしたことはあったが、容疑者に関しては一度もなかったのだ。ボルティモアの殺人課が死体の掘り起こしに手を貸してくれた。棺の収納箱を開けたときのブシューッという音で、プールは巨大なペプシの缶を開ける場面を想像した。遺体は驚くほどコンディションがよく、カビに覆われていただけだった。しかし、とんでもない臭いがしていた。

「最悪な生ゴミの十倍の臭いを想像して」とプールは言った。

ボルティモアの殺人課の捜査官たちが臭気にたまりかねて、容疑者が埋葬されている丘のてっぺんでたばこに火をつけたのは無理もない。

プールは容疑者の歯と頭髪を袋に入れ、機内に持ち込み可能なバッグに入れた。大腿骨と肉の一部は箱にドライアイスと一緒に入れて、空港でそのままチェックインした。オレゴン郡では荷物引き取り用ターンテーブルまで箱を取りにいったが、液体が漏れ出していた。

DNAはプールが疑った通りの結果を導き出した。死亡している指紋を残した男は、あの男ではなかったのだ。


ダグ・フィードラー（仮名）。こいつにちがいない。

「ジョン・ドウ」と名乗る人物から私の受信箱にメールが届いたのは夜中の○時一分のことだった。

ジョン・ドウは自分が匿名でいる理由を説明しなかった。彼は別のところを心配していた。私がポッドキャストで事件について語っているのを聞き、ヒントになるであろうことを私と共有したいということだった。「WorldCat.org はどの図書館が特定の書籍とかメディアを所有しているのか調べるためには貴重なツールです。例えばコントラコスタ郡保安官事務所のラリー・クロンプトンの著した『突然の恐怖』（*Sudden Terror*）は、オレゴン州のセーラム、アイダホ州のポストフォールズ、アイダホ州のハイデンレーク、ネブラスカ州のシドニー、カリフォルニア州のロスガトスの図書館に所蔵されています。もしかしたらEAR《イャー》もオンラインで買うのを避けて、図書館で借りていたのかもしれないですよね？」

それはとても興味深い考えだった。『突然の恐怖』は自費出版本だ。誰かが借りたいと図書館にリクエストしなければ、図書館がそれを購入することはないだろう。

オレゴンとカリフォルニアについては、誰が借りたのかはわかっていたので（退職した捜査官たち）、私はアイダホ州とネブラスカ州に集中して調べた。プライバシー保護の観点から図書館が貸出人の名前を教えてくれないことはわかっていた。私は自分のコンピューターを睨み付けるようにして見ていた。どのように検索バーを使いこなそうか。私は関連のある郵便番号と、その期間ＥＡＲ《イヤー》が加わっていた可能性の高い集団を同時に検索することに決めた。登録された性犯罪者である。

一時間ほど、私は性犯罪者と堕落した者たちの逮捕者識別用の写真をスクロールし続けた。まったく無駄なことをしているような気分だった。そしてその男の写真を見た。この事件の捜査を開始してはじめて、はっとした。おまえだ。

私はその男の状況を目をこらして見た。ダグ・フィードラーは一九五五年生まれの男だった。身長、体重ともに探している男に似ている。出生地はカリフォルニアで八〇年代後半に数件の性犯罪を犯している。暴力および脅迫による強姦、十四歳未満の児童に対するわいせつ行為が含まれていた。

家系図を調べるウェブサイトで彼の母親がサクラメント郡の大家族出身であることがわかった。新しい情報を集めるたびに胸が高鳴った。八〇年代初旬、もしかしたらもっと前だったのかもしれないが、彼女はストックトン北部に住んでいた。EAR《イヤー》がレイプを繰り返した場所に近い。ダグの元妻はオレンジ郡で引っ越しを繰り返しており、デイナポイントでは、EAR《イヤー》によって殺害されたキースとパトリス・ハリントンの家から三キロほどしか離れていない場所に住んでいたこともあった。

ダグの腕には動物のタトゥーがあり、よく雄牛のタトゥーと間違えられていたそうだ（家の中でEAR《イヤー》を目撃した少女が催眠術にかけられたとき、男の腕に彫られたタトゥーがシュリッツ・モルト・リカー社の雄牛のマークに似ていたと証言している）。

私はグーグルニュースアーカイブで彼の名を検索した。結果を見たとき、イスから飛び上がりそうになった。一九六九年八月のロサンゼルスタイムズの記事で、十九歳の男性が、家族の揉《も》め事で母親を助けようとして、腹違いの弟にフライパンで頭を殴られ刺殺されたとあった。弟が誰かって？　ダグ・フィードラーその人である。

殴打。ナイフ。EAR《イヤー》は犯行時に数々の奇妙な行いをしたが、私が思う最も奇妙な振る舞いは、すすり泣きだった。時折、悲しげな「マミー！　マミー！」という叫びが混ざったという。

ダグは現在、年老いた母とアイダホの小さな町に暮らしている。グーグルマップのストリートビューで確認すると、その家は伸びきった雑草に覆われた質素な白い家だった。

はっきりとは書かなかったが、オレンジ郡保安官事務所のラリー・プールにダグ・フィールダーについて伝えたとき、彼に殺人鬼を差し出すことができたにちがいないと私は感じていた。

「さすがだよ」とプールは返信してくれた。「経歴も身体的特徴もいい感じだった。ただ、電話と他のデータで確認したんだが、この人物はＤＮＡ（ＣＯＤＩＳ：統合ＤＮＡインデックス・システム）で除外されていたよ」

何時間もの間、まるで何も遮るものがない道路を、青信号を次々と捕まえるようにして走っていたような気分だった。今、私の車のトランスミッションはどこかに消えてしまった。時間旅行者から得られる知恵には、騙されることもあるのだと今は理解できる。私たちはより多くの情報と最新のイノベーションとともに過去に戻った。しかし、多くの魔法を手に戻ることには危険もともなう。豊富なデータは、より多くの環境が曲げられたり、つなげられたりするという意味を持つ。自分のなかの多くのコマを使って悪役を作りたくなってしまう。それは仕方がないことだ。私たちは誰しもパターンを探し求めるものだ。私たちは大まかな輪郭を見て固執したり、自由になって前に進むことができるときに、しがみついたりしてしまうものだ。

「彼のような容疑者を見つけたら、また教えてくれよ！」とプールは締めくくった。

彼の優しさが私を落ち込ませた。彼も同じ気持ちだったはずだ。事件を捜査しはじめた頃、疑わしい容疑者を見つけるとどれだけ興奮したかを私に教えてくれたあとで、十五年経過した今ではどんな気持ちになるのかも打ち明けてくれた。彼は報告を受け、書類を見て、何も言わず、厳しい表情をするそぶりをして見た。

「オーケー」とぶっきらぼうに言い、そして書類を放り投げるしぐさをして私の質問に答えた。

でも、彼がちがう瞬間を再現しているのを見たことがある。ボスの部屋から出てきて、彼のために集まってきた人たちを見た瞬間の、法の執行機関で働く人びとが想像しながらも、決して経験できないあの瞬間を彼が真似しているのを見たことがあるのだ。何か興味深いことが持ち上がったとき、私のメールへ彼が返信するその早さを知っている。私は彼がガッツポーズをして、「よっしゃ！」とふざけて叫んでいるのを見たこともある。彼は静かにその瞬間が再び来るのを待っているのだ。

二〇一四年 ロサンゼルス

『ロッキー』についてみんなが忘れていること、それは彼が電車から降りる最初のシーンだ。ロッキーは足を痛めているんだよ。彼は完全にピークを過ぎているんだ。めちゃくちゃ寒くてさ。やつはフラフラなんだよ。やっとのことで階段を登るんだよな」

夫のパットンは私にロッキーの話をして慰めようとしていた。彼に、行き詰まっていることを相談したときのことだ。ついにあきらめるまで、普通の人ってあとどれだけ立ち向かうの？

「でもさ、ロッキーはとにかく毎朝起きて、トレーニングを続けた。毎日、毎日ね。それって未解決事件を追っている人たちと同じだろ。すべての時間とエネルギーを突っ込むのさ。電話をかけまくって、箱をひっくり返して、話を聞き出して、綿棒でこすって、それでも答えはノーだ。でも、それに潰されちゃダメだろ。明日また起きて、コーヒーを淹れて、デスクをきれいに片付けて、それからもう一度やるんだよ」

彼は自分自身にも言っているのだと私は気づいていた。若かりし頃の彼は、コメディアンとしてステージに立ち続けた。お金ももらわず、厳しい観客を相手にして。彼にはとんでもなく強い決意があったし、それを持つ人たちの話が大好きだ。シンクで皿を洗っているときだって、彼は声を出さずに口を動かしていた。

「ねえ、それって何をやってるの?」と、一度彼に聞いてみたことがある。

「ジョークの練習だよ」と彼は言った。

もう一度最初から。今度はもっとうまくやるんだ。さあ、もう一度。

「ロッキーはアポロ・クリードを倒すことはできなかった。そうだろ?」とパットンは言った。「でもね、ロッキーはアポロにショックを与えた。そして世界中にも。だって、彼はあきらめることを拒否したんだから」

私たちは八年目の結婚記念日を祝い、ディナーを楽しんでいた。パットンがワインの注がれたグラスを掲げた。彼が私を袋小路から引っ張り出そうとしてくれているのはわかっていた。

「君の未来の悪党のギャラリーに乾杯」と彼は言った。

「やめてよ!」と私は言った。「そんなこと言わないで」

もちろん良い意味で言ってくれたのはわかっている。でも、私にはそれが想像できなかったし、そんな未来を想像するのを拒否したかったとでも言うべきだろうか。

「悪党のギャラリーなんていらないから」と私は言った。「私が追っているのは一人だけ」

そう言った瞬間、自分がどれだけ気味の悪いことを言ったのか気がついた。EAR《イヤー》のあとに、自分が同じぐらい熱狂的に誰かを探すことができるのか、息もせずに青信号を次から次へと突っ切って、飛ばし続けることが、これから先もできるのか想像できなかったのだ。

テーブルの下から、パットンは美しいヴィンテージ物の包装紙で見事に包まれた大きなプレゼントを取り出した。彼はプレゼント選びが本当に得意な人だ。若い芸術家や工芸家を発見するのが好きで、彼らとコラボレートして唯一無二のプレゼントを作ってくれるのだ。ある年には、彼は私の怠惰なフィギュアを作ってくれた。私がベットの上にパジャマ姿で腰掛けて、スターバックスのバニララテを片手に、ラップトップで未解決事件ウェブサイトを開いている姿のフィギュアだ。別の年には、若い金属細工師に頼んで木箱を作ってもらった。その前面には私たちが七年間暮らした家が銅板に刻まれ、設置されている。中には、小さな引き出しがあって、そこには私たちが共に過ごした人生の想い出が入っている──切符の半券やポストイットのメモなどだ。

去年、彼は芸術家のスコット・キャンベルに依頼して、札付きの犯罪者に対峙する小さな三人の私の水彩画を描いてもらった。一人目の私はカップに入ったコーヒーを持ちゾディアックを睨んでいる。二人目の私はノートパソコンを手にしてまるで今から悪名高きハイジャック犯のD・B・クーパーを尋問するところのようだ。三人目の私は、例の男と顔を突き合わせている。私のその顔には奇妙な笑みが浮かんでいる。相手はマスクをかぶった謎の男、私の苦悩、EAR《イヤー》その人だ。

私は今年のプレゼントの包みを開けてみた。パットンは私が書いた「ロサンゼルスマガジン」

の記事を専門家に頼んで綴じて、そしてそれを特別にしつらえた黒いスリップボックスに入れてくれていた。スリップボックスには私の記事からの重要なメモを保管できるような仕切りが作ってあった。地元のニュース番組に出演したときの様子を収めたDVDが一番下の引き出しに入っていた。

その後、私は結婚記念日の贈り物が二年連続で、何かしらの形でEAR《イャー》に関係していることに気がついた。でも、それはEAR《イャー》がどれだけ私の人生を完全に支配するようになったのかを語る最大のサインでさえなかった。私がパットンに対してカードすら用意するのを忘れていた事実が、最も大きなサインである。

二〇一四年　サクラメント郡

ホールズは必死にウォルサーの背景を探っていた。ウォルサーの実家があったカーマイケルのサッター通りのあたりは、EAR《イャー》が捕食活動を行っていた周辺地域のバッファーゾーンで、その中心地だった。七〇年代中盤に、ウォルサーはランチョ・コルドバにある低所得者共同住宅の管理という母の仕事を手伝っていた。その共同住宅のうちの一軒が、EAR《イャー》に襲撃された家の隣だったのだ。ホールズは一九七五年五月にウォルサーがサクラメントでひどい交通事故に遭い、顔に傷を負っていたことを突き止めた。被害者番号七番の女性は、リバースサイコロジーを試み、EAR《イヤー》に「セックスが上手ね」と言った。多くの人が、自分のモノは小さいと言うと彼は答えた。それはおそらく正直な発言だったのだろう。なぜなら、彼は実際に恵まれていなかったのだから。そしてEAR《イヤー》は「顔にちょっとアクシデントがあった」と言ったのだそうだ。

ウォルサーがかつて在学していたデル・カンポー高校から八〇〇メートルほどの距離で四件の襲撃が発生した。被害者の一人の父は、デル・カンポーでドロップアウトしたウォルサーが通った補習学校で教鞭を執っていた。ウォルサーは一九七六年にブラック・アンガス・レストランで働いており、被害者のうち二人が行きつけの店だと刑事に証言した。

その後ウォルサーがウェスタン・パシフィック鉄道で働きはじめたのは一九七八年のことだ。仕事の関係で彼はストックトン市、モデスト市、そしてデイビス市まで移動をした（ミルピタス市に行く途中で）。EAR《イヤー》がそのエリアに活動範囲を広げた時期と同じ頃の話だ。一九七八年八月、彼はウォルナットクリークでスピード違反の切符を二枚切られている。EAR《イヤー》のイーストベイ内のそのエリアへの襲撃は、それから二ヶ月後にはじまっている。ウォルナットクリークでのウォルサーの交通違反切符に関連する裁判の日付は、当地の襲撃の二週間前だった。

一九九七年、ウォルサーは赤信号を無視して車を停車させられた。腰に巻いたウェストバンドからダクトテープで作った鞘《さや》に差し込まれたステーキナイフが二本発見された。ドメスティックバイオレンスで逮捕された際の裁判記録には、前妻を脅しながら「おまえをバラバラに切り刻んでやる」と言ったことが記されていた。

「静かにしなければバラバラにするぞ」とEAR《イヤー》は言った。彼は頻繁に、耳や足の指や手の指を切り落とすと脅した。

消していた。ホールズは検死官事務所に繰り返し電話をかけて、見つからないよう必死に努力して姿を消していた。ホールズは検死官事務所に繰り返し電話をかけて、ジョン・ドウに似た遺体が発見されていないかを尋ねた。最終的に、彼はウォルサーの唯一の子ども、疎遠になっていた娘に辿りついた。コントラコスタ郡特別捜査班の刑事が娘に、二〇〇四年に刑務所で得た賃金の未払いがあるので父親を探していると伝えると、彼女は二〇〇七年以降、父親とは話をしていないと答えた。一度、公衆電話から電話があったと彼女は言い、そのときウォルサーはサクラメントでホームレス生活を送っていたらしい。

そこでホールズはサクラメントの法執行機関に頼んで、ウォルサーについて書類が残っていないか確認してくれるよう頼んだ。地域から地域へ渡り歩くような人間は警察との関わりが少ないものだが、もしウォルサーがサクラメントでホームレスをしていたのなら、きっと何らかの報告書に彼の名前は記載されているはずだ。もしかしたら注意書きのようなものでシステムに登録されてはいなかったかもしれないが、どこかに埋もれているにちがいない。待ちかねた電話をホールズは受けた。

「ウォルサーは見つかりませんでした」と職員は言った。「でも、彼の兄が犯罪の目撃者としてリストに載っていましたよ。アンテロープにあるガソリンスタンド裏の車の中に住んでいます」

ホールズは兄の不動産権利書のコピーを取り出した。ウォルサー関連ファイルの中に入れてあったのだ。その家は父親から兄に譲渡されたもので、抵当には入っていなかった。ホールズは混乱した。

「それならなぜウォルサーの兄のほうがホームレスになるんだ？」ホールズは大声で聞いた。電話の向こうが沈黙した。

「君が話したのは、確実に、本当に、ウォルサーの兄だったのですか？」とホールズは聞いた。

すぐあとになって、サクラメント郡保安官事務所から電話がかかってきた。彼らがウォルサーの兄に携帯可能な指紋照合デバイスを持って真剣な顔で近づくと、彼はへなへなと座り込んで両手を上げた。彼は白状した。親指の指紋が証明した——ホームレスの男は兄ではなく、ジム・ウォルサーその人だったのだ。彼らはウォルサーからDNAサンプルを採取し、科学捜査研究所に急いだ。


事件に関連のあるイーストベイ各所を車で回っていたホールズは、一九七九年二月二日、ダンヴィルでウォルサーが寝泊まりしていたポンティアック・ル・マンが発見された正確な場所を指し示してくれた。だが、ホールズは今も釈然としないでいる。三十日の刑期から逃げるために、八年も潜伏する人間がいるだろうか？


しかし、彼が十八ヶ月も探し求めていた最も重要な質問には答えが出た。

「EAR《イャー》ではなかったんですよ」とホールズは言った。そして頭を振った。「でもね、あいつがEAR《イャー》の影のような存在だったのは間違いない」

私たちは車があった場所をじっと見つめ続けた。

「ちゃんとできていたと思いますか？」と、私はDNA鑑定について尋ねた。

ホールズは、ほんの一瞬、間を置いた。

「サクラメントは、本当に、本当に優秀なんですよ」と彼は言った。

私たちはドライブを続けた。

一九七八年　サクラメント郡

サクラメント郡保安官事務所の刑事ケン・クラークと私は、一九七八年二月にイーストサクラメントで発生した多重殺人現場のすぐ外に立っていた。彼は自分の思考回路を断つために、私に「君はオバマ派？」と聞いた。私たちはしばらく笑顔を向け合って、そして一緒に笑い出した。彼は私たちの政治的立ち位置のちがいを一笑に付して、じっくりと考えながら話を進めた。クラークは饒舌な人で、私は口を挟むことができずにいたが、それが私には好都合だった。私たちはイーストエリアの強姦魔（ＥＡＲ）が若いカップルを射殺したとクラークが考えている、外庭のあたりに立っていた。マッジョーレ殺人事件は、ＥＡＲ《イヤー》との間に明確なつながりはなかったものの、クラークは最近、警察の報告書でＥＡＲ《イヤー》に似た空き巣狙いや家宅侵入がこのエリアで当日の夜に発生していたことを突き止めた。それがケイティーとブライアン・マッジョーレが不可解にも射殺された、二人が犬を散歩させていたこの場所に徐々に近づいていたことを発見したのだ。

目撃者は容疑者をはっきりと見ていた。似顔絵が公開されたとき、EAR《イヤー》は突然西のコントラコスタ郡に移動した。「EAR《イヤー》が怯えて逃げ出した」という理論をホールズは支持していないと以前私に言っていたが、クラークは驚いて逃げ出したのだと考えていた。彼は私に似顔絵を見せてくれた。「これが、私たちが作成した、やつに最も似た似顔絵だと思う」と彼は言った。

また、手がかりを探すために精査している古い警察の事件報告書も見せてくれた。そこには信号の位置と覗き魔事件についての記載が含まれていた。当時、事件に関係あるものは多くないとされた。クラークはその理由を説明できない。それが彼を悩ませている。「彼らは疑わしい容疑者を取り逃がしたんだ。彼の義理の姉が、一度裸で一緒に泳いだときに見た、彼のペニスはまずまずの大きさだったからと証言したのが理由なんです」（EAR《イヤー》のペニスは小さかった）。「それから、ふざけているわけじゃないんですが、その容疑者の下唇が大きすぎた、なんて理由もあってね」

サクラメントには探求する余地が多くある。何が男をここに連れてきたのだろうか？　一九七六年七月一日にレイプがはじまったそのとき、すべてのアメリカ軍支部が飛行操縦訓練をマザー空軍基地に移したのは偶然だったのか？　カリフォルニア州立大学サクラメント校は？　彼らのアカデミックカレンダーは、犯罪と完璧に一致する（EAR《イヤー》は学校の休日には一度も襲撃を行わなかった）。新しい技術を使用して、地理的プロファイラーがEAR《イヤー》が住んでいたかもしれない地域をピンポイントで探し当てた。私はその地域を再度訪れた。昔から住む人たちとも話をした。私は、捜索に関わっているラップトップ使いのDIY刑事たちに、自分が見つけた情報を提供した。

［原著編集者より：二〇一六年四月二十一日、著者ミシェル・マクナマラは亡くなった］

第二二章

ポール・ハインズとビリー・ジェンセンによる

〔原著編集者より：ミシェルが亡くなったとき、彼女は本書を執筆中だった。出版をするために、われわれはミシェルのアドバイザーのキッドことポール・ハインズと、ミシェルの友人で調査ジャーナリストのビリー・ジェンセンに協力を仰ぎ、ミシェルが残した資料をまとめ、編集を行った。本章はハインズとジェンセンが協力して執筆したものである〕

われわれがミシェルのハードドライブにアクセスし、黄金州の殺人鬼《ゴールデン・ステート・キラー》に関するファイルを精査しはじめたのは、彼女の死から一週間後のことだった。ファイル総数は三千五百ほど。それに加えて、何十冊ものノート、メモ帳、紙の裏の走り書き、数千ページに及ぶデジタル化された警察が書いた事件報告書のデータが残っていた。そして、ミシェルがきちんとコピーを取った、オレンジ郡検事からの三十七箱分のファイルは宝の山だった。

この数千ピースから構成されたジグソーパズルの完成図を知っているのは、ただ一人。それはミシェルではない。殺人者、その人である。

ミシェルの白鯨は、悪名高いブラック・ダリア事件〔一九四七年にアメリカで発生した未解決猟奇殺人事件。被害者であるエリザベス・ショートの遺体は腰の部分で切断された無残なものだったため、大きな話題となった〕の殺人者でも、ゾディアックでも、切り裂きジャックでもない——彼らは犯行回数が比較的少なかったため、捜査情報ファイルもそれほど多くなかった。

そうではない。ミシェルが追いかけていたのは、最も多くて五十人の女性を強姦し、少なくとも十人を殺害したモンスターである。五十五カ所以上の事件現場と数千の証拠が残されていた。

われわれはミシェルのメイン・ハードドライブを開いて、彼女が書き終えていた章を読みはじめた。われわれがそもそも彼女の文章に引き込まれた理由を再認識させられるようなものだった。彼女の言葉はページから飛び出してあなたの横に座り、ランチョ・コルドバ、アーバイン、そしてゴリータの殺人者が歩いた小道について物語を紡ぎ出していく。事件の詳細について書かれた文章は膨大な量だ。しかしミシェルの言葉は、ときに粘り強くそして情感たっぷりで、事件の詳述を流れるような物語に昇華させていた。事実の羅列に読者が疲れてしまわないよう、じょうずな表現を加えたり、詳細な説明を並べたりして、話をきちんと元に戻してくれる。ウェブサイト「トゥルークライム・ダイアリー」の原稿や記事の中でミシェルは常に、完璧なバランスを保っていた。身の毛もよだつような事件の詳細に耽溺したり、独りよがりな正義を振りかざしたり、被害者を聖人化することは避けた。彼女の言葉が導いたのは、パズルを解き、心を凍りつかせる空白を埋めようとする好奇心と探究心だった。

しかし、その物語の一部をミシェルは完成させていない。われわれは彼女が書き終えたものから確認していった。そのスタイルは犯罪物のノンフィクションでは通常目にすることのないものだ（もしかしたらカポーティのスタイルにあったかもしれない。ちなみにカポーティは物語の中の仕掛けを探すとき、それを単に創作することもあったそうだ）。ミシェルはマネることが難しいスタイルで、ノンフィクションの本を書いていた。われわれはそれを考慮して、どうにかして近づけようと試みた時期もあった。しかし、無理な話だった。彼女はこの物語を多くの形で残している――書き終えた章、「ロサンゼルスマガジン」誌に寄稿した記事、そして大量のブログへの投稿――これらは大きな隙間を埋めるのに充分すぎる量だった。

とはいうものの、彼女が自分でこの本を書き切ることができていたのなら、確実に、より壮大な物語となっていたはずだ。多くのファイルや走り書きのメモには、彼女が追求しようとしていた手がかりが記されていた——もしかしたら重要でないと判断した情報だったのかもしれないけれど。友達の死ぬまでにやっておきたいリストには、「パリ旅行」、「スカイダイビングに挑戦」なんてことが書かれているかもしれない。ミッシェルのそれには、「事件が発生したモデストに行くこと」、「ゴリータの居住者の逆引き電話帳を完成させること」、「DNAを“23andMe”と“Ancestry.com”に提出する方法を調べること」〔23andMeもAncestry.comも、遺伝子検査会社〕などと書いてあった。

*

二〇一一年、「トゥルークライム・ダイアリー」に、EAR《イヤー》－ONS《オンズ》（イーストエリアの強姦魔ーオリジナル・ナイトストーカー）についての投稿をはじめてしたとき（彼女はこの時点でまだ、犯人に黄金州の殺人鬼という呼び名をつけてはいなかった）、A&E未解決事件フォーラムに自分の書いた記事がリンクされたことで、ポール・ホールズの存在に気づく。当時は、このフォーラムが事件についてやりとりが行われている場所だった。

ミシェルはすぐさまホールズにメールを書いた。

書き出しは「こんにちは！」だった。「あなたは私のお気に入りの投稿者です」そしてミシェルは偶然見つけた珍しい名字について説明し、わずかに存在する同じ名字の人物たちに共通する地理的特徴があったと書いた。きっと、調べるに価していたのだろう。

「不眠症に悩まされているんです」と続け、「眠れないときは、ＥＡＲ《イヤー》らしき容疑者を追跡しています。あなたのシステムがどういうものかはわかりませんが（あなたがシステムを使っていると仮定して）、私は二つの方法で追跡しています。ゴリータの墓地にある名前を調べたり、アーバインにある複数の学校と、特にノースウッド近辺にある学校の卒業生のリストから名前を集めて調べたりしています。羊の数を数えているわけでもないのに、これが結構効くんですよ」

　不眠症のおかげで得られた情報は、そのままの形でハードドライブに残っていた。

・ゴリータの古い地図と航空写真。「宿題の証拠」に描かれた地図との比較
・靴底の写真と犯罪現場から発見された紐
・ドミンゴ殺人事件で使われた可能性のある、ターフ用の杭を打つ道具の分析
・留めたところが破れそうになるまで膨らんだバイセリアのこそ泥に関するファイルと、この人物をＥＡＲ《イヤー》－ＯＮＳ《オンズ》と結びつける彼女の理論
・ＥＡＲ《イヤー》（イーストエリアの強姦魔）の被害者から盗まれた特定のアイテム
・「ＭＩＳＳＩＬＥ」と刻印された銀の硬貨
・「Ｍ.Ｓ.Ｒ」と刻印された銀の硬貨。七二年八月八日

・カフスボタン（ワンセット）、イエローゴールドで、「NR」のイニシャル入り
・男性用の金の指輪。四角い八〇ポイントのダイヤモンド。金の塊、三つ
・指輪「Always」の刻印。七一年十一月二日
・WSJのイニシャルが入った金の指輪
・アンティークの銀のスプーンリング（プレリュード・バイ・インターナショナル社製）
・ライコミング大学のクラスリング。一九六五年のもの

また、このレイプ犯がクロックラジオを特に好み、五台を盗難したという記述もあった。

情報のなかには、一九七六年のドス・プエブロス高校陸上部の部員の名前と住所をまとめたエクセルシートもあった。筋肉質な脚を持つとされるEAR《イャー》が若かりし頃所属したのでは、と考えたミシェルが、潜り込んでいったウサギの穴だった。

「もしかしたら怪しい人びと」とタイトルが付けられた文章もあった。ミシェルが怪しいと思った容疑者の名前と誕生日を調べ、そこにメモやコメントを添えた、時間をかけて作られたリストだった。一部には「iPhoneから送信」というタグがつけられていた。映画のプレミアム上映で暇を持て余していたとき、内容がわかるように短いメモとして送っていたのだ。

別のメモ帳には「空想を過小評価しない：男性の前でレイプはしない――男性を恐れているのかも。機能として。個人的な秘め事。マミー。すすり泣き。後悔なし。たぶん空想の一部」とある。

自分自身の心理状態について書いたメモもあった。

•男は強迫観念を持った空き巣狙いで、探求者。私たちのように彼を追いかける人間は、同じ苦痛に苛《さいな》まれる。あいつは窓から覗き見る。私は「リターン」を叩く。リターン。リターン。クリック。マウスをクリック、クリック

•ネズミは自らエサを探す

•狩りはアドレナリンの放出が大事で、捕まえることは重要じゃない。あいつはジョーズの中のニセモノのサメ。目撃できないから、余計に恐ろしいのだ

ミシェルは、詳細を書き切れていないのではと考え、頭からどうしても離れない質問をするために、古い報告書の中に記載されている目撃者に連絡を取ったりした。そんな目撃者の一人がアンドリュー・マークエット（仮名）だ。

一九七九年六月十日の夜は特に暑い夜で、マークエットは寝室の窓を開け放ち、部屋に風を入れて寝ようとしていた。夜中、窓の下の小石が敷きつめられた小道を誰かが歩く足音を聞いた。外を見ると、知らない男が家の側面をゆっくりと忍び歩いている姿が見えた。その目は隣の家の窓をじっと見ていた。男が見ていたその窓のむこうに目をやると、カップルが赤ちゃんをベッドに寝かせている姿が見えた。

マークエットは引き続き、その人物が松の木の方向に身を乗り出して、草に覆われた暗闇にコ

ソコソと後退していく様を観察していた。ベッドの近くに置いていた二二口径のピストルを手に取り、そのスライドを引いた。男はその音に気づいたにちがいない。すぐさま立ち上がるとフェンスを跳び越えて前庭に走っていった。マークエットは隣人の家に行き、玄関をノックした。誰も応えなかった。

ピストルを置きにいったん家に戻り、隣の家を再び訪ね、隣人と話をしようとした。その途中に、通りかかった車のヘッドライトがブロック北側の家々を照らした。一瞬、自転車に乗って、家の壁に寄りかかっているこそ泥の姿を照らし出した。

マークエットが近づこうと動き出すと、相手は必死にペダルを漕いで芝生を越え、夜の闇に消えていった。マークエットの通報でやってきた警察は、不審者を捜索したが、無駄な努力だった。

数時間後、EAR《イヤー》による四十七番目の事件が、半ブロック先で発生した。捜査官たちはすぐにマークエットに連絡を取ったが、彼は同じ話をするだけだった。不審な男は白人男性で、二十代、肩にかかる長さの髪、リーバイスのジーンズに暗い色のTシャツを着ていた——EAR《イヤー》の被害者たちが繰り返し訴えていた特徴と同じだ。不審者が乗り捨てた自転車はその日の明け方、数ブロック先で発見され、横には被害者宅から盗まれたオリンピアビールの缶が転がっていた。捜査官たちはこの自転車が、一マイル先の開け放たれたガレージから数時間前に盗まれたものだとすぐ気がついた。そのガレージの近くで、捜査官は白い、結び目のついた靴紐を発見していた。

ミシェルはマークエットこそ、再度インタビューを行うのにふさわしい人物だと考えた。彼女は二〇一五年に彼にコンタクトを取っている。

自作の地図と、その晩に起きた出来事の概要を彼女なりの理解で記したものをマークエットに渡して、直すべきところを直してほしいと依頼した。ポールが十七枚の人物写真を揃えることに応じてくれていたので、マークエットには、そのなかでどの人物があの晩目撃した人物に似ているかを確認をしてほしいともマークエットに伝えた。

不審者を目にしたとき、最初にどんな印象を持ったか、電話で聞いてみた。マークエットは間髪をいれずに「学生ですね」と言った。

二〇一一年、「EAR《イヤー》の手がかり」と呼ばれたファイルの中で、ミシェルはこの男についてすでに明るみに出ている事実の多くをまとめプロファイルとして統合することにした。

・身体的な特徴は、身長が一七九センチから一八〇センチで、水泳選手のような体つきと描写されることが多かった。細身だが胸板は厚く、目立つほどふくらはぎが太かった。ペニスはとても小さく、細く、短かった。靴のサイズは二七センチから二七・五センチで、くすんだ金髪。大きめの鼻。血液型はA型で非分泌型だった。

・被害者に電話を使って連絡をし、ときには襲撃前に電話をかけ、襲撃後に電話をすることもあった。無言電話や脅迫もあった。恐怖映画のような荒い息、そして脅しの言葉を口にした。

・スキーマスクをかぶり、銃を持ち歩いていた。ペンのような懐中電灯で顔を照らして被害者を驚かせ、視界を奪うことを好んだ。タオルを割いて紐のようにするか、靴紐を使って被害者の体を拘束した。

・決まったセリフがあって、それを繰り返した。「俺の言う通りにしなかったら殺す」など複数のバリエーションが存在した。金と食べ物が欲しいだけだと主張した。アパートの家賃のためだと言ったこともある。乗っているバンについて言及したこともあった。女性に男性を縛らせ、そして二人を分離した。男性の背中に皿を積み上げ、音がしたら女性を殺すと言うこともあった。

・ベビーローションを犯行現場に持ち込むことが多かった。潤滑剤として。

・近所の自転車を盗み、それで逃げるのを好んだ。

・個人的な持ち物：長いチャックがついたバッグ。往診用鞄のようなものか、ダッフルバッグ。青いテニスシューズ。モトクロス用手袋、コーデュロイのズボン。

・運転免許証と貴金属類を盗んだ。指輪を盗むことが多かった。

・真実かどうかははっきりしないが、それでも興味深い発言：ベーカーズフィールドで誰かを殺したことがある。ロサンゼルスに戻る。「おまえなんか大嫌いだ、ボニー」。空軍から追い出された。

・一九七七年十月の終わり頃、何かが起きた。当時発生した二件の襲撃で、すすり泣いていたとされる。

・EAR《イヤー》－ONS《オンズ》に関係した可能性のある車両：緑色のシェビー・バン。一九六〇年代の黄色いサイドステップ付きピックアップトラック。フォルクスワーゲン・ビートル。

　パットンからミシェルに転送されたメールがある。ミシェルは海軍に勤めていた義理の父親に、夫と義母を介して当時事件発生エリアにあった基地の調査を依頼していた。強姦魔は空軍兵だったという説があったからだ。

転送メッセージ：
From：ラリー・オズワルト
Date：二〇一一年四月十八日二時一分六秒 PMPDT
To：パットン
件名：サクラメント周辺の空軍基地

ミシェルがサクラメント近郊の空軍基地について調べてほしいと言ってきたと母さんに聞いたよ。
これがリストだ。

サクラメント近郊：
マクレラン空軍基地　二〇〇一年閉鎖
メイザー空軍基地　一九九三年閉鎖
ビール空軍基地は今でもある――サクラメント北部四〇マイルの位置
トラヴィスはカリフォルニア州のフェアフィールドにある。サンフランシスコの北部でサクラメントからも遠くない。

もっと情報が欲しいのなら連絡してくれ。
父さんより

何年にもわたって多くの人びとがEAR－ONS《イヤーオンズ》のプロファイルを作成しようと試みてきたが、ミシェルはその一歩先へ進み、レイプ事件が起きた場所をさらに分析し、地理的プロファイルが男の身元の割り出しにつながらないか確かめたいと考えていたようだ。彼女が残した数々の文章の中には、EAR－ONS《イヤーオンズ》の所在地についての考察が記されていた。

・大事なロケーションはランチョ・コルドバとアーバインだと思う。
・最初と三回目の強姦はランチョ・コルドバの数メートルしか離れていない場所で発生した。男は三回目の襲撃場所からパンツも穿《は》かずにゆっくりと立ち去った。それはあいつが近くに住んでいるという証拠。
・マニュエラ・ウィットヒューンを一九八一年二月六日にアーバインで殺害。五年後にジャネル・クルーズを殺害。マニュエラとジャネルは同じ分譲地に住んでいた。たった三・五キロしか離れていない場所。
・興味深いことにマニュエラの留守録用のテープは襲撃時に盗まれている。もしかして容疑者の声が録音されていた？　もしそうだとしたら、近所の人が聞いたら、声の主が誰か気づかれると恐れたのか？

ミシェルが二〇一四年八月に作成した資料「ジオチャプター」には、三年間の徹底的な調査によって再考された地図が掲載されている。それを開くと、たった一行、文章が書いてある。「カーマイケルは、まるで緩衝地帯のような、事件の中心にある空間だ」

地理的プロファイリングによる殺人者の捜索

重大な基本要素である名前と顔が不明なままである一方で、イーストエリアの強姦魔は、約七〇万人の他の人びとと同じく、一九七〇年代中盤から後半のサクラメント郡の住民であったと妥当な確実性を持って言える。EAR《イヤー》と彼の襲撃したストックトン、モデスト、デイビス、イーストベイなどとの関係性はよくわかっていない。イーストエリアの強姦魔は、サクラメント郡で多くの事件を起こした犯罪者で、間違いなく地元に住む人間だという親密さと出没回数を誇示していた。ストックトン、モデスト、そしてデイビスといった場所は、男が二回から三回も襲撃をし、もしこの三都市に何かつながりがあるのだとすれば、それは一体何なのかという疑問が湧く。家族がいたか、職場があったのかもしれない。ただ単に通りすがりだったのかもしれない。地図にダーツを投げただけなのかもしれない。

しかし、EAR《イヤー》がサクラメントにかつて住んでいた、あるいは少なくともそこで働いていたことを否定する捜査官はいないというのも事実だ。

ほぼ確実なことではあるが、一九七六年から一九七八年、あるいは一九七九年まで、EAR《イヤー》がサクラメントに住み、それから南カリフォルニアに一九八〇年代の前半のあたりまで暮らしていた可能性が高いとするならば、EAR《イャー》を見つけ出すことのハードルは低くなってくる。その期間に両方の地域に住んでいた人たちのリストを作成すれば、容疑者の数は約一〇〇万人から、たぶん、一万人ぐらいに絞り込むことができるのだ。

Amazonの商品にフィルタをかけて検索するように、プロセスが簡単であったら理想的だ。数回クリックして、ジェンダー（男性）、誕生年（一九四〇年から一九六〇年）、人種（白人）、身長（一七九センチから一八一センチ）、居住地（カーマイケル、あるいはアーバイン、ランチョ・コルドバ、郵便番号が九二六二〇のあたり、シトラスハイツ、ゴリータ、デイナポイント）でフィルターがかけられ、さらに職業も絞り込むことができればいい（不動産業者、建設作業員、画家、造園業者、看護師、薬剤師、病院に勤務する警察官、警察官、警備員、あるいは軍人といった仕事が、EAR《イャー》の職業だったのではと、多くの捜査官や探偵が推測していた）。これらを全部設定すれば、見事に扱いやすく、すべてを網羅した疑わしき容疑者リストが完成してしまうというわけだ。

でももちろん、そんなに簡単な話ではない。名前に関してはどこからか引っ張ってこなければならず、人名の統合データベースなんて存在していないのだ。それは合成して作るか、新たに構築するしかない。そしてそのようなリストを作成するプロジェクトについては、ミシェルは比較的楽観的に考えていた。

男はバイセリア出身だったかもしれない。もしかしたらゴリータが故郷だったのかもしれない。郵便番号九二六二〇のエリアに住んだことがあったのかもしれない。コルドヴァ高校に通った可能性もある。名前は一九七七年のサクラメント郡の電話帳と、一九八三年のオレンジ郡の電話帳に掲載されていたかもしれない。われわれは、レーダーの下を飛んでいた可能性のある容疑者を見つけるために、制限がかかった情報や、公式の容疑者リストにアクセスする必要はなかった。それを処理するために必要不可欠な情報とツールは、すでにオンラインの公開記録情報収集サイトとして利用可能だった。生体記録、資産記録、卒業アルバム、一九七〇年代から八〇年代の黄色い電話帳（その多くは幸いなことにすでにデジタル化されている）のデータを利用できたのだ。

ミシェルの死の前年、ホールズはサクラメント郡とオレンジ郡の居住者のマスターリストを作りはじめていた。該当する期間にその地域に住んでいた人間の名前を、Ancestry.com の結婚と離婚の記録、該当する郡の不動産の譲渡証書登録（これには必然的にウェブスクレイパーを使用することになった）、卒業生リスト、そして古い電話帳のデータと組み合わせていたのだ。

そのときミシェルは、ボランティアで協力すると申し出てくれたカナダに住むコンピュータープログラマーとつながっていた。ホールズの書類を使用して、プログラマーは相互参照型ユーティリティーを作成した。複数のリストを処理し、マッチングするテキストを見つけ出すというものだ。そのアプリケーションを使えば、ホールズは二種、あるいはそれ以上のリストを提供できるようになり、そしてマッチした結果を分析できる――いま、マッチ数は四万件を超えている。

一致リストが生成されると、ホールズはそれを精査して、公開記録情報収集サイトを使って誤検出を取り除いた（よくあるジョン・スミスなどの名前が検出されがちである）。

そしてホールズは、当人、あるいはその男性の親族が生存しているかどうか、マッチした結果について可能なかぎりの情報を集め、納得のいくまで調べた。そして、除外しきれなかった名前は参考人のマスターリストに加えられていった。

連続強盗事件、連続強姦事件、連続殺人事件のケースでは、容疑者リストが数千人以上に膨れ上がることがよくある。そうなると管理するのが困難なため、優先順位をつけていくシステムの開発が必要になってくる。

容疑者のランク付けは、過去の犯罪歴、警察との接触回数、連続しているすべての犯罪を発生させる可能性、身体的特徴、そして——地理的プロファイルが作成されている場合は——容疑者の職場と自宅の住所などのファクターによって決定される。

地理的プロファイリングは——行動プロファイリングより科学的で有効だろう。この行動プロファイリングというものは、科学的というよりは芸術《アート》に近い技術だ——連続事件とそれにリンクする重要な地理を分析し、連続犯の係留点（例えば、自宅や職場など）を割り出す専門的な犯罪捜査技術である。この技術によって容疑者という広大なプールの中の、個別の小さな泡に焦点を当てることができる。

一般的な技術は非公式な形でしばらくのあいだ存在していたが——捜査官がその技術を使って誘拐犯を捕まえたのは、黒澤明の『天国と地獄』（一九六三年）である——一九八〇年代後半になるまで、地理的プロファイリングの技法には名前さえ付いてはいなかった。一般的な辞書に**シリアルキラー**という語が入れられてから、約十年後のことである。

当時は知られていなかった捜査手順だったと考えると、地理的プロファイルがEAR《イャー》にとって遠方の南カリフォルニアに通って地理的な間違いを犯す動機になったとは考えにくい。そのうえ、南カリフォルニアで起こした犯罪は、DNAの証拠がそれを立証するまで、一般にはEAR《イャー》の仕業だと認識されてはいなかった（そして、彼は特に一連の犯行を自分によるものと知られまいとしていたふしがある。彼が被害者を殺害しはじめた理由はそれだろう――つまり、目撃者の抹殺だ）。オッカムのかみそり〔英国の哲学者であるウィリアム・オッカム提唱の「説明に最低限必要でないものは除外すべき」という思考方法〕による論理的な結論としては、EAR《イャー》は犯罪を重ねていた南カリフォルニアに当時住んでいたということになる。

とはいえ、南カリフォルニアでの居住が証明されなかったからといって、完全に容疑者から排除するわけにはいかない。しかしそういった容疑者に何らかの興味を集合させようとするのなら、説得力のある理由が必要になる。

南カリフォルニアは、すでに知られたEAR《イャー》による犯罪の発生頻度は低く、範囲も広いため、地理的プロファイルには適していないのも事実だ。なぜならわれわれの追いかけている犯人が最も活動していたのはサクラメントで、犯罪は十年単位で行われており、地理的プロファイルの構築に使えるポイントが最も多く存在する場所だからだ。

確認されただけで二十九カ所の襲撃場所と、百カ所に近い空き巣、空き巣狙い、そしてその他の事件など、**ほぼ間違いなく**EAR《イャー》が住んでいた場所にスポットを当てる、地理的プロファイルのための充分なデータがサクラメントには揃っているのだ。

地理的プロファイルの用語で言えば、これらのエリアはバッファーゾーン（緩衝地帯）である。前述のように、緩衝地帯とは台風の目のようなもので、連続して犯行を重ねる犯罪者が、自分の家の近くを避けることで浮かび上がってくる。

したがって、少なくとも理論的には、一九八〇年代初頭に南カリフォルニアに住んでいて、一九七〇年代中盤から終わりにかけてサクラメント郡で暮らし、緩衝地帯のいずれかに住んでいたことがある男がEAR《イャー》なのだ。

犯行エリアを拡大した後期とは対照的な、初期の狭いエリアでの犯行を精査することで、サクラメントでの襲撃を年代順に分析し、フェーズに分けることができる。われわれは五つのフェーズを採用した。

- 襲撃一から四（報道規制前）
- 襲撃五から八（報道規制前）
- 襲撃九から十五（報道規制解除。それに続いて連続レイプ犯がサクラメントのイーストエリアに出現したというはじめてのニュース記事が出た）
- 襲撃十六から二十二（EAR《イャー》の手口の変遷がはじまる。一人の女性からカップルへ、そして一九七七年夏休みまで三ヶ月の休止期間が続いた）
- 攻撃二十四から四十四（一九七七年夏の休止期間の後、サクラメント郡以外ではじめて襲撃が開始した）

各フェーズのレイヤーを設定したグーグルマップを作成すれば、フェーズを分離して切り替えていったり、各フェーズの地域の広がりを比較することが可能となり、予想される係留点や、明白なバッファーゾーンに、活動範囲が徐々に拡大する間も一貫性があるかどうかを見ていくことができる。それに加え、襲撃場所が狭い範囲に集中する場合には、容疑者がその地域をあまり知らない傾向があるといえる。

特に興味深いのは、サクラメント郡のカーマイケル、シトラスハイツ、そしてフェアオークはEAR《イヤー》の襲撃が最も広範囲に及んだ町の一部であったことだ――これらは最も輪郭のはっきりしたバッファーゾーンだった［図1参照］。

地図上でノースリッジカントリークラブと呼ばれる地域付近にEAR《イヤー》が住んでいたとの仮定をホールズは採用し、EAR《イヤー》が行ったこの地域での襲撃すべてが、それまでの襲撃地点のバッ

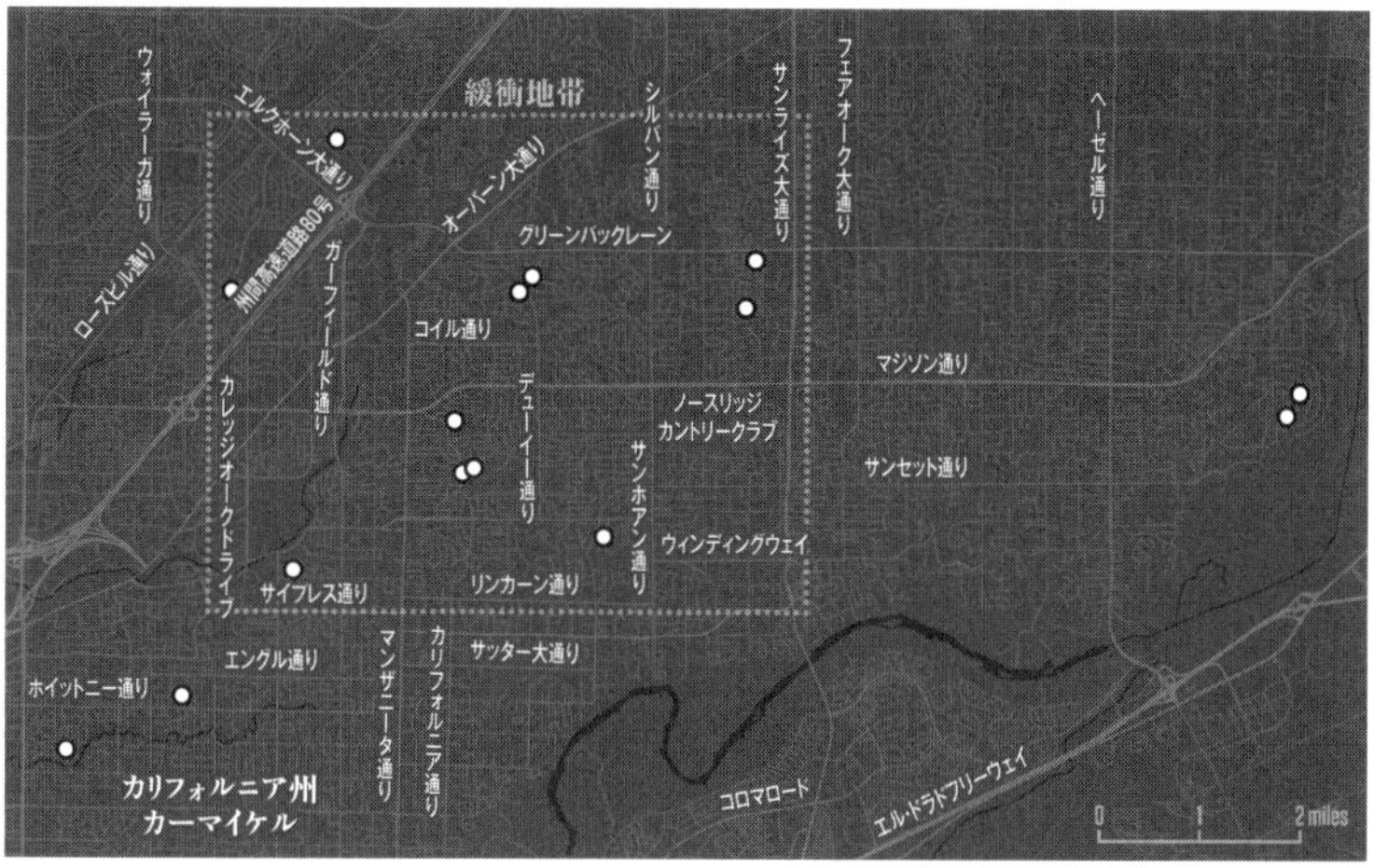

［図1］犯行現場

ファーゾーンの反対側で発生していることを読み取った――本能（ペースの変更）と計算（監視が増えた場所を避ける）の相互作用による可能性がある。

ホールズは、非科学的なアプローチで地理的プロファイルを試してみることにした。彼は自分のグーグルマップのスクリーンショットをフォトショップに取り込み、この地域で連続して発生した二ヶ所の襲撃現場を線で結んでペアにしていった。各線の中間地点と、各線が他の線と交わっているポイントに印をし、そしてその印を結ぶことによって、重なり合うエリアが浮かび上がった。最も重なったエリアにＥＡＲ《イャー》が住んでいたという考えだ［図2参照］。

ペアになった襲撃地点を結ぶ線に、垂直に交わる中間地点を引くことで、その線が最も密集している交差地点も判明した。結果は似ていたのである［図3参照］。

次にホールズは、同様にその場しのぎではあったが、異なるアプローチを試みた。イーストエリアで発生した最も遠隔地にある三件の現場を結んで三角形を描き、中心点を見つけるために、大きな三角形の三辺の中心点を結んで小さい逆三角形を作った。折ることもできない紙のように、小さな三角形になるまで、彼はこのプロセスを繰り返した［図4参照］。

こういった努力はいずれも似通った結果をもたらした。ＥＡＲ《イャー》の係留点はデューイードライブとマジソン通りの交差点付近で、カーマイケル地区とフェアオークス地区の境界のあたりにあることを示していた。この結果は、連続して起きた襲撃の五回目は、複数のケースに照らしても容疑者宅に最も近い場所で起きる確率が高いという一九九五年のＦＢＩによる研究（ワレンその他による）によって、ある程度裏づけられるだろう（連続事件の二四パーセントで五回目が最も近く、一

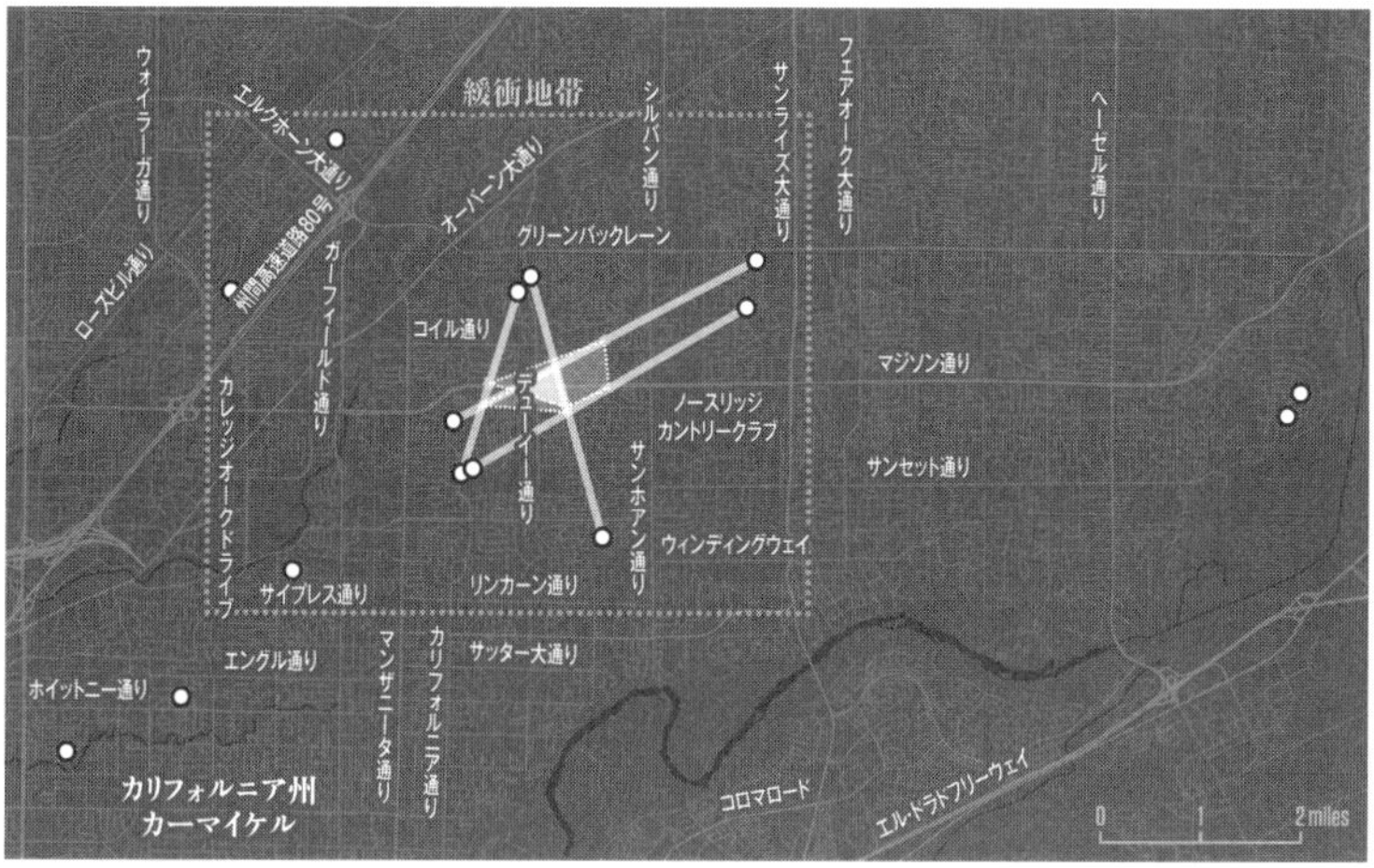

［図2］連続して発生した襲撃の中間点と交差点

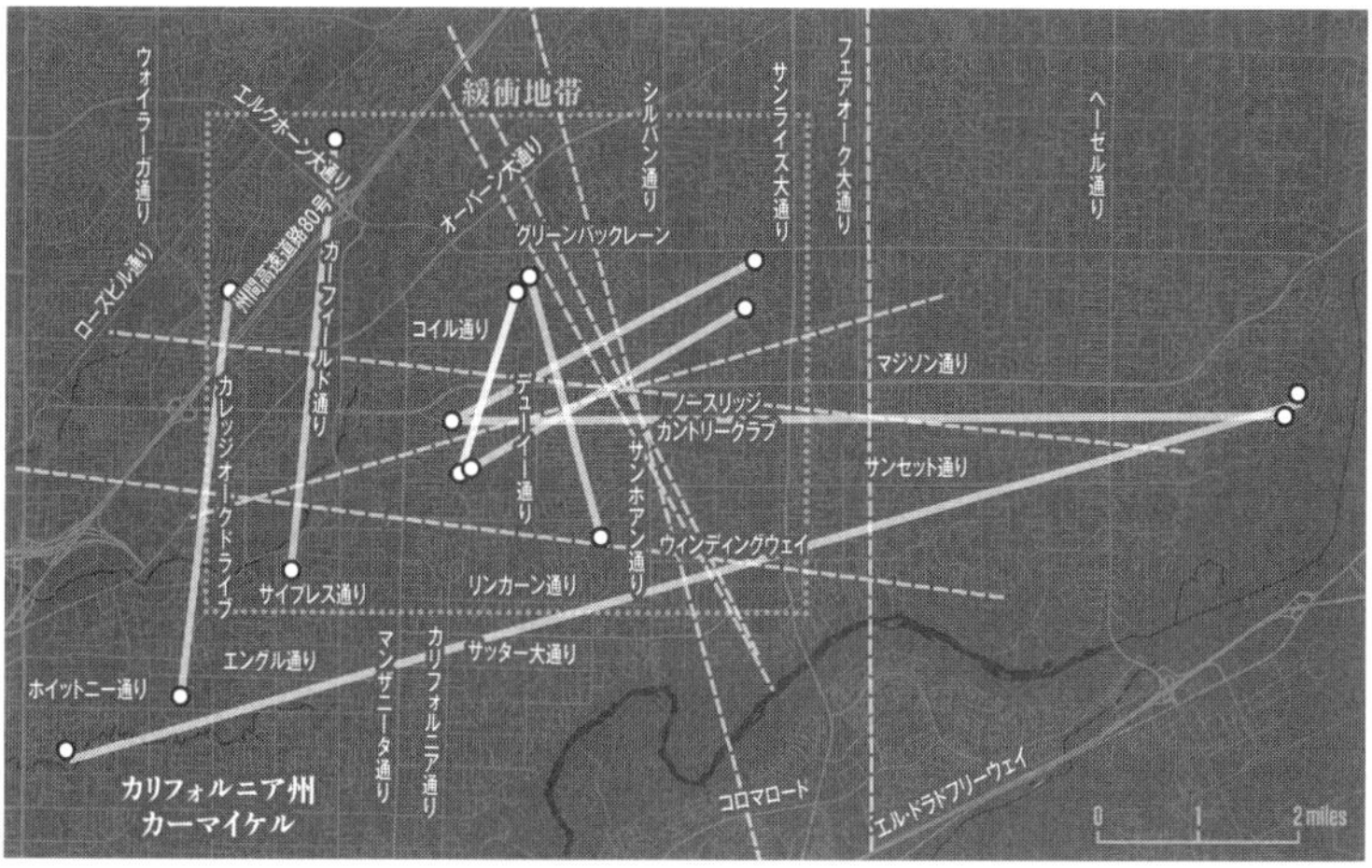

［図3］攻撃地点を結んだ線に垂直に交わる中間地点

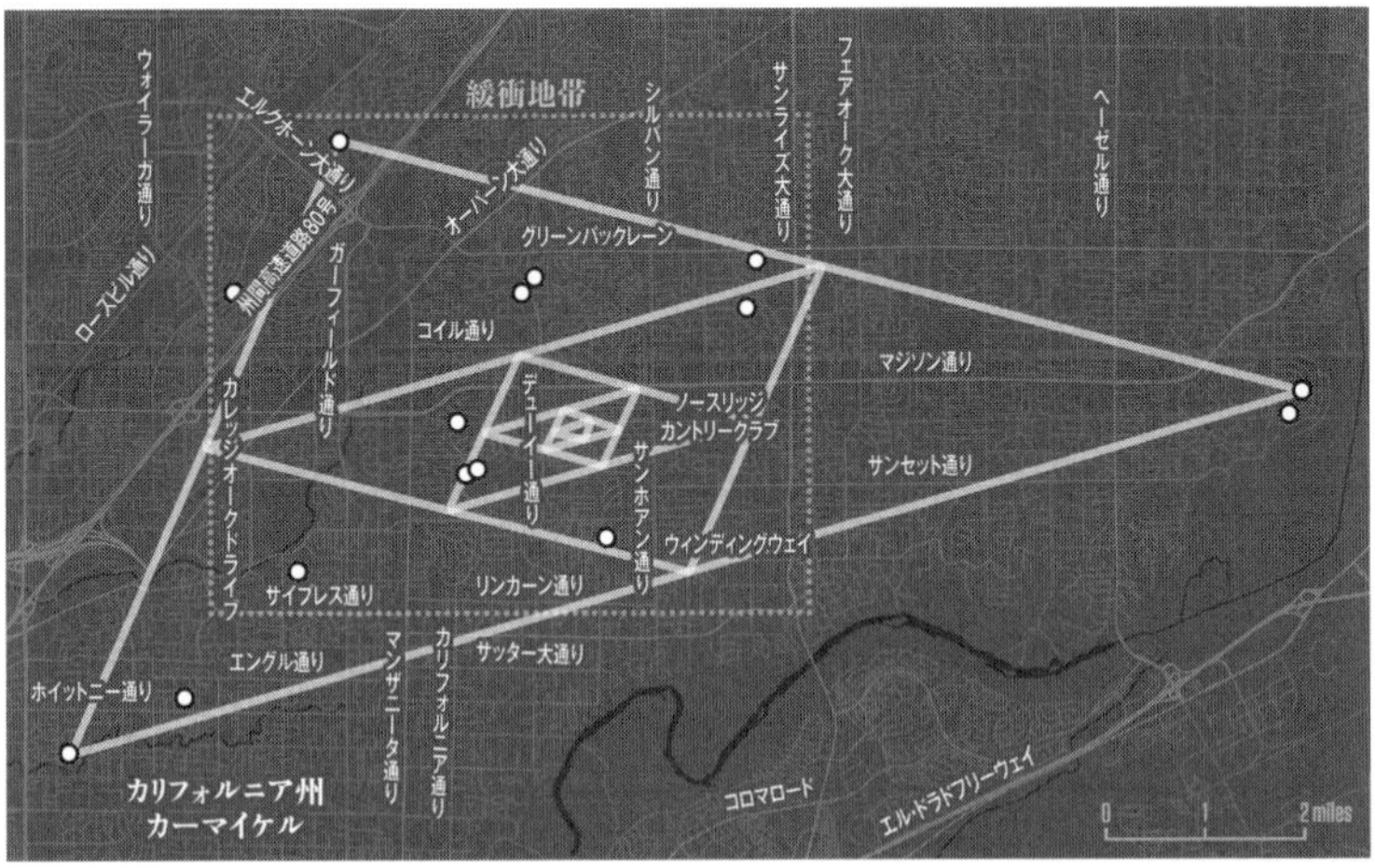

[図4] 攻撃の三角形

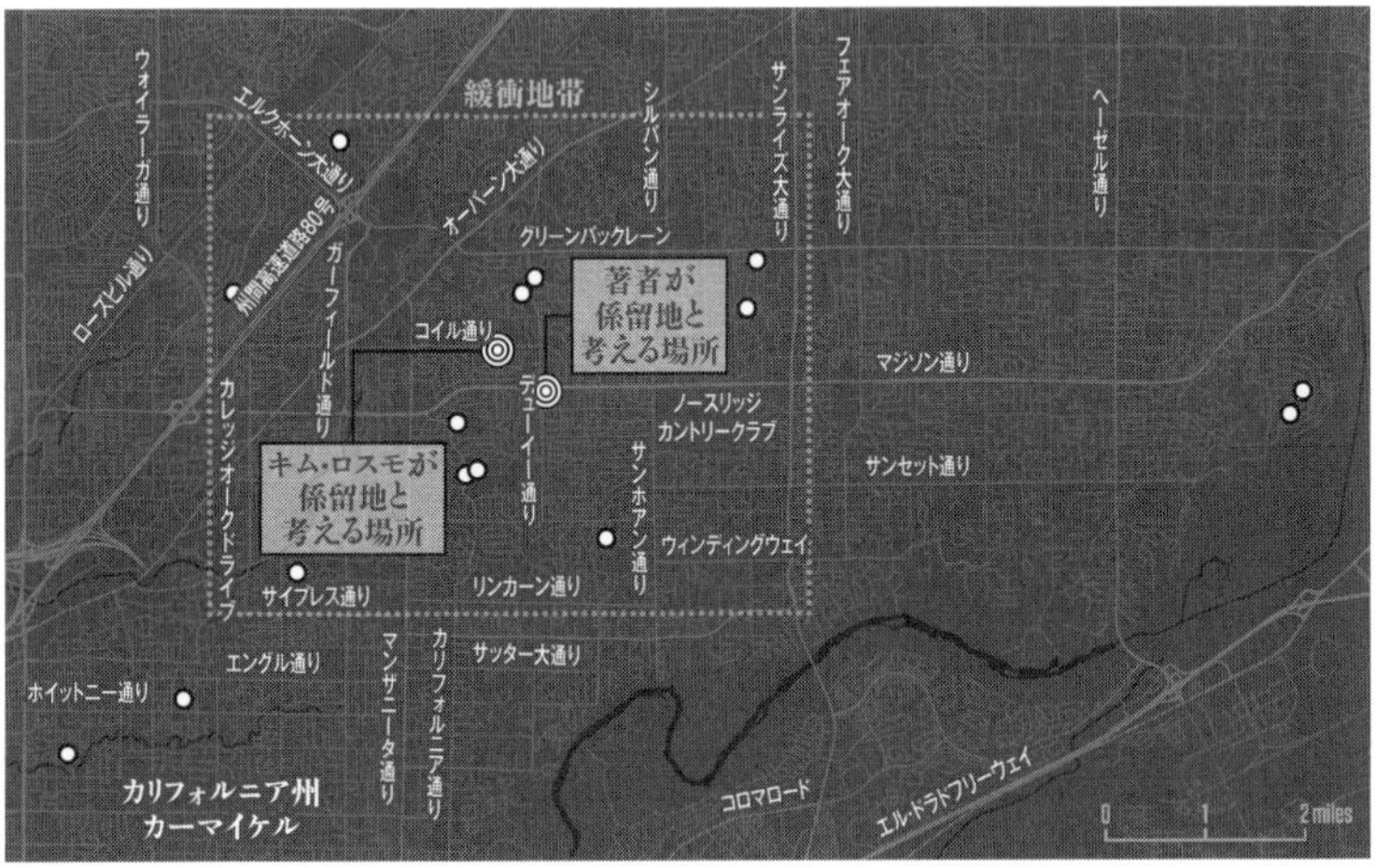

[図5] 係留地

八パーセントで最初の襲撃が最も近かった）。EAR《イヤー》の五回目の襲撃は、提示された係留点に二番目に近かった一方で、十七回目の攻撃のほうが少しだけ近かった（約九〇メートルほど）。

数年後、ミシェルは地理的プロファイリングの父と呼ばれるキム・ロスモが行った分析を入手した。実のところ、地理的プロファイリングとはロスモが作った言葉だ。ロスモのアンカーポイントは、コイル・アベニューとミルバーン通りの交差点近くにあった。それは、ホールズがロスモの分析を見ることなく弾き出した係留点からわずか八〇〇メートル北西の位置だった。ポールの係留点は四角形で示され、ロスモのそれは示されていた［図5参照］。

殺人鬼を家族性DNAから見つけ出す

ミシェルが残した三千五百もの文書を渉猟するなかで、「最新のDNAの結果（Recent DNA results）」というタイトルのファイルに出くわした。これはEAR《イヤー》のY－STR型マーカー（Y染色体上の短縦列反復で男性の祖先の立証ができる）についての文書で、定義が難しい希少なPGMマーカーについても記されていた。

黄金州の殺人鬼《ゴールデン・ステート・キラー》のDNA入手は、常にこの捜査の切り札であった。

しかし、殺人者のDNAは比較できるデータベースがあってこそだ。CODISに、一致するDNAは登録されていなかった。カリフォルニア州の刑罰制度である、Y－STRのデータベースにも一致するDNAはなかった。もし殺人者の父親、兄弟、叔父が過去十六年間に罪を犯していたとすれば、ポール・ホールズ、あるいはエリカ・ハッチクラフト（オレゴン郡で現在捜査主任をしている）に知らせが入る。二人はその男性の家族を調べて、犯罪現場にいたメンバーを見つけ、捜査を開始することになる。

しかし、知らせは来なかった。

DNAプロファイルを使って一致させることができる一般公開されたデータベースはいくつかあるが、有罪判決を受けた犯罪者のものではなく、家系図ファンのためのものだ。これらのデータベースに殺人者のY染色体の一〇から六七のSTRマーカーを入力すれば、一致するDNA、あるいは少なくとも検索に役立つ名字を見つけることができる。

ホールズは二〇一三年にこれを行っている。ミシェルが笑顔で「私、解決したわ！」と言うように、ホールズもこの技術でついに犯人を捕まえることができたと確信した。ミシェルはこの話を未完の章で紹介している。タイトルは「二〇一三年　サクラメント」だった。

ホールズはファイルを入れるキャビネットの引き出しがパタンと閉まった音がいまだに聞こえるらしい。EAR《イヤー》に関するものはすべてそこから出して箱に詰め、フェデックスでオレンジ郡のラリー・プールに送ったのだ。

「ラリーが捕まえるはずだ」とホールズは思った。時間の問題にちがいない。

その十年後、ホールズは自分のオフィスに座って、ぼんやりとしていた。鑑識課の課長となり、二度目の結婚をしていた。その妻との間に、二人の幼い子どもがいた。長年鑑識にいれば、この専門分野全体があまりに大事にされてない状況には慣れっこだ。髪の毛の分析？考えるだけでぞっとする。同僚たちと一緒に座って、それまで使用しなければならなかった道具を見ては笑い転げたものだった。まるで第一世代の携帯電話のような、使いにくい、役立たずなものばかりだ。

彼は常日頃から守ると言い続けていた約束を果たしつつあった。順調に昇進して家族を養うために、十年先延ばしにしていた誓いである。捜査官ポール・ホールズだ。その響きが気に入っていた。出会うべき人に出会っていた。必要な資格も得ていた。地方検事局に異動して未解決事件をフルタイムで捜査することが決まっていたのだ。

地方検事局に持っていかなければならないものがあることは、彼自身が一番よくわかっていた。ＥＡＲ《イヤー》だ。ＤＮＡ検索で捕まらず、情報提供者によって通報されず、姿を現さないＥＡＲ《イヤー》のことを、ホールズは忘れられなくなっていた。妻はそれを病的なこだわりと言う。山ほどの書類を作成した。休みのドライブはいつの間にか事件現場ツアーになってしまった。一度の話ではない。毎週のことだ。

顔のない男によって、犠牲者だけでなくその家族にまでもたらされた破滅を考えた。刑事たちの恥辱、費やされた無駄な金、時間、努力。家族の時間、破綻した結婚生活、できなくなったセックス。ホールズはめったに汚い言葉を口にしない。それは彼のスタイルじゃない。でも、これらのことをすべて考えると、彼はただ、この野郎と思うのだった。ファック。ファック・ユー。

この事件の発生当初に捜査を担当していた捜査官たちは、一様に年老いて健康上の問題を抱えていた。時間を作り出しては捜査をしていた次の世代の捜査官たちも、そろそろ定年を迎える。時間がない。ＥＡＲ《イヤー》は少しだけ開いたドアのすき間から彼らを見て、にやりと笑っているだろう。

ホールズはイスを摑んでパソコンの前に持っていった。昨年、祖先に興味がある人びとの間で自分のルーツを探るためのＤＮＡ調査（家族性ＤＮＡテスト）が人気になっていた。周知されているわけではなかったが、正体のわからない犯罪者を捜し出すツールとしても利用されていた。警察関係者の多くが慎重な姿勢を崩さなかったのは、品質の保証に問題があったからだ。個人情報のとりあつかいに問題もあった。ホールズはＤＮＡの専門家だ。彼の意見によれば、祖先のＤＮＡはツールであって、確実性を持っているものではないという。ホールズは、ＥＡＲ《イヤー》のＤＮＡから生成したＹ－ＤＮＡプロファイルを持っていた。それによって、ＥＡＲ《イヤー》の父方の家系を探し出すことができる。

いとこや近しい親戚を探したい場合、家系調査ウェブサイトにＹ－ＤＮＡプロファイルをインプットすればいい。一二から六四までのＹ－ＤＮＡプロファイルからマーカーのセットを入力すると、一致した結果が戻ってくる。共通の先祖を持つ可能性のある名字がわかるのだ。ほとんどの場合、一致する結果は遺伝的距離が１で、それにはあまり意味がない。探すべきは、遺伝的距離ゼロ。ほぼ一致だ。

ホールズはこれを数週間に一度行っていた。常に期待値はゼロに保つようにしていた。それが執着を満たす方法なのだ。二〇一三年三月の中旬の午後、彼にとってはおなじみのシークエンスを入力してリターンキーを押した。一瞬の間のあとリストが表示され、多くは以前に見たことがある名字だった。しかし、このときリストの一番上に出てきた名前は一度も見たことがなかった。

EAR《イャー》は非常に珍しいDNAマーカーの持ち主だ。世界人口のたった二パーセントだけがこのマーカーを持っている。リスト最上部に現れた名前のリンクをホールズがクリックすると、プロフィールにそのマーカーが含まれていたのだ。それだけではない、EAR《イャー》と十一種のマーカーすべてが同じだった。遺伝的距離がゼロだ。ホールズは今までゼロを見たことがなかった。

まず何をすればいいのかわからなかった。電話の受話器を手にして、もっとも親しいサクラメント郡保安官事務所の刑事ケン・クラークに電話をかけようとしたが、プッシュボタンを押す前に受話器を元に戻した。サクラメントまでは、マルチネスにあるホールズのオフィスから車で一時間だ。ホールズは車のキーを手にした。

三十六年前にすべてがはじまった場所に向かおうとしていた。

＊

ミシェルはこの先の結末を書き上げることはなかった――この事件に長い間携わってきた人び

とであれば正気を失うような結果である。真相はこうだった。定年退職したシークレットサービスのエージェントと、ラス・オースという名のアマチュア探偵が、匿名でEAR《イヤー》のマーカーをデータベースにアップロードしていたのだ。ポール・ホールズがマッチしたと思ったものは、実際のところ二人の男がアップロードしたEAR《イヤー》のDNAプロファイル同士のマッチだったというわけだ。

ミシェルが黄金州の殺人鬼の迷路から抜け出す最善の方法だと感じていたもの、それがDNAだった。カリフォルニアは州内データベースで家族性DNAの検査を認めている九つの州のうちの一州である。もし黄金州の殺人鬼の兄弟が重罪で逮捕されたら、その結果はヒットするはずだ。しかしこの家系調査データベースには、過去に有罪判決を受けた人しか登録されていないのだ［図6参照］。

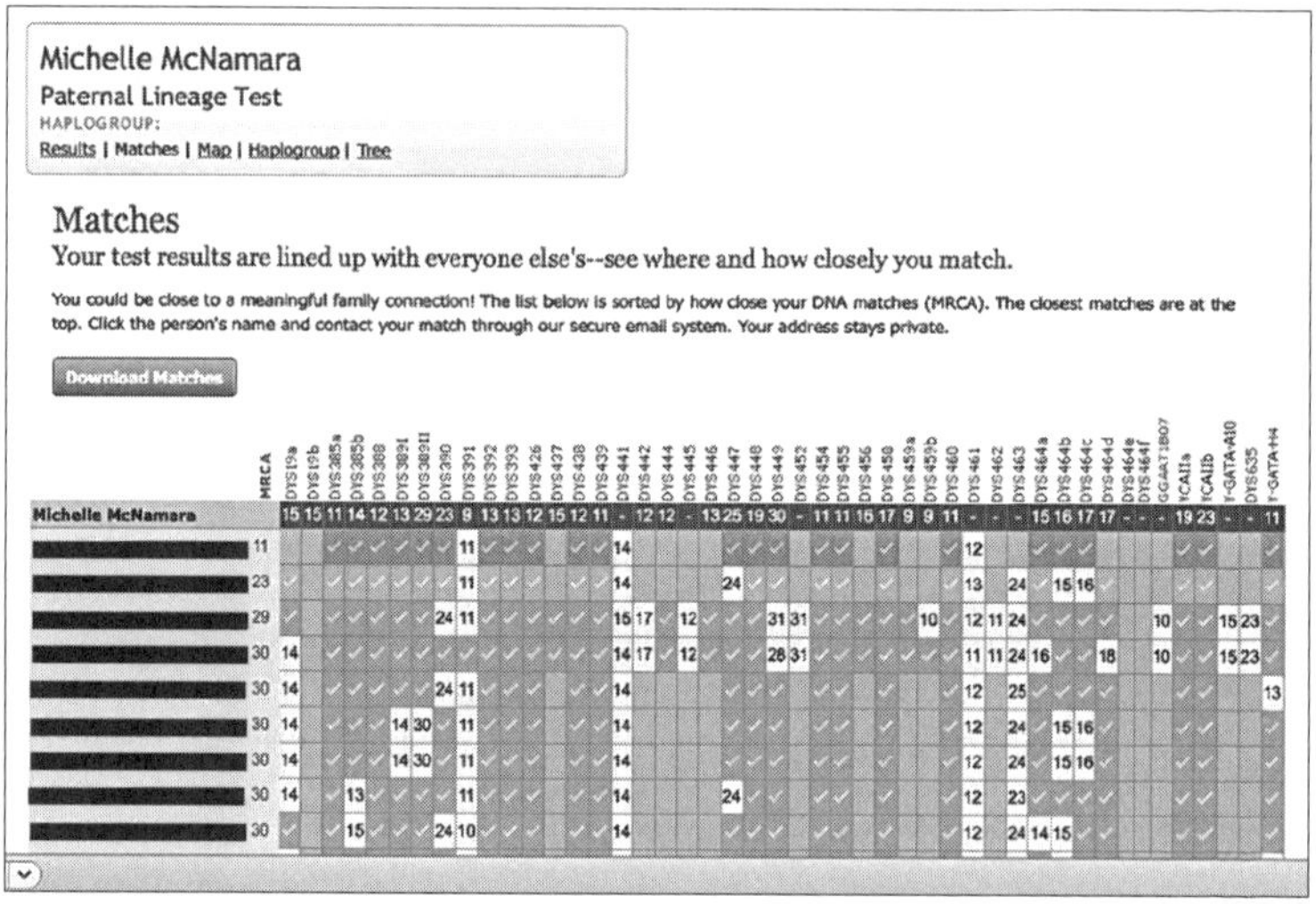

Michelle McNamara
Paternal Lineage Test
HAPLOGROUP:
Results | Matches | Map | Haplogroup | Tree

Matches

Your test results are lined up with everyone else's--see where and how closely you match.

You could be close to a meaningful family connection! The list below is sorted by how close your DNA matches (MRCA). The closest matches are at the top. Click the person's name and contact your match through our secure email system. Your address stays private.

Download Matches

	MRCA	DYS19a	DYS19b	DYS385a	DYS385b	DYS388	DYS389I	DYS389II	DYS390	DYS391	DYS392	DYS393	DYS426	DYS437	DYS438	DYS439	DYS441	DYS442	DYS444	DYS445	DYS446	DYS447	DYS448	DYS449
Michelle McNamara		15	15	11	14	12	13	29	23	9	13	13	12	15	12	11	-	12	12	-	13	25	19	30
[redacted]	11			✓	✓	✓	✓	✓	✓	11	✓	✓	✓		✓	✓	14					✓	✓	✓
[redacted]	23	✓		✓	✓	✓	✓	✓	✓	11	✓	✓	✓		✓	✓	14					24	✓	✓
[redacted]	29	✓		✓	✓	✓	✓	✓	24	11	✓	✓	✓	✓	✓	✓	15	17	✓	12	✓	✓	✓	31
[redacted]	30	14		✓	✓	✓	✓	✓	✓	✓	✓	✓	✓	✓	✓	✓	14	17	✓	12	✓	✓	✓	28
[redacted]	30	14		✓	✓	✓	✓	✓	24	11	✓	✓	✓		✓	✓	14					✓	✓	✓
[redacted]	30	14		✓	✓	✓	14	30	✓	11	✓	✓	✓		✓	✓	14					✓	✓	✓
[redacted]	30	14		✓	✓	✓	14	30	✓	11	✓	✓	✓		✓	✓	14					✓	✓	✓
[redacted]	30	14		✓	13	✓	✓	✓	✓	11	✓	✓	✓		✓	✓	14					24	✓	✓
[redacted]	30	✓		✓	15	✓	✓	✓	24	10	✓	✓	✓		✓	✓	14					✓	✓	✓

	DYS452	DYS454	DYS455	DYS456	DYS458	DYS459a	DYS459b	DYS460	DYS461	DYS462	DYS463	DYS464a	DYS464b	DYS464c	DYS464d	DYS464e	DYS464f	GGAAT1B07	YCAIIa	YCAIIb	Y-GATA-A10	DYS635	Y-GATA-H4
Michelle McNamara	-	11	11	16	17	9	9	11	-	-	-	15	16	17	17	-	-	-	19	23	-	-	11
[redacted]		✓	✓		✓			✓	12			✓	✓	✓					✓	✓			✓
[redacted]		✓	✓		✓			✓	13		24	✓	15	16	✓				✓	✓			✓
[redacted]	31	✓	✓	✓	✓	✓	10	✓	12	11	24	✓	✓	✓	✓			10	✓	✓	15	23	✓
[redacted]	31	✓	✓	✓	✓	✓	✓	✓	11	11	24	16	✓	✓	18			10	✓	✓	15	23	✓
[redacted]		✓	✓		✓			✓	12		25	✓	✓	✓	✓				✓	✓			13
[redacted]		✓	✓		✓			✓	12		24	✓	15	16	✓				✓	✓			✓
[redacted]		✓	✓		✓			✓	12		24	✓	15	16	✓				✓	✓			✓
[redacted]		✓	✓		✓			✓	12		23	✓	✓	✓	✓				✓	✓			✓
[redacted]		✓	✓		✓			✓	12		24	14	15	✓	✓				✓	✓			✓

［図6］Ancestry.com上に公開されている著者ミシェル・マクナマラのDNAプロファイル

ミシェルはAncestry.comで利用できるY－STRデータベースに犯人のDNAプロファイルをアップロードした。そして、もしかしたら殺人者を見つけたかもしれないと考えた。このページのトップは一見して、期待していい結果を出したように見える。一番上の名前は（名前はすべて塗りつぶしてあるが）、多くのチェックマークがついていて、ヒットが多いことがわかる。とても珍しい名前だ（アメリカとイギリスで片手で足りるほどしかいなかった）。名前の横には、MRCAが記載されている。MRCAとは、最も新しい共通祖先（Most Recent Common Ancestor）という意味で、番号は五〇パーセントの確率で共通祖先を見つけるために、家系図を何代遡《さかのぼ》ればいいのかという世代数になる。男とミシェル（犯人の代理として）の間のMRCAは（五〇パーセントの確率で）十一世代前に存在したと考えられるそうだ。

発見したことをポール・ホールズとその他数人の専門家に報告したあとになって、ミシェルは、最初に思ったときよりもそれが重要ではないことに気がついた。この男の正体を暴くためには、三三〇年も家系を遡らなければならず、このテストで正確な人物を見つけることは不可能だ。その当時まで遡っても男を特定できる確率はフィフティーフィフティーなのだ。

ミシェルが相談をした専門家の一人は法医系譜学者のコリーン・フィッツパトリックで、産みの親を探すことで人びとを助けていた――そのうえ、フェニックスの悪名高きカナル・キラーの逮捕を含む重大事件の解決に貢献してきた女性だ。フィッツパトリックは法医系譜学の本を記している――タイトルはそのままである（『*Forensic Genealogy*』法医系譜学）――彼女は多くの時間を、ときには午前中すべてを費やし、ミシェルと電話で話をした。二人は黄金州の殺人鬼へ辿りつくために、系統図のルートにアプローチするさまざまな方法を議論した。

ミシェルが亡くなったあと、コリーンはビリーに対して、辿ることのできる血筋は今のところないが、手がかりはあると強調した。

「辿りついたYマッチが家系的に遠かったとしても、彼らの名前が同じであれば、それはミスター・Xの名字であると言えます。ミスター・Xはマッチした人々と同じ拡張家族に属していて（直系と共に）、たぶん何世代も前に遡ると言えるでしょう。しかしこのケースだと、数種類の名前があるため、一つを特定することはできません。名前の〝雰囲気〟から、ミスター・Xの民族性がわかります。例えば、その人物のリストがアイルランド系の名前だけでできているのなら、彼はたぶんアイルランド人ですよね。私がカナル・キラー逮捕のときにしたのはそれです。ミラーという名前に辿りついただけではなく、フェニックスの警察署にアイルランド系のミラーであることを伝えました。数週間後、警察はブライアン・パトリック・ミラーを逮捕しました。ここで私は、EAR《イヤー》の名前はドイツ系のイギリス出身ではないかというアイデアに辿りついたんです。ミシェルに頼まれて行ったテストで、その名前の〝雰囲気〟が浮かび上がったんですよね」

ということで、われわれはドイツ系の名前を持ち、家族がある時点でイギリスに住んでいた男を探した。もちろん、彼が養子に迎えられた可能性もあり、その場合すべての賭けが流れる。

すべては、サンプルと比較するデータベースの大きさによって左右されるのだ。二〇一六年までに、DNAプロファイルを管理し、急速に拡大しつつあるデータセットに加えることをオファーする企業が数多く存在した。これらの企業は常染色体DNA検査を利用していた。約一〇〇ドルほどの費用と少量の唾液で、企業があなたのDNAプロファイルを知らせてくれる。将来的にアルツハイマーになる確率に加えて、目の色の出現の確率を調べるだけに留まらず、このテストは養子やシングルマザーに育てられた人たちにも使用される。戻ってくる結果は、今まで知らなかった従姉妹の存在を教えてくれ、そこから実の父親や自分自身のアイデンティティーに関する情報を知ることができるのだ。

一度でヒットしなかったとしても、望みはある。企業は、新しい家族のメンバーがDNAをアップロードしたことをあなたにメールで知らせてくれる。「新しいDNAの親戚がいらっしゃいます」と書いてあったのは、ビリーが最近23andme.comから受け取ったメールだ。彼は自分のDNAを数年前に提出しており、「過去九十日間の間にあなたと同じDNAを持つ五十一人がDNAの親戚に加わりました」ともあった。このテストは男性の血縁者を結びつけるだけではない。全員を結びつけるのだ。

最も重要なことは、このデータベースが巨大だということだ――23andmeには一五〇〇万人のプロフィールが登録されており、Ancestryには二五〇〇万人のプロフィールがある。

警察が犯罪現場から採取したDNAをこのデータベースに取り込むことができ、システムのなかから見つけた犯人のいとこを通して正しい方向を辿ることができたら、どれだけ多くの殺人事件、強姦事件、そしてその他の暴力事件が解決に導かれるか考えてみてほしい。残念ながら、どちらの会社も、プライバシーの問題やサービスの利用規約を理由に、警察と協力する予定はないようだ。

このミステリーの答えは、きっとこの23andmeとAncestryのデータベースにあるにちがいないという考えは、ミシェルを眠らせてはくれなかった。

データベースのどれかに、殺人者の実際の遺伝物質を提出することさえできれば——選ばれたマーカーだけではなくて——またいとこ、あるいは三番目のいとこを見つけ出すことができ、その人物が捜査官たちに殺人者の身元を提供できる可能性はとても高い。

答えは、鍵のかかったドアの向こう側に座っているにちがいない。個人情報の問題と、違法な検索と逮捕の問題でできた鍵である。

ミシェルは殺人者のDNAを、これら急速な発達を遂げている商用データベースに入力が可能になるようにしたかった。彼女はそうできるものなら、サービス条件など意図的に避けたはずだ。しかしDNAをそれらのデータベースに登録するには、その会社が送ってくるチューブに唾液を入れ、送り返さねばならない。ミシェルは犯人の唾液も持っていなければ、綿棒も持っていなかった。彼女が持っていたのは、紙に書かれたプロファイルだけだ。しかしビリーの友人の科学者によれば、この問題を回避する方法もあるらしい。それにもかかわらず、批評家がプライバシーや企業の利用規約や憲法修正第四条について言及するとき、その言い分はまるで『ジュラシック・パーク』でジェフ・ゴールドブラム演じるイアン・マルコムが言う古いセリフを思い起こさせた。「あんたら科学者たちは、できるかどうかに夢中になりすぎて、すべきかどうかを考えることをやめたんだ」

ミシェルが本書のベースとなった「ロサンゼルスマガジン」の特集記事を書きはじめて以来、公式事件ファイルが彼女の元に少しずつ流れてくるようになった。彼女はその資料を注意深く読み、人物、場所、そして報告書に記入された物証のインデックスを作りはじめた。

目的は三つあった。報告書内の捜査要素の位置を簡単にわかるようにすること、個人を明確にし、地理的な移動を基礎として、興味を喚起する可能性のある人物を見つけること、そして被害者のなかで重複する名前、あるいは共通のつながりを見つけることだった。

ミシェルは現役の捜査官、退職後の捜査官、双方との間に友好的な関係を築き、それはオープンな情報交換へと発展していった。名誉捜査官のような存在となり、そのエネルギーと洞察力は、この事件周辺に漂っていたげんなりとした雰囲気に力を与えた。彼女はマスターリストとともに自分が発見したことを、現役捜査官に伝えていた。

公式な事件資料のコレクションは膨大になっていった。それが頂点に達したのは、ミシェルとホールズが二〇一六年一月に、驚くべき量の実質的な事件素材を手に入れたときである。二人はオレンジ郡保安官事務所にある、ＥＡＲ《イヤー》－ＯＮＳ《オンズ》の資料を六十五ものケースに入れて収納した、狭い資料庫に案内されたのだ。なんと、彼らはその中を見ることを許してくれた——もちろん管理下においてだが——そして好きな資料を借りることができるようになった。

ここが価値ある情報の供給源だったのである。

二人は三十五の箱と大きなプラスチックのゴミ箱を二つ用意すると、ミシェルが前もって持ち帰ろうと考えていたロサンゼルスに運んだ。一台の車で戻る代わりに、二人は二台のＳＵＶに乗ってサンタアナに向かった。資料が入った箱を台車に乗せ、オレンジ郡保安官事務所本部の裏手にある荷物の積み下ろし場に向かい、荷物を下ろし、そして二台の車にすべて積み込んだ。建物から出てきた保安官は、彼らが何をやっているのか気づいていないようだった。二人はとにかく可能なかぎり素早く動いた。オレンジ郡保安官事務所の気が変わる前に。

ロサンゼルスに戻ると、資料が入った箱をすべてミシェルの家の二階に運び込んだ。彼女の娘の部屋は、いきなり資料庫となった。

二人はすぐに資料の精査をはじめた。

ミシェルが今まで見たことがない、これ以上ないほど渇望していた資料が箱には入っていた。そのうえ、事件報告書への補足資料が山のようにあった。補足資料は彼らが最も必要としていたものの一つだ。ＥＡＲ《イヤー》の資料が並んだキャビネットの裏側にあった、迷子になったり重要とされていなかった資料を集めたもので、ちゃんとしたケースフォルダにも入っていなかった。ミシェルとホールズは、このファイルのどこかに犯人の名前があるとしたら、それはおそらく余白に書かれた手がかりの中だろうと考えていた。忘れ去られた容疑者、見過ごされた目撃証言、追跡されることのなかった所有者不明の車、あるいはそのエリアに犯行当時いたことについて一応は納得できる説明をした空き巣狙いなどの中にいるはずだ。

ミシェルは大容量スキャナを二台購入し、資料をスキャンしはじめた。ポール・ホールズ、ケン・クラーク、そしてエリカ・ハッチクラフトといった、事件を追っている捜査官たちも見たことのない資料が大半を占めていた。これらをスキャンすることですぐ資料にアクセスすることが可能になるだけでなく、テキスト検索が可能となり、ミシェルがこの価値のあるサービスを提供することで、捜査官たちの寛大な心に報いることもできるのだ。

EAR《イヤー》に関する捜査が開始されて以来はじめて訪れる、最も刺激的な分岐点だった。ミシェル自身は、これら多くの箱の中に犯人の名前が含まれている可能性は八〇パーセントだと信じていた。

＊

「ロサンゼルスマガジン」に寄稿した記事が掲載されると、この記事を読んで、事件の解明に必死になったという――たとえ数時間であっても――とある人物からの手紙について、ミシェルはブログを書いた。


先週、私の元には「殺人者の足跡」を読んだ人びとから多くの反応が寄せられた。送られてきた数多くのメールには、証拠に関する洞察と、一九七六年から一九八六年の間にカリフォルニア各地で犠牲者を出しつづけた連続殺人犯、黄金州の殺人鬼を捕まえるための最善の方法について、斬新なアイデアが記されていた。

犯人が描いたとされる地図はさまざまなアイデアを引き出して、多くの読者が専門的な、あるいは学術的な背景を基礎とした理論を提供してくれた。「ゴルフコースのある地域」を開発した経験のある総合建設請負業に従事する読者は、EAR《イヤー》が描いた地図は、彼が働いていた地域の多くにとてもよく似ていると書いていた。手描きの小道は、ゴルフカート用の小道ではないかと彼は言う。

別の読者は敷地の境界線に関する、背筋が思わず凍るような洞察をしていた。この敷地の境界線は、実はフェンスの並びを示しているのではないかというのだ。というのも、敷地の境界線と思われたものは、暗闇のなかで動くときのバリアとなるものを示しているように見えるそうだ。

別の読者は、「六年生の頃を思い出すときに浮かぶのは、怒りのひと言だ」からはじまる、犯人が残したとされる日記に手がかりがあると感じた。彼女は、「6」(6th)という文字が「G」にも読めると指摘し、筆者は明らかに「6」という字の前に「the」を加え、最初に書こうとしたことを途中で変えたように見えた。彼が書こうとしたのは、彼女の考えによると、たぶん彼が育った町の名前だった。「G」ではじまる町だと彼女は推測していた。「怒りのひと言だ」と記された証拠は、彼の六年生のときの担任教師に向けられた怒りについてのものだ。書き手が小学生だったと仮定される一九六〇年代に六年生を担任していた教師が男性だったのは、かなり珍しいことだと何人もの読者が指摘した。

黄金州の殺人鬼が若い犯罪者として活動を開始したと思われるバイセリアには、近隣のレムーア海軍航空基地に勤めるパイロットが多く住んでいたと別の読者が指摘した。犯行現場は別の空軍基地とも近いことから、犯人はパイロットの息子かもしれないという。

こういった手がかりのなかには、犯人の人物像を描くことができるものがあるかもしれない。あるいは、犯人にはまったく関係がないかもしれない。まるでガレージセールで買ったジグソーパズルが、他のたくさんのジグソーパズルの寄せ集めだったときのようなものだ。

ミシェルは最後まで、ピースがはめられるのかどうか、一つひとつ調べようと決めていたようだ。

彼女が亡くなる直前まで変更を加えていたドキュメントの一つに、「まだやらなくてはならないこと」というタイトルがついていた。二〇一六年四月十八日、他界する三日前の日付だ。

・デビ・ドミンゴの懐中電灯について調べる。別の家から持ち込んだものなのか。ボーイフレンドのグレッグがトルテックを訪れたことは知っていた？

・オファーマンとマニング事件のあと、捜査官は精神的ケアのための休暇が必要だった。レイが最悪の現場だったと言っていた（アーウィンに対するメールのなかで）。なぜ、ドミンゴ・サンチェス事件よりも最悪だったのか？

・エリカ・ハッチクラフトに、私の目標は犯罪現場の様子を読むことじゃない、クルーズに何が起きたの？　と質問すること。

・ケン・クラークに。ケイティーとブライアン・マッジョーレ殺人事件が発生したとき、ＦＢＩが一族の調査をして、二百から四百の名前がヒットすると予想して、結局ゼロだったたっていうのは本当？

・ピエロの衣装を着た夫、あるいは男が通りを歩いていたという発言について、その真意をケンに確認。

質問は何ページにも及んだ。われわれは、ミシェルが「トゥルー・クライム・ダイアリー」に残した質問の答えを見つける努力をはじめることになった。事件に関する議論も現在進行中で、われわれは、新しい手がかりや異なる理論について昼も夜も活発に議論が続く掲示板に読者を招き、参加するよう呼びかけている。ミシェルはいつも、もし彼が捕まるのであれば、誰がこの事件を解決しようと気にしないと言っていた。

とはいえ、ミシェルがこの事件に与えた影響はあらためて語る必要もない。ケン・クラーク刑事は、「彼女は、今まで周知されることのなかった、米国で最も凶悪な連続殺人鬼に、人びとの関心を引きつけた。私が捜査をしていた時期に、自分自身でこの事件報告書を読んでいなければ、きっと何もかも信じることができなかっただろう。彼女の専門的な調査と、詳細へのこだわり、そして容疑者を特定しなければならないというまっすぐな信念が、可能なかぎり容疑者について暴露をしながら被害に遭った人びとのプライバシーを守るという、バランスのとれた調査を可能にした」と証言している。

「これほど広い管轄区域内にいる捜査官たちの信頼を得るのは容易なことではない」とエリカ・ハッチクラフトはわれわれに教えてくれた。「でも彼女は、それをやってのけたんです。彼女の評判、忍耐力、そしてこの事件について心を砕いている様子は誰もがわかっていましたから」

ポール・ホールズもこれに同意している。彼はこの事件に関しては、彼女を同僚捜査官のように考えているとまで言っている。「僕たちはいつも連絡を取り合ってました。何か見つけて興奮しながら彼女にメールを送ると喜んでくれて。それに、情報を掘り起こして、怪しい名前を見つけると、すぐに調べるよう僕に知らせてくれましたね。この事件は本当に感情が揺さぶられるんです。犯人を見つけたと思うと最高の気分になる。でも絶対にこいつだと思った容疑者がDNAで排除される。ミシェルも僕もそういったアップダウンを経験しました。僕にもこれだと思う容疑者はいたし、彼女にもいたでしょう。僕らは喜びながらメールを送り合っていたけれど、それは結局、最後に容疑者を除外するときのための時間だったんですね」

「ミシェルは僕だけではなく、捜査チーム全員からの信頼を得ていました。すばらしい洞察力と粘り強さで、生まれながらの捜査官だということを証明していました。事件を学ぶ能力、多くの人が持ち合わせていない洞察力を持ち、粘り強く、そして楽しくて魅力ある気質で、それをすべて兼ね備えた驚くべき人でした。部外者として捜査に関与し、時間をかけて僕らの仲間になった彼女がこの事件で成し遂げたことは、彼女にしかできないことでした。この官民の連携は、事件捜査のなかでも本当に稀なことだったと思います。ミシェルは完璧な人選でした」

「最後にミシェルに会ったのは、僕たちがずいぶん長い間一緒に捜査し、事件の話をしたロサンゼルスでしたね。まさかそれが彼女に会う最後になるなんて思いもしなかった。僕にくれた最後のメールは四月二十日水曜日のもので、いつも通り、彼女と、一緒に調査をしている人物が見つけたファイルとそれについての考察が書いてあって、僕に考えておいてくれってことでした。メールの最後には、『それじゃあまたね　ミシェル』とありましたね」

「金曜の夜に彼女が亡くなったことを知って、送ってもらっていたファイルをダウンロードしたんです。僕のことをそのときでさえ助けてくれていたんです」

二〇一三年十二月に編集者に対してミシェルが送ったメールには、未解決事件を書くジャーナリストであれば必ず直面する壁について書かれていた。それは、どうやって物語を終わらせるのか？　ということだった。


私はまだ、この事件が進展することについては楽観的なんですが、未解決事件を書くことの難しさについては理解しているつもりです。実は、一つ考えていることがあって。私が雑誌に書いた記事が出たあとで、読者から山ほどメールが来たんです。そのメールの書き出しのほとんどが、「もう調べているかもしれないけれど、もし調べていなかったら……（以降、捜査に関するアイデア）」というものなんですよね。これでわかったんです。誰でも心のなかにシャーロック・ホームズがいて、そのシャーロックはじゅうぶんな手がかりがあればミステリーを解くことができると信じているんだって。もしこの難問が、あるいは、弱点とされる部分である未解決要素が読者を不完全燃焼させてしまうのなら、それを逆手に取って、強みにしてしまえばいいんじゃないの？　だって私、過去に調べた資料の分析だとか、最近の分析だとか、例えば地理的プロファイルや、靴の分析、彼が襲撃した曜日の分析なんてものを何百ページも持っているんですよ。読者が刑事気分を味わえるような、そんな情報を本に入れていくべきだと思うんです。

犯人を捕まえるまで、絶対に諦めない。僕らも、刑事気分を味わいながらこのまま進むから。

二〇一七年五月　ポール・ハインズとビリー・ジェンセン

夫によるあとがき

ミシェルは魔法とか宇宙船が大嫌いだった。「私、無理」と笑いながら言っていた。光線銃、魔法のステッキ、キラキラ光る剣、超人の能力、幽霊、タイムトラベル、話す動物、超科学、魅惑の遺跡、古代の呪い……「なんだか全部嘘っぽい」。

「え、またアーマーが出てくるわけ？」と、『アイアンマン』を観ながら僕に聞いてきた。映画を見はじめて二十分のあたりで、トニー・スタークが灰色のアーマーを改良して、赤くて、金色のスーパースーツを作り上げる。ミシェルはクスクス笑うと買い物に出てしまった。

ミシェルによれば、『マカロニ・ウェスタン』は長すぎるし、乱暴すぎる。ゾンビは科学的に立証できない。複雑な計画を持つ極悪非道のシリアルキラーは、彼女曰く、ユニコーンだそうだ。

僕とミシェルは十年間結婚していた。付き合い出したのは十三年前だ。僕ら二人の間にポップカルチャーにおける接点なんて皆無だった。あ、ちょっと待って、『ザ・ワイヤー』があった。二人とも、『ザ・ワイヤー』は好きだった。ああ、よかった。

ミシェルと出会ったとき、僕はブクブクと泡だつ釜に入った、曖昧で、短命な、支離滅裂な事実が好きな男だった。映画、小説、マンガ、音楽。

それからシリアルキラーだ。

僕は死体の数、手口、それからインタビューから引用された発言を知っていた。暗くて尖った男を演出したい二十代にとって、シリアルキラーの知識を蓄えることは通過儀礼のようなものだ。二十代の頃の僕は、暗く尖って見えるためには、**何だってする**ダサいやつだった。そして九〇年代にいたっては、ヘンリー・リー・ルーカスだとか、カール・パンズラムや、エドムンド・ケンパーなんかの些細《ささい》なことをペラペラとしゃべりまくっていた。

ミシェルもこういった事実やトリビアなら全部知っていた。でも彼女にとってそれはバックラウンドのノイズみたいなもので、全然重要でもなければ、これ以上ないほどクソみたいにどうでもいいことだった。

彼女が興味を持っていたのは、そんなものではなかった。彼女の心に火をつけ、ニューロンと受容体の一つひとつを活気づかせたのは、人間だった。具体的に言えば、刑事と捜査官だった。たくさんの予測できない手がかり（いや、たいていの場合、あまりにも多くの手がかりがあるから、精査して、必要でないものとして捨てなければならなかった）で武装し、モンスターを捕らえるための罠を作ることができる男と女だ。

（くそっ、これってミシェルが書いた映画の説明文のオチだった。申し訳ない。彼女のことを書くと、どうしたって大げさになっちゃってね）

僕は犯罪と戦う人と十年も結婚をしていた――彼女は本当に断固とした女性で、几帳面で、エルキュール・ポアロのような英国的な戦士だった。サバイバーの証言や、愛する人を失っていまだに悲しみに沈んでいる被害者家族のインタビューを読んだ彼女が、怒りに震えているのを目撃したことがある。僕がコーヒーを持っていくと、ラップトップに向き合っていた彼女が、泣きながら、イライラして、疲れ切って、ぺしゃんこになっていた朝が何度もある。手がかりを追い、レンガの壁に顔から突っ込んで鼻の骨を折っちまった状態だ。でも、彼女はカフェインを飲み、両目を拭い、またキーボードを叩き続ける。新しいウィンドウが開き、新しいリンクを追い、もう一度、残虐非道な化け物を追いかける。

お読みいただいた通り、彼女はこれほどまで男を追いつめていた。彼女はいつも、「誰が男を捕まえようと構わない。ただ、あいつの腕に手錠をかけて、後ろで牢獄のドアを思いっきり閉めてやりたい」と言っていた。本気だった。彼女は真の刑事の心と頭脳を持って生まれてきた——彼女が渇望したのは正義だ。栄光ではない。

ミシェルは類い希なる書き手だった。読者に対して正直で——ときには間違いに対しても——自分のことについても嘘はつかなかった。それは本書のなかで彼女が回顧している記述で読むことができる。彼女は自分の強迫観念に関しても正直に書いているし、躁病についても、ときには追跡するために危険な傾倒をしてしまうことも——それはしばしば睡眠と健康を犠牲にすることになった。

調査と論理のための知性。共感と洞察のための精神。彼女はこの二つの特性を、僕がいままで見たことのない方法で組み合わせた。彼女は努力さえせずに、僕自身がいままで歩んできた人生を振り返らせ、自分自身の他との関わり方を顧みさせ、僕自身が価値を見いだしてきたものについて考えさせてくれた。彼女は僕と、彼女の周りにいたすべての人を良き人に変えた。それを、あくまでも静かに、とても自然に、独創的にやってのけた。

実際にあった例を紹介したいと思う。普遍的で、とても大きな話だ。

＊

二〇一一年、僕はフィル・ローゼンタールと一緒に、僕の人生に関するシットコム〔シチュエーション・コメディ〕の製作をしていた。『ルイ（Louie）』の放映が開始されて一年が経過していて、僕はどのようにシットコムの構成をするか、そしてコメディとして一人の人間を表現することについて新しい時代が来つつあることに夢中になってしまっていた。つまり、僕は自分自身の『ルイ』を製作したかったのだ。そんなわけで、フィルと僕は座って今までの僕自身の人生を振り返っていたのだ。

「それで、奥さんは何をやってるの？」とフィルは午後のライティングセッションで聞いてきた。

僕は彼に、ミシェルが「トゥルー・クライム・ダイアリー」というブログをはじめたと話した。彼女がネット上で追いかけている、多くの未解決事件と捜査中の事件についての詳細を書くための一つの方法としてはじめたのだと伝えた。容疑者の可能性がある人物のMySpaceのエントリーを見ているのだと。捜査官たちにとってソーシャルメディアは宝の山だと彼女は気づいていた。容疑者をしゃべらせるための困難を極める方法を思えば、反社会的なナルシストたちが連日タンブラーやフェイスブック、ツイッターで垂れ流す情報は貴重だった。彼女はグーグルマップやその他の新しいプラットフォームを使って、迷宮入りと思われていた事件への解決方法を構築した。特に、十年前に発生した目立たない事件と、一見して無関係に思える最近発生した事件を結びつけることが上手だった。「ねえ、ここで手口が巧妙になってるのがわかる？ すぐ高速に出ることができない道路で起こした誘拐未遂事件は、合流して引き返すことができる立体交差十字路のすぐ近くでの見事な連れ去りに発展してる。こいつは根性とスキルを磨いたってわけ。どちらの事件でも同じ車が使われたけど、気づかれることはない。だって、ちがう州で起きた事件だもの。警察同士が情報をシェアすることとなんてめったにないから」（このセリフは、ベッドで膝の上にラップトップを置いた状態で行われたと記憶している。これがミシェルの考える、ピロートークってわけだ）

ケーブルテレビのニュース番組が彼女のブログに興味を示し、そしてNBCのデイトライン（ニュースマガジン）は彼女を雇って、ブラックウィドウ殺人事件の容疑者にインタビューを行った。疑われていた人物は大手ネットワークからの取材には返答をしなかったが、ブロガーへの罵倒は喜んで行った。彼らは罵倒している相手のブロガーが、より大きな殺人事件捜査のミュータントを発明していたことを知らなかったから、彼女にすべてを話した。フィルは僕が話し終わるまでひと言も話さなかった。そして「俺たちが考えていることより、そっちの番組のほうがずっと面白そうじゃないか。君の奥さんをパーティプランナーにする番組なんてどう？ よくない？」

さて次はもっと大きなレベルでの、唯一無二なミシェルの話だ。僕らは右にスワイプして、クリックを誘発するような文化の、一四〇文字の議論の、三〇秒のバイラルビデオ（拡散性の高い動画」の世界に住んでいる。誰かの注意を引くのはすごく簡単だけど、それを維持するのはほぼ不可能だと言っていい。

ミシェルは、満足感や結論を得るためには、持続と、めったに報われない、注目を要求されることの多い主題に向き合っていた。たった一人の読者のみならず、わずかでも捜査を進展させるために何十人もの警察官、データマイナー、市民ジャーナリストの注目を集めなければならない。ミシェルは、非の打ちどころのない説得力のある文章と語りを通じて人びとの注目を集め、そしてそれを維持してきた。彼女の文章の中に描かれる人びとの意見は誰でも理解ができるものだし、彼女はその人びとを一人として創作することはなかった。彼らは、ミシェルが出会ってきた、時間をかけて心から**見つめた**大切な人びとだ。警察、サバイバー、遺族、そして僕にとっては理解するのはとても困難なことだけれど、傷ついて破壊をもたらす黄金州の殺人鬼のような虫けらでさえも、その一人だ。

僕はまだ望みを捨ててはいない。背中で監房のドアが叩きつけられ、閉まる音をやつに聞かせてやりたいと思っている。そして彼女にも、どうにかしてその音が届けばいいと願っている。

＊

昨年のクリスマス、僕らの娘のアリスがサンタからのプレゼントの包みを開けた。アリスはとても喜んで、小さなデジタルカメラの包み紙を破って開き、設定をいじっていた。楽しい贈り物だね。すばらしいクリスマスを過ごそうね、僕のかわいい娘。

翌朝、娘は突然、「ねえダディ、なぜサンタさんとダディの筆跡は同じなの？」と僕に聞いた。

ミシェル・アイリーン・マクナマラはこの世を去った。小さな刑事さんと、ミステリーを残して。

パットン・オズワルト

二〇一七年七月二日　バージニア州ハーンドンにて

エピローグ——年老いたあなたへの手紙

フェンスがギシリと音を立てる……あなたは準備に取りかかっていた。こじ開けられた中庭に面したドアが部屋の温度を下げた。午前三時のベッドルームにはアフターシェーブローションの匂いが漂っていた。首元にぴったりと押しあてられたナイフの刃。「動くな、動いたら殺す」被害者の脅威感知システムが、強烈な眠気のなかで静かに反応した。起きあがることすらできなかった。目を覚まし、包囲されていることに気づく。電話線はすでに切られている。拳銃からは弾が抜かれている。紐は切りそろえて並べてある。暗闇から被害者を脅し、強制的に動かした。ぼんやりと見えるスキーマスク、奇妙な、飲み込むような息づかい。

あなたが何もかも知っていることに彼らは震え上がった。見つけにくい照明スイッチにこともなげに伸びた手。あなたは名前まで知っていた。子どもに関する完全な下調べ。行きつけの場所。それらの情報はあなたを完全に優位な立場にした。なぜなら歯を食いしばりながら脅しの言葉を発するあなたは、懐中電灯に照らされ、視界を遮られ目を覚ました彼らにとっては見ず知らずの人間だけれど、あなたは彼らのことをよく知っていたのだから。

早鐘のように打つ心臓。乾く口。身体的な特徴はいまだにはっきりしていない。あなたはベビーローションを塗りつけたペニスを、拘束された手のひらの間に押し込み、「うまくやれ」と言った。誰もあなたの顔を見ていない。誰もあなたの全体重を身体に感じていない。目隠しをされた被害者は匂いと音に頼るほかなかった。花の香りのするタルカム・パウダー。ほんの少しのシナモン。カーテンロッドのうえのチャイム。ダッフルバッグのチャックが開く音。床に落ちたコイン。メソメソと泣く声。「ああ、ママ」。ロイヤルブルーのつや消しの革製テニスシューズ。

犬が吠える声が西の方向に消えていく。

あなたのことは、あなたが残したものでよくわかる。縦に一〇センチ切られた、サンラモーン市モンクレアのランチハウスの網戸。生け垣の上に置かれた緑の持ち手のついた斧。樺の木にかけられたコードの切れ端。裏庭に捨てられていたシュリッツ・モルト・リカーの空瓶に残った泡。

青いペンキを擦った跡。コントラコスタ郡保安官事務所にある写真フィルム三番のフレーム四は、あなたがフェンスを乗り越えたとされる場所だ。紫に変色した少女の右手は、何時間も感覚が戻らなかった。ほこりに残されたバールの輪郭。粉々に砕かれた頭蓋骨、八個。

あなたは覗き魔だった。我慢強く生活習慣とルーチンを記録する人だった。派遣社員の夫が夜勤仕事に就きはじめた最初の夜をあなたは逃さなかった。サクラメント市ソーンウッド三八〇〇の現場のバスルームの窓の下には、四日から七日経過したであろう、ヘリンボーンの靴跡がついていた。警察官たちは、そこに立てば、被害者の寝室を覗き見ることができたと述べている。「いつもみたいにファックしろ」と、まるでそれを見たことがあるかのようにうめいた。少女にハイヒールを履かせた。彼女がボーイフレンドとベッドにいたときにハイヒールを履いたことがあったからだ。ビキニ姿を写したポラロイド写真を記念に持ち去った。大事な懐中電灯を持ち歩き、頭の中に映画監督とスター俳優を映し出して、同じセリフを繰り返させた。

　ほぼすべての被害者が同じシーンを証言している。部屋をめちゃくちゃに荒らし回っているあなたが、目かくしされた被害者のもとに戻ってきたときのことだ。ひと言も話さず、まったく動かなかった。それなのに、あなたがそこに確かに立っているのがわかった。スキーマスクに開いた二つの穴から、生気のない視線がこちらに向けられているのを想像できたそうだ。

　被害者の一人はあなたが彼女の背中の傷を凝視しているのがわかった。何も聞こえなくなってからしばらく経って、もう誰もいなくなったと思い、息を吐き出した瞬間、ナイフの刃先が背中の傷の端をなぞりだしたという。

　妄想があなたを興奮させた。想像力が失敗続きの現実の穴を埋めていた。あなたの人間としての不適切さは反吐《ヘド》が出るほどだ。犠牲者の一人はあなたに反心理学を試みて、「すごく気持ちがいい」とささやいたそうだ。するとあなたは驚いて彼女から離れた。強い男を気取った虚勢はハッタリだ。歯を食いしばるようにして漏らす言葉は震え、吃音《きつおん》もあった。別の被害者は警察に、あなたが彼女の左胸を一瞬だけ触った様子を説明した。「まるでドアノブでも触っているようだった」

「なあ、気持ちいいだろ？」と強姦した少女にあなたは聞き、彼女が同意するまで首にナイフを突きつけた。

　あなたの妄想は留まるところを知らずどんどん深まったけれど、それでもあなたをつまずかせることはなかった。暴力を使う犯罪者に対する捜査は徒競走のようなものだ。あなたはいつも他をリードしていた。抜け目のない男で、警察の近くにある二軒の家の間や空き地に停めて、疑われないようにしていた。掛け金を突く木製の道具を使ってガラス窓に小さな穴を開け、被害者が眠り続ける間に窓を開けた。エアコンを切って、誰かが近づいてきたら聞こえるようにした。家の横の出入り口のドアを開けておき、中庭にある家具の配置を変えて、家から飛び出していけるようにしていた。十段変速付きの自転車を飛ばして、FBIのエージェントの車での追跡を振り切った。あなたは屋根の上を渡り歩いた。一九七九年七月六日、ダンヴィルのサイカモアヒルコートで追跡犬がとても激しくツタの低木に反応したことがあった。追跡者は、その匂いがまだ本当に新しいものだと確信した。近隣住民が事件現場から逃げ出すあなたを目撃している。家に忍び込んだときと同じように、あなたはその家から出てきた。下着を身につけていなかった。ヘリコプター。警察の検問。市民の巡回パトロールは車の車両番号を書き留めていった。催眠術。占い師。何百人もの白人男性がDNA検査のためにガーゼを噛んだ。しかし何も起きなかった。

あなたは匂いであり、靴跡だった。ブラッドハウンドや捜査官がその両方を追いかけたが、導かれた先はともに暗闇だったのだ。

長い間、あなたにアドバンテージがあった。ぐいぐいと前に進んでいた。あなたの通った後に警察の捜査が続いた。とある人物の人生最悪のエピソードが、疲れ果て、眠気と戦う警察官のよれよれの筆記体で綴られる。スペルミスばかりだ。陰毛の質感が余白に落書きされている。捜査官は、ゆっくりと回るダイヤル式電話で手がかりを追いかけるが、家に誰もいなければ、電話は鳴り続けるだけだ。古い記録を見ようと思えば、紙の山を手でかき分け、掘り起こす。テレタイプ機は紙のテープに乱雑に穴をあけていく。生存している容疑者は、彼らの母によるアリバイ証言で除外される。最終的に、事件報告書はファイルに入れられ、ファイルは箱に入れられ、そして部屋に収納される。ドアが閉まる。黄色く変色した紙から、記憶が消え失せていく。

この勝負はあなたの勝ちだ。あなたは家でのうのうと暮らしている。勝ち誇っているのだろう。被害者たちは視界から消え失せていく。彼らのリズムは乱され、自信は失われた。恐怖に苛《さいな》まれ、つらい記憶によりためらいがちになってばかりだ。離婚、ドラッグが被害者を苦しめる。時効が成立する。証拠キットは置く場所がないからと廃棄されてしまう。プールの底に沈むコインみたいに、埋められ、輝き、そして動くことができないのだ。被害者は、どうにかして前に進むしかない。

あなたもそうすればいい。

ただし、ゲームは切れ味を失っている。台本は何度も繰り返され、大きな賭けを迫られた。窓際での覗きが、ついには家宅侵入となった。恐怖の反応があなたに揺さぶりをかけた。でも、三年が過ぎて、恐怖に歪んだ顔や懇願だけでは満足できなくなったのだろう。あなたは腐りきった衝動にわれを失う。あなたが殺した犠牲者は、一人残らず魅力的な人びとだった。愛に満ちた生活を送っていた。あなたにとっては、全員が「売春婦」なのだろうが。

ルールがちがったのだ。被害者の身体を拘束し、生きたまま家に残した場合に隣人たちから逃げおおせるには、最低でも十五分は必要だとあなたは知っていた。でも、ライマンとシャーリーン・スミスのベンチュラ市の家を一九八〇年三月十三日に出るときは、急ぐ必要はなかった。

だって、二人の遺体は三日間も発見されなかったのだから。

暖炉の薪《たきぎ》。バール。レンチ。忍び込んだ家の中にある道具であなたは被害者を殺害した――それは異常なことかもしれないが、あなたは歩いて逃げるような男だったし、怒り以外が原因でしくじることもなかった。

そして一九八六年五月四日、あなたは姿を消した。あなたが死んだという人もいる。あるいは刑務所に入っていると言う人もいる。私はそうは思わない。

世界が変化したとき、あなたは逃げたのだと思う。確かに、年齢を重ねたせいでスローダウンしたのかもしれない。かつては勢いづいていたテストステロンが、今ではぽつりぽつりと滴るだけ。しかし真実は、記憶の衰退である。紙は劣化する。しかしテクノロジーは進化する。競争相手が後ろから追いついてきたのを肩越しに見て、あなたは逃げ出したのだ。


競争はあなたの勝ちで、あなたは力の監視者であり、決して観察されることはなかった。最初の挫折は、一九八四年にレスター大学の研究室で、遺伝学者のアレック・ジェフリーズがDNAプロファイルを開発したときだった。次の挫折は一九八九年にティム・バーナーズ・リーが、ワールド・ワイド・ウェブの提案書を書いたときだ。あなたのことや、ましてやあなたの犯罪を知らなかった人たちでさえ、あなたを見つけるために役に立つアルゴリズムを考案しはじめたのだ。一九九八年には、ラリー・ペイジとセルゲイ・ブリンがともに会社を設立する。グーグルの誕生だ。警察の事件報告書が収められた箱は回収され、スキャンして、デジタル化され、共有された。世界は接続性とスピードに溢れていた。スマートフォン。光学文字認識テクノロジー。カスタマイズが可能なインタラクティブマップ。そして家族性ＤＮＡ。

私はあなたが一九七六年七月十七日に、カーマイケル地区に住む十代の少女が眠る寝室の窓の下の土に残した格子柄のブーツ跡を見たことがある。覗き魔が窓の前に実際に立っていた時代の下品な遺物である。あなたはコソコソと動き回ることがうまかった。あなたのそのスキルはもう役に立たない。勝負の行方は変わったのだ。仮想ウィンドウはあなたの周りの至るところに開いている。監視の達人であるあなたこそ、今や照準線で狙われている。あなたは年を取り動きが鈍くなったターゲットに他ならない。

スキーマスクはもう助けてはくれないのだ。

レイプの二十四年後に、とある被害者の電話が鳴ったそうだ。「遊ぼうか？」と男がささやいた。あなただ。彼女ははっきりとわかったという。あなたはまるで、関節炎を患った元フットボール選手が、自分が走っている姿の映ったビデオカセットを再生しながら、「プレイしていたときのこと、覚えているか？」とでも言うような、ノスタルジーに浸っていたのだ。

狭く暗い部屋でたった一人で、ツインベッドの端に座るあなたが、彼女の電話番号をダイアルしている姿が想像できる。手元にあるのは記憶を引き出すための唯一残された武器はあなたの声で、恐怖を呼び覚ます能力だ。

家の前の縁石に車が停まり、エンジンの切られる音が聞こえてくる日もそう遠くないはずだ。玄関に近づく足音が聞こえてくるだろう。エドワード・ウェイン・エドワーズがティモシー・

ハックとケリー・ドルーをウィスコンシン州サリバンで殺した二十九年後にそうなったように。ケニス・リー・ヒックスが、オレゴン州アロハでロリ・ビリングスリーを殺した三十年後にそうなったように。

ドアベルが鳴る。

通用門の鍵は閉まったままだ。フェンスを跳び越えることなんて、とっくにできなくなっている。さあ、例の、興奮したような、喘《あえ》ぐような息を最後にもう一度吸えばいい。歯を食いしばれ。しつこく鳴り続けるドアベルまで歩くのだ。

これがあなたにお似合いの結末。

「おまえを殺して、俺は闇に消える」あなたが被害者に言った言葉だ。

さあドアを開けて、顔を見せなさい。

光の下へ。

ミシェル・マクナマラ

付属資料

本書は人殺しの仮面をついに引き剝がすことに成功した
――ジョセフ・ジェイムズ・ディアンジェロの逮捕について

二〇一八年四月二十五日　ニューヨークタイムズ

黄金州の殺人鬼を追跡し続けたミシェル・マクナマラがこの世を去った。夫のパットン・オズワルトが黄金州の殺人鬼《ゴールデン・ステート・キラー》に聞きたいことがあるという。

黄金州の殺人鬼《ゴールデン・ステート・キラー》による未解決殺人事件を題材とした衝撃の一冊『黄金州の殺人鬼』〔本書のこと〕の宣伝のため、コメディアンのパットン・オズワルトはシカゴを訪れていた。火曜日の夜のことだった。黄金州の殺人鬼は、一九七〇年代から八〇年代に、未解決の連続強姦事件と殺害事件をカリフォルニアで発生させた張本人である。

オズワルト氏は聴衆に、彼自身、犯人がまもなく逮捕されると考えていると語った。もう時間の問題だろうと。

実際、この数時間前、ジョセフ・ジェイムズ・ディアンジェロ（七十二歳）はカリフォルニアで、二件の殺人事件に対して出された令状に従い、すでに逮捕されていた。水曜日には、警察は彼を黄金州の殺人鬼であると確認した。ＤＮＡに関係する証拠が、彼と数件の犯罪を結びつけたのだ。

オズワルト氏にとって、ディアンジェロが逮捕されたというニュースは、個人的にとても大きな意味を持つことだった。彼の妻で作家のミシェル・マクナマラは人生最後の日々を黄金州の殺人鬼を追跡することに費やしていたからだ。彼女は著書『黄金州の殺人鬼』のなかで、男の正体を暴こうとしていた。しかしマクナマラ氏は犯人が法の裁きを受けることになる直前、そして著書が出版される前にこの世を去った。

何年もの間、未解決事件の詳細にどっぷりと浸かって疲れ切り、そして不安を抱える日々を送っていた彼女は、二〇一六年四月、睡眠中に死亡した。四十六歳だった。死体解剖の結果、診断されていなかった心臓疾患、そして処方薬のアデロール、鎮痛に使われるフェンタニル、向精神薬のザナックスを同時に服用していたことがわかった。

殺人事件の犯人が判明した今、オズワルト氏は、喜びと、亡くなったマクナマラがそれを目撃できないことについての、迫りくる悲しみの混ざった、複雑な心境だと言う。

「そわそわしてますね。今は感じられないけれど、明日、もしかしたらその次の日、彼女が本当にもういないんだと感じてがっくりくるだろうなとは思います」と、オズワルト氏はインタビューに答えた。「彼女がこの事件に対して持ち続けていた洞察と視点があるんです」

『黄金州の殺人鬼』は二月に出版されたばかりで、ふたたび世間の関心を古い未解決事件に集めることとなった。すでに十五万部を売り上げ、ＨＢＯ〔アメリカのケーブルテレビ放送局〕がドキュメンタリーシリーズ製作の権利を得ている。

法執行機関による逮捕を発表するための会議が開かれ、役人の一人は「『黄金州の殺人鬼』は人びとの興味を引きつけ、ヒントを与えた」とコメントし、この事件が大衆の注目を集めるきっかけになったとしたが、書籍からの情報はディアンジェロ逮捕に直接関係はしてはいないと付け加えた。

マクナマラが死亡したとき、書籍は半分書き上げられた状態だった。オズワルト氏は最後まで必ずプロジェクトを推し進めると決意していた。彼は捜査ジャーナリストであるビリー・ジェンセンと、マクナマラとともにリサーチャーとして書籍の執筆に関わっていたポール・ハインズを雇い、手書きのノートやコンピューターに保存された三千五百ほどのファイルを使って、物語を書き上げた。

できあがった書籍は、連続殺人鬼の、身も凍るような臨場感のある作品となり、マクナマラの事件への強いこだわり、彼女が強いられた精神的犠牲に対する正直な記述も含まれていた。本はマクナマラから殺人者への手紙で終わる。その中で、彼女は最終的な逮捕を予言していた。「これがあなたにお似合いの結末」と彼女は書いていた。

ジェンセン氏は「アメリカ国内には多くの未解決事件があるが、彼女にはそれに光を当てる能力があった」と言った。

もう一人の調査協力者であるハインズ氏は容疑者が逮捕されたと聞いたあとに、「興奮した。でも、ミシェルがいなくなってしまったから悲しかったですよ」と言った。

ディアンジェロの名前は一度も本の中には出てこなかったし、彼らのレーダーも感知してはいなかったとハインズ氏は言った。

「僕らが七年間にわたって探し求めていた人物の名前と顔をとうとう知ることができました。ミシェルが命をかけて正体を暴こうとした名前と顔をね」と彼は言った。

奇妙な偶然ではあったが、ハインズ氏とジェンセン氏とオズワルト氏は、火曜日、シカゴのブックイベントに揃って出席しており、ミシェルの親戚が聴衆のなかにいた。HBOのドキュメンタリーシリーズの撮影隊が、もうすでに逮捕されている事実を知らぬまま、容疑者が逮捕されるまでどれだけの時間がかかるかを推測するイベント出演者たちの姿を撮影していた。

午前四時、オズワルト氏は電話の着信音で目を覚ました。事件の犯人を警察が逮捕したかもしれないというニュースが、メッセージとしていくつも録音されていた。

オズワルト氏はディアンジェロに面会に行き、彼に対峙し、ミシェルが彼に聞こうと計画していた質問を投げかけたいと希望していると話した。

「ミシェルのための、最後の使命だと思ってます。あの男に彼女の質問を、本の最後に書いてあるあの質問をぶつけたいんです――『僕の妻があなたに聞きたいことがあるのです』ってね」

二〇一八年五月　サクラメントニュースアンドレビュー

シリアルキラーを捕まえるために：シリアルキラーを強迫観念的に捜索した女性の物語

誰もが知っていた。実際に経験した人もいれば、多くは親から子へと受け継がれていった。その話には、共通した、不気味な詳細が含まれる。月が雲に隠れた夜、裏庭の小枝が靴に踏まれて折れる音。道路をゆっくりと走る車の中から、こちらを見られているような、ぞっとするような感覚。頭上で延々と回り続ける、ブンブンと音をたてる警察のヘリコプター。

誰もが黄金州の殺人鬼《ゴールデン・ステート・キラー》の話を知っていた。私以外は。

警察がシリアルキラーであり強姦魔の容疑者をとうとう逮捕したと発表したとき、私はショックで息を呑んだ。サクラメントに住んで何年も経過していたが、黄金州の殺人鬼、別名EAR《イヤー》（またはイーストエリアの強姦魔）、あるいはオリジナル・ナイトストーカーとして知られた男のことなんて、聞いたこともなかったのだ。五年ぐらい前のことだっただろうか、友人がメールを送ってきて、彼について覚えているかどうか聞かれた。彼女は知り合いのラ

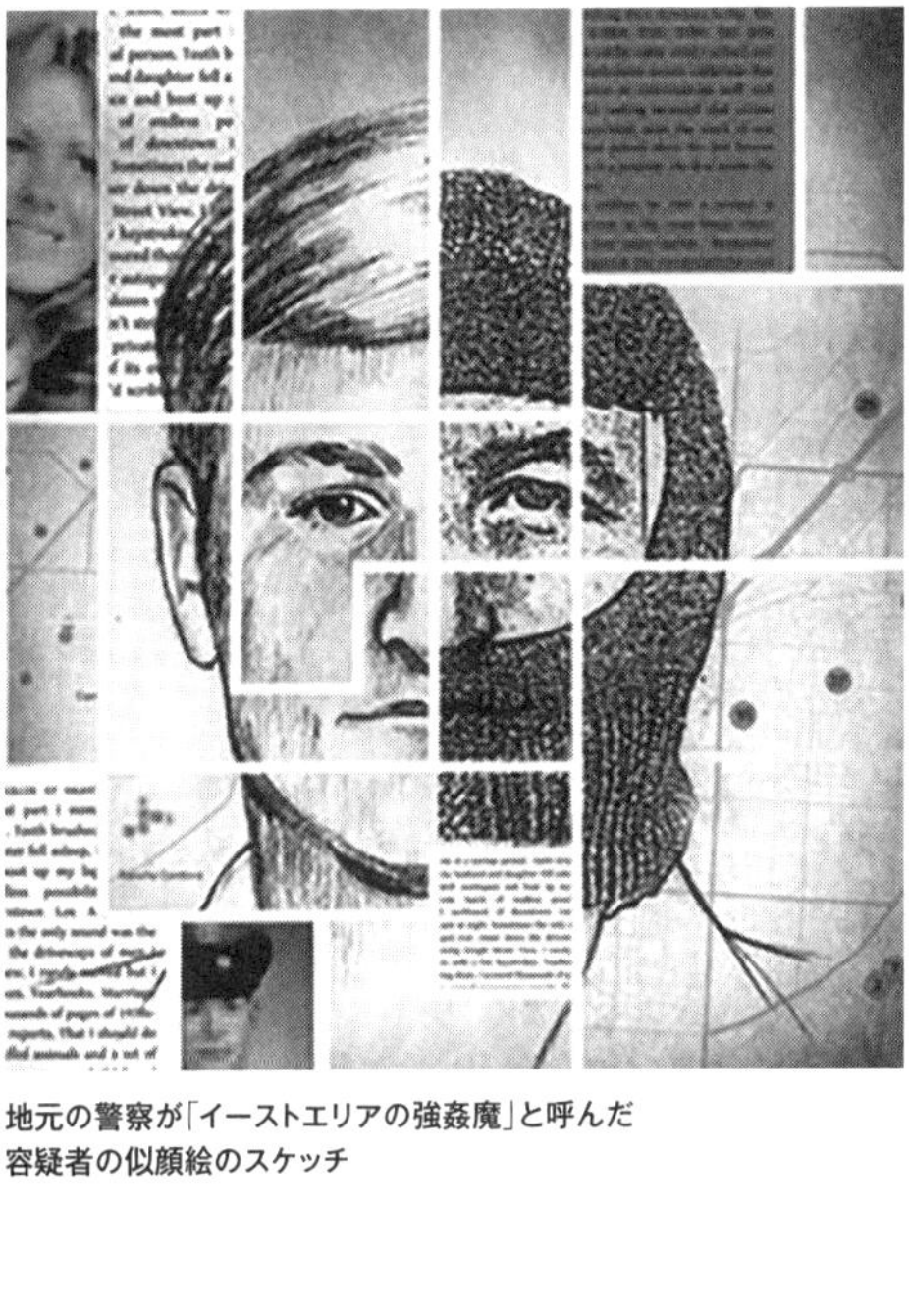

地元の警察が「イーストエリアの強姦魔」と呼んだ
容疑者の似顔絵のスケッチ

イターに頼まれて聞いていると書いてあった。その男について調査しているらしい。私が生まれるよりずっと前のことだけれど、なんだかワクワクした。私は彼女に返信した――そして彼のことはすっかり忘れ去ってしまっていた。

四月になって、私はようやくある本を手に取った。ミシェル・マクナマラの『黄金州の殺人鬼』だ。そして私は、自分の育った地域が、どれだけその殺人鬼の犯罪が発生した地域に近かったのかに気づいたのだ。

四月二十五日、容疑者である七十二歳のジョセフ・ジェイムズ・ディアンジェロを逮捕したと警察が発表した。今現在、一九七八年に発生したブライアンとケイティー・マッジョーレ殺人事件を含む、十二件の殺人容疑で起訴されている。結局男は、過去三十年間、ずっとシトラスハイツに住んでいたらしい。警察は、ＤＮＡ証拠物件とオーバーン警察の元警察官の男を結びつけ、逮捕したそうだ。彼らの逮捕が間違いでなければ、一九七六年から一九八六年の間に十人以上を殺し、五十人をレイプし、百二十件の強盗事件をカリフォルニア州全域で起こした罪人を捕まえたことになる。

やっとのことで、被害者とその家族にとっての終わりがやってきたのだ。手がかりを何十年も追い続けてきた刑事たちは、安堵の気持ちでいるだろう。マクナマラにとっては、それまで何年も徹底的に調査を重ね、地理的プロファイリングとＤＮＡ、そしてその他の手がかりを通じてなんとかして男の身元を割り出そうとしてきた自身の題材に、確証を与える逮捕だったはずだ。

結局のところ、ミシェル・マクナマラは黄金州の殺人鬼の逮捕に寄与できたのだろうか？

「それは実のところ、われわれが世界中から受けている質問でありまして……そして答えはノーです」とサクラメント郡保安官のスコット・ジョーンズはディアンジェロ逮捕の後、記者たちに語っている。

彼女の仕事は大衆の注目を集め続けたとジョーンズは言ったが、それだけだという。

「あの本から得た情報が直接逮捕につながったという事実はありません」とも彼は言っている。

それに納得しない人たちがいる。二〇一六年のマクナマラの突然の死後、執筆作業を請け負い、継続させた仲間と、彼女の夫でありコメディアンのパットン・オズワルトだ。彼は、逮捕のニュースが駆け巡ったその日、インスタグラムに動画を投稿した。

「イーストエリアの強姦魔が捕まったみたいだ。もしそれが本当だったら、黄金州の殺人鬼が逮捕されたって意味だ」オズワルトはそう言うと、疲れ切った様子でカメラに向かってこう続けた。

「なあミシェル、君が捕まえたんだよ」

「終わりが来ると楽観的に考えている」

メールが届いたのは二〇一三年十一月のことだった。「イーストエリアの強姦魔を覚えている人はいますか？　犯罪系ブログを書いているライターが、この事件について調べていて、ほとんど解決に近いところまできているんです」エイプリル・ランゼンがこのメッセージを家族の数人と、私を含む高校時代の友人たちに送っていた。ランゼンは、ロサンゼルス在住のライターで映像作家だ。「トゥルー・クライム・ダイアリー」を読んだあと、ミシェルに連絡を取ったということだった。

「すぐに彼女にメールを出したよ。だってあの男の話で、私は何年も恐ろしい思いをしていたんだから」とランゼンは説明した。

ランゼンとのやりとりを通じて、ロサンゼルスタイムズにも同じ題材で寄稿を済ませていたマクナマラは、サクラメントについて多くを学び、理解を深めようとした。

「文章をよりよくできるような、雰囲気の感じられる事件のディテールを探しているんです。子どもたちはどこで遊んでいたのか？　なんてことです」と彼女は書いていた。「どんな地域が、治安の良い地域だと思われていたのでしょうか。またはその地域に関する評判ってありましたか？　その地域に漂う独特の雰囲気ってものがありましたか？　七〇年代って怖い時代でしたか？　それとも、片田舎って雰囲気だったでしょうか？」

彼女は、男を見つけ出すことを確信しているようでもあった。

「ところで、捜査はすごい早さで進展しているんですよ」とメールの最後でマクナマラは書いていた。「今までにないほど、この事件には終わりがくると楽観的に考えています」

ランゼンの友達のほとんどは当時、EAR《イヤー》の犯行を完全に理解するには幼すぎたが、彼らの両親は怯《おび》えていたそうだ。

「あれは私がレイプの意味を完全に理解できるよりも前のことだったと思う」と、とある女性は書き、何年も彼女の記憶に残っていた事件の詳細を綴っていた。「ママが枕の下にハンマーを隠して寝るようになったんですよね」

ランゼンはこのような話や、ほかの記憶をマクナマラに伝えた。その多くは、最終的に書籍の中に記されることになった。ある意味自伝であり、ある意味では未解決事件研究ともいえる『黄金州の殺人鬼』は、インタビュー、警察の事件報告書、新聞の切り抜きから得られた多くの事件の詳細を大量に組み込むことに成功している。散文体は簡潔であり、エレガントで、報告内容は慎重に調査されている。マクナマラのこの事件への傾倒は、別の未解決事件に由来していた。

マクナマラがイリノイ州オークパークに住んでいたのは十四歳のときだった。近所に住んでいた二十四歳のキャスリーン・ロンバードが、とある夏の日の夜、ジョギング中に側道に引きずり込まれた。そこから八〇〇メートル離れた屋根裏部屋でマクナマラがもうすぐはじまる高校生活を夢見ていたそのとき、ロンバードは喉をかき切られたのだ。この殺人事件がマクナマラを捕らえて離さなかった。

「モンスターは遠ざかっていくけれど、絶対に消えない。長い期間、死んだような状態だった彼らが、私が書くことでもう一度生まれるのだ」と彼女は最初の章で書いている。

私は出版された数ヶ月にようやく本を手に取り、マクナマラの強迫観念に夢中になった。私は本の中の一節を大声で夫に向かって読み上げ、友達に詳しい内容を知らせ、ブッククラブのディスカッションでしゃべりまくった。

私がサクラメントに引っ越したのは一九八三年で、EAR《イヤー》が地域内で最後の犯行を実行してから数年後のことだった。でも、私が十代の頃を過ごした、とても静かで、緑の多い郊外のあの場所について書かれた物語を読んだ今となっては、マクナマラの強迫観念が私自身の強迫観念となってしまった。私の家から数ブロック先にあった、兄弟が通っていた小学校でEAR《イヤー》を目撃したのかもしれないのだ。彼女の本は、少なくとも、わずかであったとしても、ディアンジェロの逮捕に貢献しているように思えるのだ。

例えば、マクナマラは調査の過程で、イーストエリアの強姦魔の名前を変えるという重要な決断を下している。「黄金州の殺人鬼」がより正確な表現だと彼女は理由を述べていた。なぜなら、男の犯罪は、最終的に州の上から下まで広範囲にわたっていたからだ。そしてもう一つ理由があった。

「これは十年にわたって繰り返された未解決事件だ……ゾディアックでも……ナイトストーカーでさえも、この事件ほど頻繁に犯行が繰り返されたわけではなかった」と彼女は書いた。「それなのに、黄金州の殺人鬼の認知度は低い。私が名付けるまで、彼にはキャッチーな呼び名がなかったからだ」

まったく大胆なことをしたものだ。でも、人びとの記憶に残るじゃないか。彼の逮捕に関して語った地元警察は、ミシェルが考えたニックネームを使っていた。

彼女は自分がつけたニックネームがこのようにして使われる様子を見ることはなかった。四十六歳の作家は睡眠中にこの世を去った。原因不明の心疾患が、痛み止めと抗不安剤の服用で悪化したのが原因だった。二〇一六年四月二十一日のことだ――サクラメント地区地方検地局長のアン・マリー・シューバートが特別捜査班の結成と五万ドルの報奨金を発表する、わずか二ヶ月前のことだった。

ジャーナリストのビリー・ジェンセンは、このタイミングが偶然だったとは考えていない。ジェンセンはマクナマラとともに広範囲に及ぶDNAリサーチを行っており、黄金州の殺人鬼の正体を暴けるものと期待していたのだ。マクナマラの死後、彼は本の制作作業を助け、彼女が残したメモ、インタビューの内容、原稿の下書きをまとめあげた。マクナマラの粘り強い調査内容は、取るに足らないものとして片付けられるべきではないとジェンセンは言う。

「僕らは（警察が行っていたことと）同じことをやっていた」とジェンセンは証言する。「僕らは公開されているデータベースに彼の（DNA）プロファイルを入れていたんです。時間の問題だった」

七年にわたってマクナマラの調査に協力し、殺人鬼の地理的プロファイルを考案、ありとあらゆる手がかりを徹底的に調べてきたポール・ハインズは、こんな気持ちを吐露している。

「ミシェルは、一度は忘れ去られたこの事件にスポットを当てたのです」と彼は言った。「それが、さまざまな政府機関が時間とリソースを使って解決しようとする誘発要因を作り出したんです」

事件への注目と、逮捕という結果、彼女の死と記者会見。これらに関連がないとは思えない。「本の出版のタイミング、彼女が記事を書くということ、多くの人と仕事をし、それをまとめたこと。それらがこの結果を導き出したんです」「そして、彼女の死も」とジェンセンは言った。

発砲された拳銃

イーストエリアの強姦魔事件はガリー・グリュッツマッハーを何十年も苦しめ続けた。

はじまりは一九七八年二月二日、ランチョ・コルドバで働く不眠症の二十七歳の刑事が、殺人犯よりも麻薬の売人について心配していた時期のことだった。そのとき派遣部隊から電話が入った。銃撃事件発生。彼と同僚はブライアンとケイティー・マッジョーレが倒れ、血を流している現場へと急行した。現場に最も早く到着したのは、この二人だった。ケイティー・マッジョーレはすでに死亡していたが、グリュッツマッハーは彼女の夫に何か聞けないかと期待して救急車に飛び

ブライアンとケイティー・マッジョーレはイーストエリアの強姦魔が最初に行った殺人事件の被害者として知られている。1978年、このカップルは犬の散歩中に銃撃されて死亡した

乗った。彼はまずはマザー病院に行き、そしてUCデイビス・メディカル・センターに向かった。ここでマッジョーレは死亡し、何も言葉を残さなかった。

手がかりを苦労して精査しながらグリュッツマッハーはその後数年間、この事件について捜査を続けた。

「当時はコンピューターなんてありませんでしたし、DNAなんてものもなかったから、五×三インチのカードを使って情報をまとめていたんですよ」と彼は言った。

結局彼は別の持ち場に移ったのだが、イーストエリアの強姦魔について忘れることはなかったという。グリュッツマッハーは、この事件を捜査する刑事たちと連絡を取り続けていた。彼は一度もマクナマラと会ったこともないし、本についてもディアンジェロが逮捕されるまで知らなかったそうだ。

「あの本が逮捕に関係していたとも思えないし、地方検地局長のアン・マリー・シューバートが関係していたとも思わないですね」と彼は言う。

アン・マリー・シューバートの言い分としては、特別捜査班の結成と報奨金についての記者会見のタイミングと、マクナマラの死のタイミングは偶然だということだ。特別捜査班自体は、数年前から、刑事同士の情報交換という形で徐々に結成されていたという。あのときは公式な結成の発表であったし、報奨金に関してはEAR《イヤー》の最初の襲撃から四十年が経過したことを目立たせ、活用するためのものだったという。シューバートにとっても事件は私的なことだったのだ。

「この事件については専門家としてだけではなく、サクラメントのコミュニティーにとって重要な事件として知っています」と、何の心配もなくアーデンエリアに暮らしていた子ども時代、殺人と空き巣の発生で両親が子どもたちを暗くなる前に家に呼び戻すようになった様子を知るシューバートは言った。

「地域を大きく変え、恐怖に陥れました。私たちが住んでいたのんびりとした町は、人びとが鍵をかけ、女性が自衛のレッスンを受けるような町になってしまったのです」

シューバートがはじめてEAR《イヤー》について調べはじめたのは、二〇〇〇年に地区検事局に未解決事件捜査班を結成したときだった。マクナマラの本が事件を解決したわけではないが、それは確かに役に立つ情報を提供してくれたと言う。

「私は彼女にお会いしたこともありませんし、本も読んではいませんが、彼女のその偉業には敬意の念を抱いています」とシューバートは言った。「あの本は……大衆を事件に引きつけましたから……」

マクナマラの作品が逮捕につながったわけではないという考えは、少なくとも、間接的には間違いだとジェンセンは言う。

「関与があったのは必ずしも書籍ではなくて、**ミシェル**その人なんです——ミシェルが本を書いていた、そのこと自体に意味があったのです」とジェンセンは言う。「彼女が亡くなり、世界中が黄金州の殺人鬼について知るようになったのです」

確かに、リサーチデータベースプロバイダーのレクシスネクシスがアーカイブしている重要記事をさっと見てみると、シューバートが黄金州の殺人鬼——それはマクナマラが殺人鬼につけたニックネームだ――について言及したのは、二〇一六年の記者会見がはじめてのことだった。二〇一〇年に選出されたジョーンズ保安官は、イーストエリアの強姦魔について、同じ日まで、ただの一度も発言したことはない。マクナマラの業績をこの事件から遠ざけようというのは政治的な動きだとジェンセンは言う。

「いまだに事件について調べている捜査官に聞けば、別の話が出てくるはずです」

その日は、きっとすぐに

ポール・ホールズは、事件を捜査していた捜査官の一人だ。元コントラコスタ郡の刑事で、三月に退職しているが、ディアンジェロが逮捕されるまで、捜査に関与していた。容疑者逮捕状の執筆まで手助けをし、ディアンジェロの遺伝的な血統を探し出したことでも知られている。

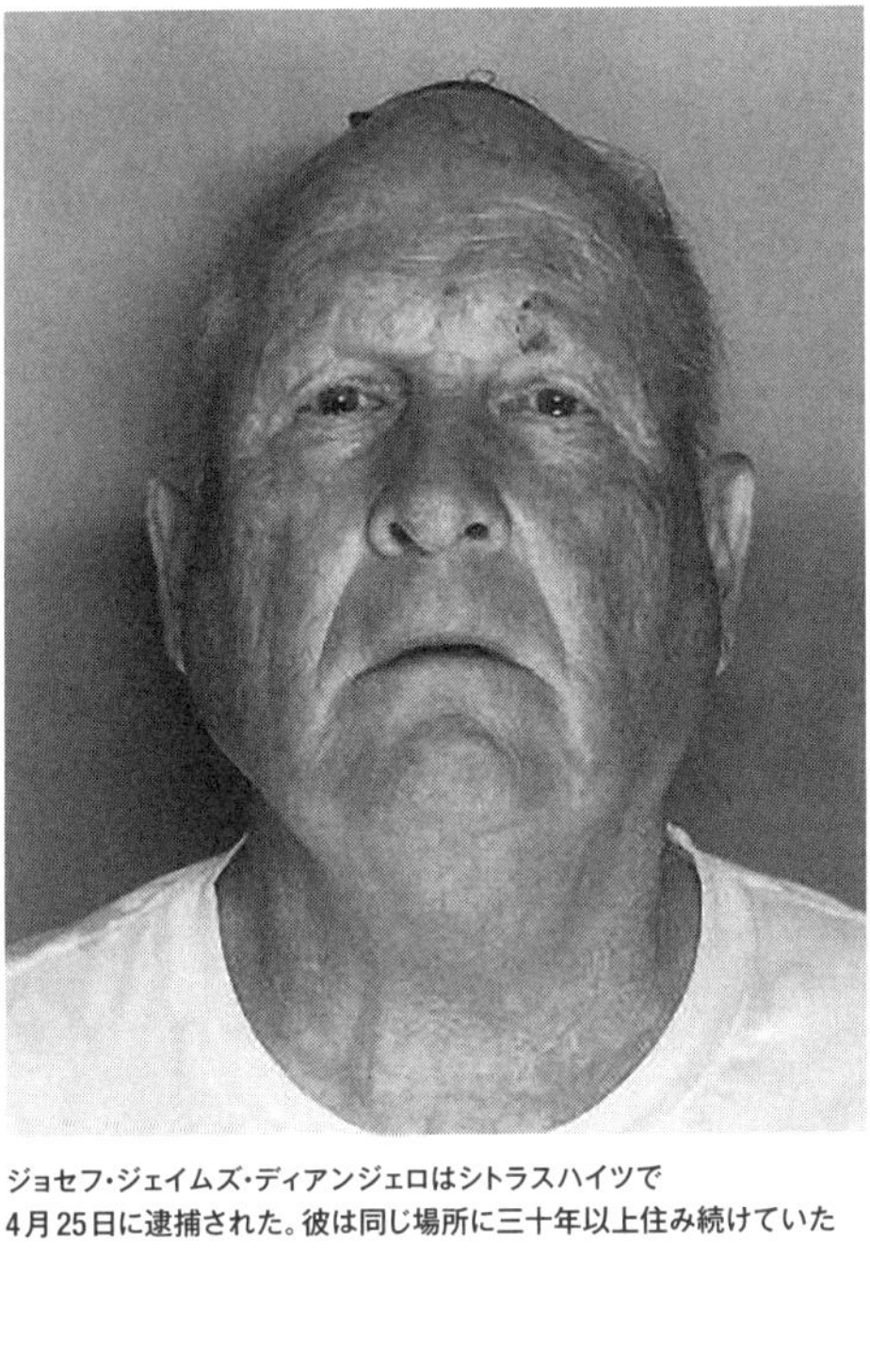

ジョセフ・ジェイムズ・ディアンジェロはシトラスハイツで
4月25日に逮捕された。彼は同じ場所に三十年以上住み続けていた

彼はマクナマラと多くの時間を過ごした人でもある。彼女をイーストベイやデイビスの黄金州の殺人鬼による事件発生現場まで車で連れていった。彼はマクナマラについて、思慮深く、好奇心旺盛で博識だったと記憶しているという。

「はじめて電話したとき、彼女は僕に次々と事件について質問したんですよ」と彼は言う。当初は、彼女に情報を与えすぎたのではと心配したのだが、「ロサンゼルスマガジン」の最初の記事を読み、それが杞憂《きゆう》だとわかった。

「ミシェルを信頼できるようになってからは、とてもオープンになりましたね」

ホールズは、事件を捜査している他の刑事たちとともに、最終的にはミシェルの調査に協力することを了承した。そして二人は頻繁にお互いが見つけた手がかりや理論のやりとりを行った。

「彼女は生まれながらの才能に恵まれた人でした」と彼は言う。「彼女からもらった事件に関する情報で、いままで見たことがないものだってあったんですから」

マクナマラは、黄金州の殺人鬼チームの一員だったと彼は付け加える。

「彼女は僕の捜査パートナーですよ」と彼は言う。「彼女は僕のワークグループに入っています。ミシェルには他の誰もアクセスできない情報へのアクセスを許していました」

ホールズはいまだに『黄金州の殺人鬼』を読んでいない——「妻がもう少しやめておいたほうがいいんじゃないかって。精神的な結びつきが強かったものだから」——しかし、素晴らしい本であることは信じているそうだ。

「本の執筆以外でもミシェルの役割が大きかったのは明らかです」とホールズは言う。「彼女が男に黄金州の殺人鬼と名前をつけた『ロサンゼルスマガジン』の記事に戻りますが、あの記事が、大衆の事件への認知を変える極めて重要な転換点になりました」

その前の段階では、事件に関する興味と注目が何年もかけて薄れていっていたし、メディアの関心を得ることはなかったとホールズは説明する。雑誌の記事とマクナマラの本、記者会見、疲れを知らない刑事たちの仕事、そして報奨金などすべてが、ディアンジェロ逮捕へと力強く進んでいったのだ。

それでも、ディアンジェロ逮捕に関する称賛をマクナマラの本に直接与えることには一線を引いている。

「書かれていた情報がディアンジェロにつながっていたか？　と聞かれれば答えはノーです」と彼は言う。

ただし、マクナマラの本が成し遂げたことは、同じぐらい重要であると彼は言った。

「あの本は、物語を生かし続けただけでなく、前に押し出したのです」とホールズは言う。

それに、マクナマラは名声を求めていたわけではない。ツイートのなかで、夫のパットン・オズワルトは、妻は事件を解決したかっただけなのだと書いた。

「ミシェル・マクナマラは自分が脚光を浴びることなど、どうでもよかった。彼女は黄金州の殺人鬼が監獄に入れられ、被害者が救われることを望んでいたんだ」とオズワルトは書いた。「彼女は『ファーゴ』のなかのマージ・ガンダーソンであり、『羊たちの沈黙』のなかのチルトンではない」

ジェンセンはそれに同意している。何年にもわたる取り組みは栄光のためではなかった。「マクナマラの究極の目的は、この殺人鬼の身元が判明することで、もし生きているのなら、逮捕されることだった」と彼は言った。

まもなく、マクナマラの執拗な調査と献身について、多くの人びとの知るところとなるだろう。HBOのドキュメンタリーが撮影中で、ジェンセンもハインズもオズワルトの協力を得つつ、『黄金州の殺人鬼』の新訂版の計画も進めている。

マクナマラの書いたこの一節が、彼女の衝動に最も大きな光を当てているだろう。

「家の前の縁石に車が停まり、エンジンの切られる音が聞こえてくる日もそう遠くないはずだ。玄関に近づく足音が聞こえてくるだろう。エドワード・ウェイン・エドワーズがティモシー・ハックとケリー・ドルーをウィスコンシン州サリバンで殺した二十九年後にそうなったように。ケニス・リー・ヒックスが、オレゴン州アロハでロリ・ビリングスリーを殺した三十年後にそうなったように」

犯人が最終的に逮捕されることを想像して、マクナマラは「年老いたあなたへの手紙」と題した手紙を書いた。実際にディアンジェロが逮捕された後、彼女が彼に宛てた最後の言葉は、衝撃を受けた読者たちによって、広く共有されることとなった。

「これがあなたにお似合いの結末」

夫による追記——あの日、何が起きたのか

四月二十四日火曜日、僕は『*I'll be gone in the dark*』〔本書のこと〕のブックイベントのためにシカゴに飛んだ。そもそもこのイベントは三月三日に予定されていたのだが、その日はあいにくの天気でボストンで足止めをくってしまい、この日に延期されていたのだ。

スケジュールを組み直したおかげで、ビリー・ジェンセンとポール・ハインズもシカゴに来てくれることになった。その日のシカゴは春だというのに肌寒く、観客席は大勢の人で埋まっていた。司会はギリアン・フリンで、四十五分の質疑応答を仕切り、僕らを導いてくれた。本を作った人間たちがミシェルの生まれ故郷に集まって、本のこと、ミシェルのこと、彼女の仕事のこと、そしてもちろん、黄金州の殺人鬼のことを話すというのがそもそものアイデアだった。本はそのときベストセラーリストを席巻していた——見事、初登場一位だ——そして最高のレビューが集まっていた。

僕らはその夜のトークを、聴衆からのお決まりの質問への返答で締めくくった。「黄金州の殺人鬼は逮捕されると思いますか?」というもので、この夜も同じ質問が僕に投げかけられたのだ。僕の答えは、ズバリ「時間の問題だ」というもの。ああもちろん、**時間の問題**さ。でもそれは当然、**いつかそのうちにね**って意味だった——それはそこにいた誰もが理解していた。もちろん、

僕も含めて。

イベントのあと、僕らはホテルに戻った。明日には仕事でニューヨークに戻る予定だった。セス・マイヤーズの『レイト・ナイト・ウィズ・セス・マイヤーズ』に出演するためだ。ビリーとポールが同じフライトだったかどうかは、正直はっきりとは憶えていないのだけれど、たぶん一緒だったと思う。夜も更けて、そろそろベッドの時間だった。

そういえば、ディレクターのリズ・ガーバス率いる撮影クルーが僕らと一緒だったって言ったかな？　ＨＢＯがドキュメンタリーシリーズ（全八話）をこの本について制作することになってね。ミシェルの死と彼女が残した思い出についても取材してくれるらしい。そしてもちろん、黄金州の殺人鬼のことだ——逮捕されておらず、名前もわからない、例の男だ。リズと撮影クルーはシカゴに僕らと一緒にやってきて、イベントに参加しただけでなく、ミシェルの家族にインタビューした。彼女が生まれ育った地域を撮影して、十代だったミシェル・マクナマラが未解決事件に没頭するきっかけとなった殺人について、家族の証言を聞いたんだ。

ホテルのロビーでメンバーと挨拶して、皆が自分の部屋に向かった。ビリーかポールのどちらかが、サクラメントの地区検察局が黄金州の殺人鬼について何か発表するらしいよなんて話をしていた。でも、誰もそこまで気にも留めなかった——少し進展があった、とでも発表するのだろうと思っていた。ミシェルの書いた本が事件に再び光を当て、ＨＬＮが特別番組を放映したところだった。元捜査官のポール・ホールズや被害者に行ったインタビューがその内容だった。警察が事件について大衆の注目を集めようとしていたのは明らかだったし、いまだに捜査は続いているということも事実だった。

それで、僕ら全員が寝ちゃったんだ。だって翌日のフライトが早朝だったものだから。僕のスマホが鳴りはじめたのは明け方四時頃だった。ただでさえ浅い眠りから起こされてしまった。同じ時間に、ビリーとポールのスマホもやかましくなったようだ。

サクラメント地区検察局が、黄金州の殺人鬼の逮捕を発表するらしい。

急いでロビーに行ったことを記憶している。ビリーがそんな僕の姿をスマホで撮影していた。ディアンジェロ逮捕の報を受けた直後に、まったく素のリアクションを見せる僕を彼は撮っていた。リズやそこにいたスタッフに、誤報じゃないかと話していたのを憶えている。そこにいた誰もが、「いったい何が起きるんだ?」と混乱していた。

——それで、何が起きたかって? 僕は、この件から離れることにした。

僕はコメディアンで作家だ。僕は現実を探し求めながら、ばかばかしい仮定の話を作り上げる。しかし僕のこの仕事が成功する理由は、その本質的な曖昧さにある。

ミシェルは犯罪の研究者でジャーナリストだった。彼女は事実と向き合っていた。彼女は事実を小説風に仕立て、さまざまな場所、さまざまな年代に読者を導きながら、カリフォルニアの乾いた夜風に消えた殺人者を追跡した。

何が起きたか僕が書いたとしたって、**誰の役にも立たない**。たとえばジョセフ・ジェイムズ・ディアンジェロが法廷でどのような態度をしていただとか、明らかになった事実について僕がどう感じたかなんてことを書いても意味がない。この先の仕事は、客観性を持つ警察のプロがやるべきものだ。そして、正義の裁きを下そうと試みる弁護士、裁判官に任せたほうがいい。そうすれば、正気も安らぎも枯れ果てたこの世界に、いくらかの健全さが注ぎ込まれるにちがいない。

ミシェルはこの世に一冊の本を残した。この本が、黄金州の殺人鬼のようなたった一人の化け物が現実をめちゃくちゃにし、世界に不当な傷を負わせようとしたせいで、個人が、また地域が背負わなければならなかった苦難を理解する手立てになればいいと思っている。自分のくだらない世界でヒーロー気取りになっている、逆恨みをした悪魔、ジョセフ・ディアンジェロのことだ。そして僕は、この本の進むべき道から退く必要がある。実は、もっともっと深く掘り下げ、調査を重ねてあとがきに記そうと思っていたのだけれど、ミシェルの言葉があればその必要はないと悟った。すべてはこの本に書かれている。そして、ジョセフ・ジェイムズ・ディアンジェロの名前と顔が忘れ去られた遠い未来まで、ミシェルの言葉は残り続けるだろう。

彼がどんな化け物だったかという事実が、彼が誰だったかをかき消すほど語り継がれていけば、それが美しき裁きとなるだろう。

僕がミシェルのために望むのはそれだ。この先もずっと。

パットン・オズワルト

二〇一八年八月三十一日　カリフォルニア州ロサンゼルスにて

訳者あとがき

著者ミシェル・マクナマラの夫であり俳優のパットン・オズワルトは、とあるインタビューで、一人娘のアリスに母親の死を告げることがいままでの人生で最も辛い瞬間だったと回想している。しばらくの間は、アリスを連れてマクナマラの故郷シカゴに戻り、彼女の兄姉やその子どもたちと過ごして悲しみを癒やしたそうだ。シカゴを離れたあともアリスと二人で旅を続け、彼女が母親を思い出して悲しい思いをしないよう必死だったという。

マクナマラの死後、亡き妻の無念を晴らそうとオズワルトはあらゆる手を尽くして未完の原稿を出版にまでこぎつけさせた。そして出版後はブックツアーで各地を精力的に訪れてきた。出版から一ヶ月が経過した二〇一八年三月三十日、黄金州の殺人鬼ことジョセフ・ジェイムズ・ディアンジェロ逮捕の約一ヶ月前、オズワルトと編集作業を手伝ったライターのハインズ、そしてジェンセンはカリフォルニア州シトラスハイツを訪れ、トークショーを開催している。シトラスハイツは、黄金州の殺人鬼が何度も襲撃を重ねたサクラメント郡の都市で、犯人のディアンジェロが一九七九年から逮捕されるその日まで住み続けていた場所である。被害者や遺族がトラウマに苦しめられ続けていたそのときに、ディアンジェロは結婚し、家を建て、三人の子どもをもうけ、何事もなかったかのように暮らしていた。

ディアンジェロ本人は、シトラスハイツにオズワルトたちがやってきたことを知っていただろうか。本書が出版されたことに、気づいていたのだろうか。狡猾なディアンジェロであれば、すべて知っていたのではないかと私は推測している。迫りくる追っ手の存在を意識していただろう。近所では、孫たちが遊ぶ姿を笑顔で見守る温厚な男性という評判があった一方で、大声で怒鳴り散らす危険人物としても知られていた。隣人は、裏庭で怒鳴り散らすディアンジェロを何度も目撃したことがあるという。「誰かと大声で喧嘩をしているのです。そこには誰もいないというのに」

二〇一八年四月二十四日、逮捕され、取調室に座るディアンジェロの姿をモニタ越しに見ていた元捜査官ポール・ホールズは、黙秘を続けるディアンジェロをただの負け犬だと感じたという。二十年以上追いかけ続けてきた男をとうとう捕まえることに成功したホールズは、そのときの心境を聞かれ、しばらく沈黙したあと、喜びはあったと答えた。しかし今は虚無感を抱えていると も言った。「前に進まなくてはいけないことはわかっていますが、今はただ、呆然としています」と彼は、熟練の捜査官らしく冷静に話していた。

逮捕されたディアンジェロの姿は世界中に報道された。七十二歳という年齢のわりに活動的だったとされるディアンジェロが放心したように車椅子に座る様子は、自分を弱く見せるための演技だと批判が殺到した。しかしオズワルトいわく、ディアンジェロが茫然自失に見えた理由は別にあったという。独房の壁に頭を打ちつけるディアンジェロに、やむなく鎮静剤が投与されていたらしい。最後の犯行から四十年が経過しても、ディアンジェロのその凶暴な性質は残ったままだった。「注意深く映像を見ればわかるけれど、顔の一部が赤く腫れあがっている。あれは、壁に打ちつけた跡だ。そういう男だ」とオズワルトは呆れたように語っていた。そんなオズワルトは、いつかディアンジェロと対峙したいと希望している。彼の亡き妻が人生をかけて追い求めた男が、どんな人物なのかしっかりと見極めたいのだそうだ。

著者ミシェル・マクナマラの悲劇を、暗闇を覗きこみ、そしてその暗闇に呑まれてしまったのだと人は言う。しかし、彼女の死はそれほどシンプルに語ることはできない、とても大きな損失だと私は考えている。すべての楽しい時間や睡眠を削り、ただ一人の男を追い求め、そしてとうとう追いつめたマクナマラ。自分が進むべき道を断固として進み続け、あと一歩のところで、どうしても見たかった顔を見ることなくこの世を去った彼女の無念を思うと、ディアンジェロという人間の邪悪さがより強調されるように感じられる。唯一の救いは、残された一人娘のアリスが順調に成長していること、笑顔が溢れる生活を送っていることだ（夫パットン・オズワルトのSNSを通じて時折発信されている）。そんなアリスは最近、小説を書きはじめたらしい。小さな作家さんは、いつか亡き母のように優れた作家に成長するだろう。本書を訳し終え、マクナマラに対する複雑な感情は膨れあがるばかりだが、そんなアリスの姿が彼女にどうにかして届いてくれればいいと思う。そしてもちろん、アメリカ史上最悪のシリアルキラー、黄金州の殺人鬼ことジョセフ・ジェイムズ・ディアンジェロの姿が、どうにかしてマクナマラに届くことを祈っている。

村井理子

ミシェル・マクナマラ
Michelle McNamara

作家、犯罪ジャーナリスト(1970－2016)。
「黄金州の殺人鬼」と自ら名付けた連続殺人・強姦犯を長年にわたり独自に捜査し、多数の記事を「ロサンゼルスマガジン」誌他に寄稿。その後、本書を執筆中に死去。その遺稿をもとに彼女自身が立ち上げたサイト「トゥルー・クライム・ダイアリー」のメンバーと俳優の夫パットン・オズワルト、その他編集者が本書をまとめあげた。

村井理子
Riko Murai

翻訳家・エッセイスト。訳書に『ローラ・ブッシュ自伝 脚光の舞台裏』(中央公論新社)、『ゼロからトースターを作ってみた結果』『人間をお休みしてヤギになってみた結果』(新潮文庫)、『ダメ女たちの人生を変えた奇跡の料理教室』(きこ書房)、『兵士を救え! マル珍軍事研究』(亜紀書房)、『サカナ・レッスン 美味しい日本で寿司に死す』(CCCメディアハウス)など。著書に『村井さんちのぎゅうぎゅう焼き』(KADOKAWA)、『犬《きみ》がいるから』『犬ニモマケズ』(亜紀書房)。連載に『村井さんちの生活』(Webでも考える人・新潮社)、『犬《きみ》がいるから』(Webマガジンあき地・亜紀書房)。

Twitter : @Riko_Murai
ブログ: https://rikomurai.com/

亜紀書房翻訳ノンフィクション・シリーズIII-9

黄《おう》金《ごん》州《しゅう》の殺《さつ》人《じん》鬼《き》
凶悪犯を追いつめた執念の捜査録

2019年10月25日　第1版第1刷　発行

著　者　ミシェル・マクナマラ
訳　者　村井理子

発行所　株式会社亜紀書房
〒101-0051
東京都千代田区神田神保町1-32
[電話]03(5280)0261
http://www.akishobo.com
[振替]00100-9-144037

装　丁　木庭貴信+岩元 萌(オクターヴ)

印刷所　株式会社トライ
http://www.try-sky.com

ISBN978-4-7505-1614-1